第三批國家珍貴古籍名録圖録

第八册

中國國家圖書館
中國國家古籍保護中心　編

國家圖書館出版社

第八册目録

第三批國家珍貴古籍名録圖録

少數民族文字珍貴古籍名録

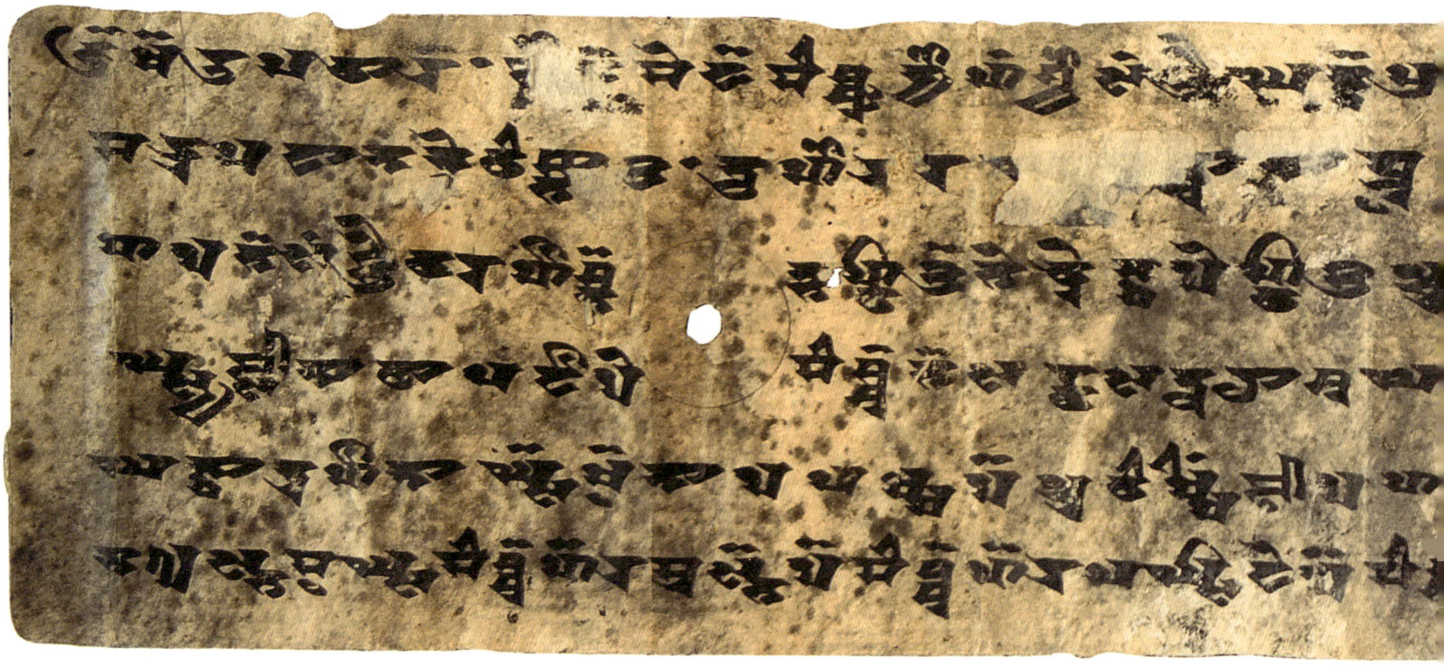

09612 金光明經散脂品 于闐文 八至九世紀寫本

梵夾装。開本高44.6厘米，廣9.2厘米。國家圖書館藏。

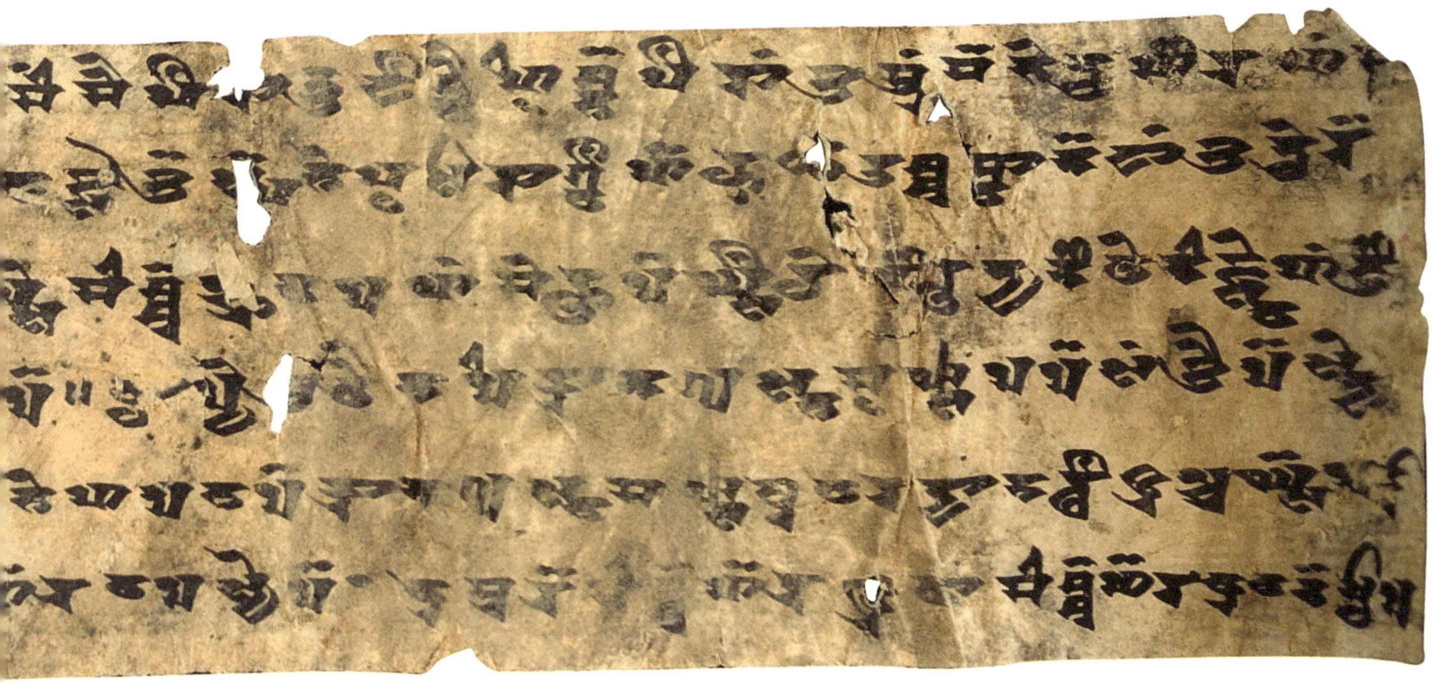

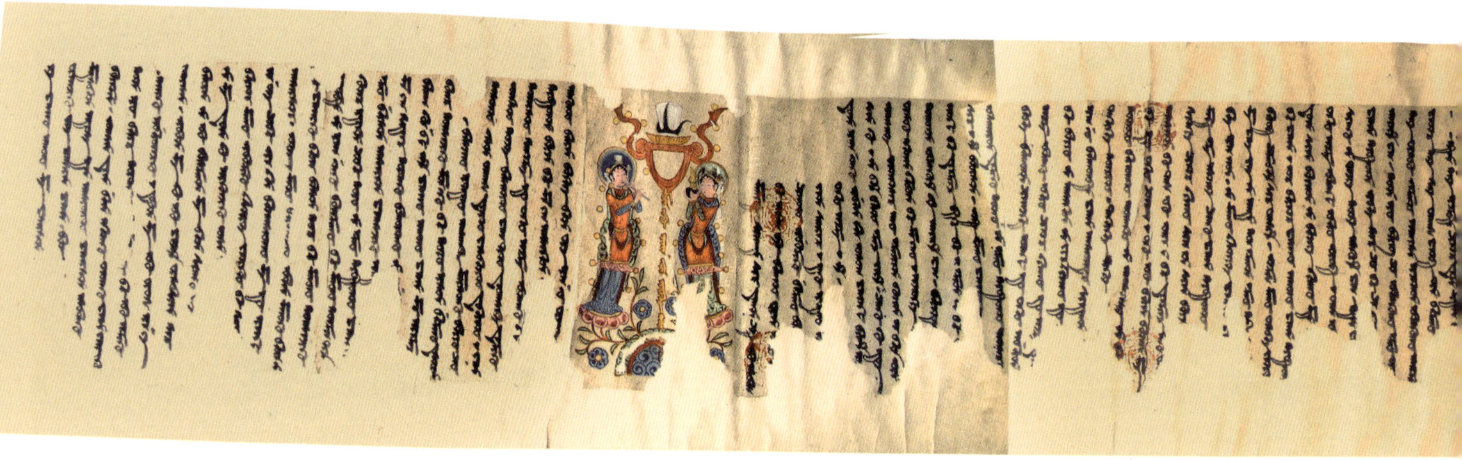

09613 粟特文書信 粟特文 九世紀中葉寫本

卷軸装。長268厘米。吐魯番博物館藏。

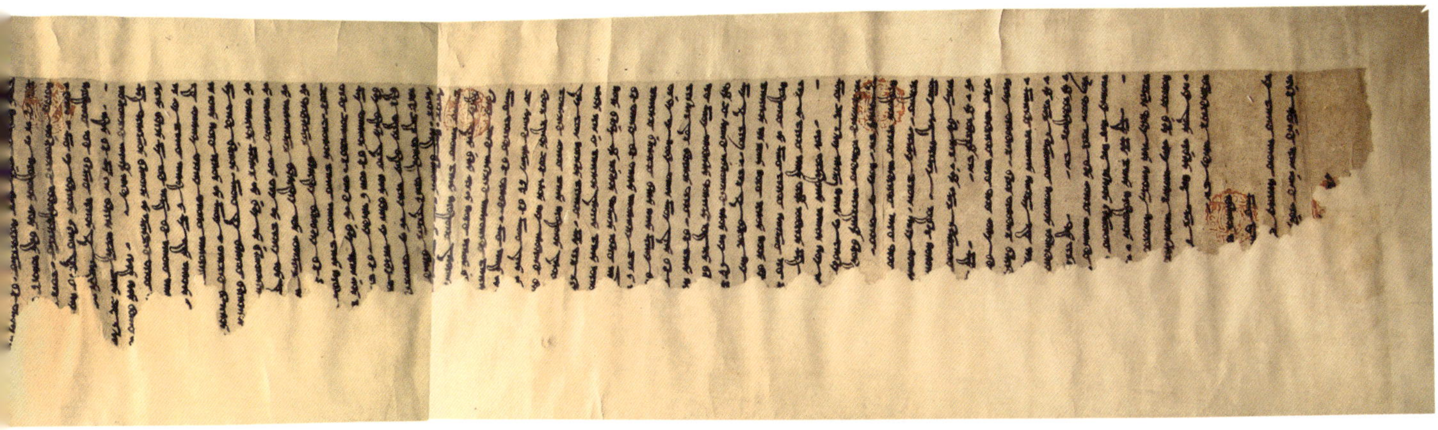

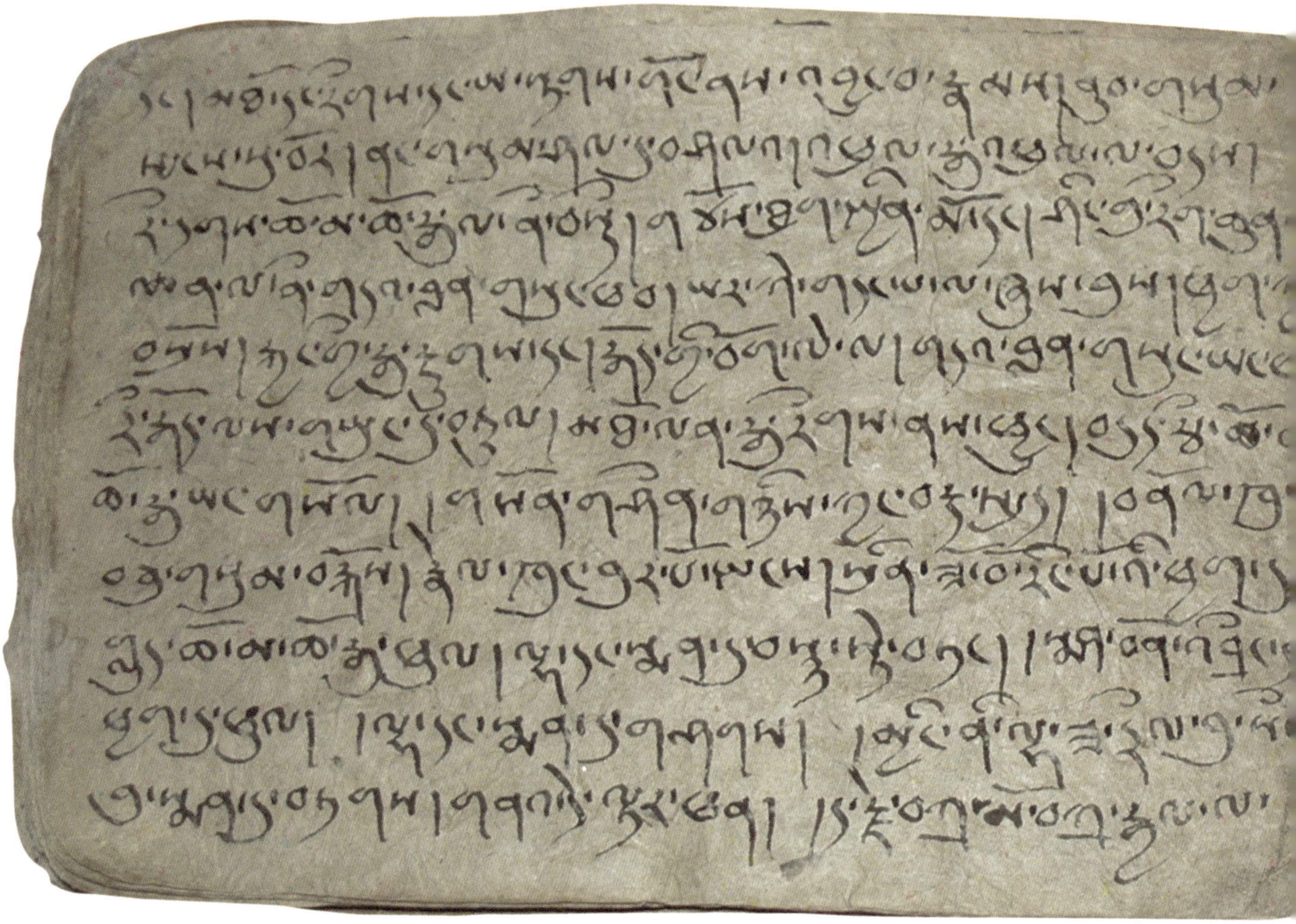

09614 苯教儀軌集 藏文 九至十世紀寫本

縫繢裝。開本高13厘米，廣20厘米。西藏博物館藏，存二十四葉。

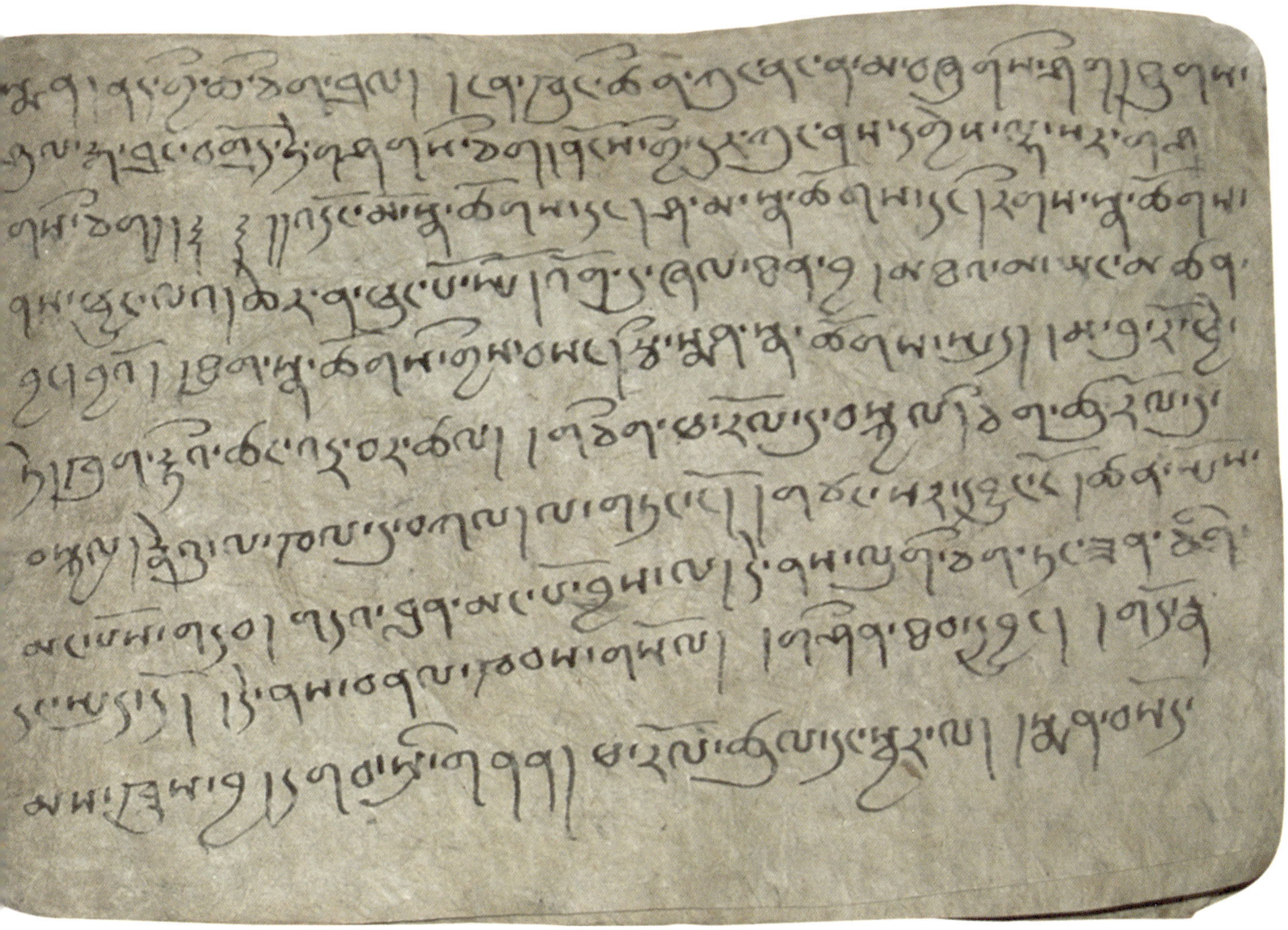

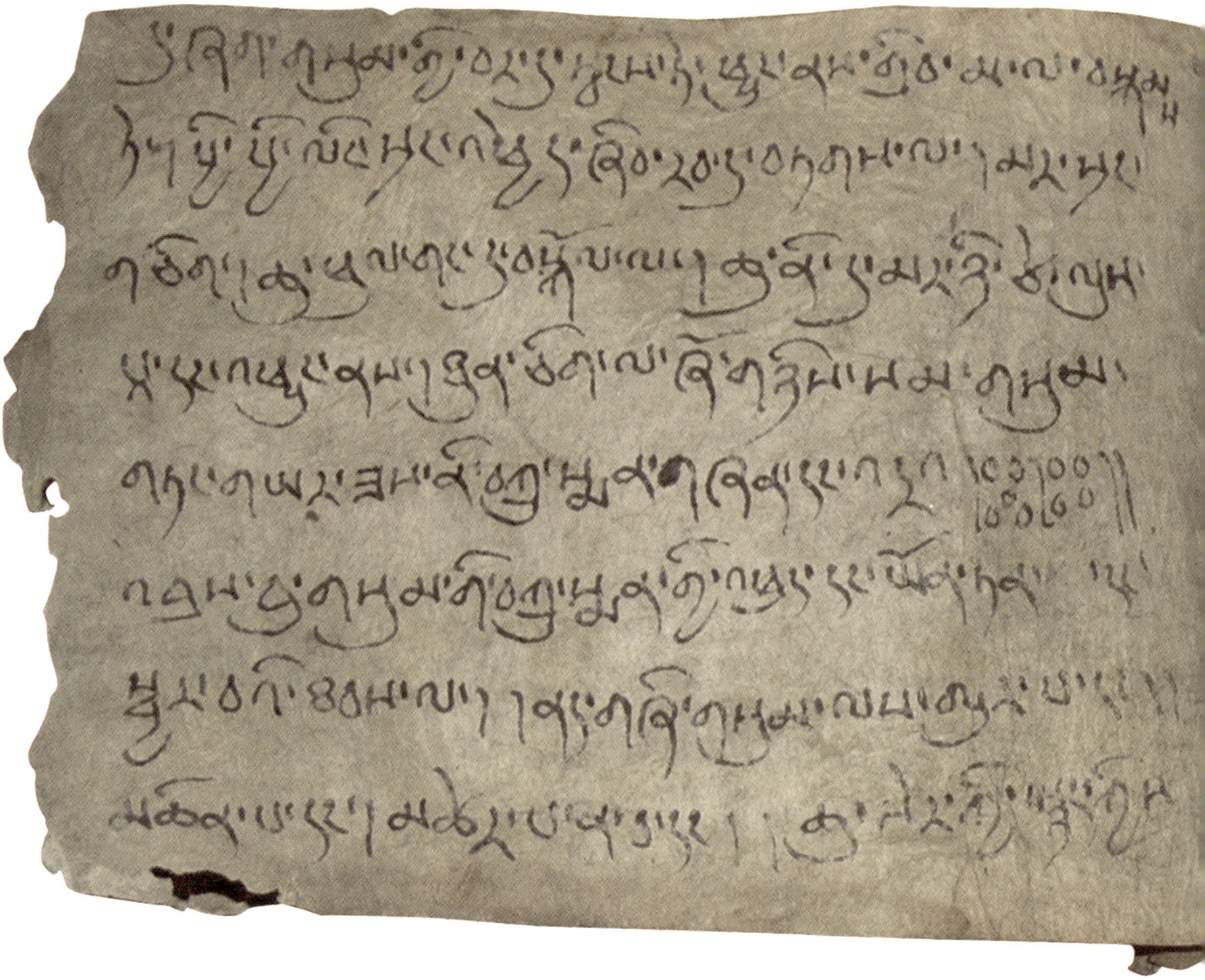

09615 苯教藏醫集 藏文 九至十世紀寫本

縫繢裝。開本高11.5厘米，廣16.5厘米。西藏博物館藏，存十三葉。

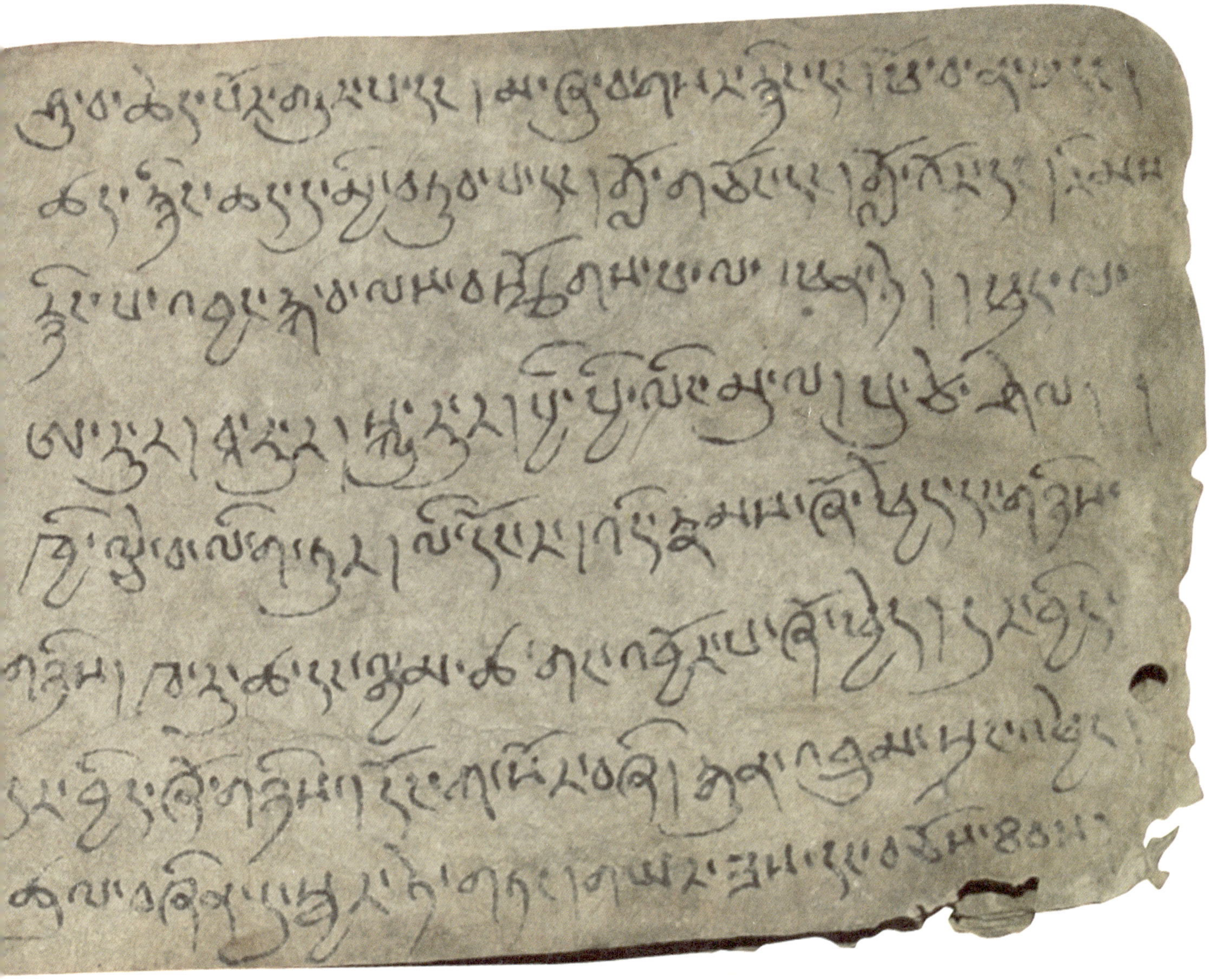

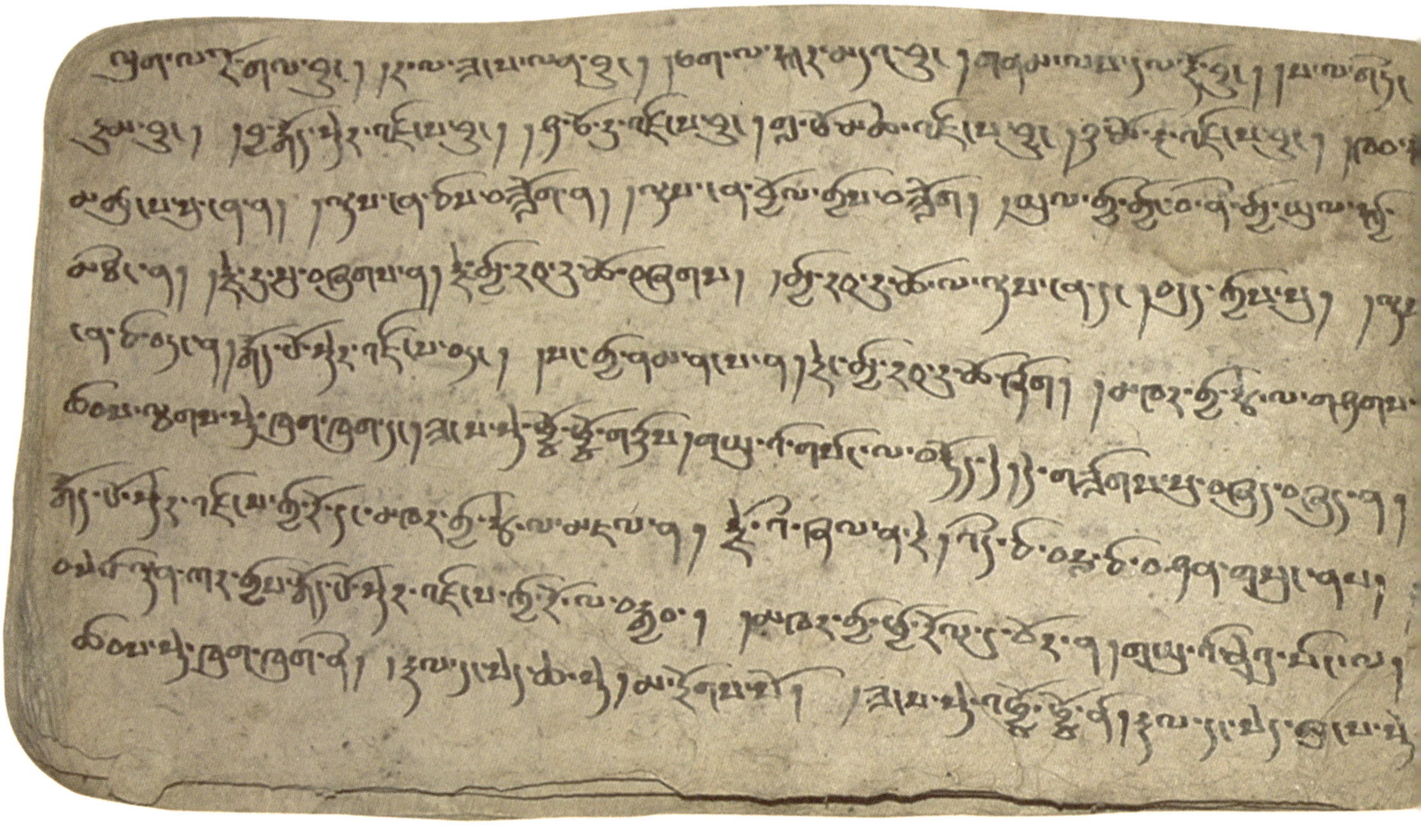

09616 苯教納之源流 藏文 九至十世紀寫本

縫繢裝。開本高11.5厘米，廣21.6厘米。西藏博物館藏，存二十三葉。

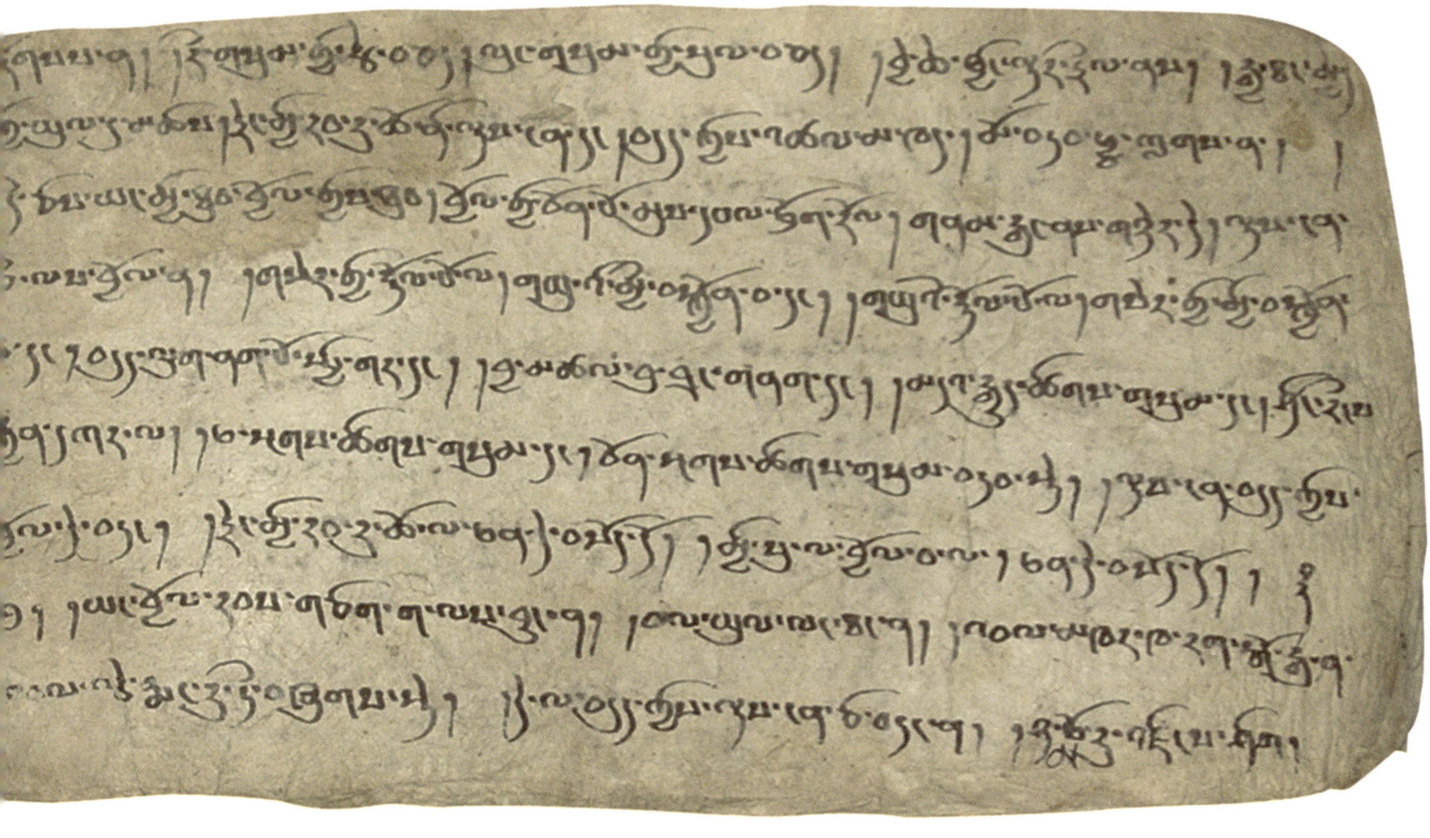

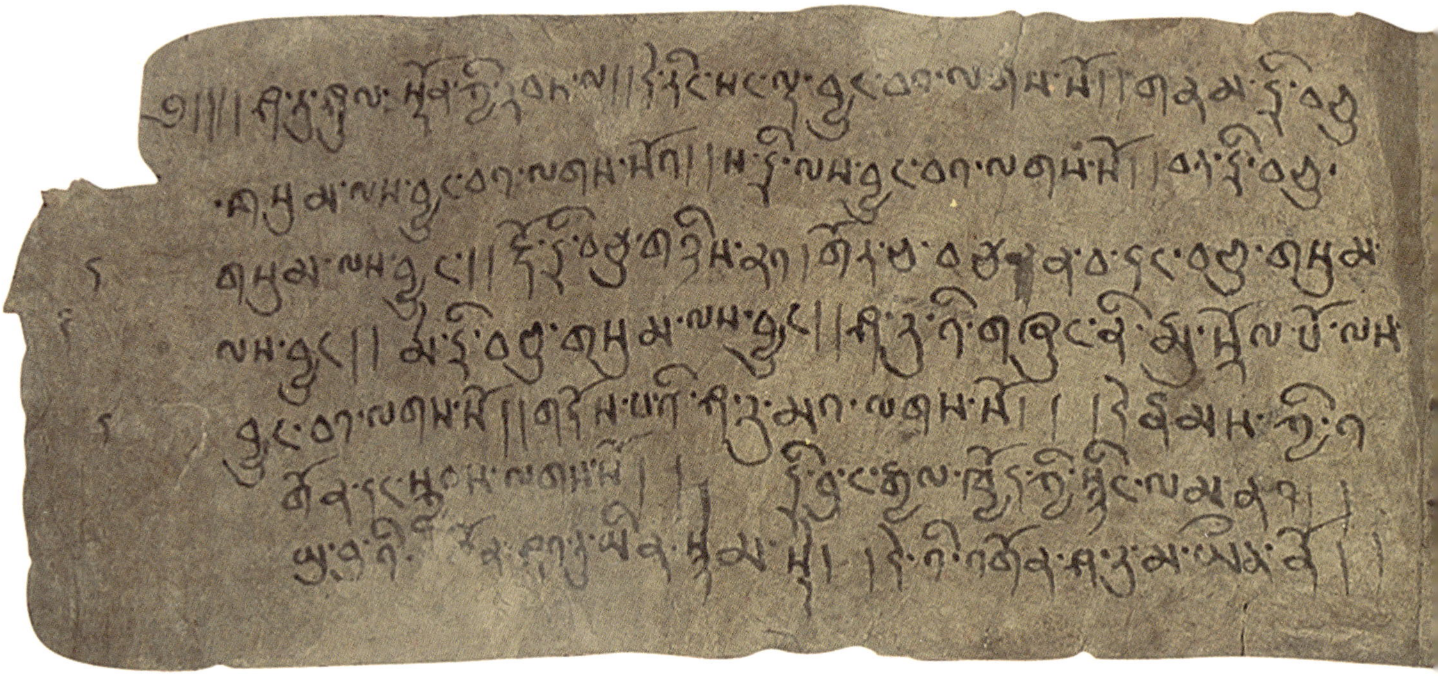

09617 苯教夏茹徐頓之源流 藏文 九至十世紀寫本

縫繢裝。開本高8.5厘米，廣20.5厘米。西藏博物館藏，存十七葉。

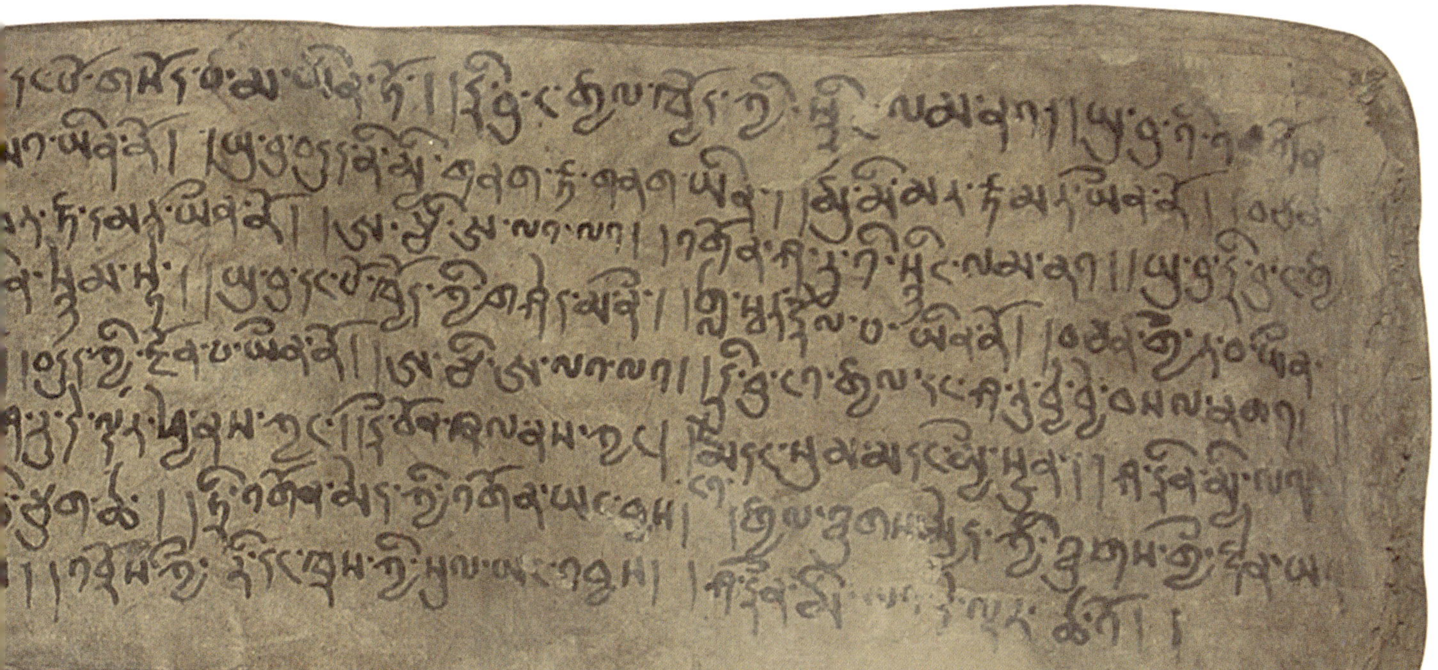

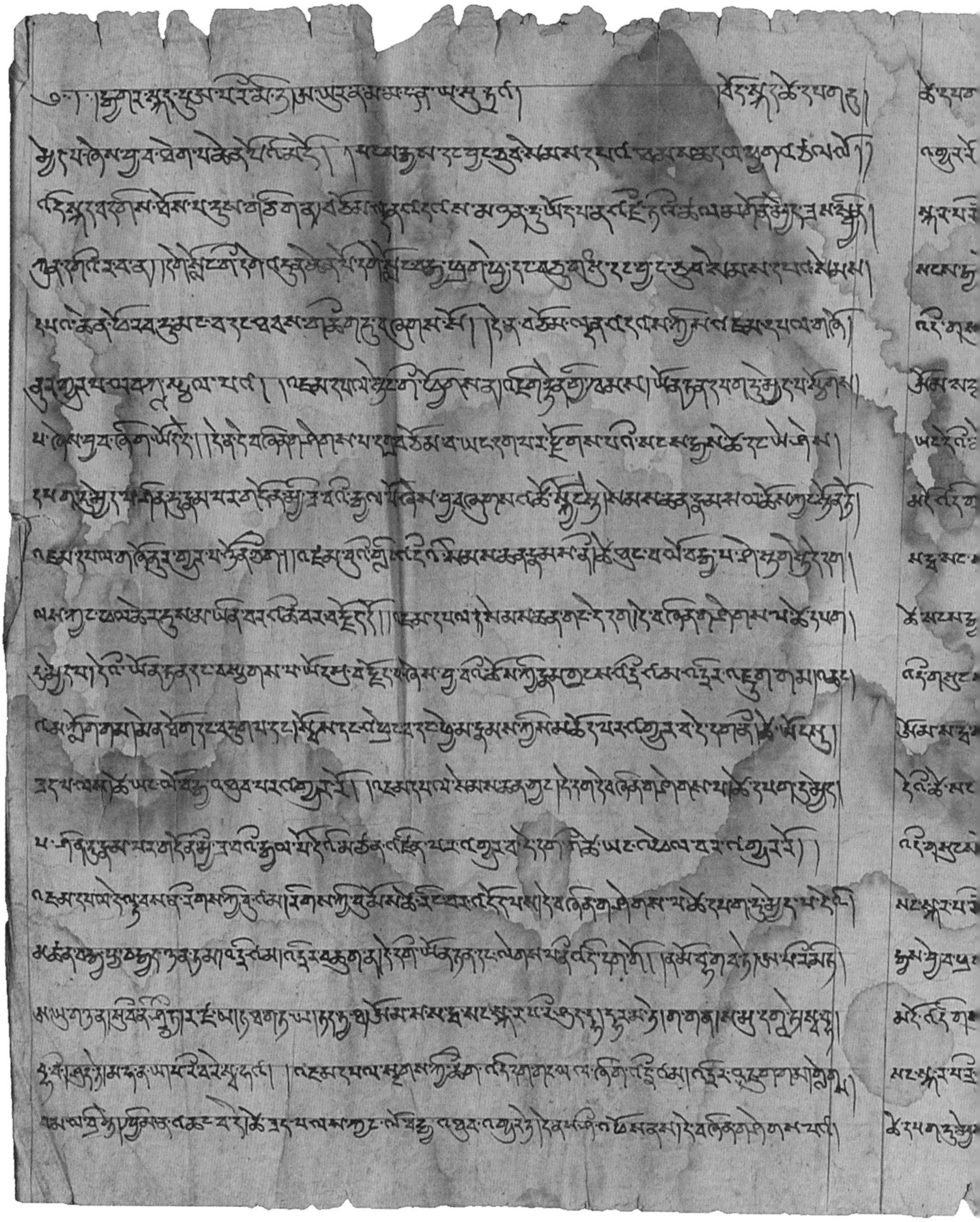

09618 大乘無量壽宗要經 藏文　九至十世紀敦煌寫本

卷軸裝。高31厘米，長668厘米。共十五紙。敦煌研究院藏。

09619 大乘無量壽宗要經 藏文 九至十世紀敦煌寫本

卷軸裝。高31.8厘米，長528厘米。共十二紙。敦煌研究院藏。

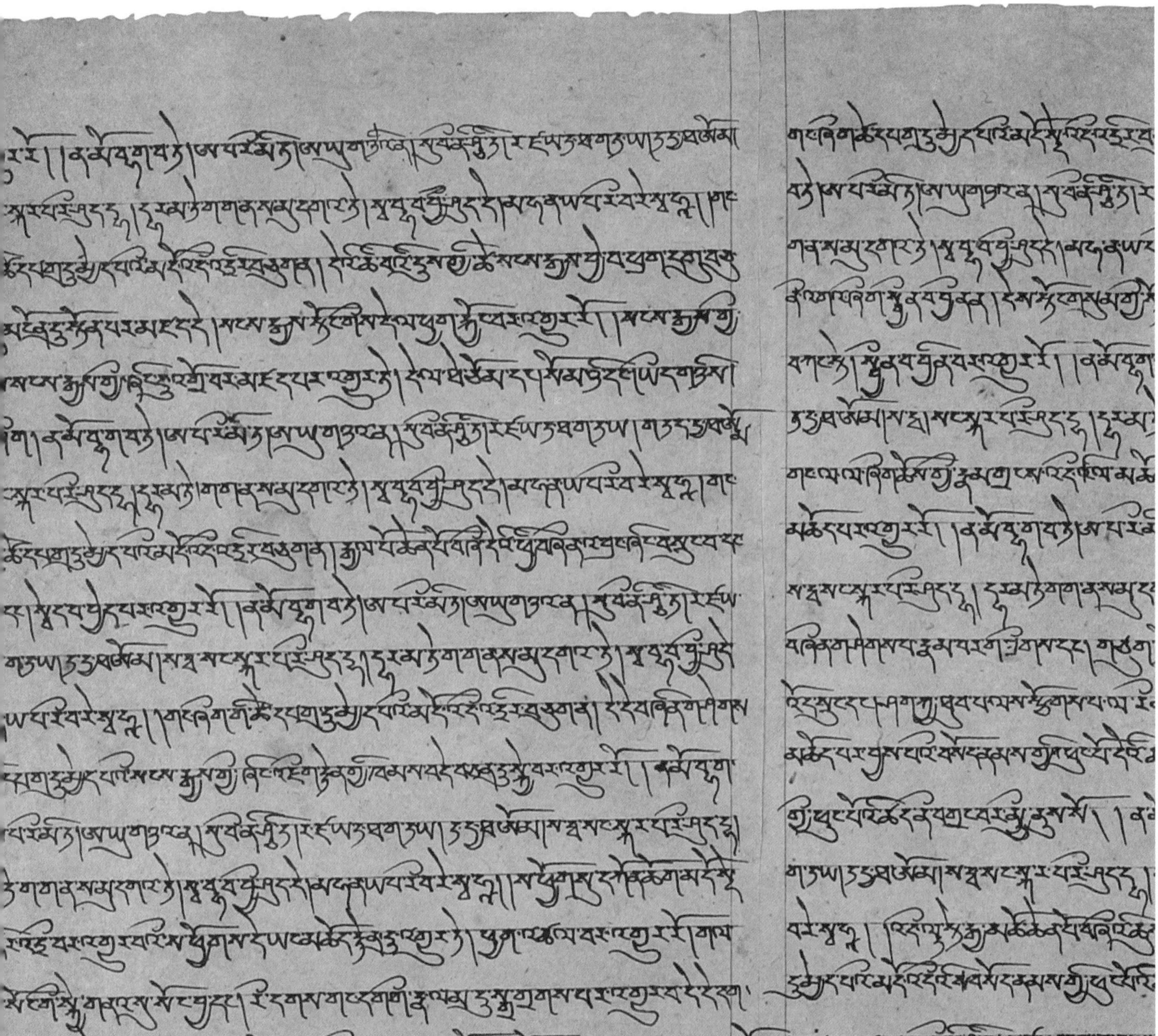

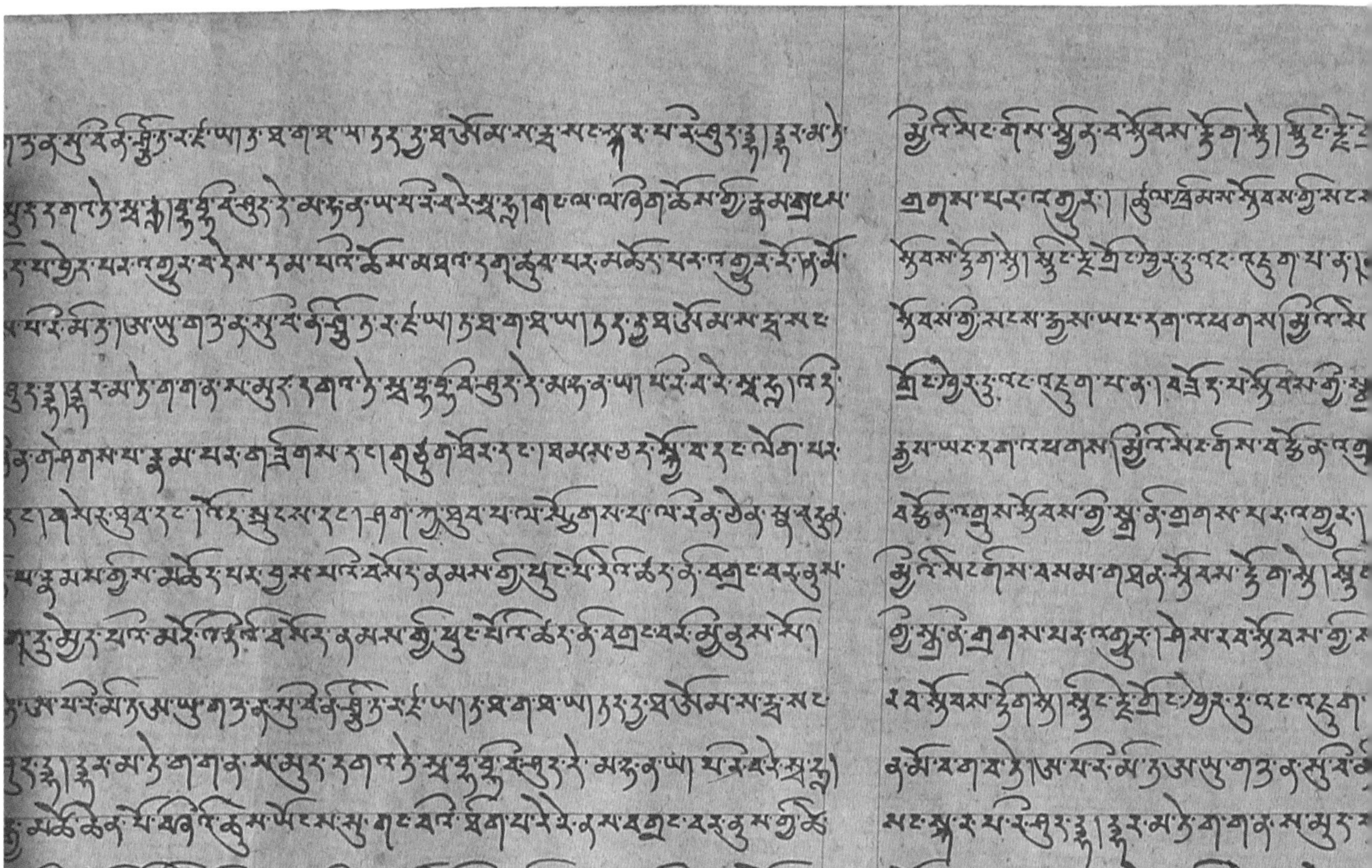

09620 大乘無量壽宗要經 藏文 九至十世紀敦煌寫本

卷軸裝。高31.3厘米，長404厘米。共九紙。敦煌研究院藏。

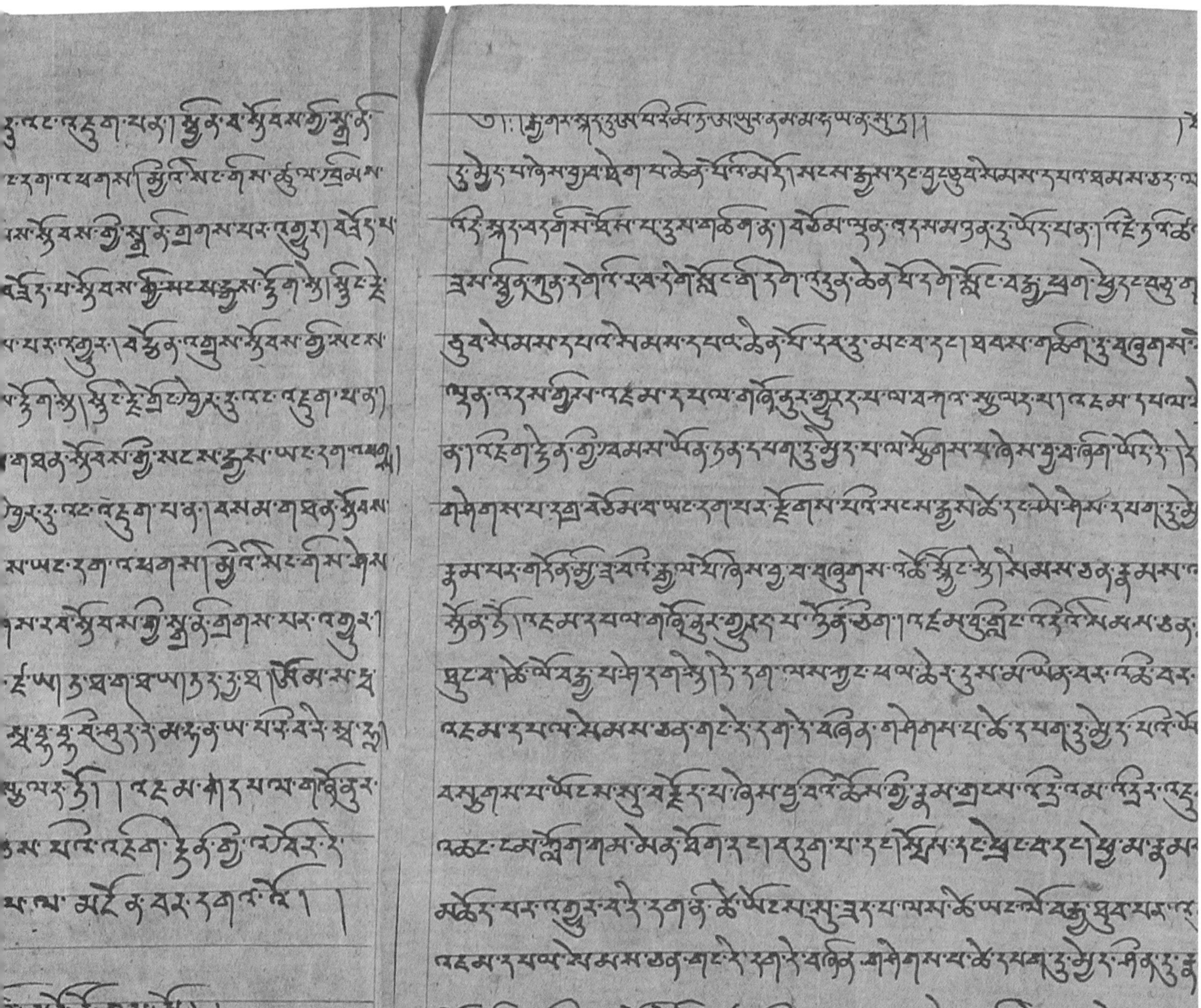

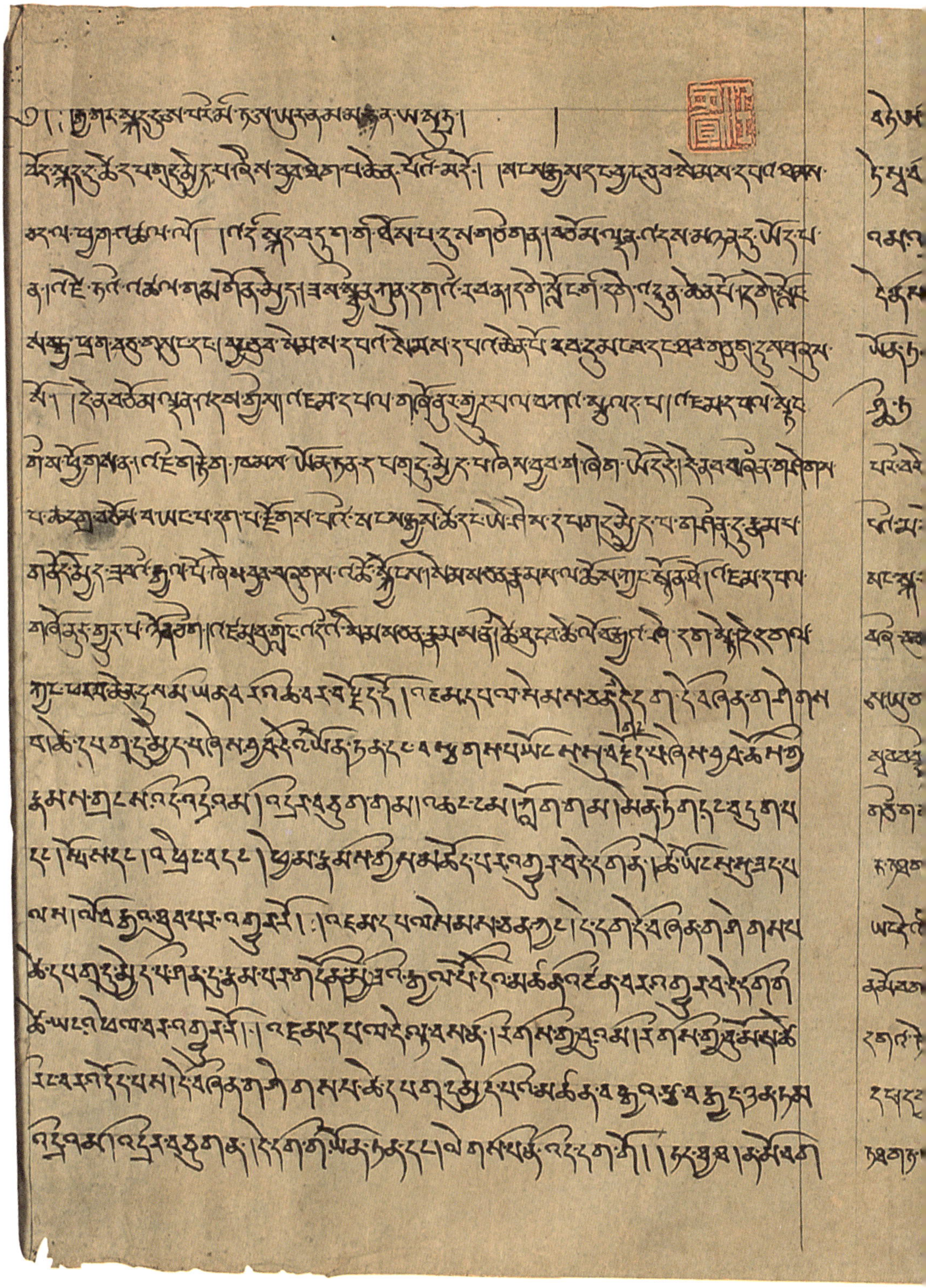

09621 大乘無量壽宗要經 藏文 九至十世紀敦煌寫本

卷軸裝。高31.2厘米，長675.5厘米。共十五紙。敦煌研究院藏。

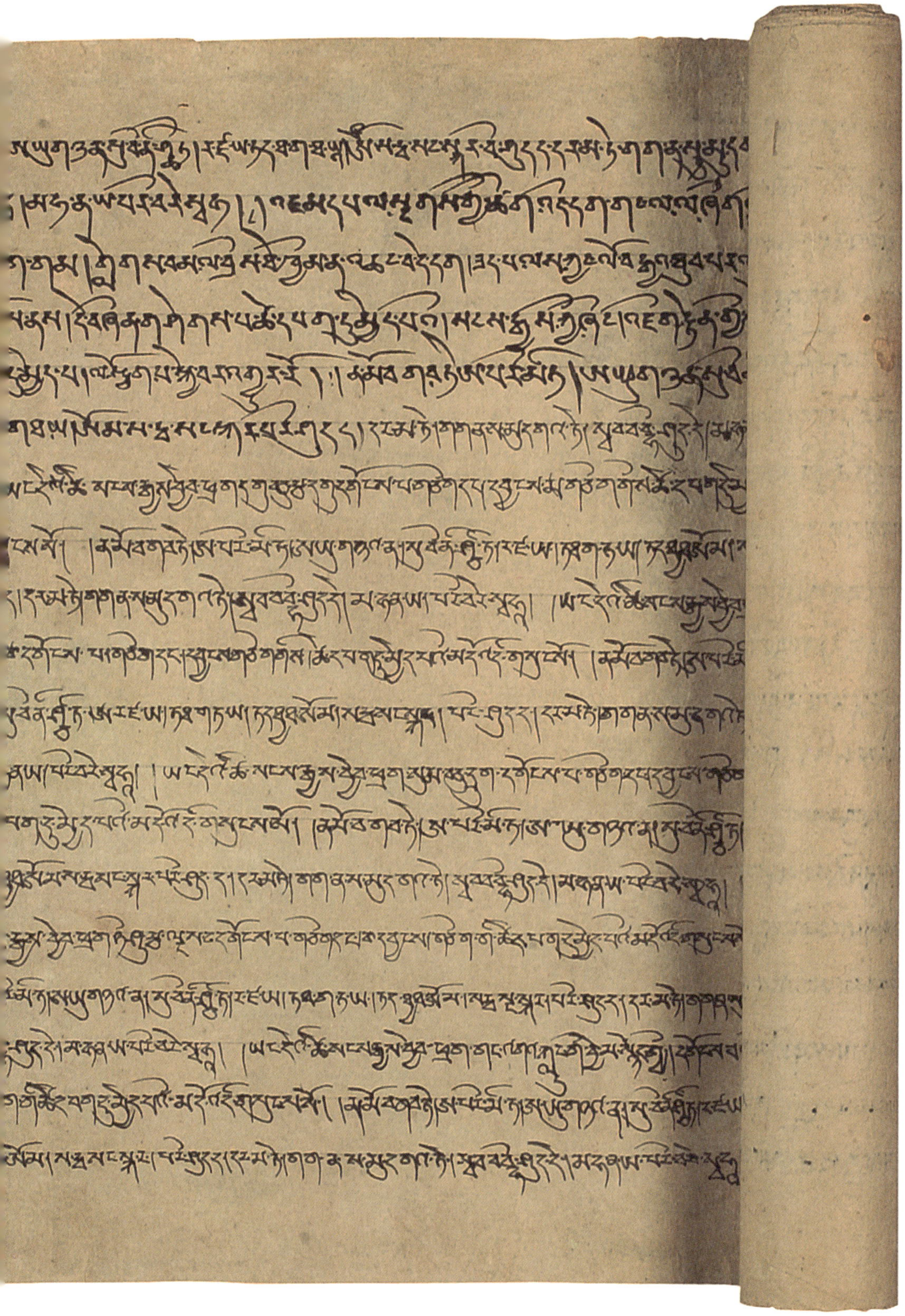

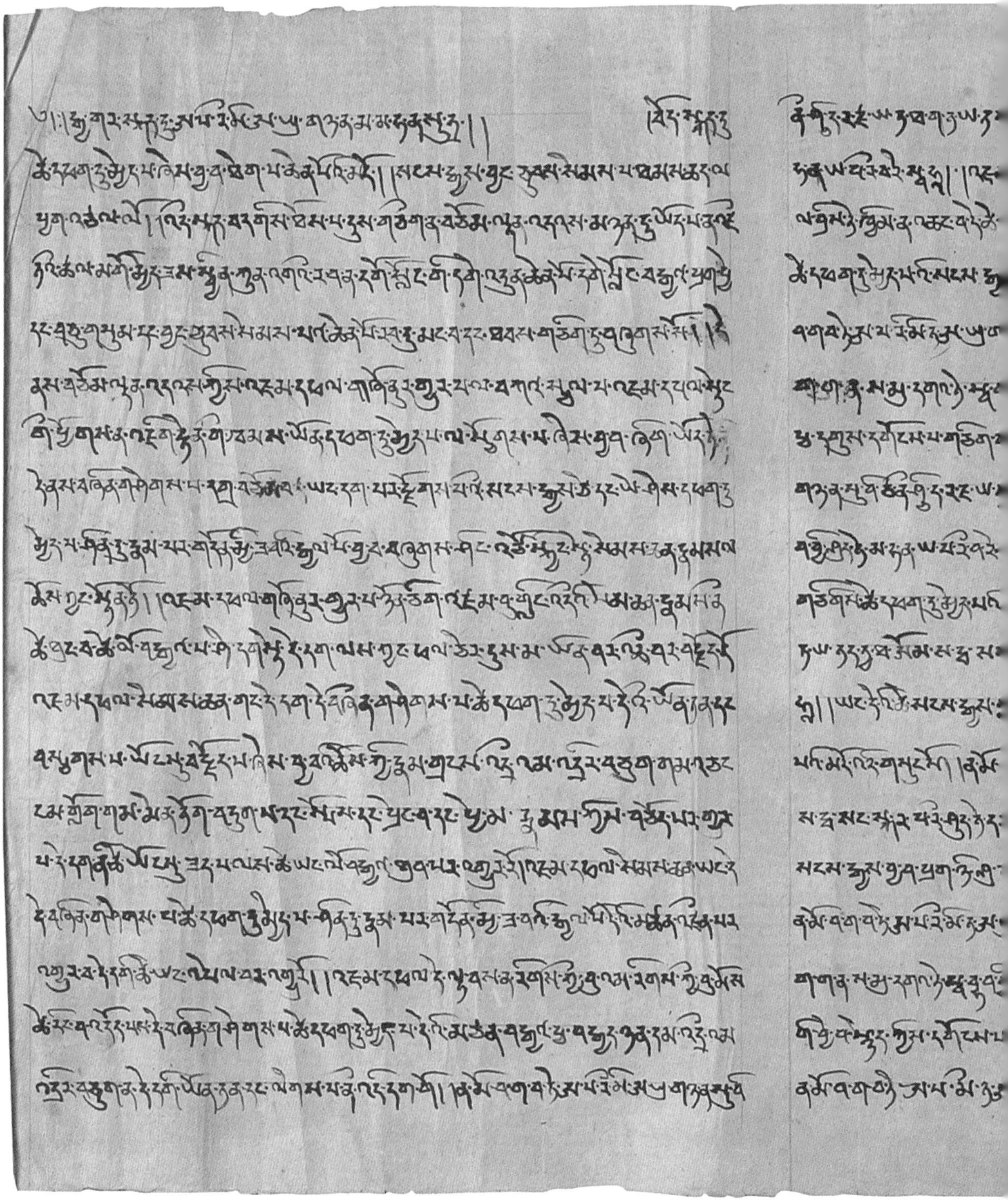

09622 大乘無量壽宗要經 藏文 九至十世紀敦煌寫本

卷軸裝。高31厘米，長590.5厘米。共十五紙。敦煌研究院藏。

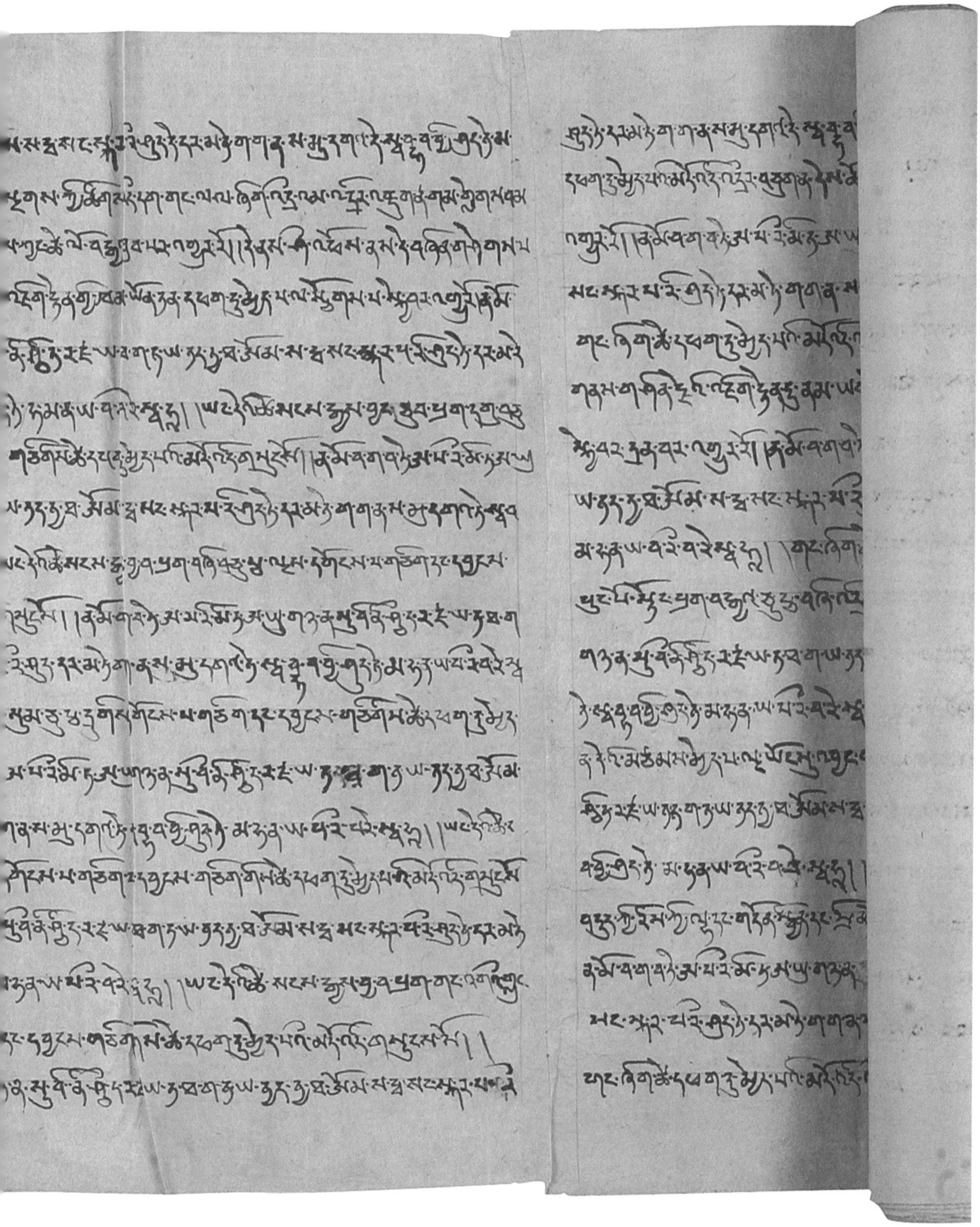

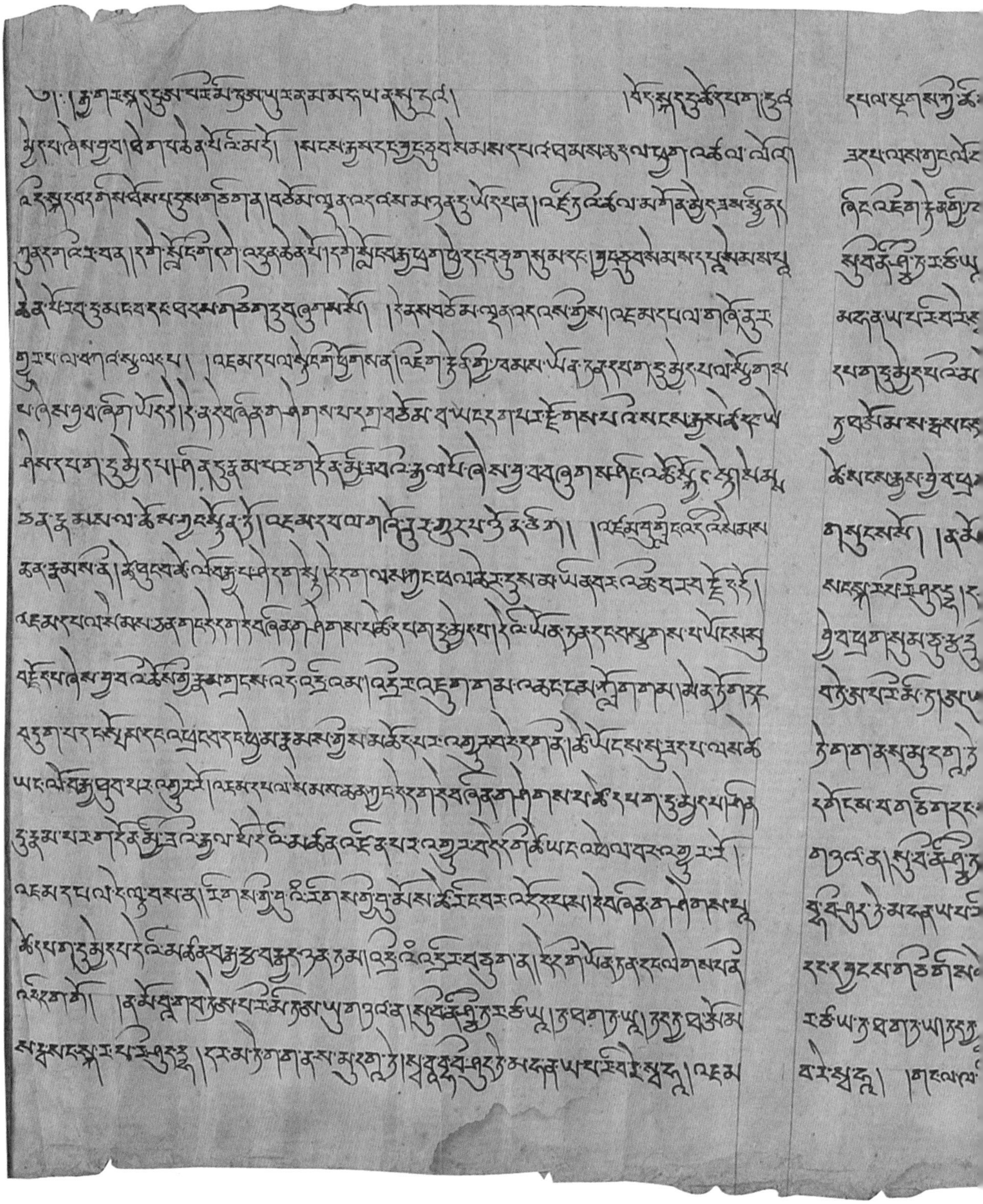

09623 大乘無量壽宗要經 藏文 九至十世紀敦煌寫本

卷軸裝。高31厘米，長668厘米。共十五紙。敦煌研究院藏。

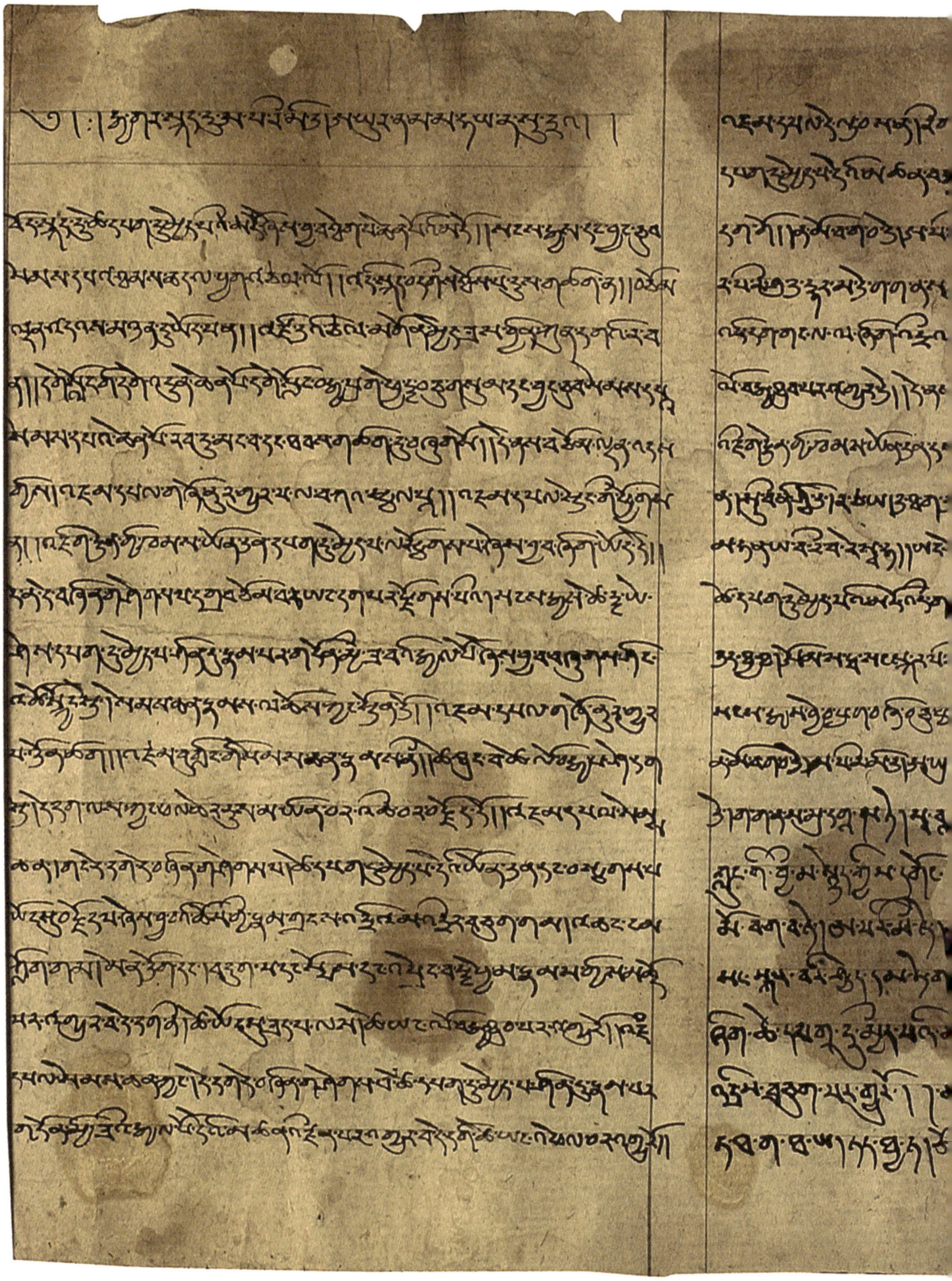

09624 大乘無量壽宗要經 藏文 九至十世紀敦煌寫本

卷軸裝。高31.8厘米，長497厘米。共十二紙。敦煌研究院藏。

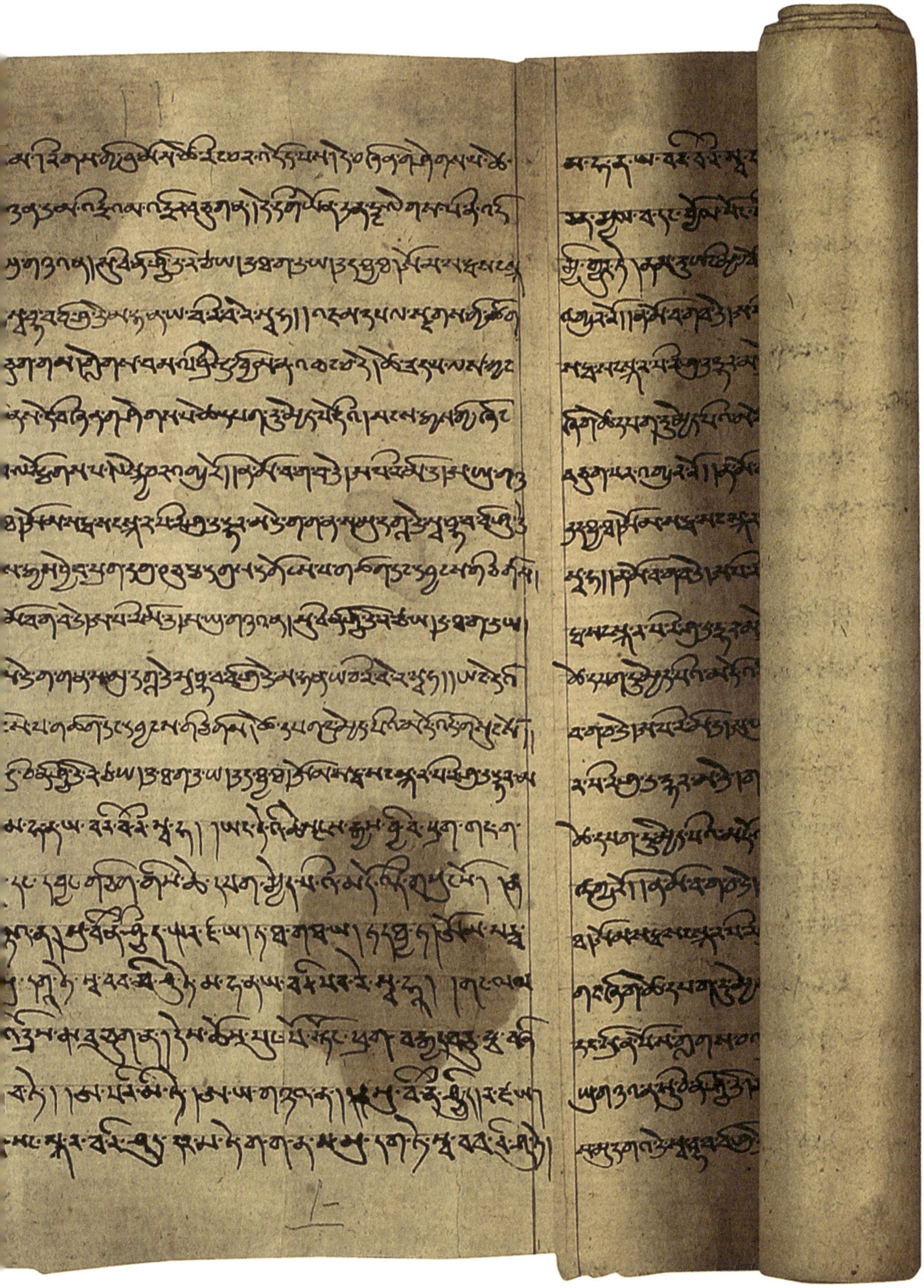

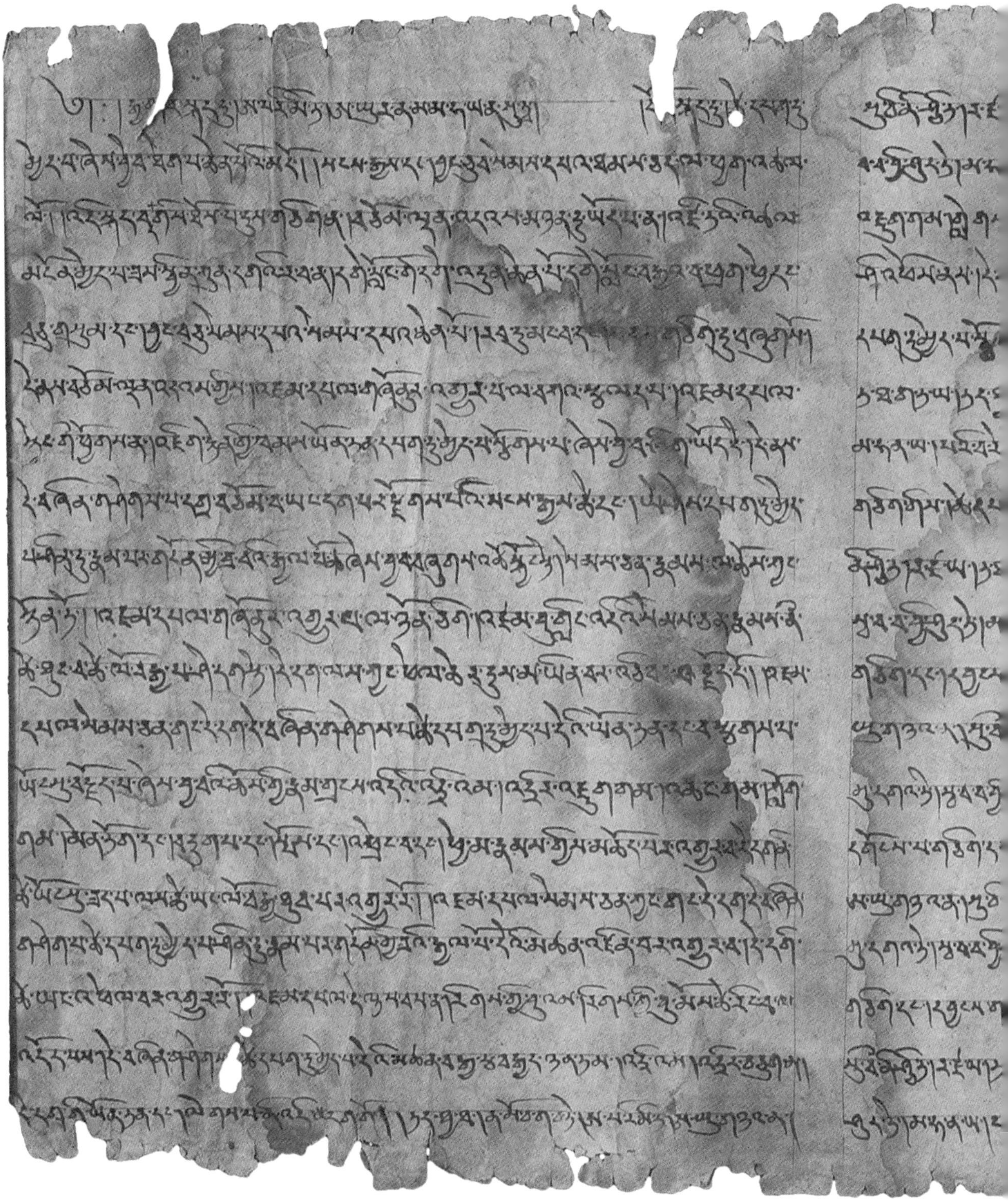

09625 大乘無量壽宗要經 藏文 九至十世紀敦煌寫本

卷軸裝。高34厘米，長549厘米。共十二紙。敦煌研究院藏。

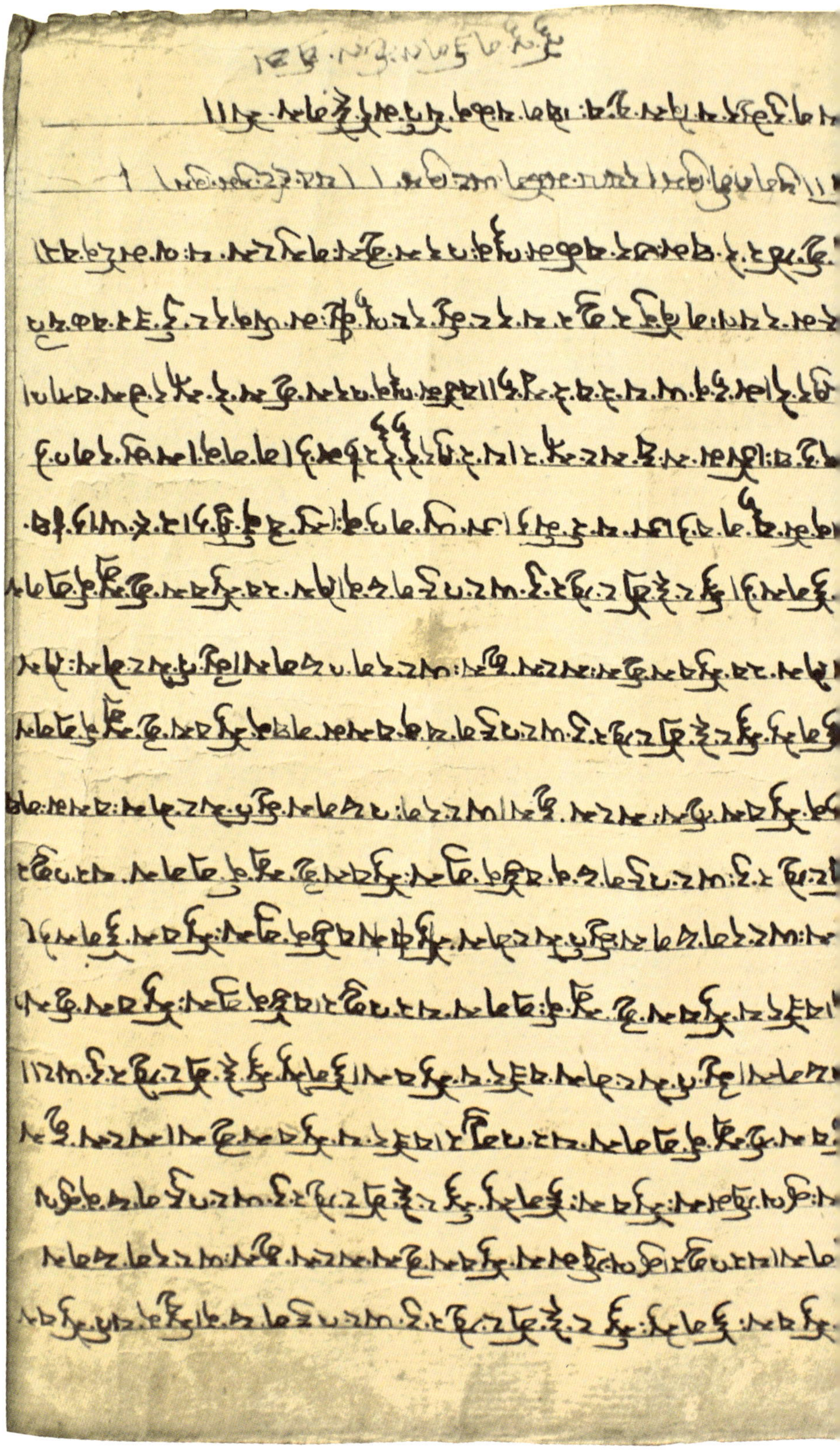

09626 大乘無量壽宗要經 藏文 九至十世紀敦煌寫本

卷軸裝。高31.2厘米，長138.4厘米。共三紙。酒泉市博物館藏。

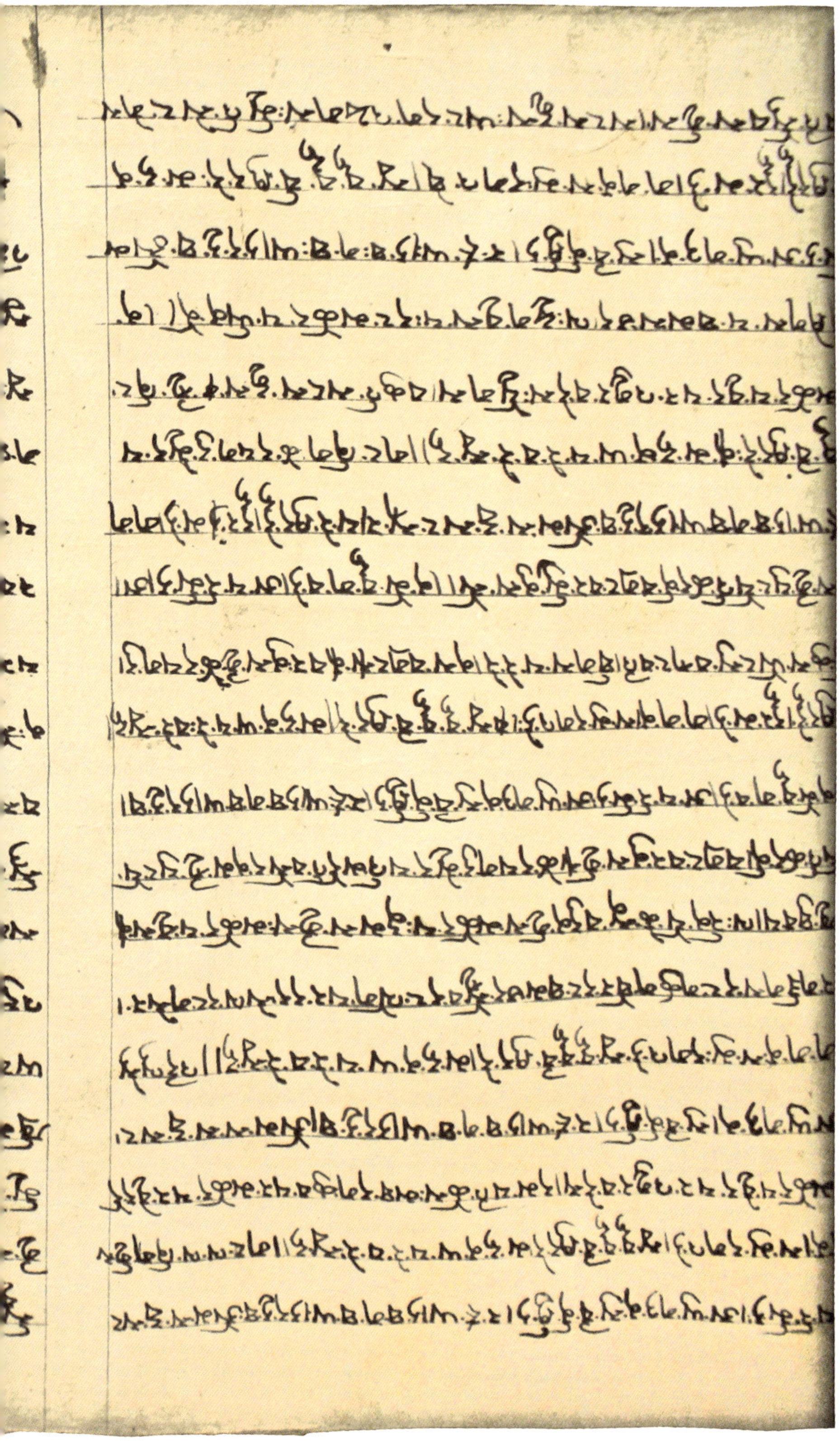

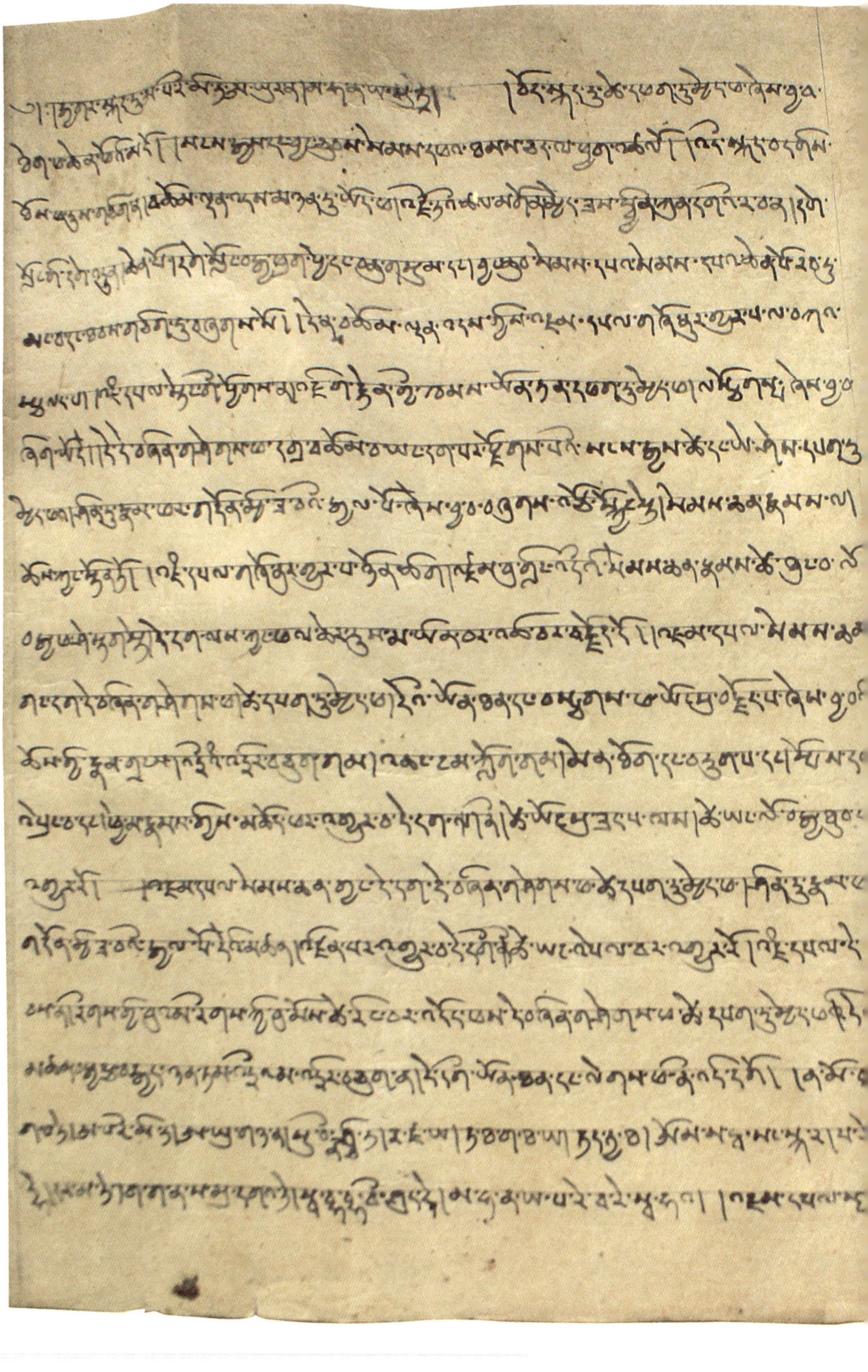

09627 大乘無量壽宗要經 藏文 九至十世紀敦煌寫本

卷軸裝。高31.2厘米，長133.5厘米。共三紙。酒泉市博物館藏。

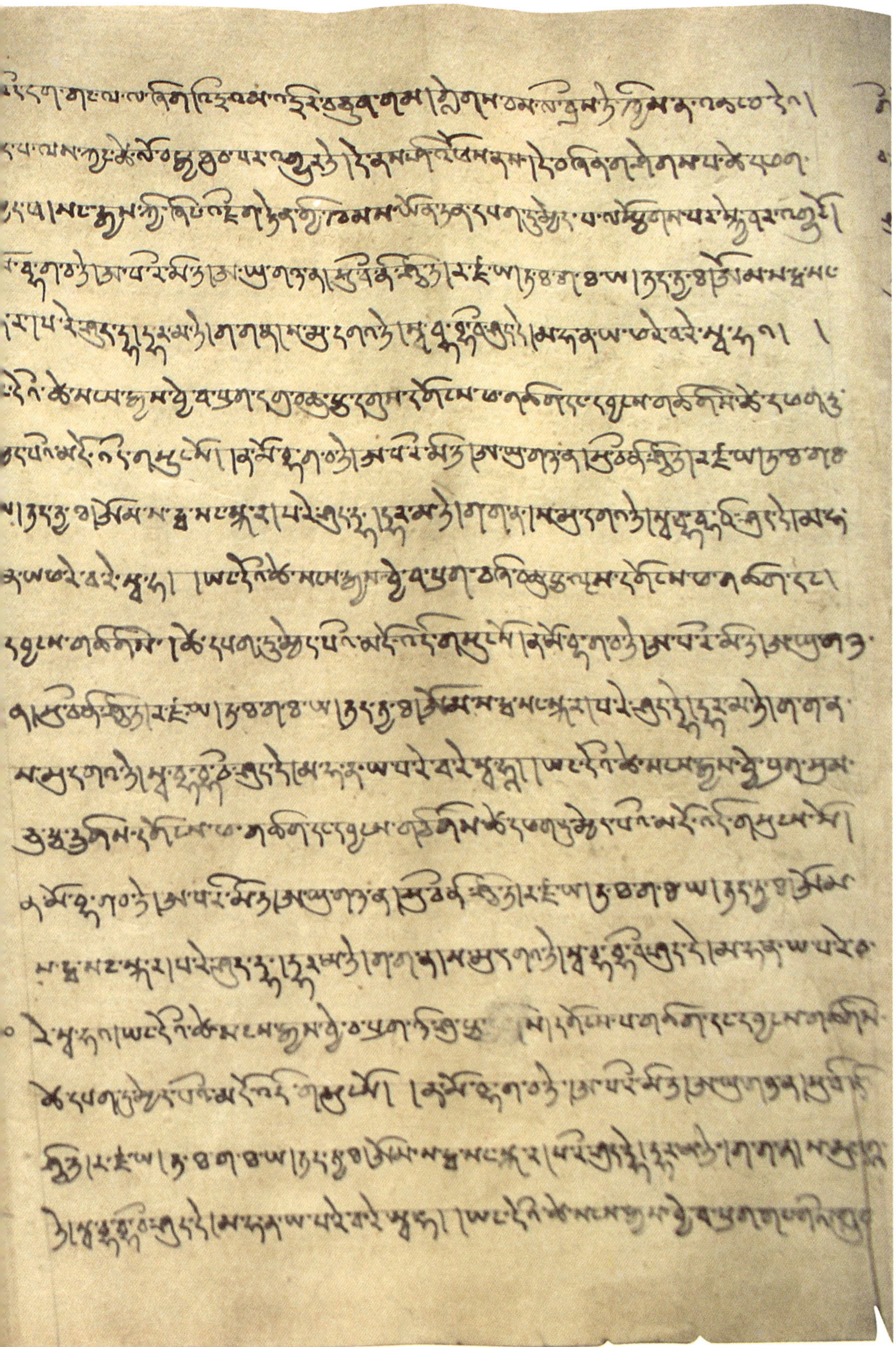

09630 般若波羅蜜多心經 藏文 九至十世紀寫本

卷軸裝。高32厘米，長61.5厘米。敦煌研究院藏。

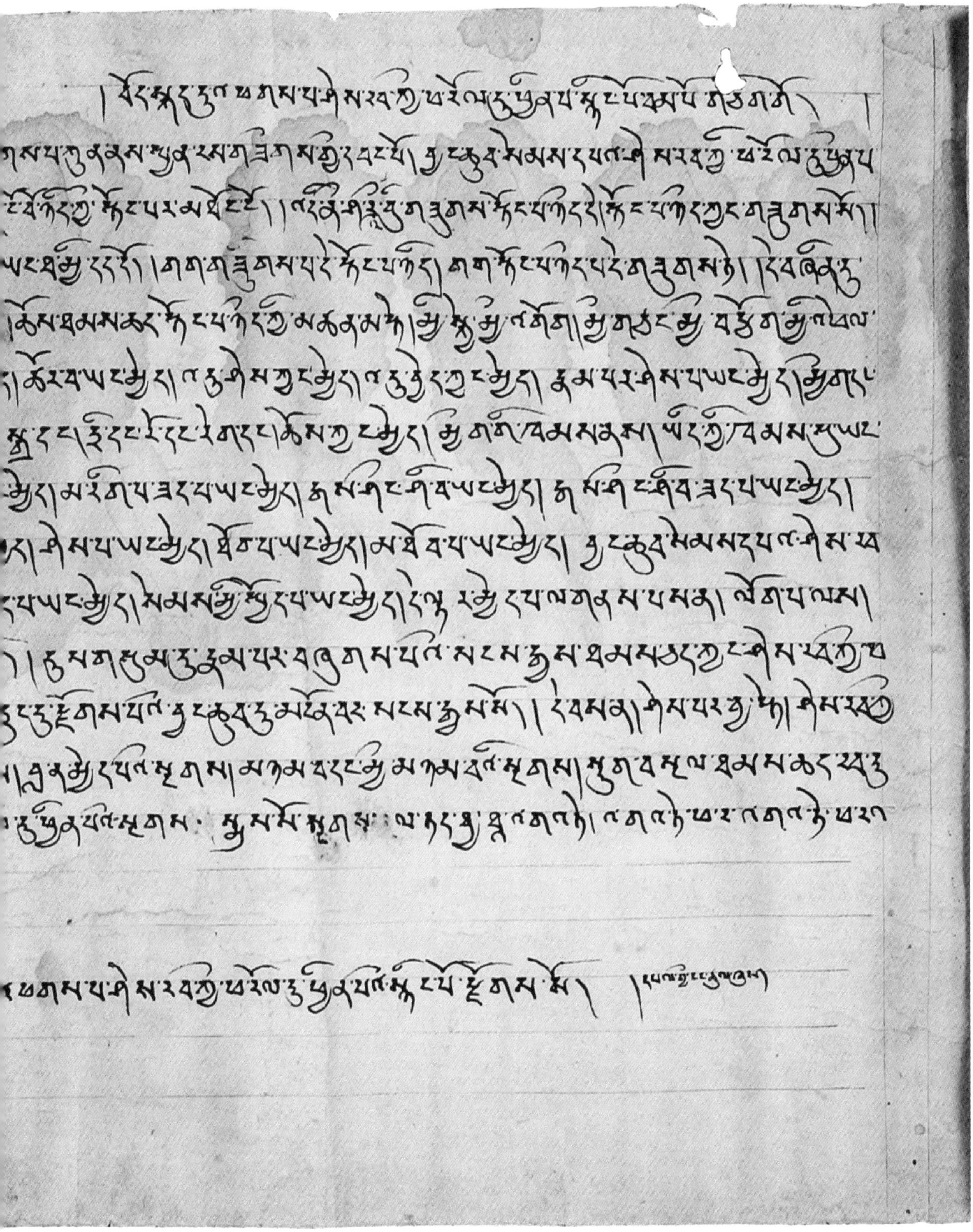

09631 般若波羅蜜多心經 藏文　貝吉昂楚校　九至十世紀寫本

卷軸裝。高32厘米，長61.5厘米。敦煌研究院藏。

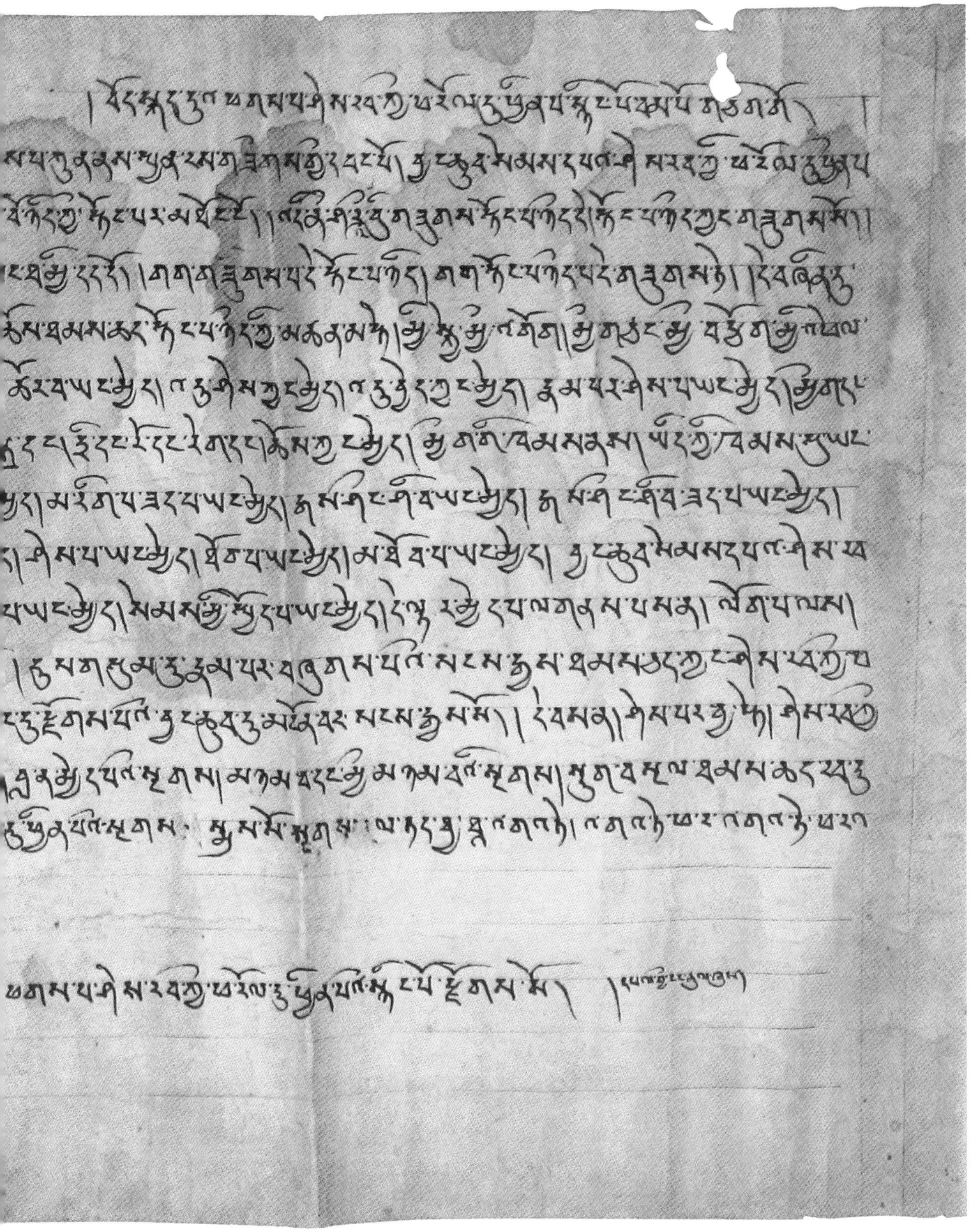

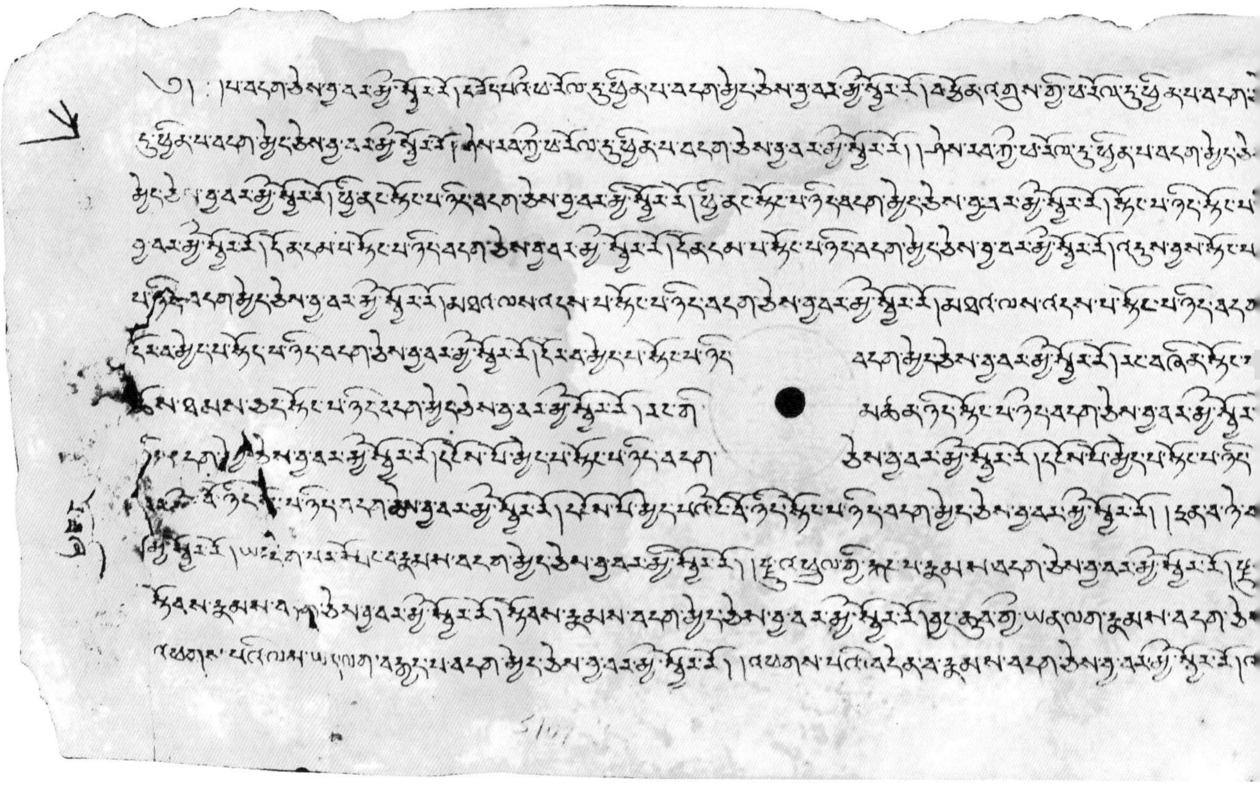

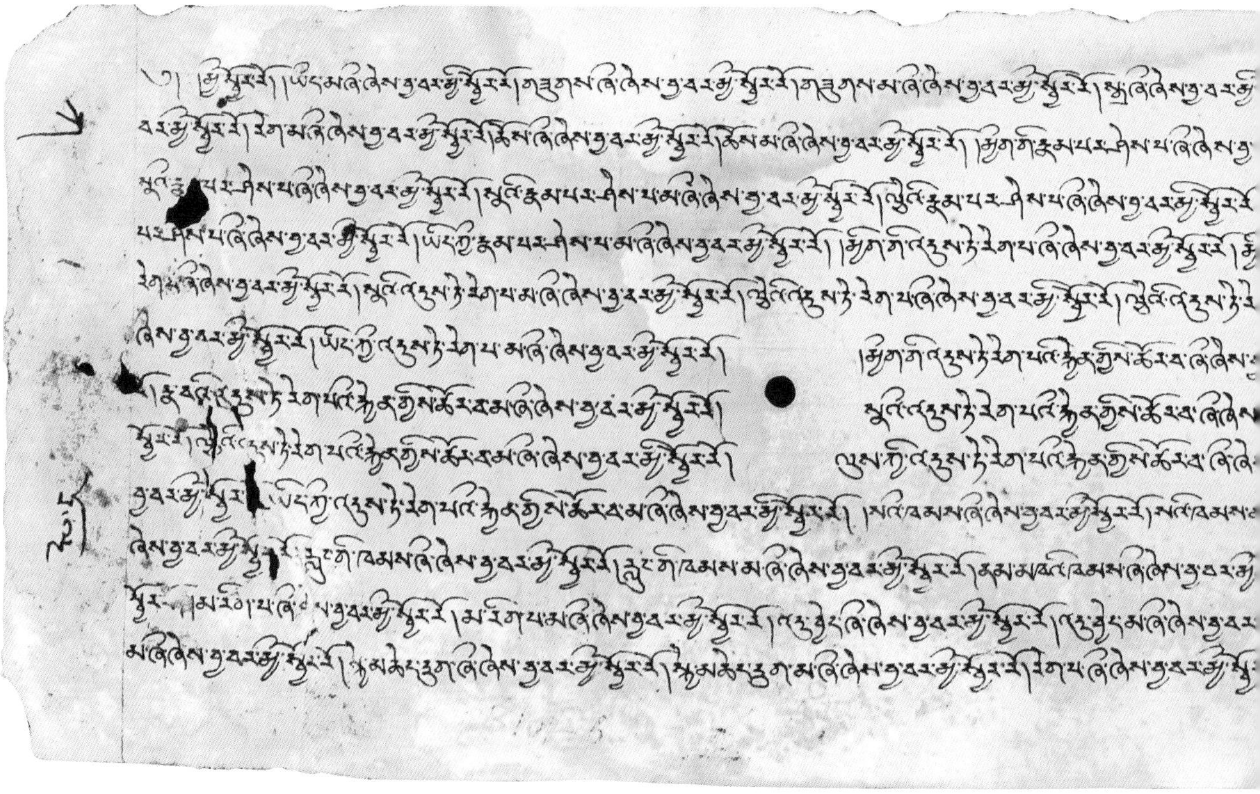

09632 般若波羅蜜多十萬頌第一卷第八品 藏文 九至十世紀寫本

梵夾裝。開本高20.5厘米，廣73厘米。每葉十二行。敦煌市博物館藏，存八葉。

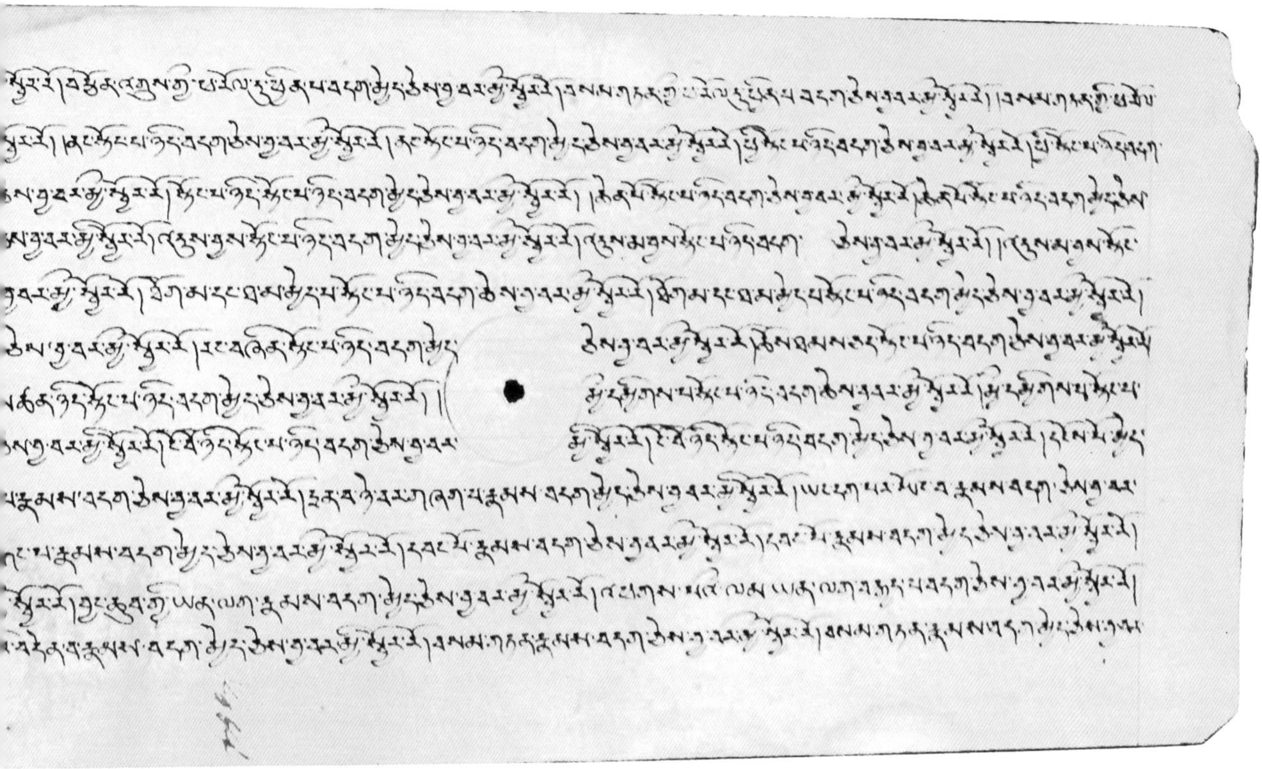

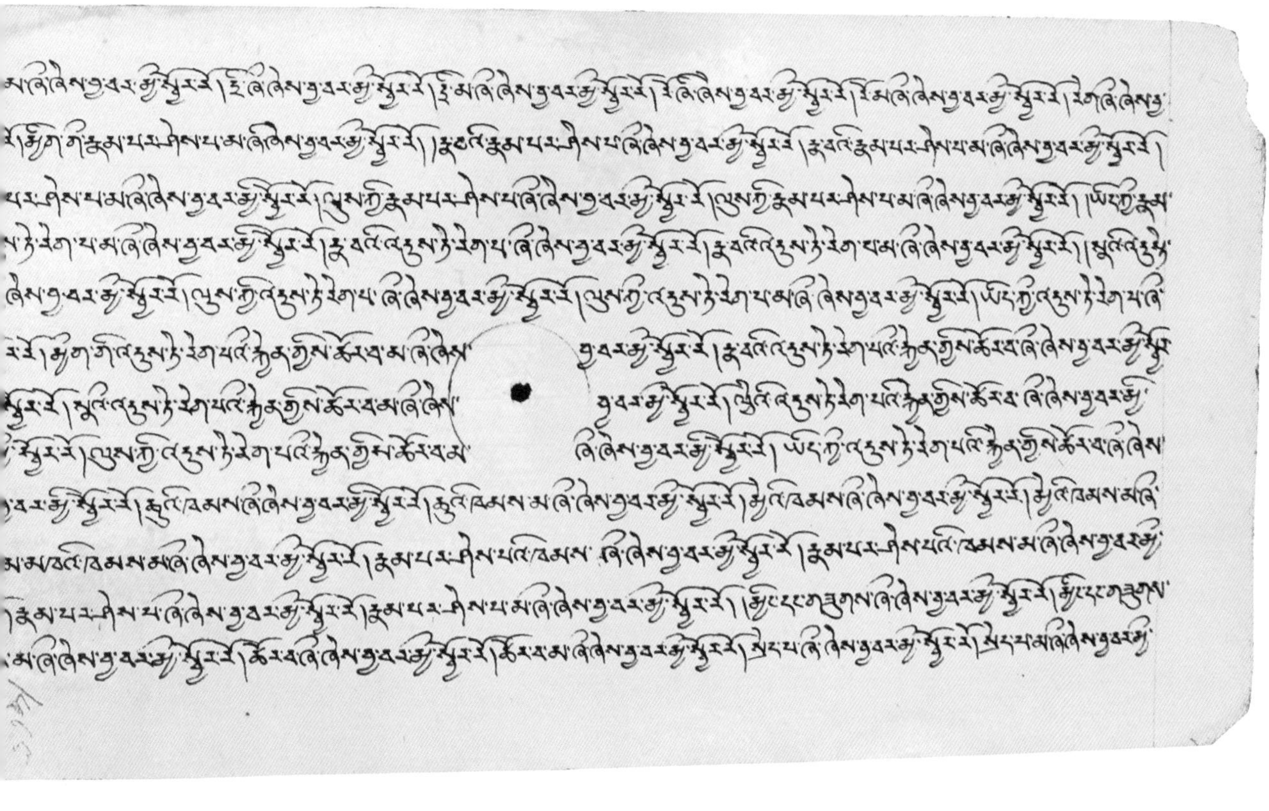

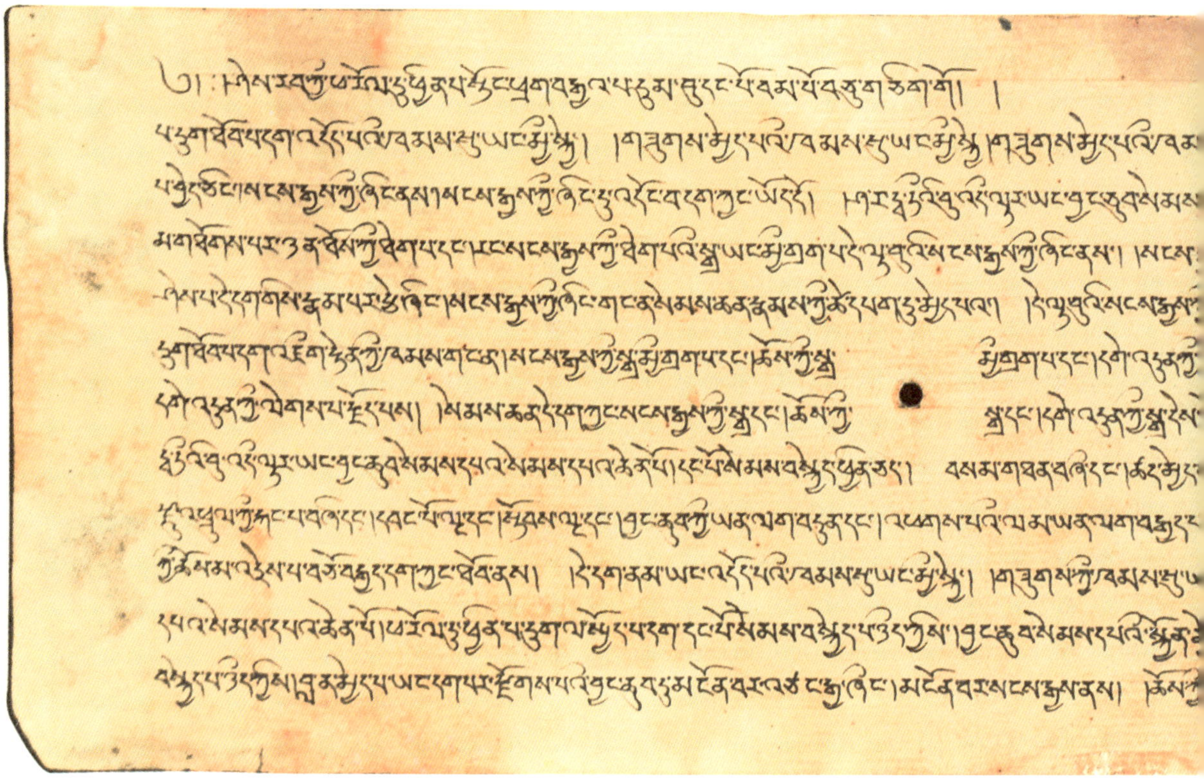

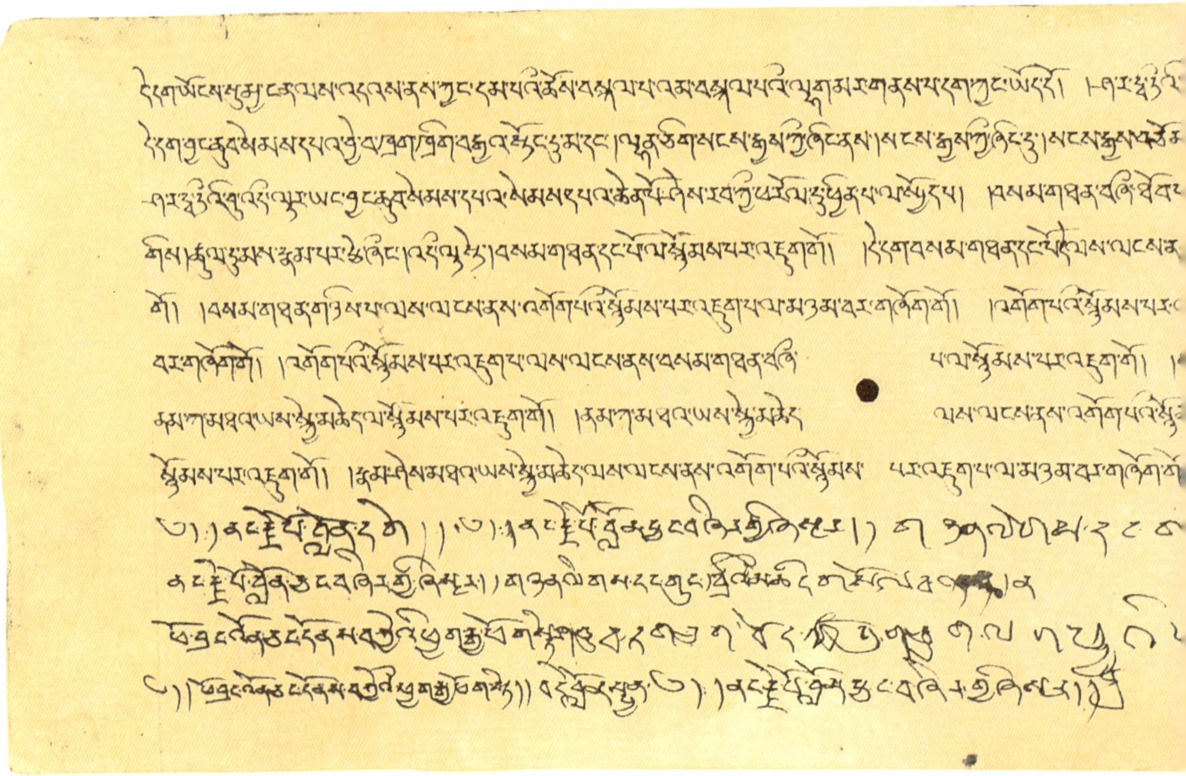

09633 般若波羅蜜多十萬頌第一卷第十一品 藏文 九至十世紀寫本

梵夾裝。開本高20.3厘米，廣66.4厘米。每葉十二行。敦煌市博物館藏。

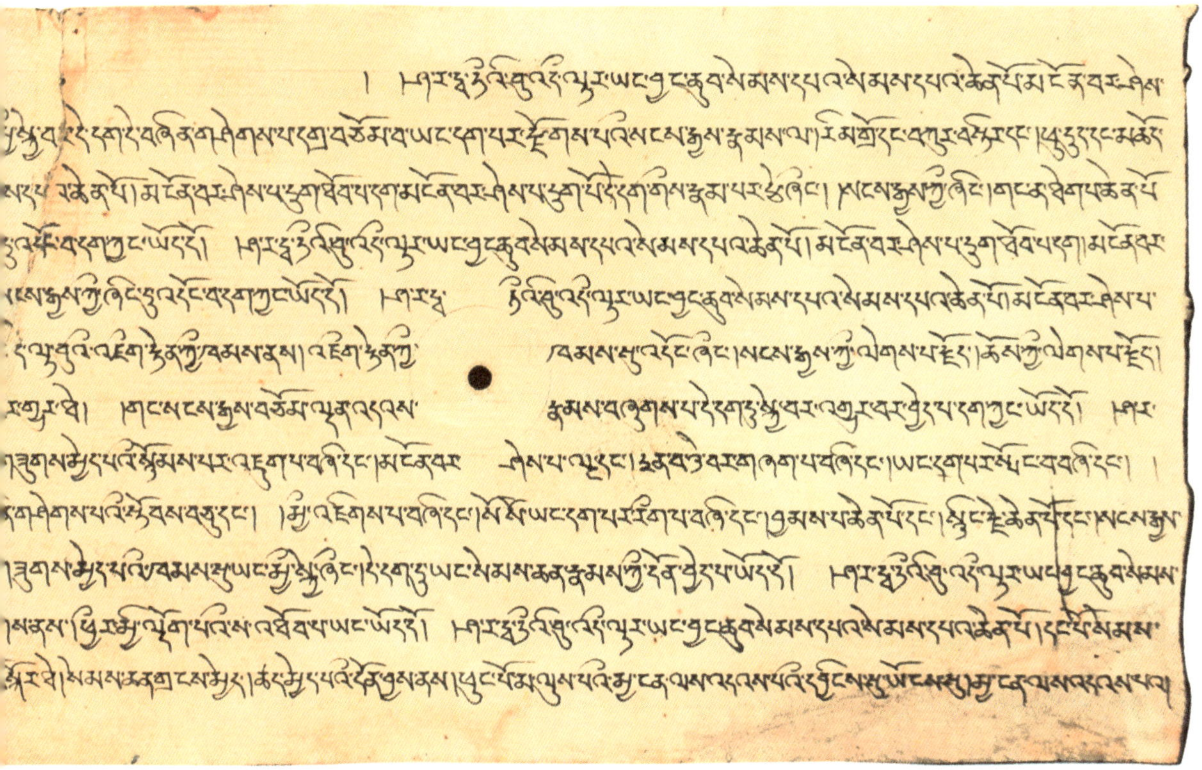

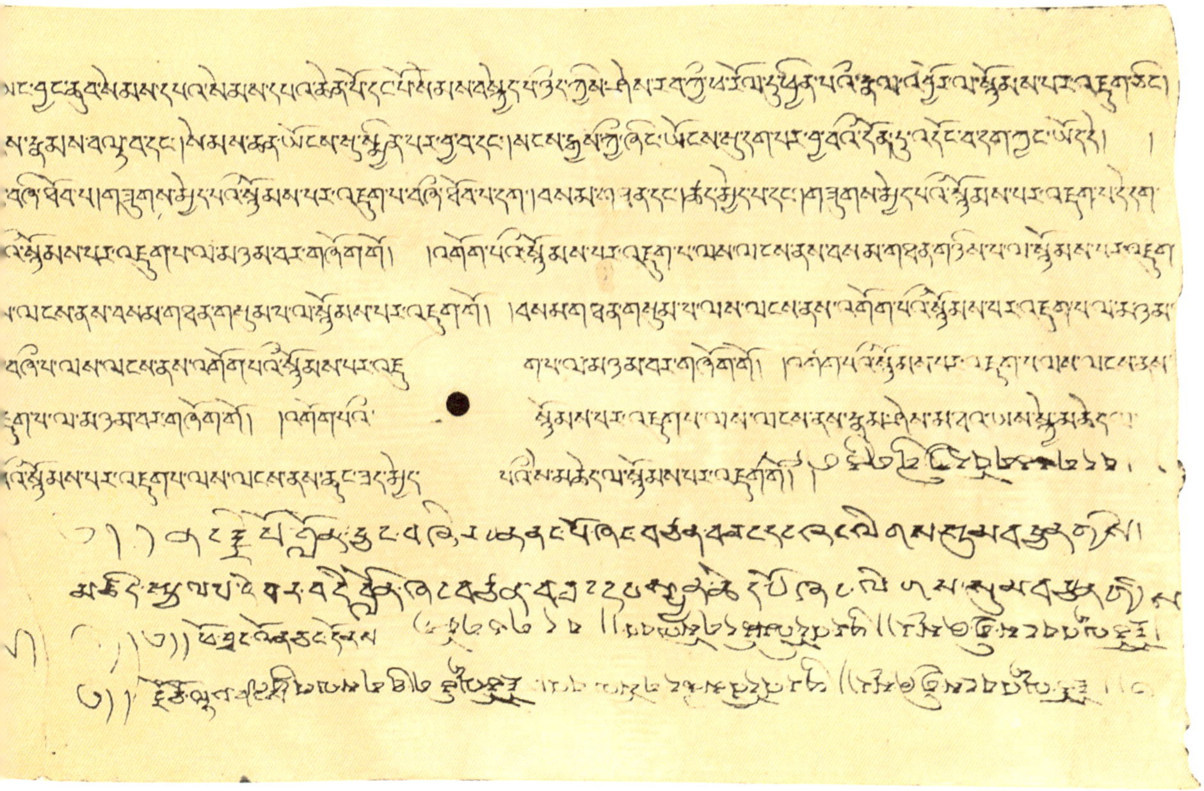

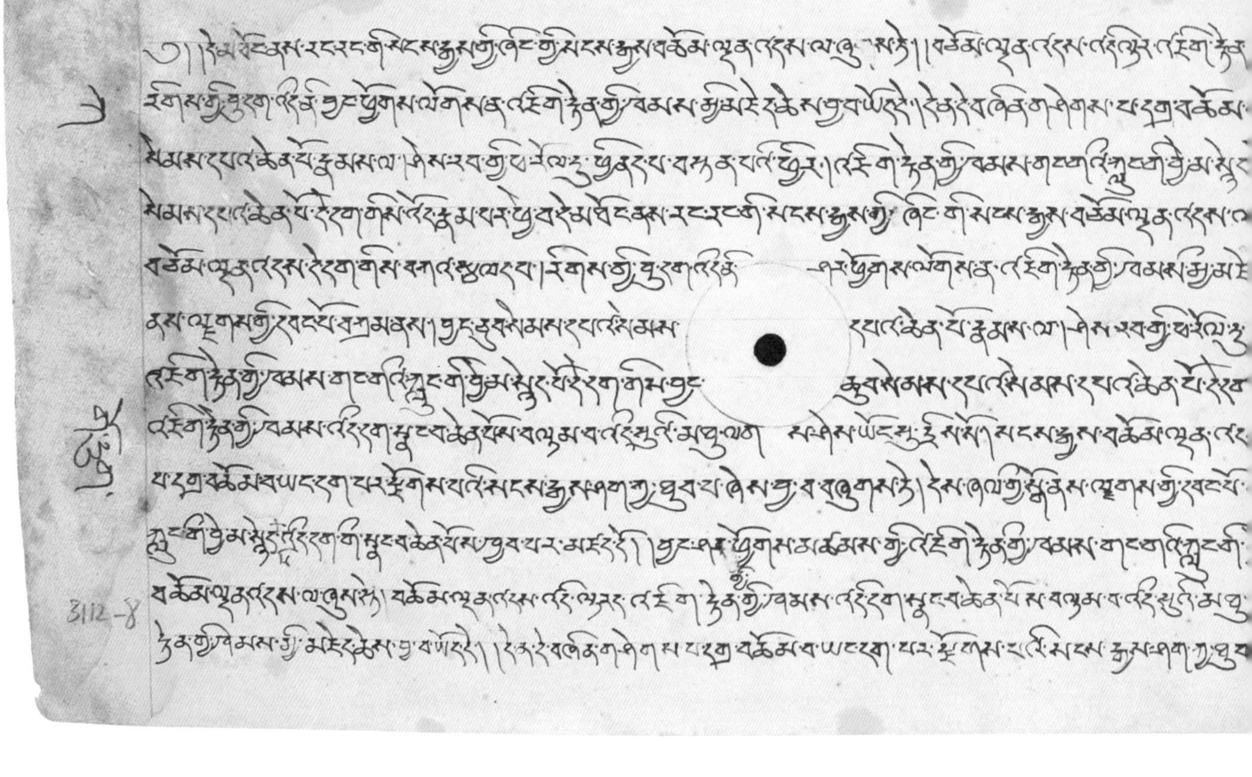

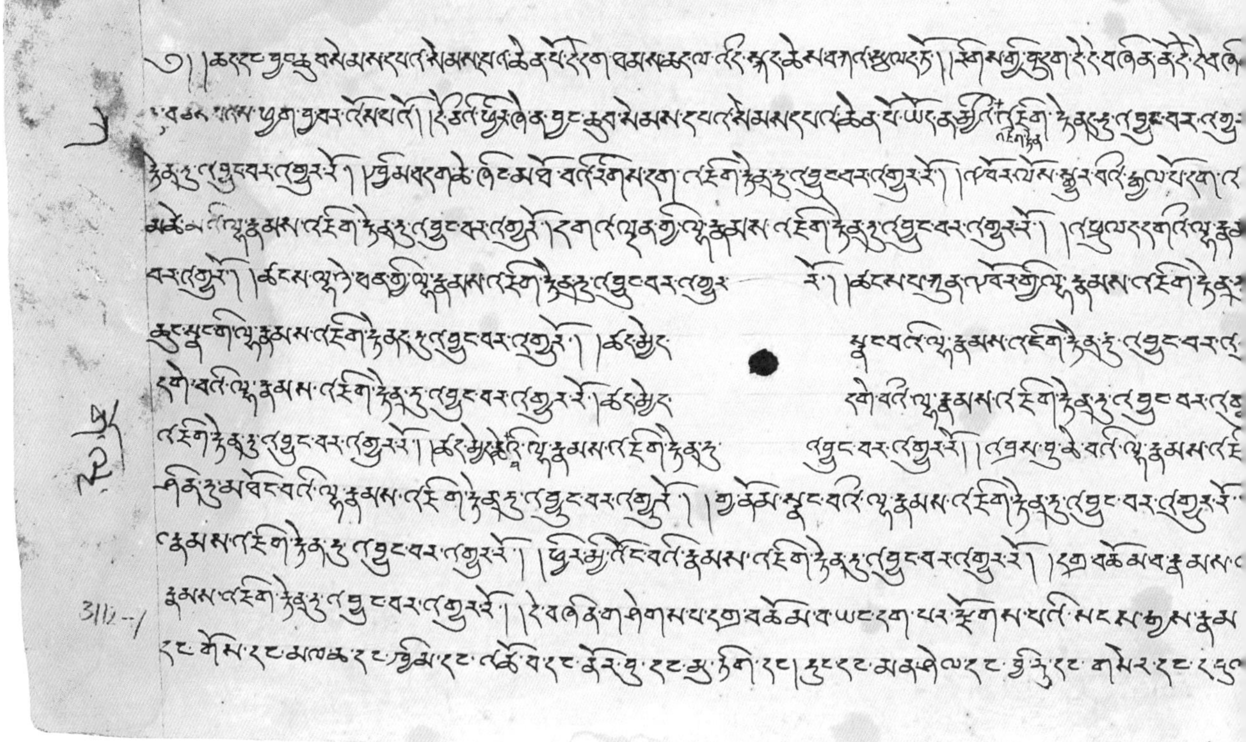

09634 般若波羅蜜多十萬頌第一卷第十二品 藏文 九至十世紀寫本

梵夾裝。開本高20.5厘米，廣73厘米。每葉十二行。敦煌市博物館藏，存九葉。

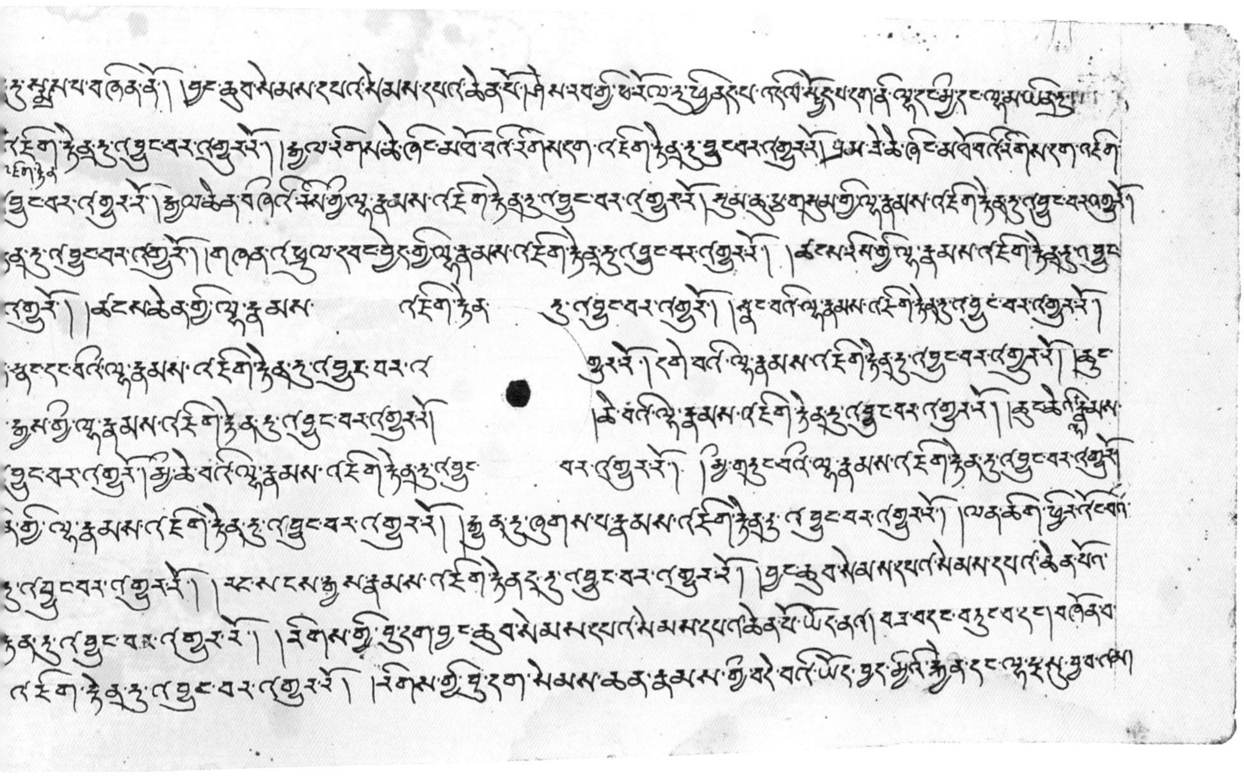

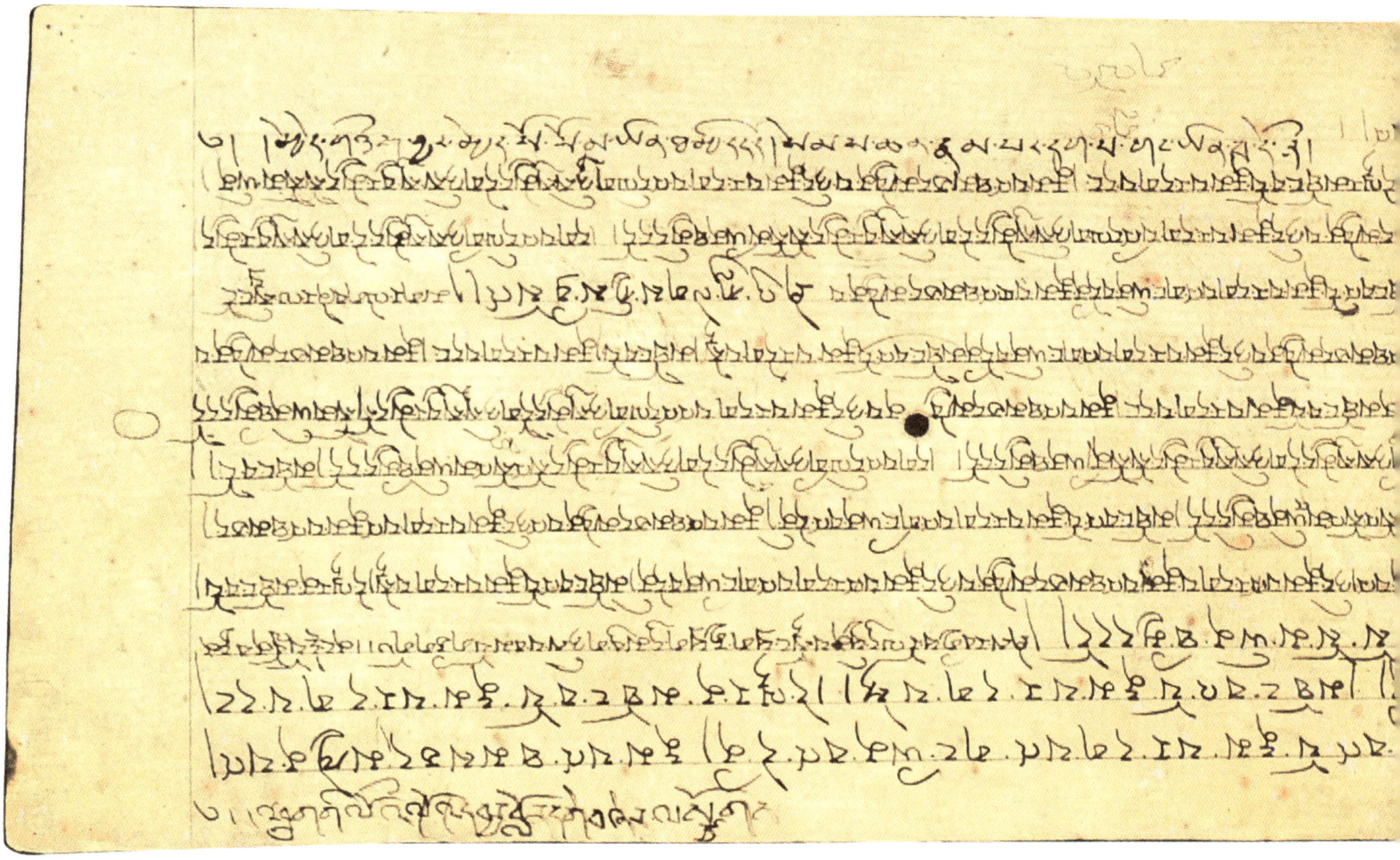

09635 般若波羅蜜多十萬頌第二卷第一品 藏文 九至十世紀寫本

梵夾裝。開本高20.5厘米，廣73厘米。每葉十二行。敦煌市博物館藏。

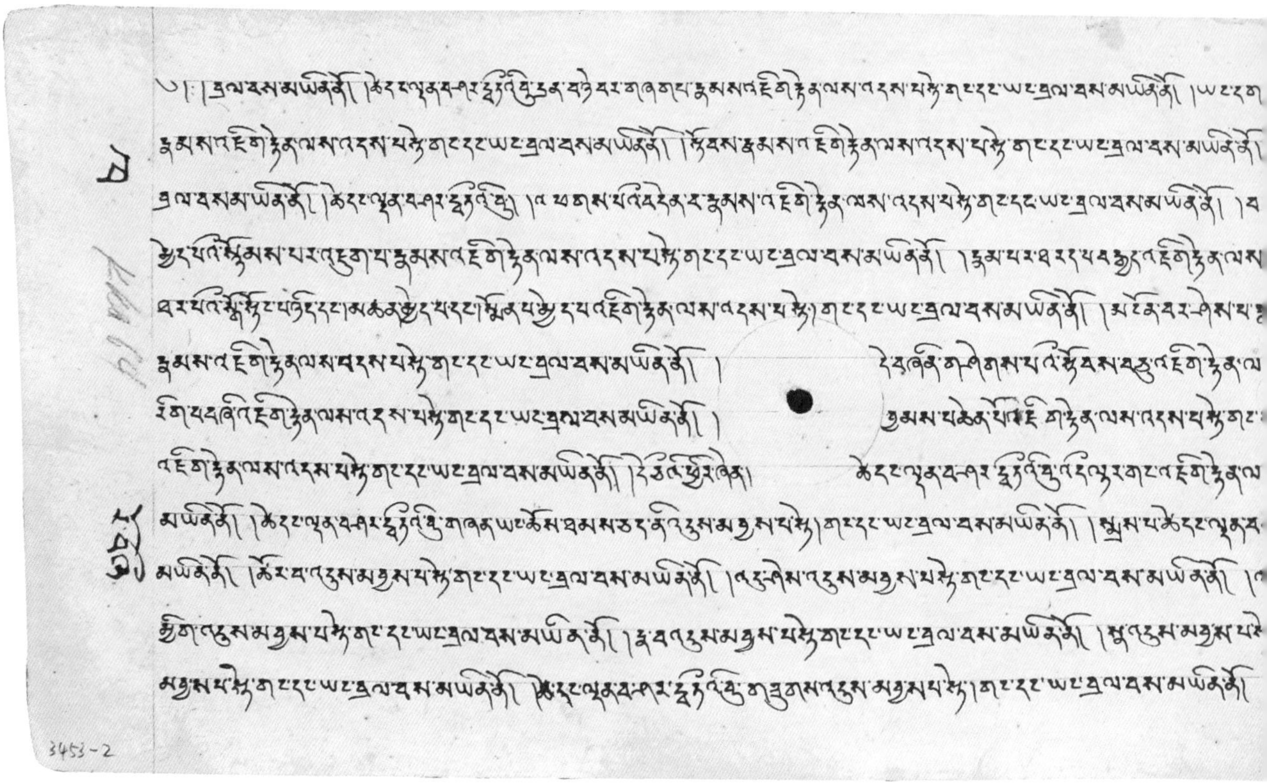

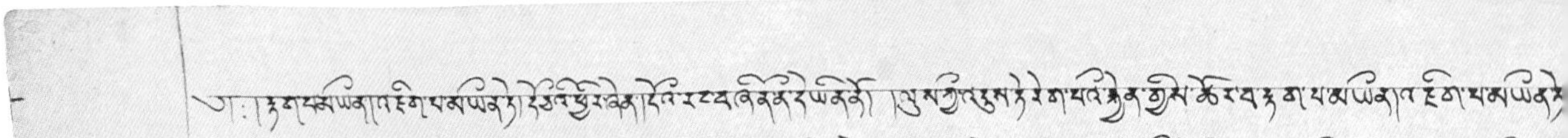

09636 般若波羅蜜多十萬頌第二卷第九、十品　藏文　九至十世紀

寫本

梵夾裝。開本高20.3厘米，廣73.5厘米。每葉十二行。敦煌市博物館藏，存十五葉。

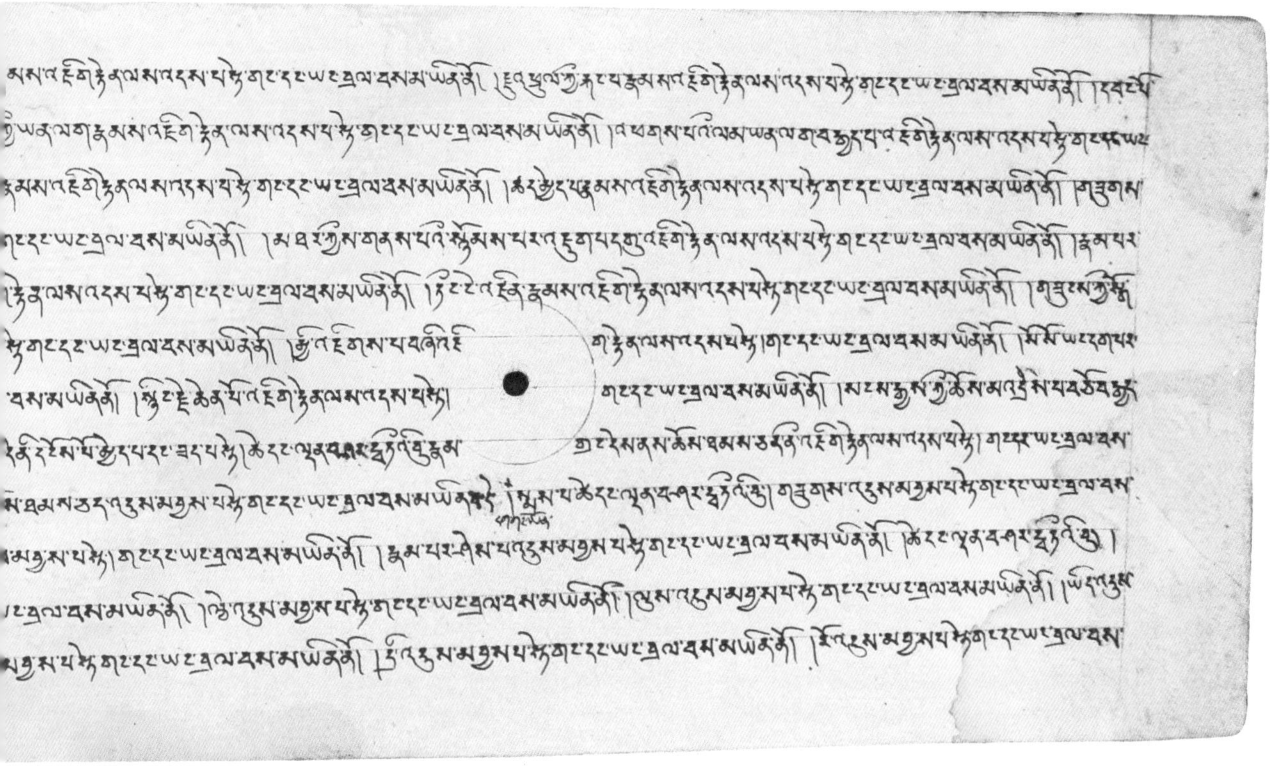

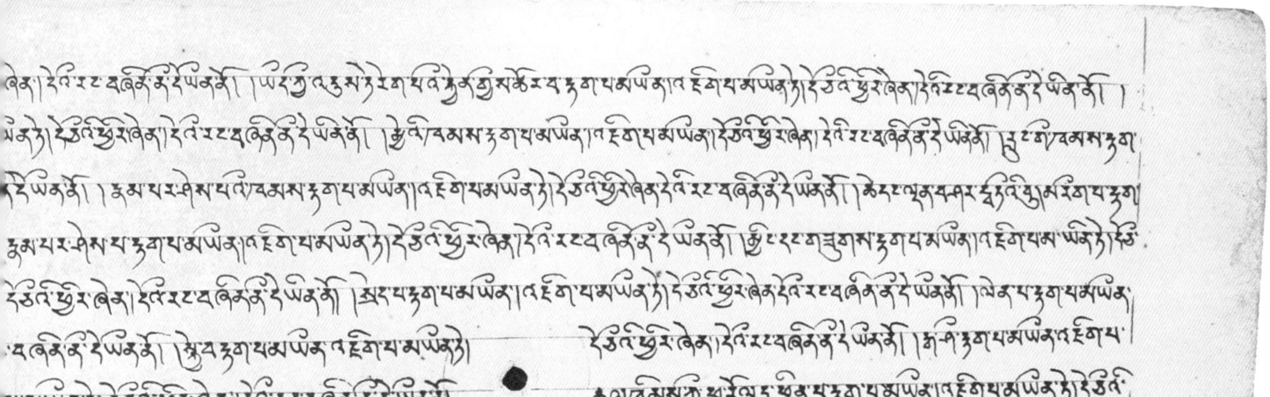

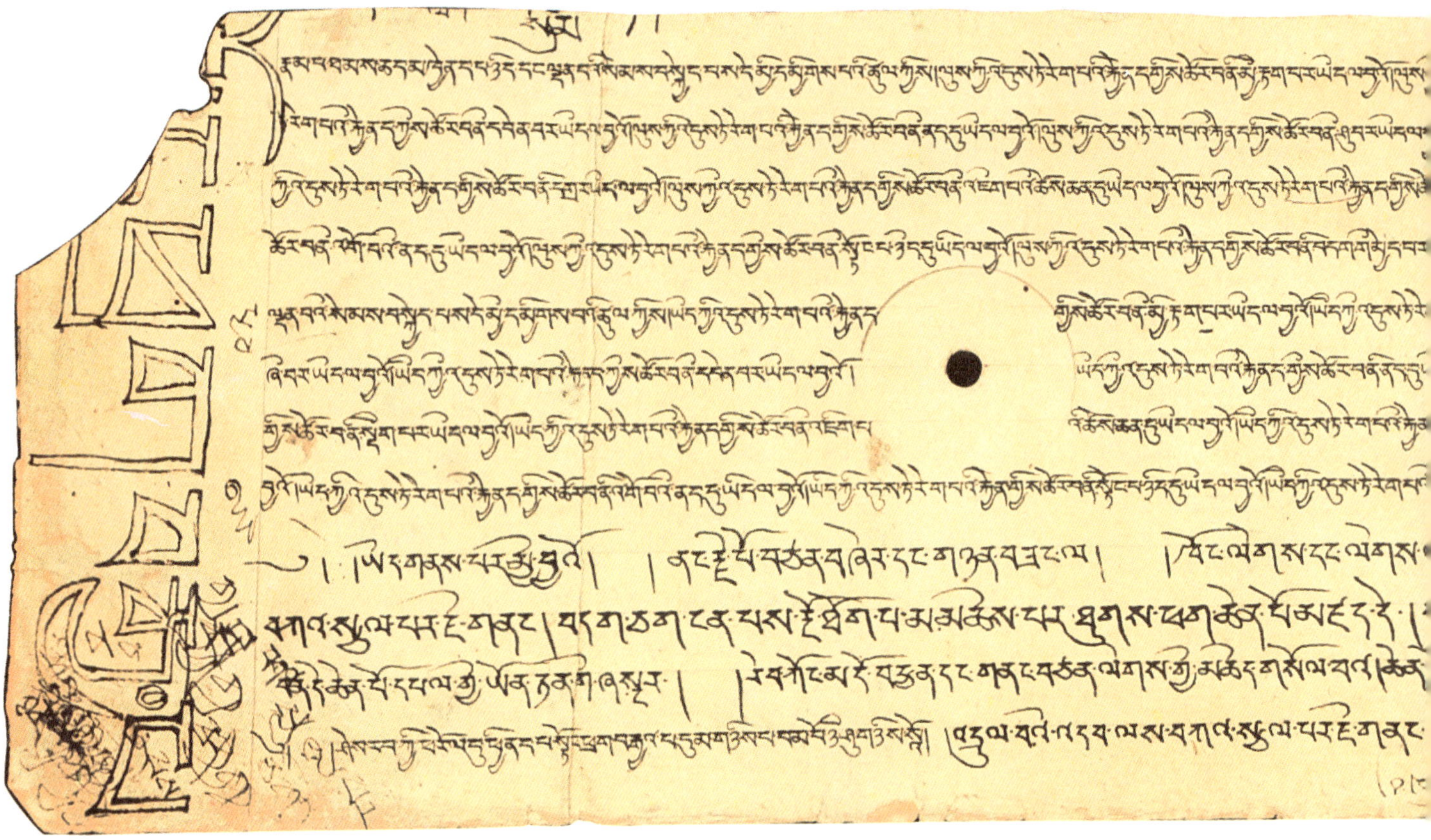

09637 般若波羅蜜多十萬頌第二卷第二十一、二十二品 藏文 九至十世紀寫本

梵夾裝。開本高20.3厘米，廣75.5厘米。每葉十二行。敦煌市博物館藏。

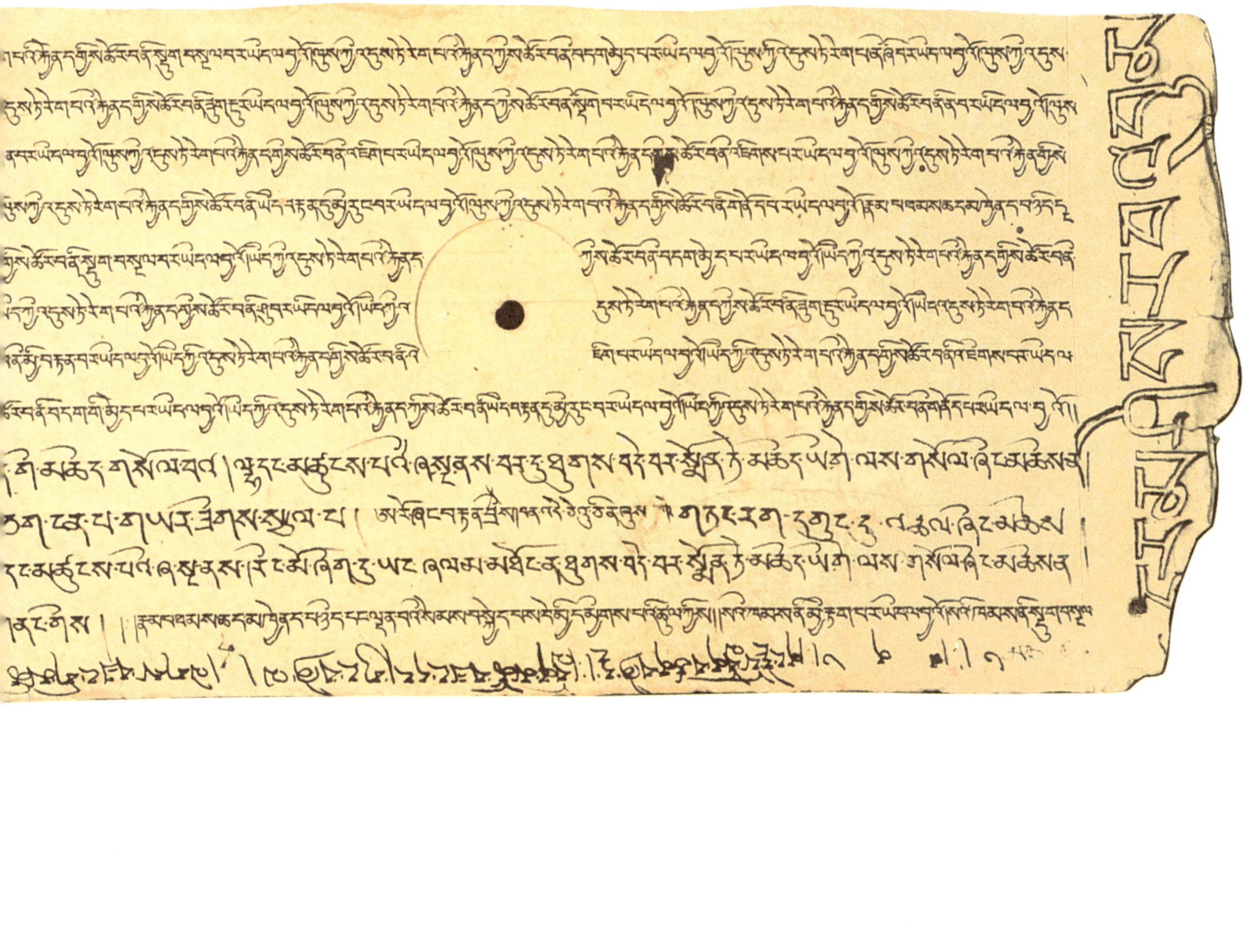

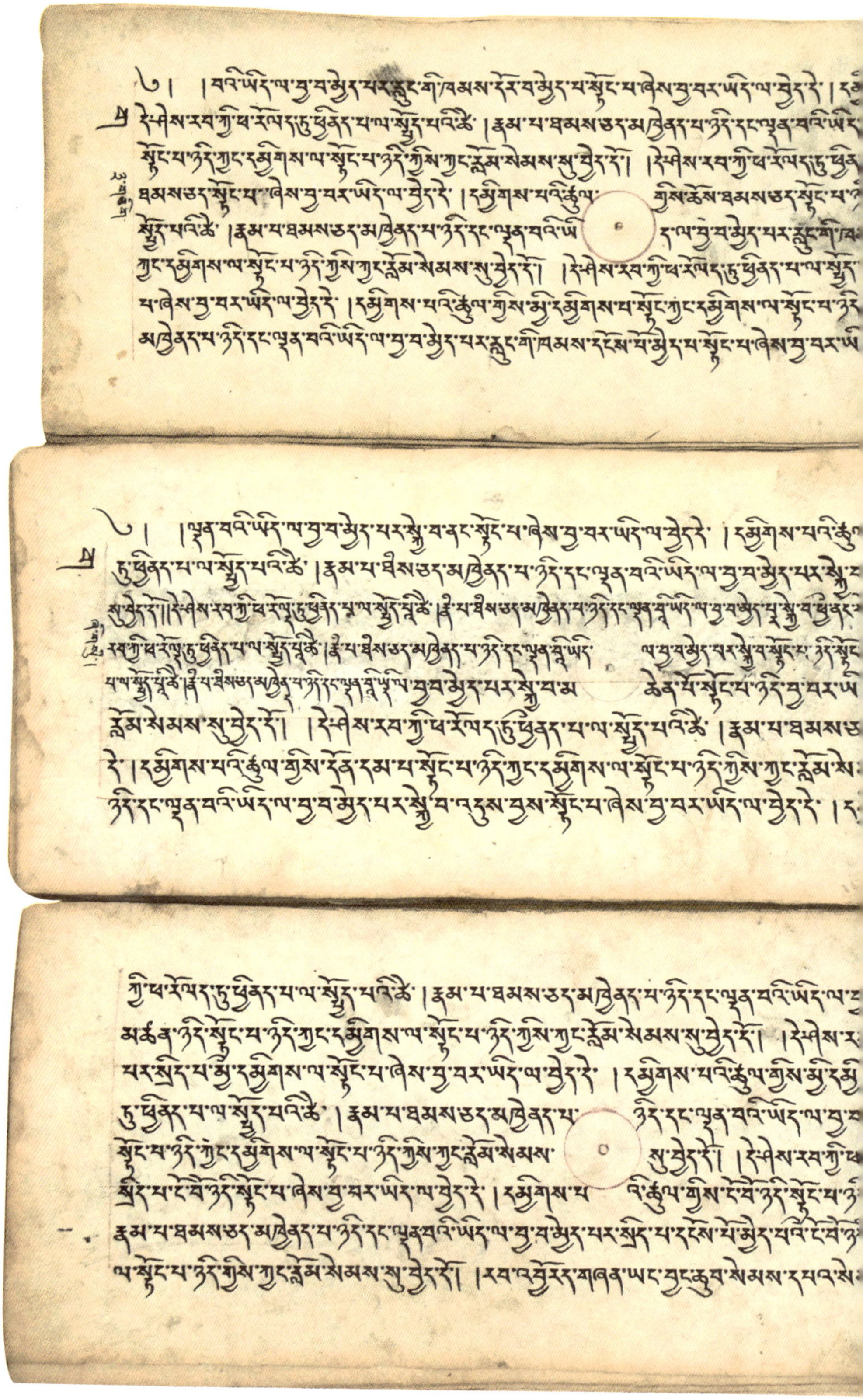

09638 大般若波羅蜜多經 藏文 （唐）益西寧布譯 嘎瓦·百慈校 十世紀寫本

梵夾裝。開本高20厘米，廣70.3厘米。每葉八行。西藏大學圖書館藏，存十六函。

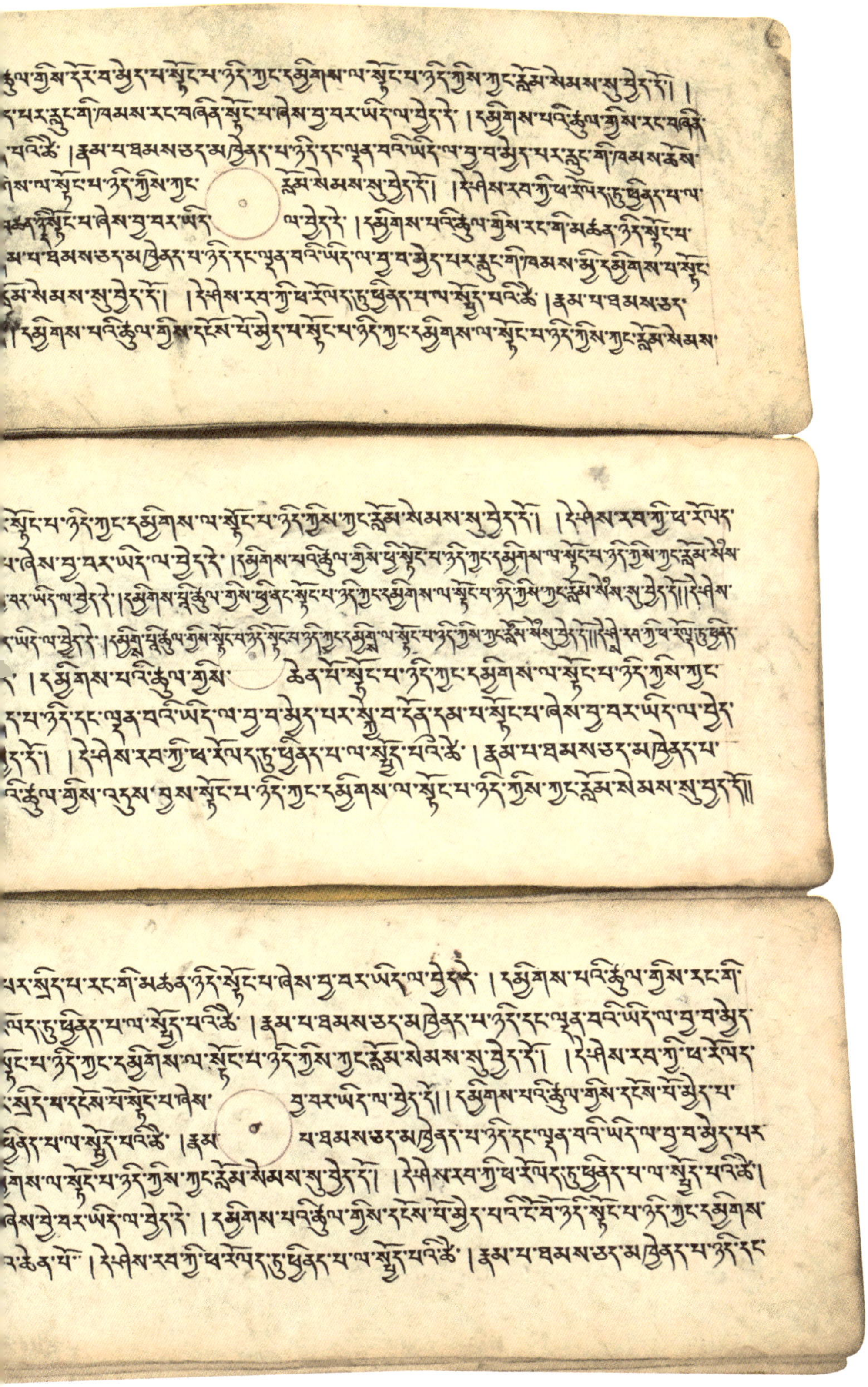

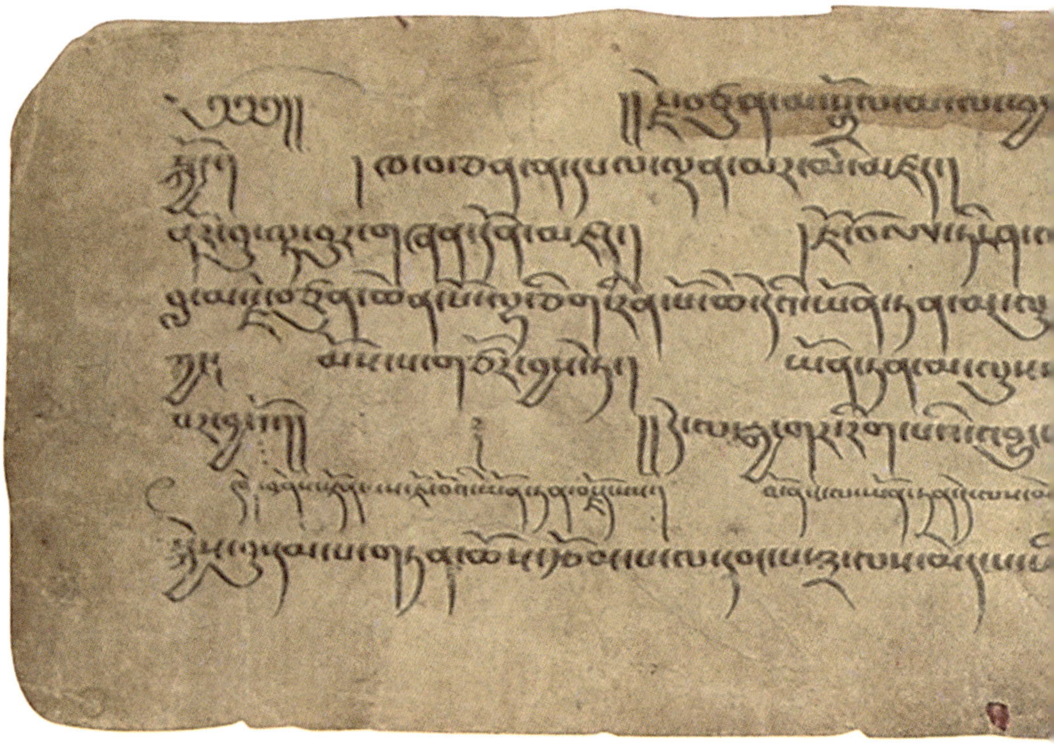

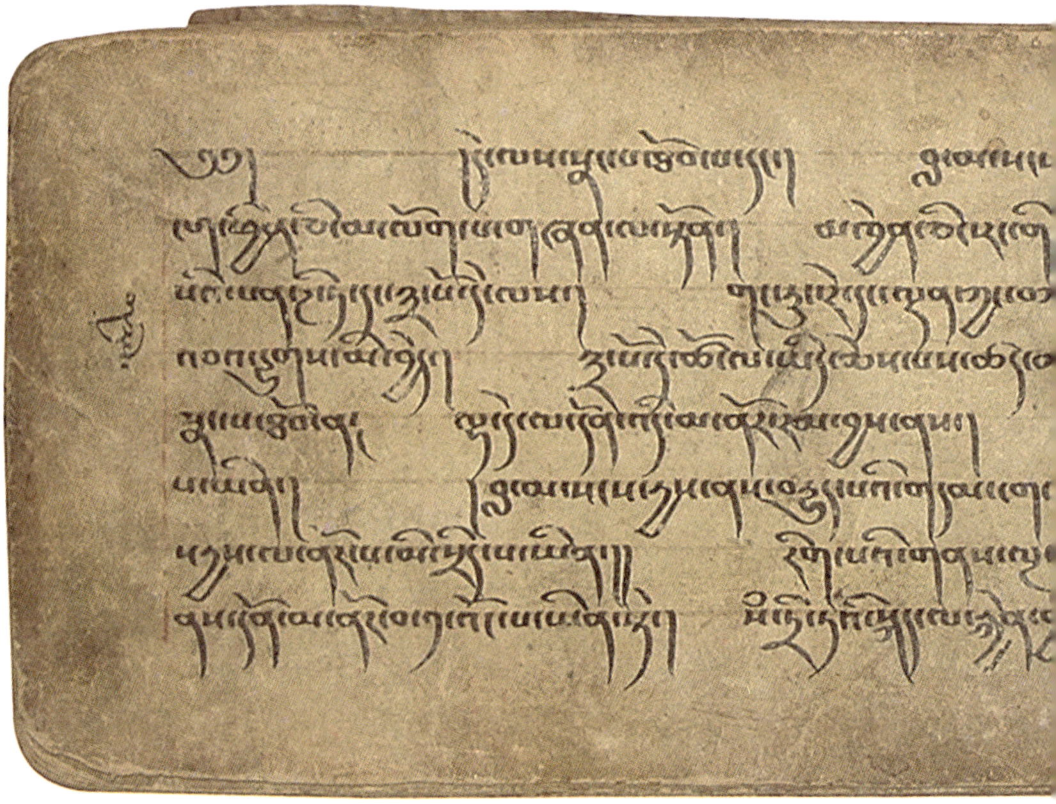

09639 阿底峽傳　藏文　加尊追森格述　十三世紀抄本

梵夾裝。開本高8厘米，廣23.5厘米。每葉八行。西藏博物館藏。

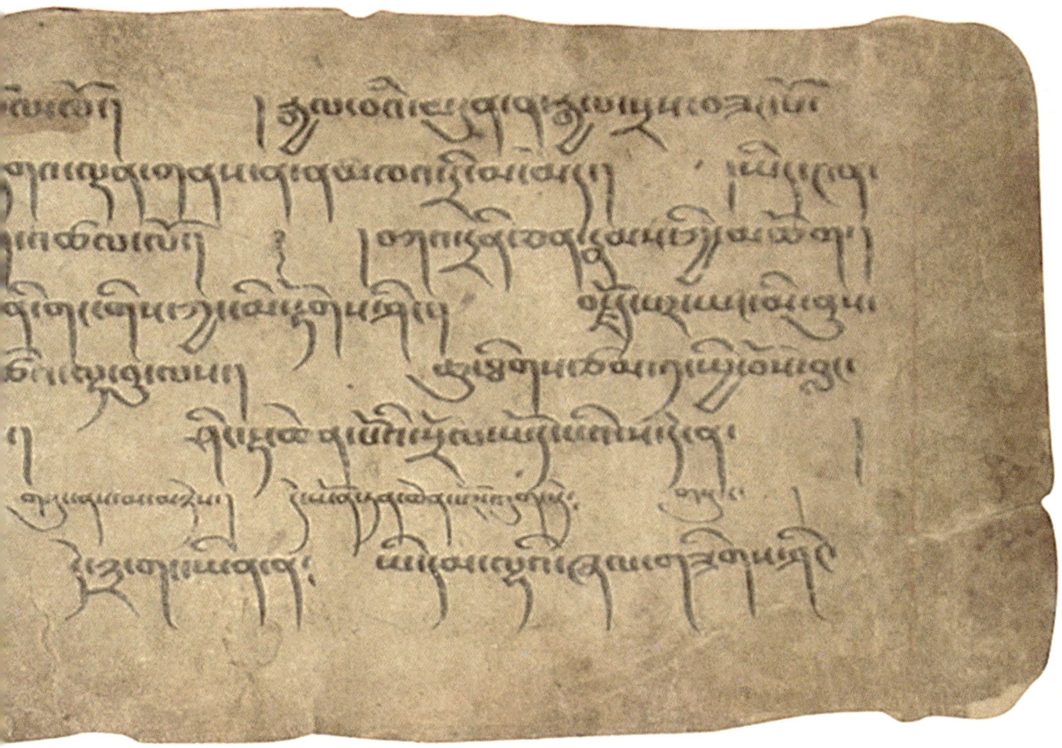

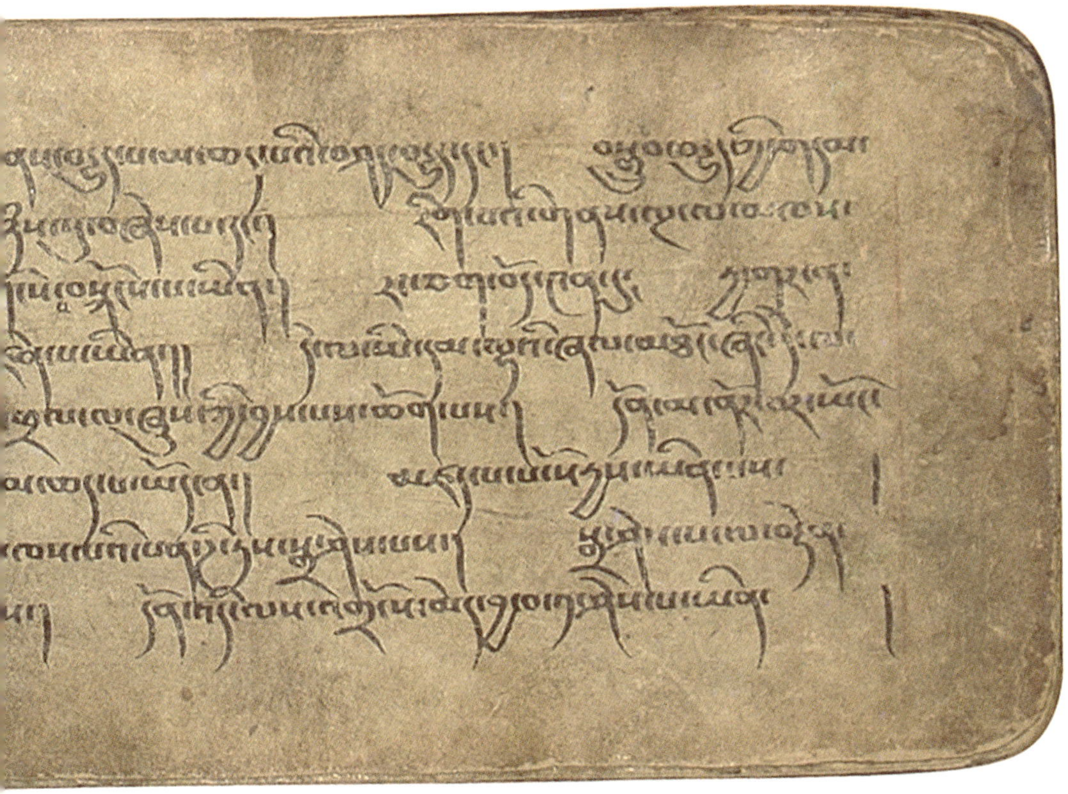

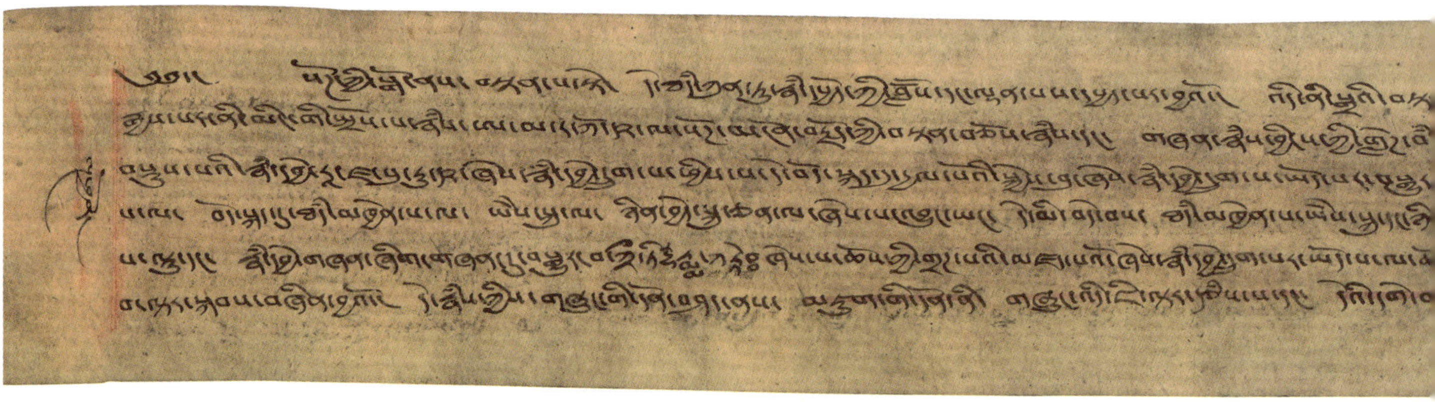

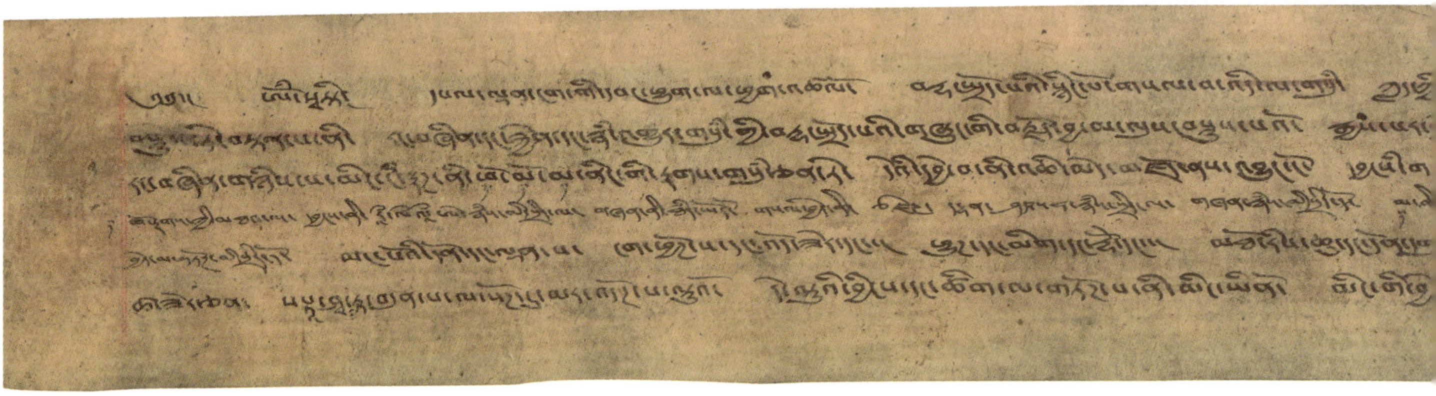

09640 語法心要釋　藏文　（元）航譯師羅智丹巴撰　元後至元五年（1339）

抄本

梵夾裝。開本高7.1厘米，廣57.1厘米。每葉六行。中國民族圖書館藏。

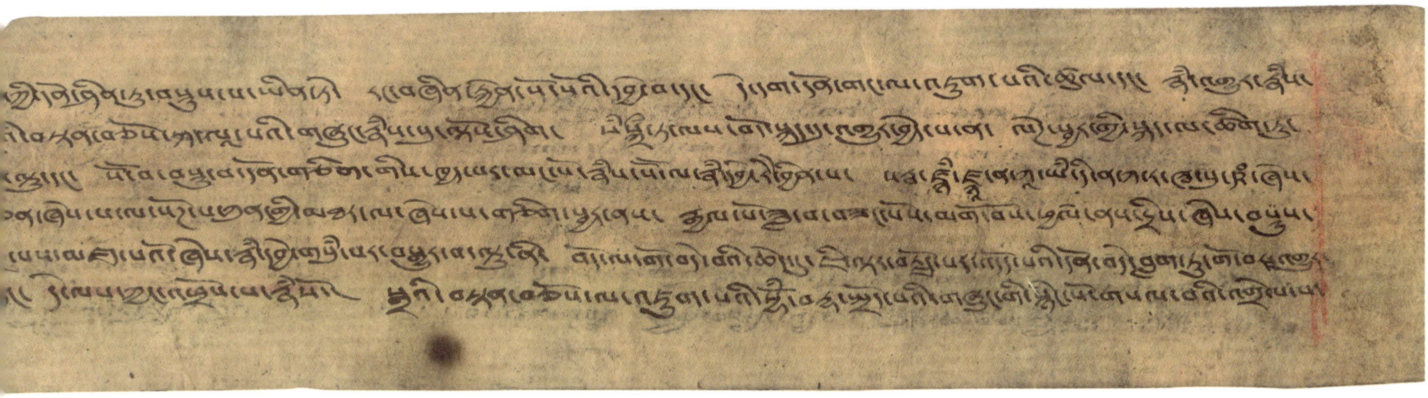

008001

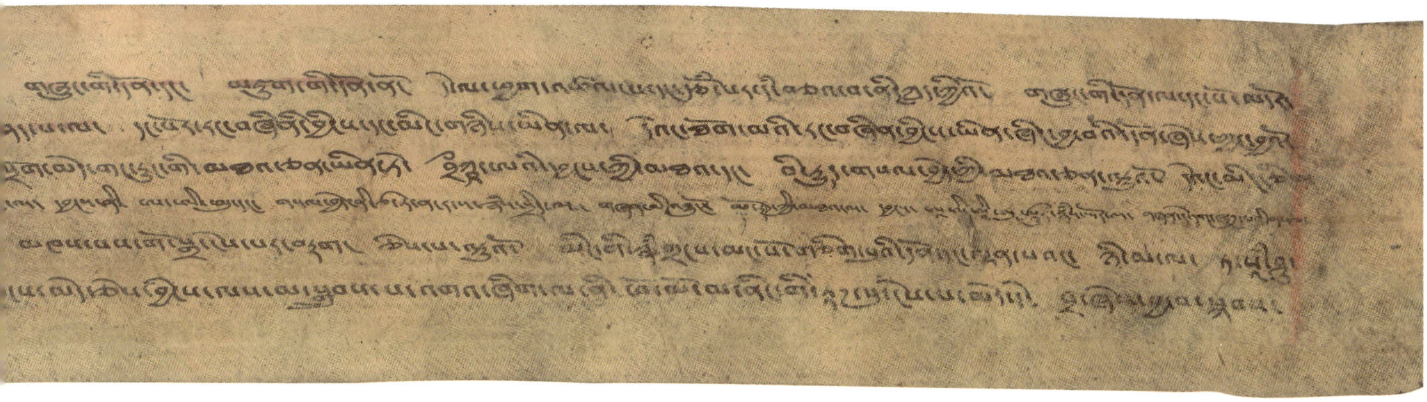

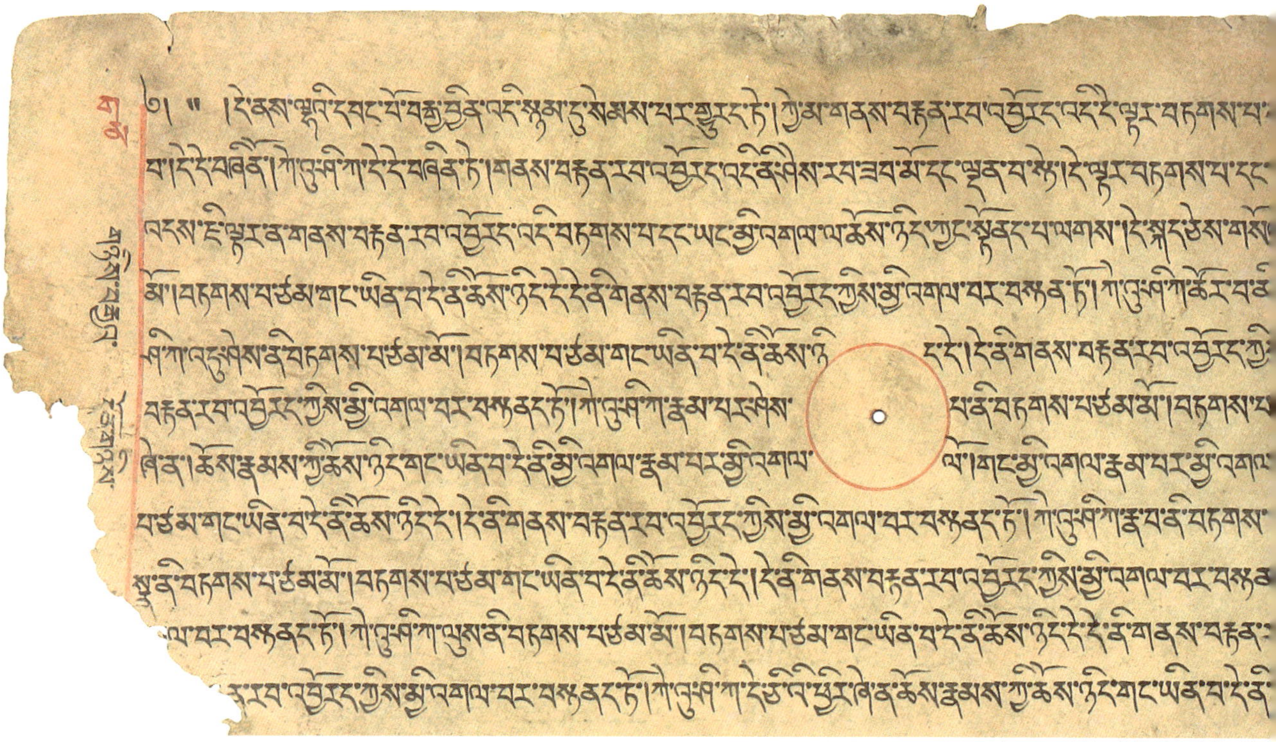

09641 般若波羅蜜多十萬頌 藏文 元抄本

梵夾裝。開本高17.7厘米，廣58.7厘米。每葉十一行。國家圖書館藏，存五葉。

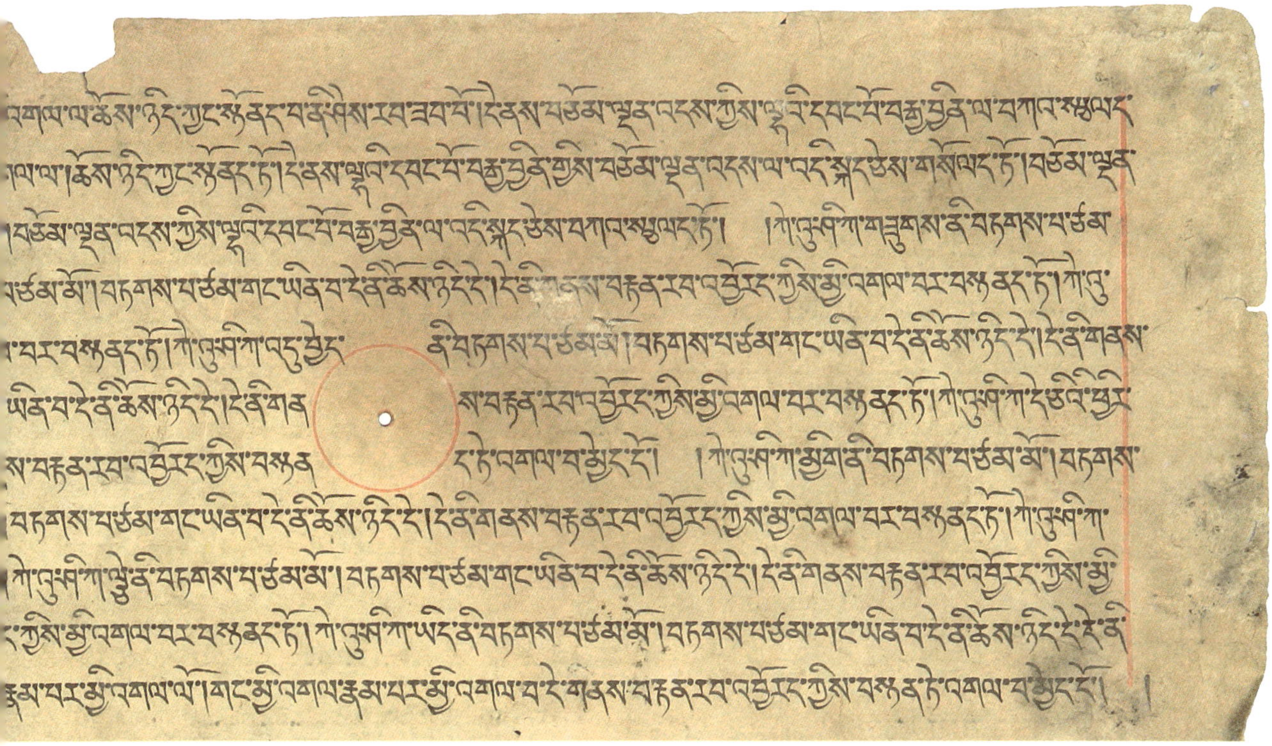

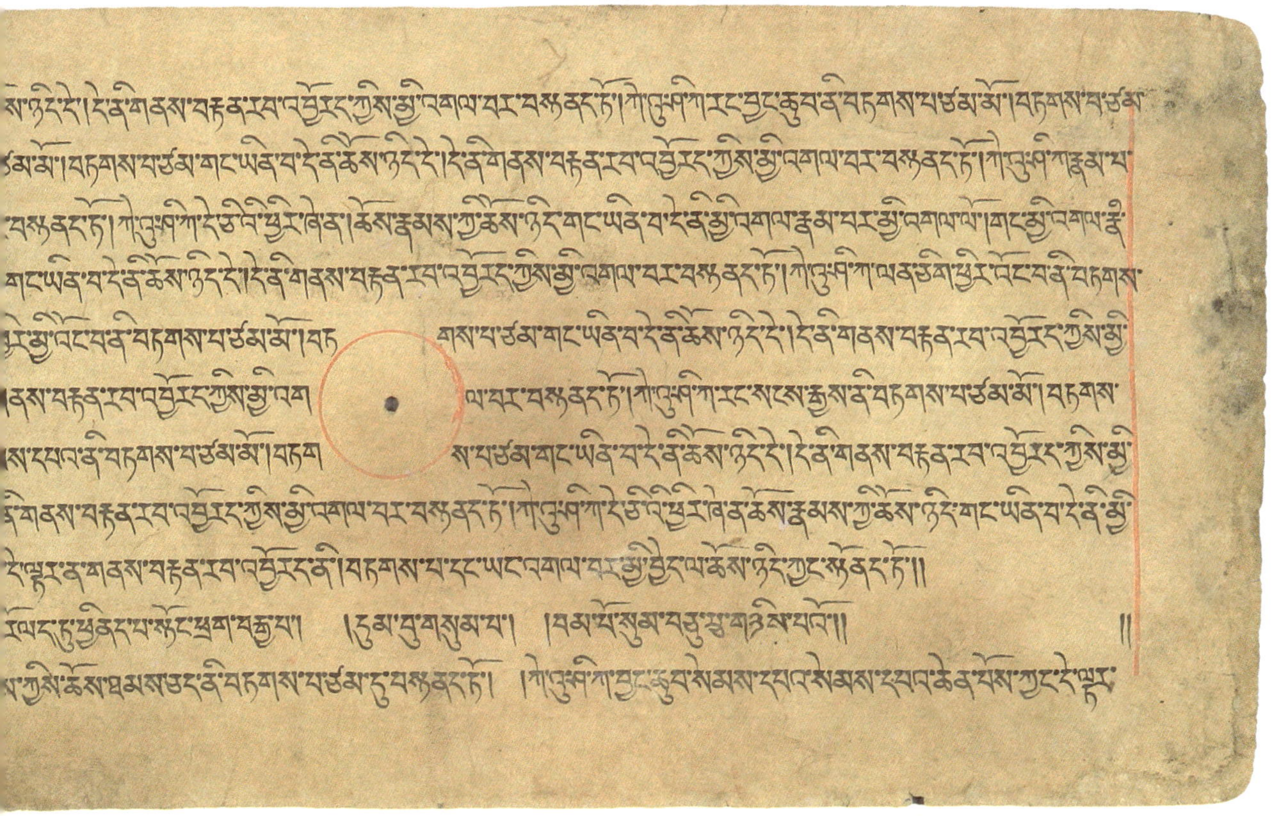

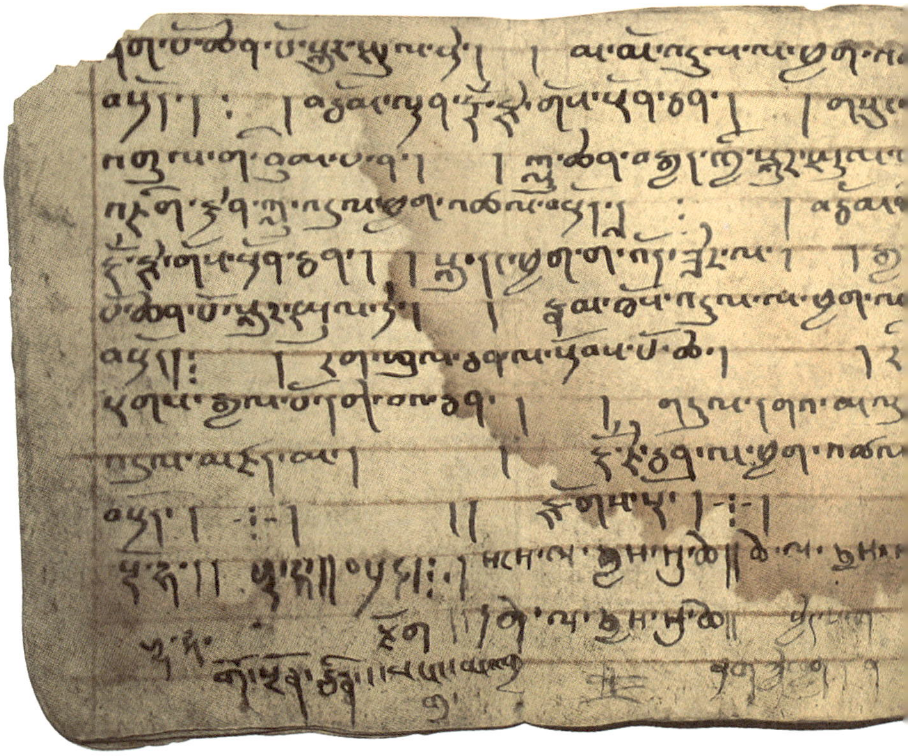

09642 聖行願王經 藏文 元抄本

縫繢裝。開本高10.7厘米，廣14.4厘米。甘肅省瓜州縣博物館藏。

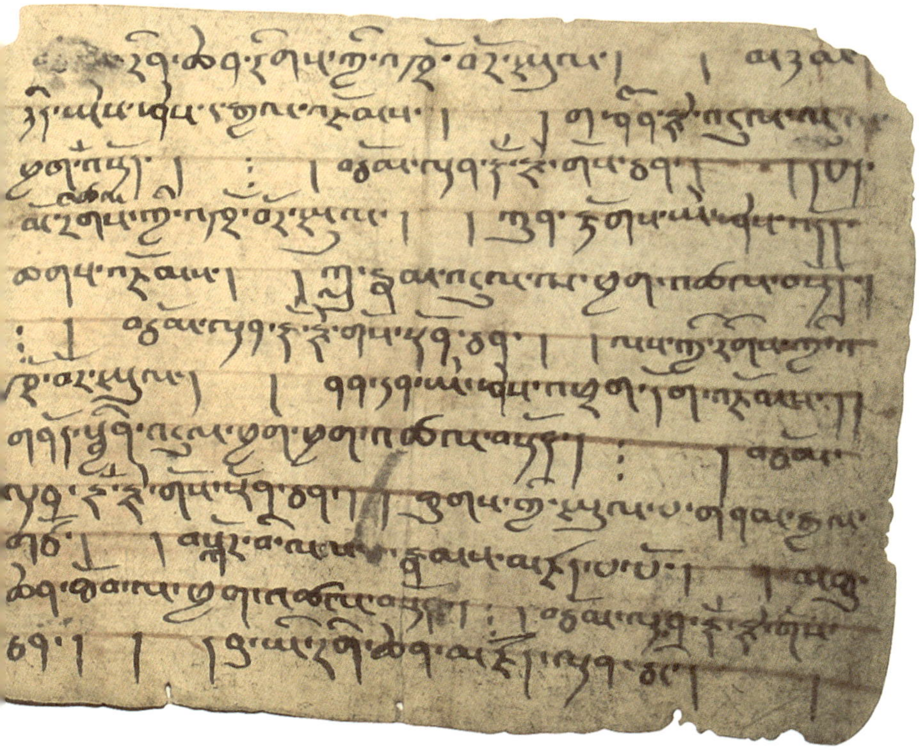

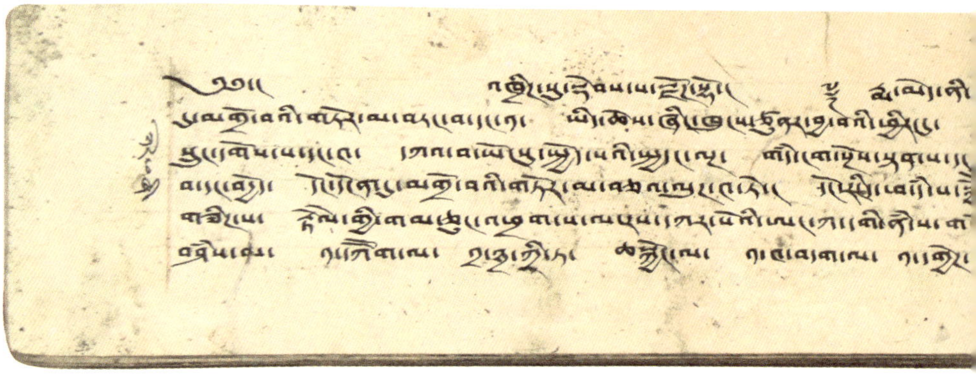

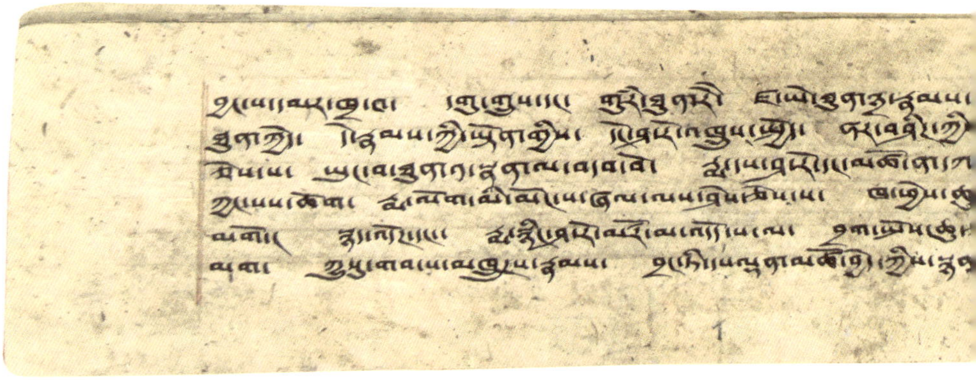

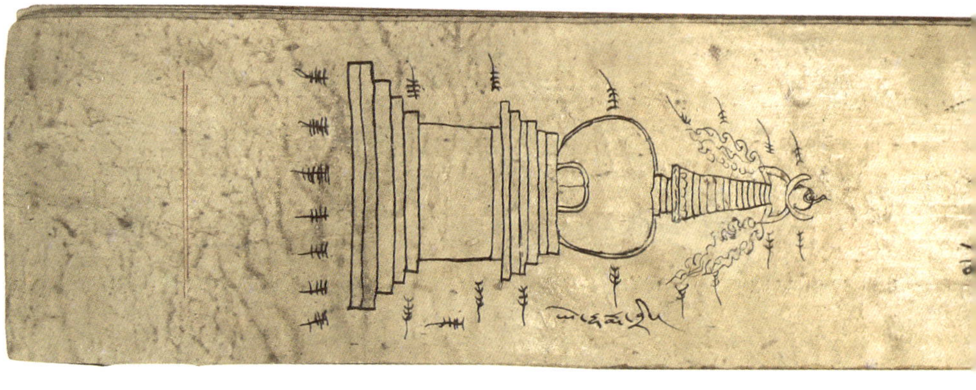

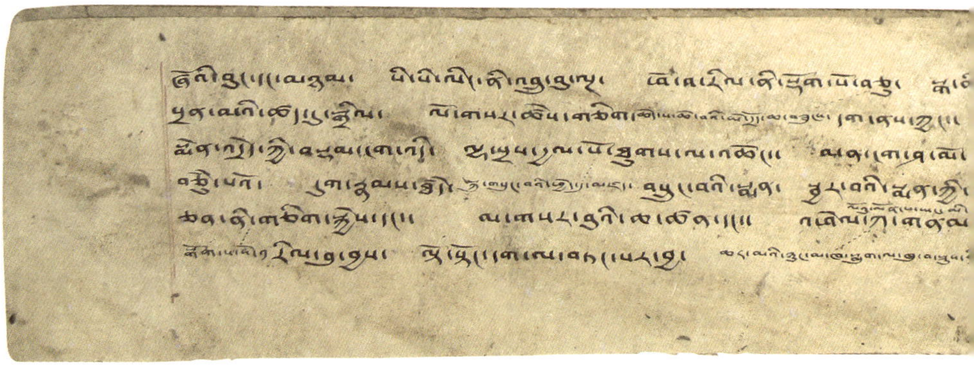

09643 昌狄·多吉白桑醫學專著集-賽哲瑪 藏文 （元）昌狄·多吉白桑撰 明抄本

梵夾裝。開本高8厘米，廣48厘米。每葉十一行。西藏藏醫學院圖書館藏。

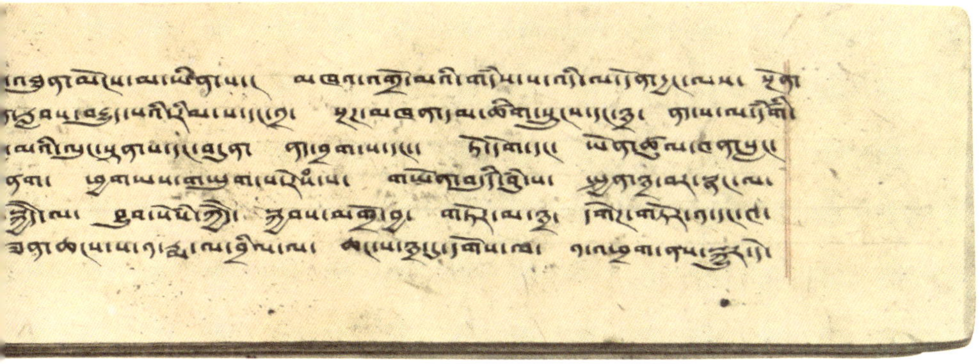

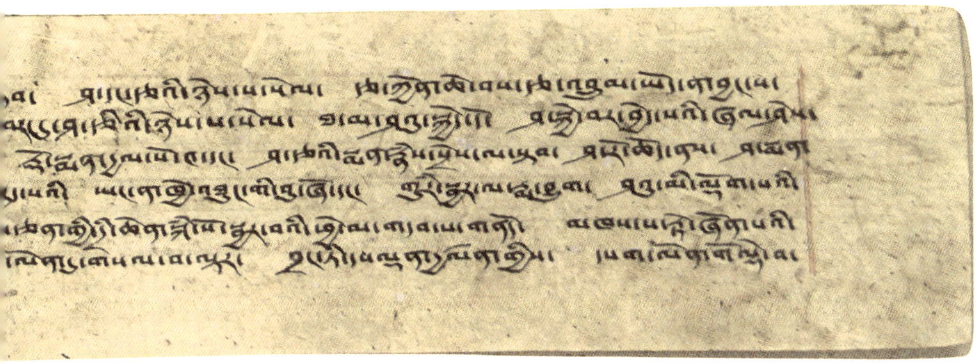

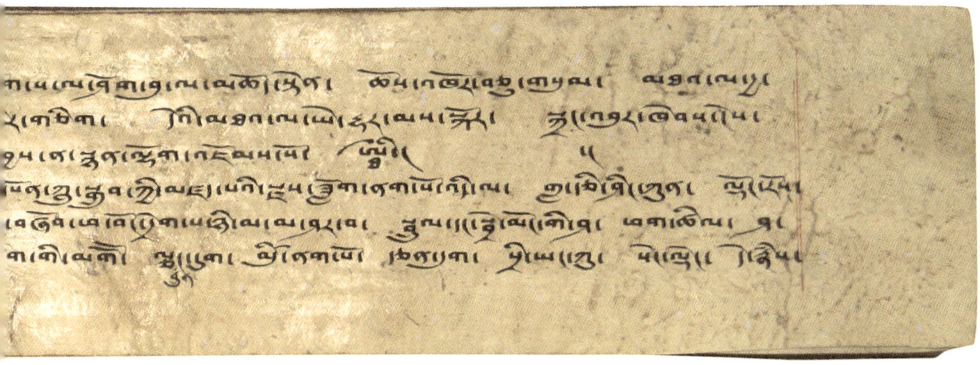

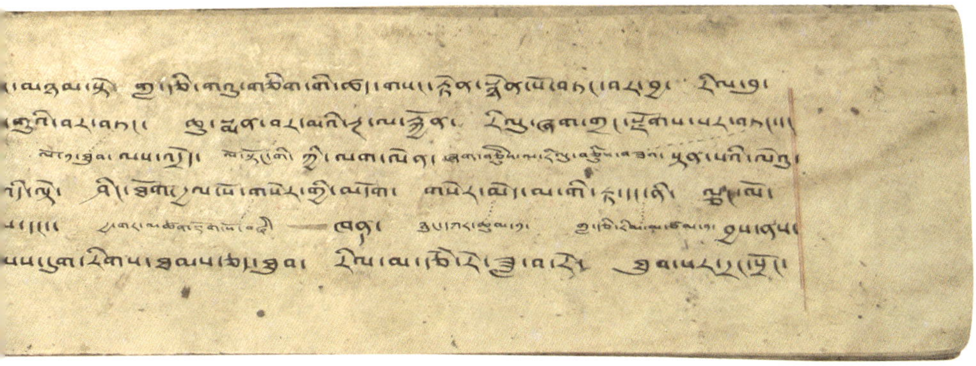

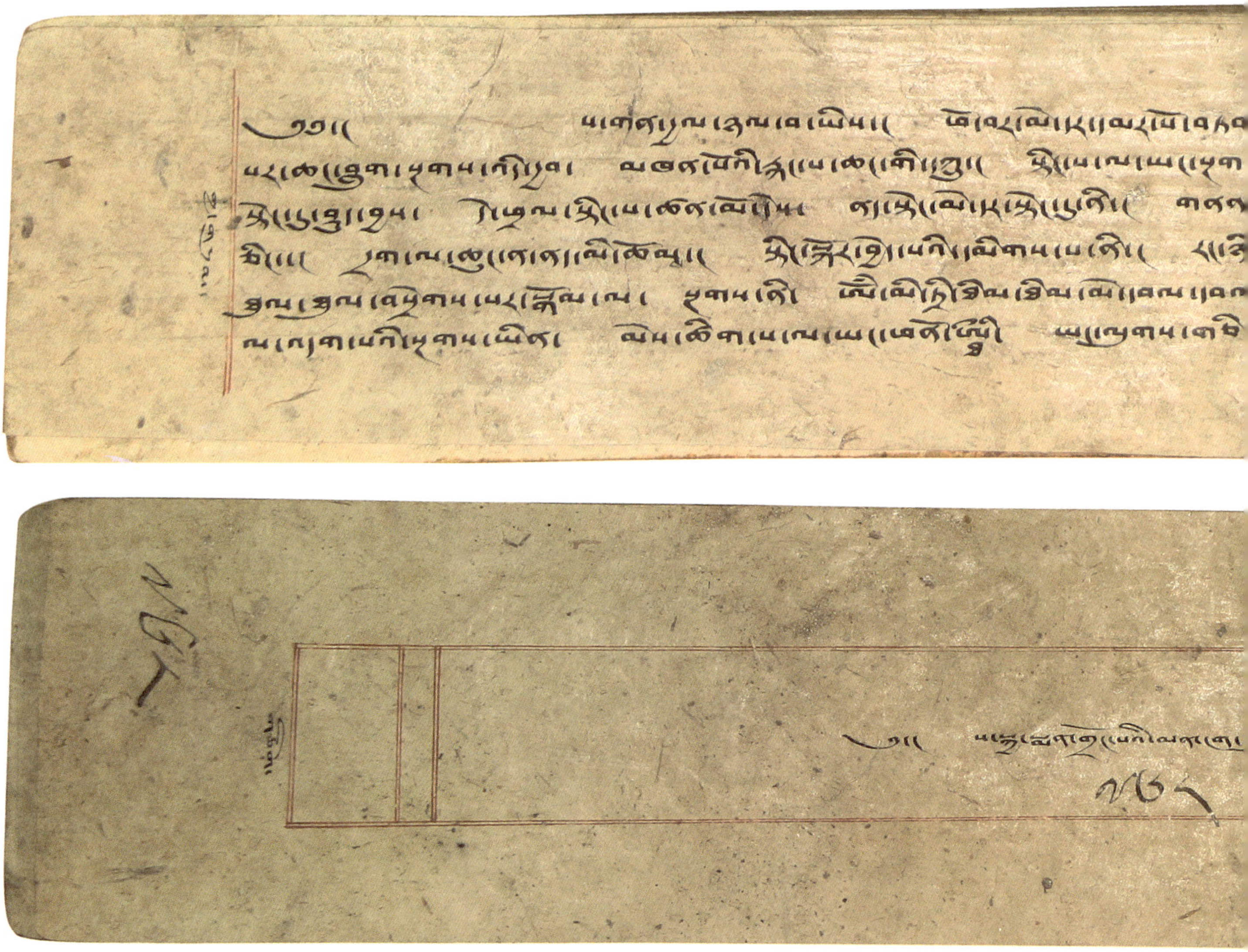

09644 昌狄·多吉白桑之子醫學專著集–額哲瑪 藏文 （元）昌狄·多吉白桑之子撰 明抄本

梵夾裝。開本高8.2厘米，廣48厘米。每葉六行。西藏藏醫學院圖書館藏。

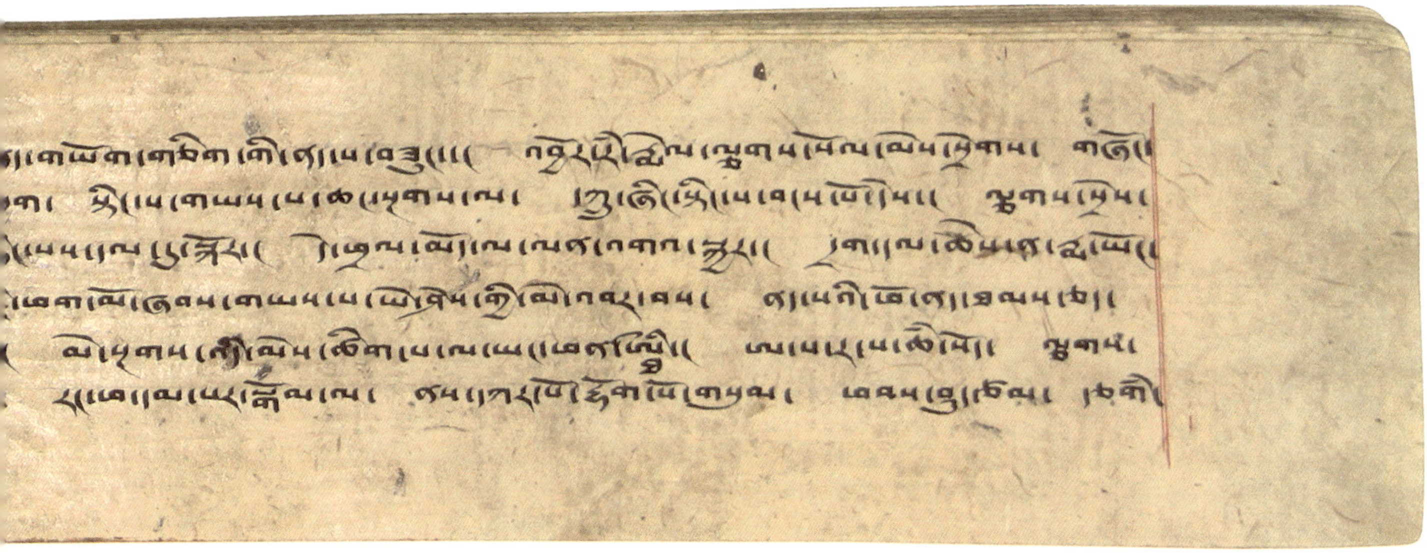

09645 藏醫人體軀位測定·藍琉璃之流 藏文 （明）昌狄·班丹措傑撰 明抄本

梵夾裝。開本高8厘米，廣48厘米。每葉六行。西藏藏醫學院圖書館藏。

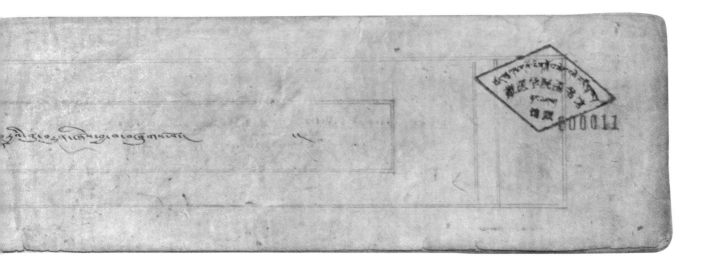

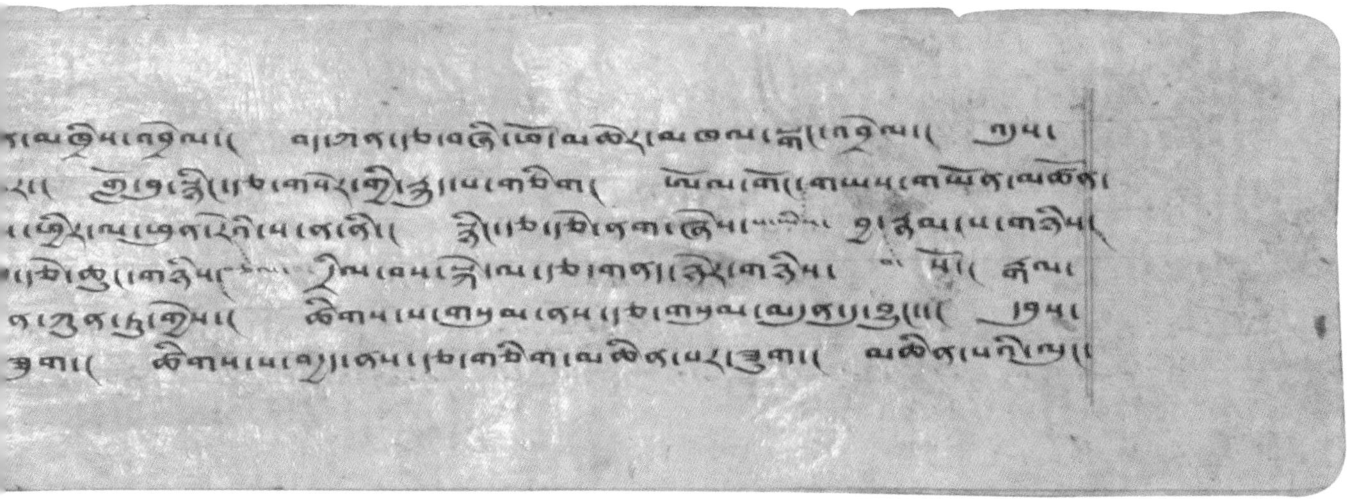

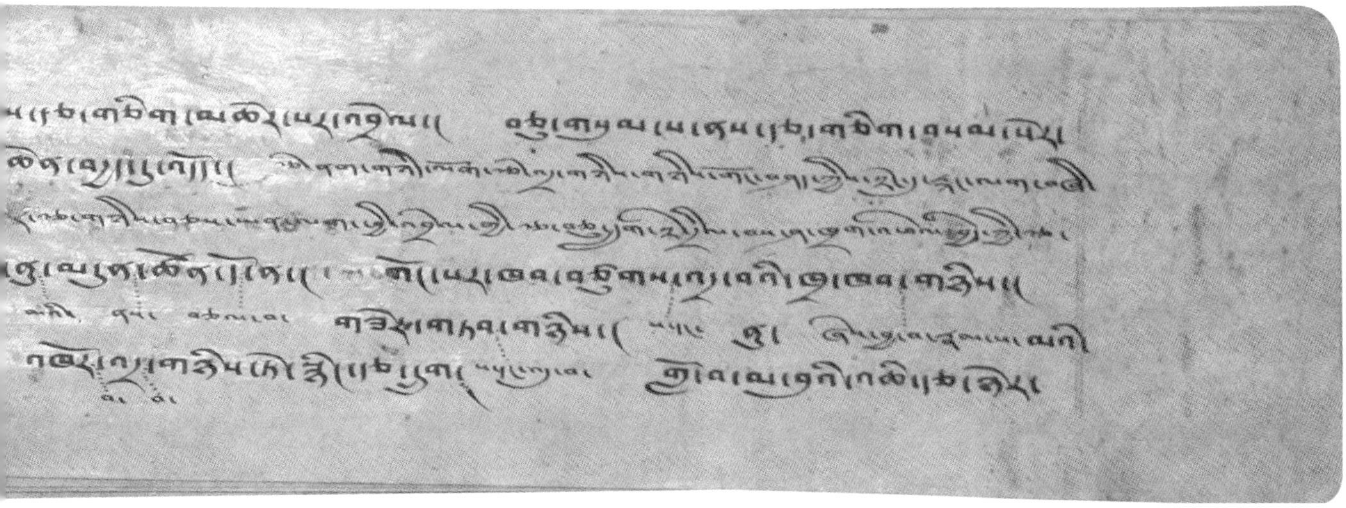

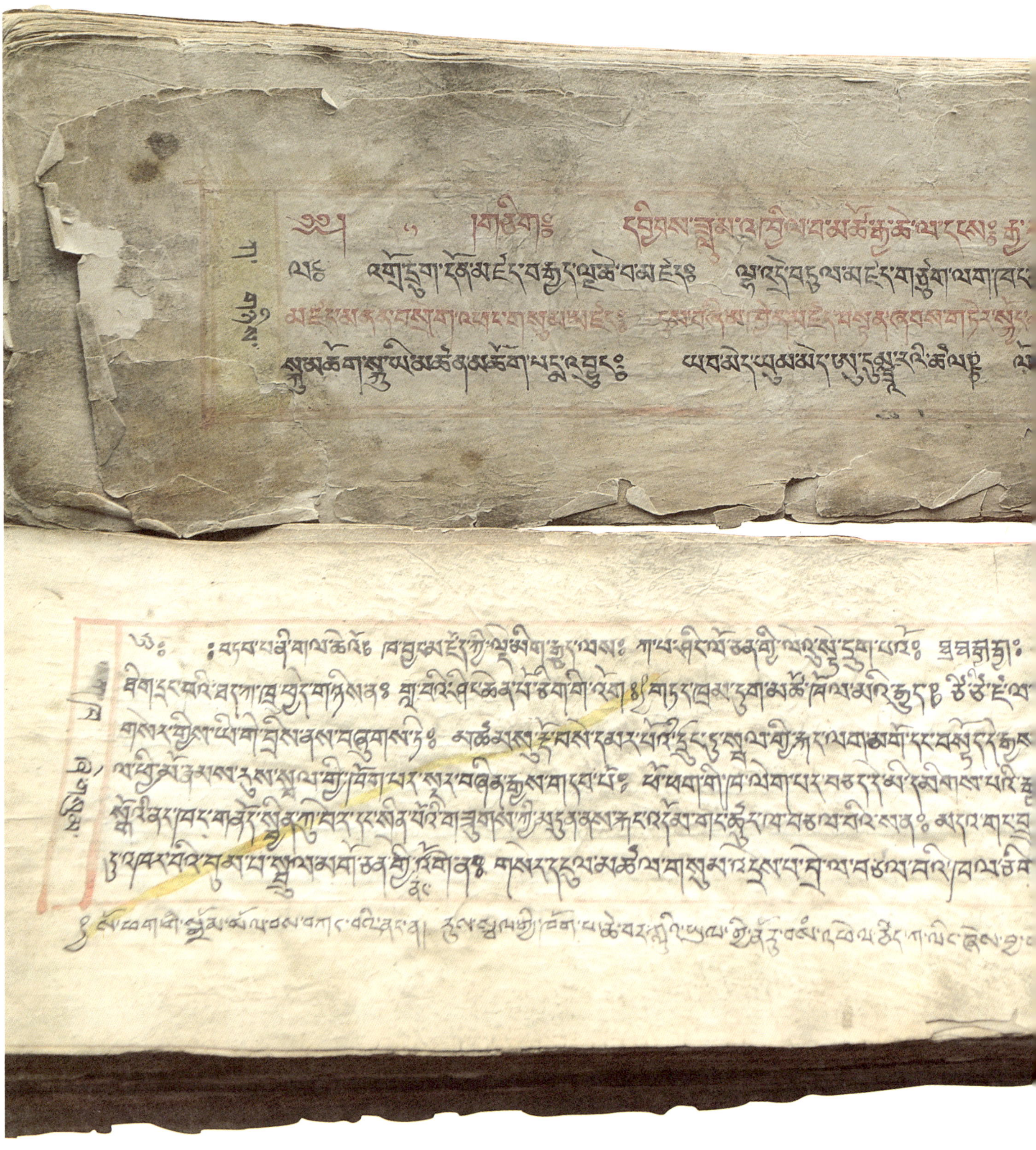

09646 五部遺教五卷 藏文 明抄本

梵夾裝。開本高13.5厘米，廣56.5厘米。青海省地方誌編纂委員會辦公室謝佐藏。

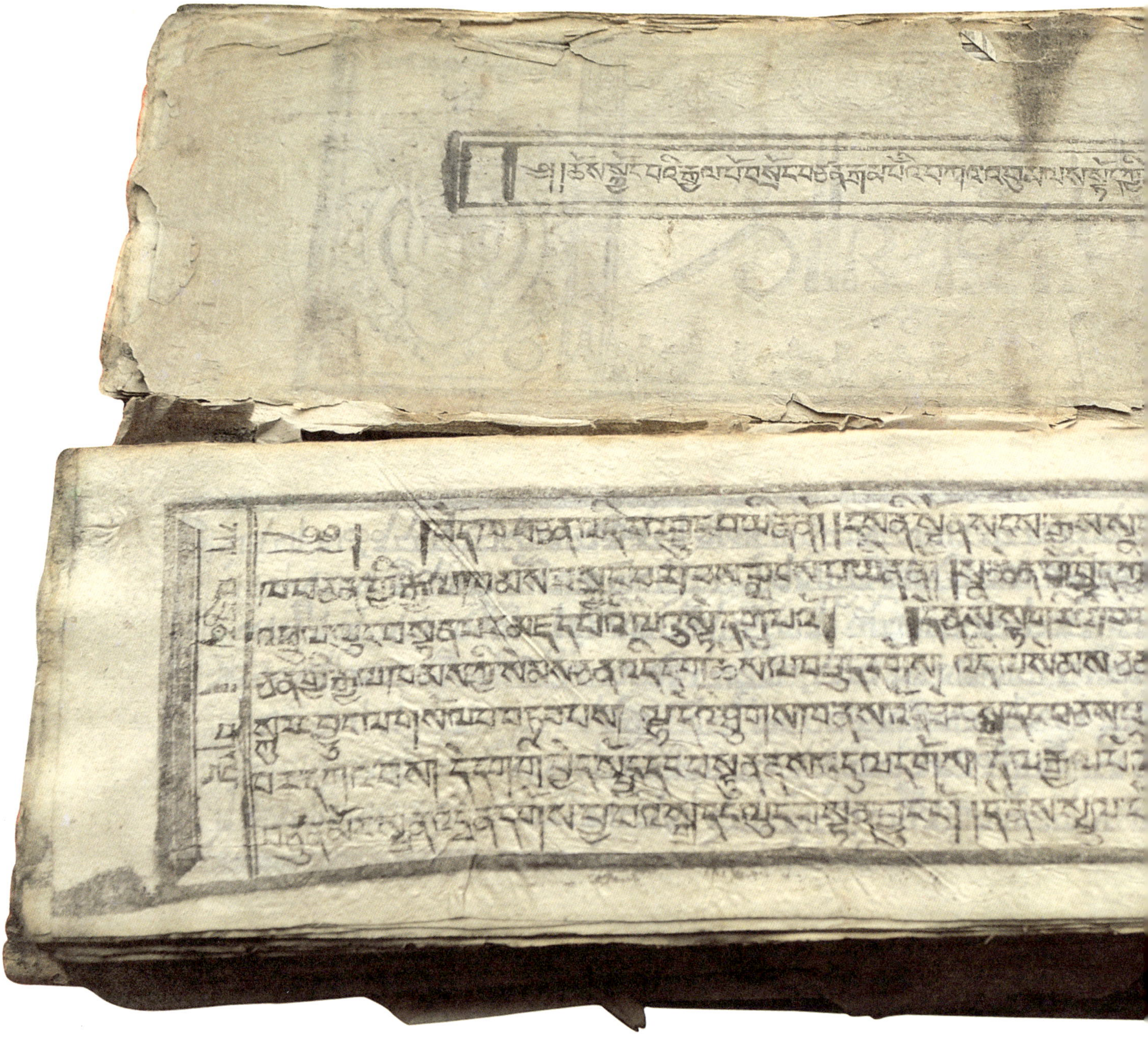

09647 法王松贊干布十萬寶訓 藏文 明刻本

梵夾裝。開本高11厘米，廣50厘米。青海省地方誌編纂委員會辦公室謝佐藏。

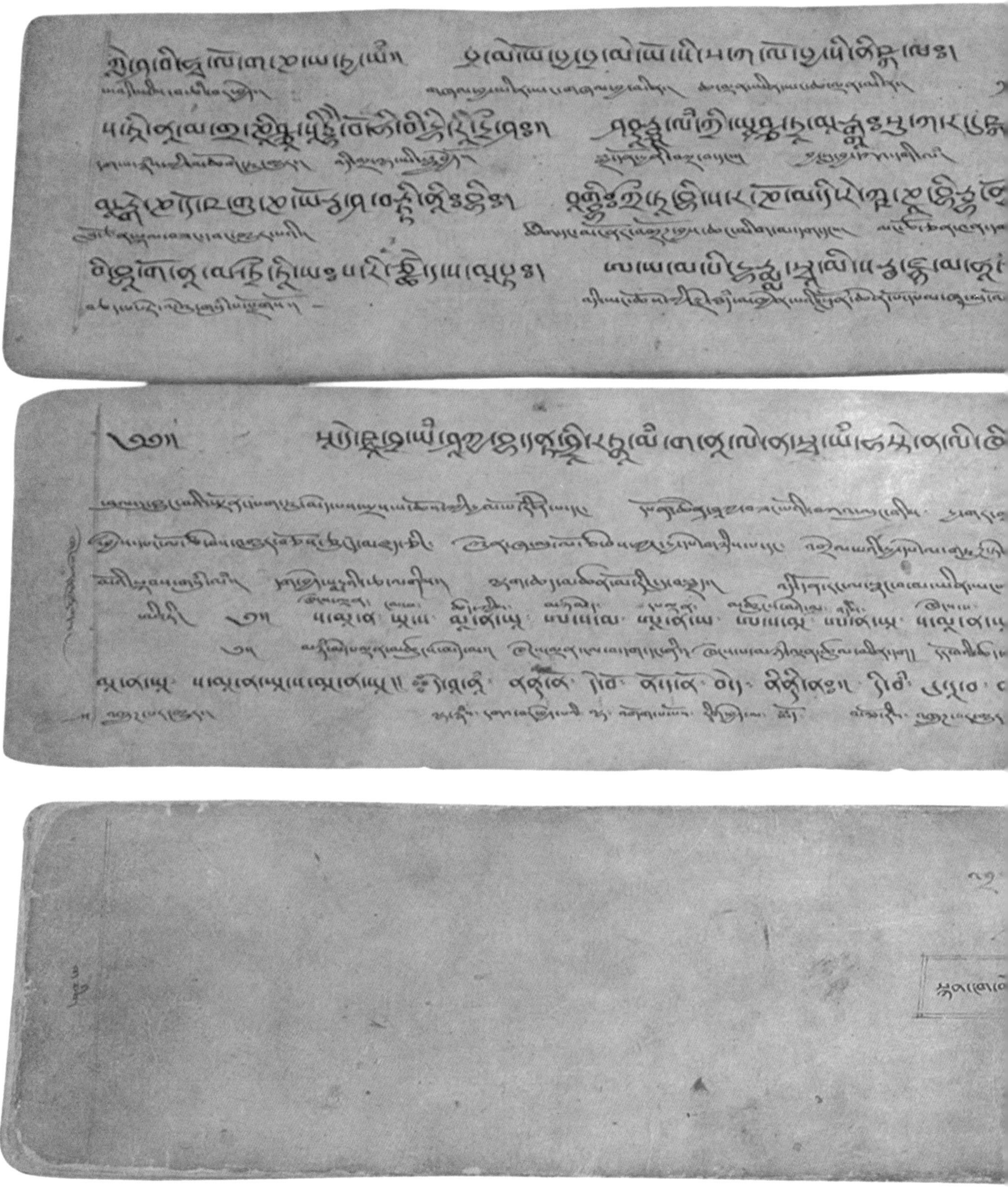

09648 詩鏡 藏文 明末抄本

梵夾裝。開本高8.5厘米，廣45.7厘米。西藏博物館藏。

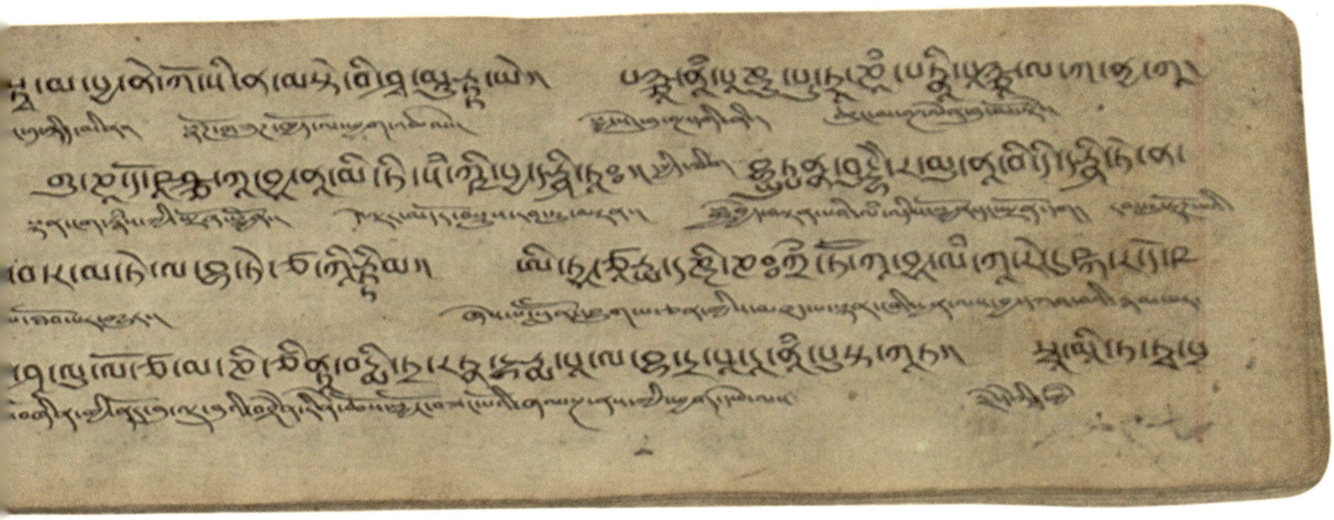

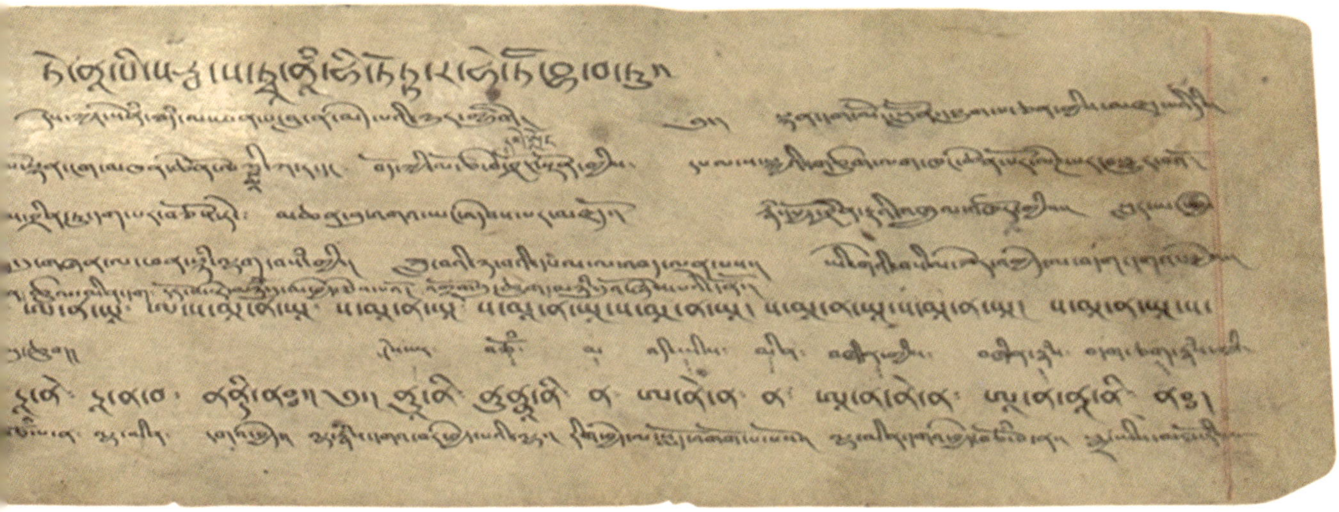

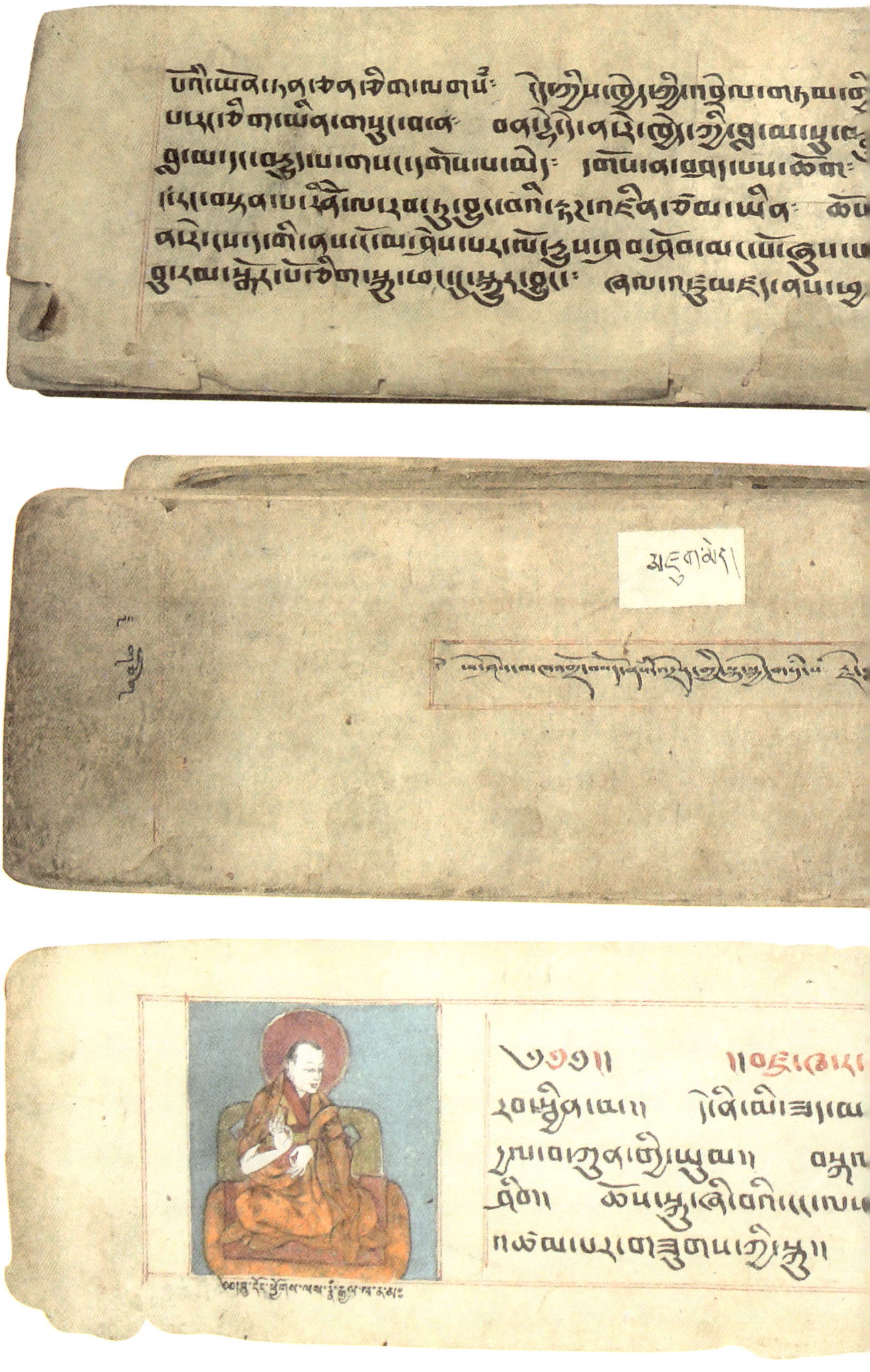

09649 益西堪卓索南珍第三代轉世女上師曲吉卓瑪傳 藏文 十五至十六世紀抄本

梵夾裝。開本高5厘米，廣30厘米。西藏博物館藏。

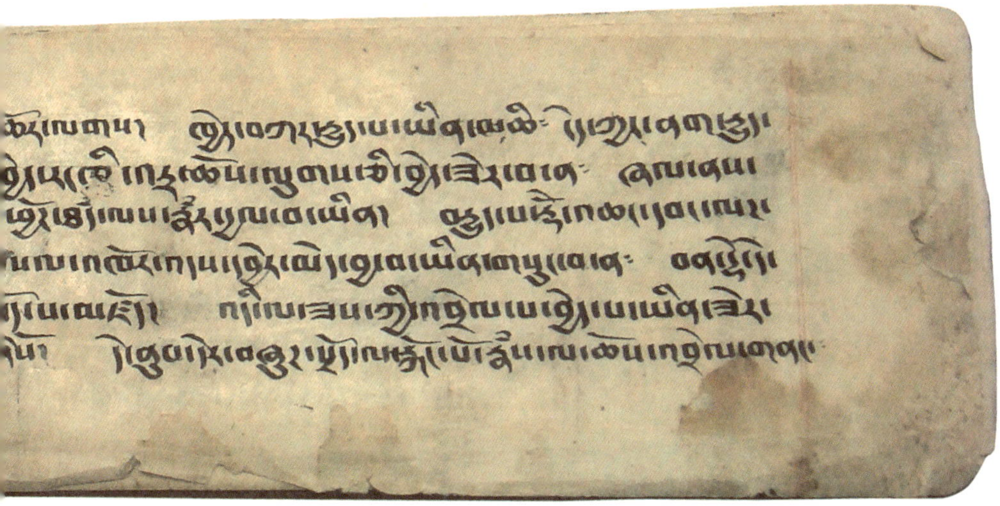

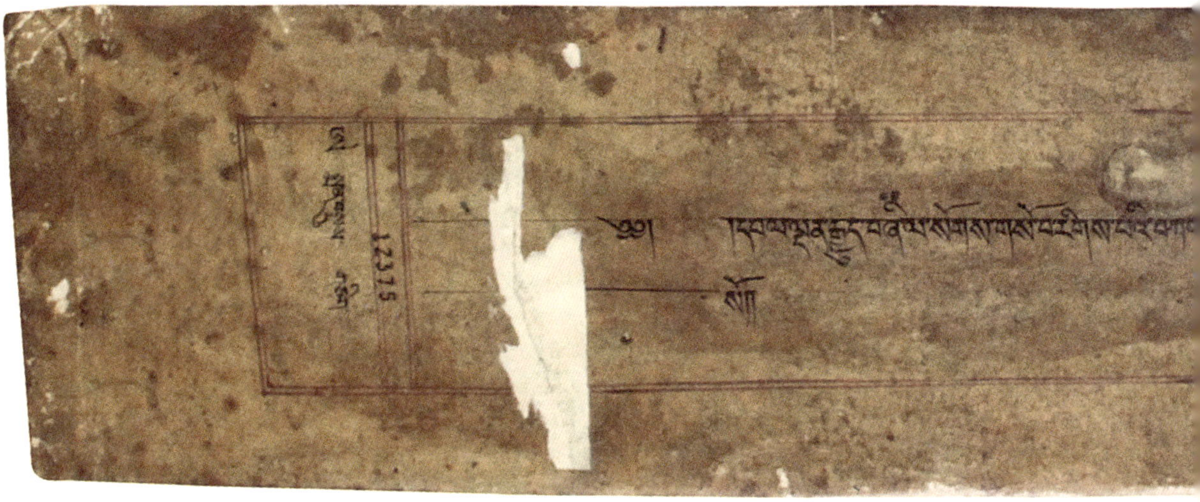

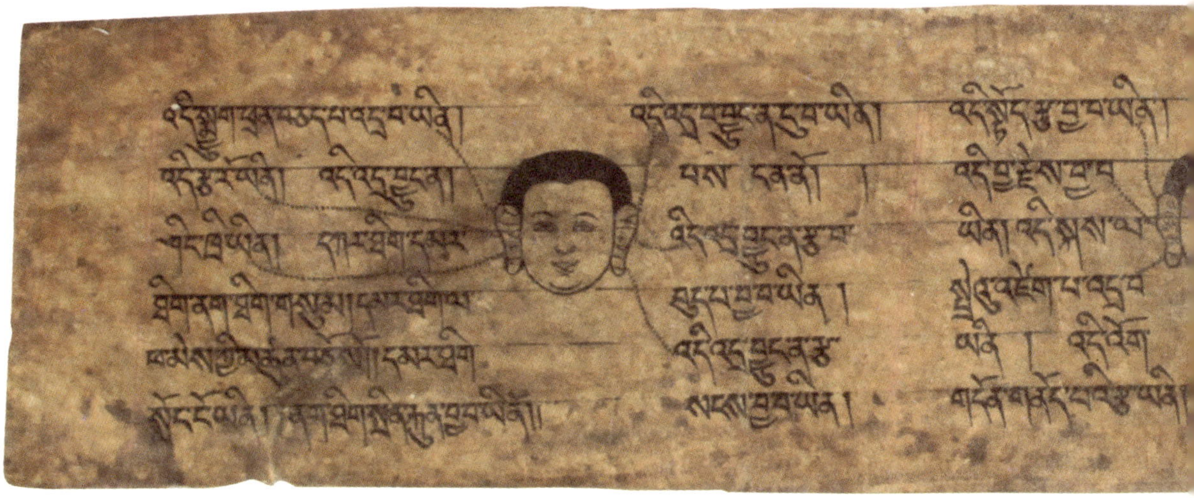

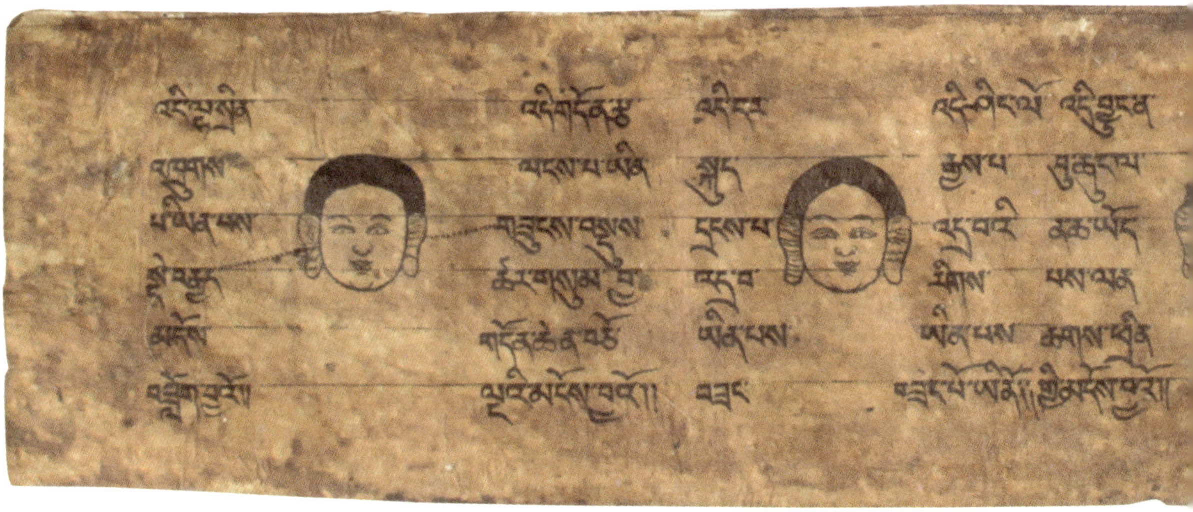

09650 四部醫典等醫學經典集要 藏文 （清）嘎瑪俄勒丹增撰 十八世紀初抄本

梵夾裝。開本高11.5厘米，廣58.5厘米。西藏圖書館藏。

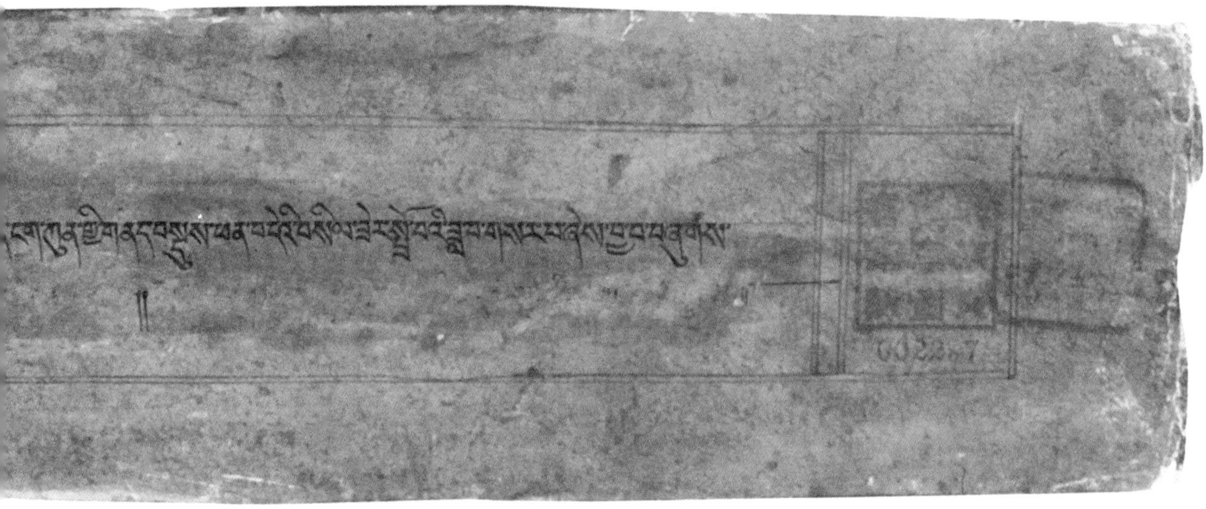

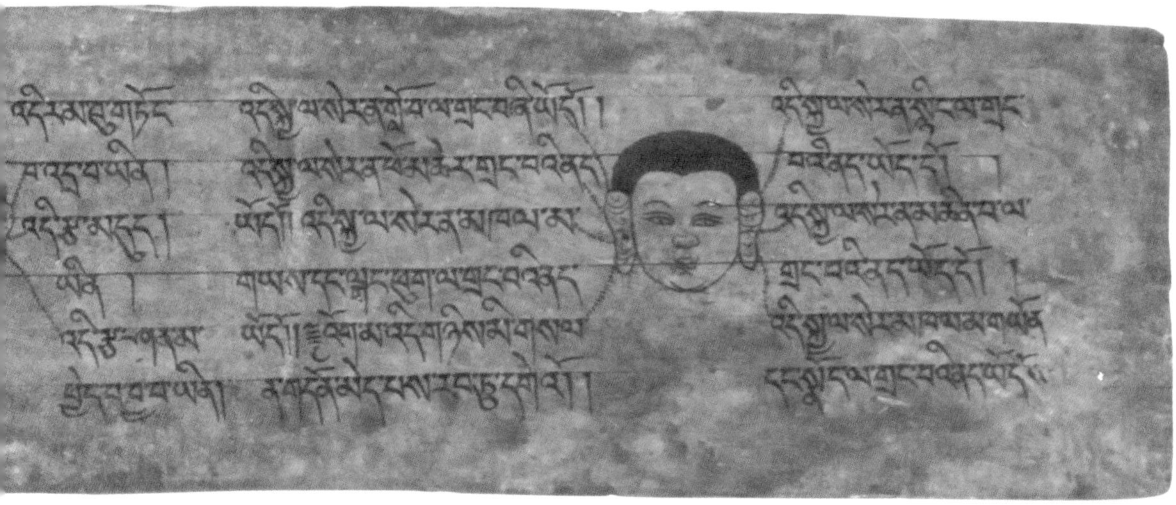

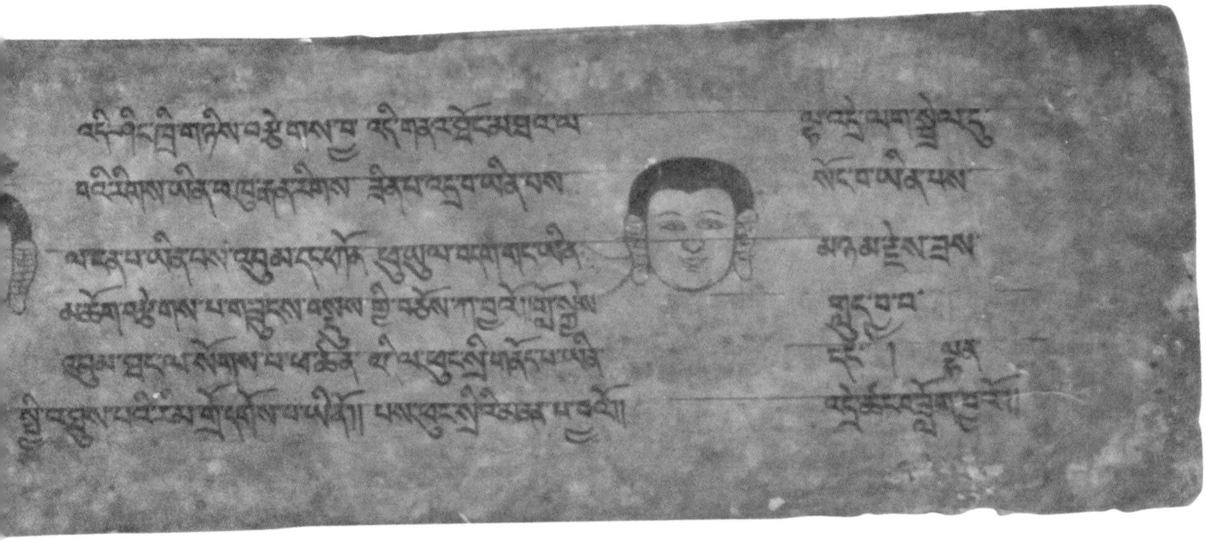

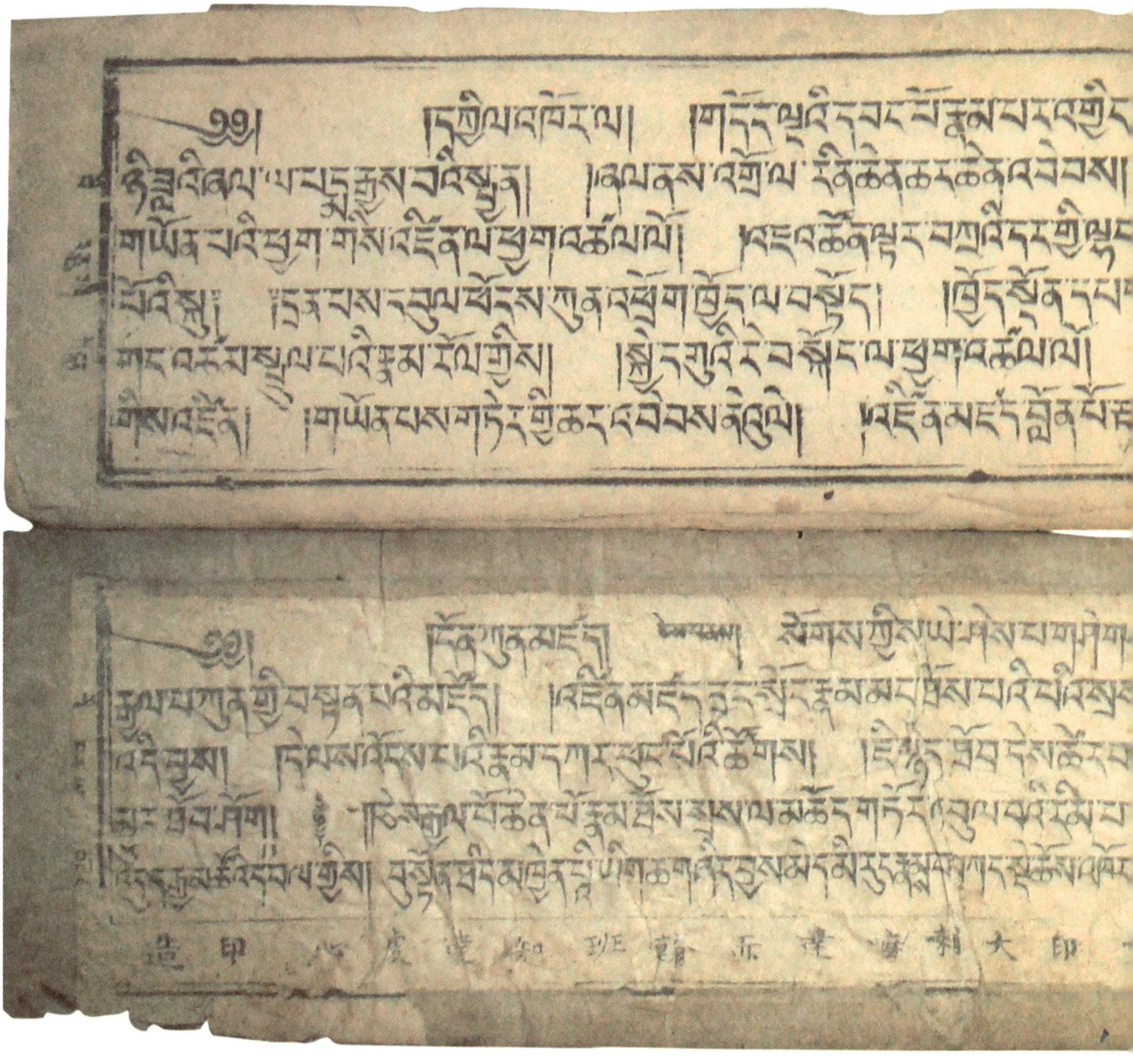

09651 財寶天王經　藏文（元）布頓·仁欽珠撰　清康熙五十二年（1713）

刻本

梵夾裝。開本高10厘米，廣49厘米。匡高8.5厘米，廣44厘米。每葉六行，四周雙邊。西北民族大學圖書館藏，存十四葉。

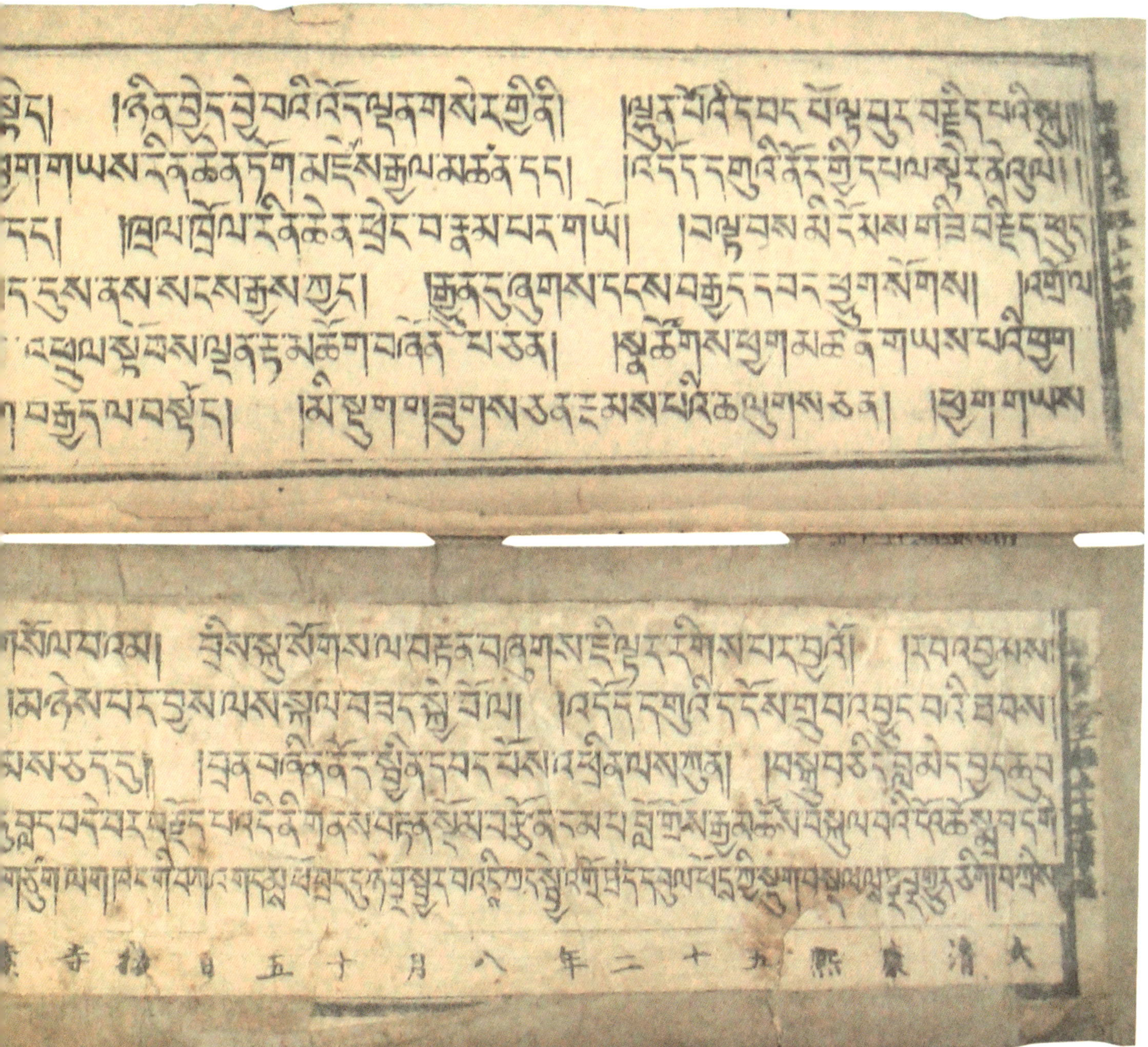

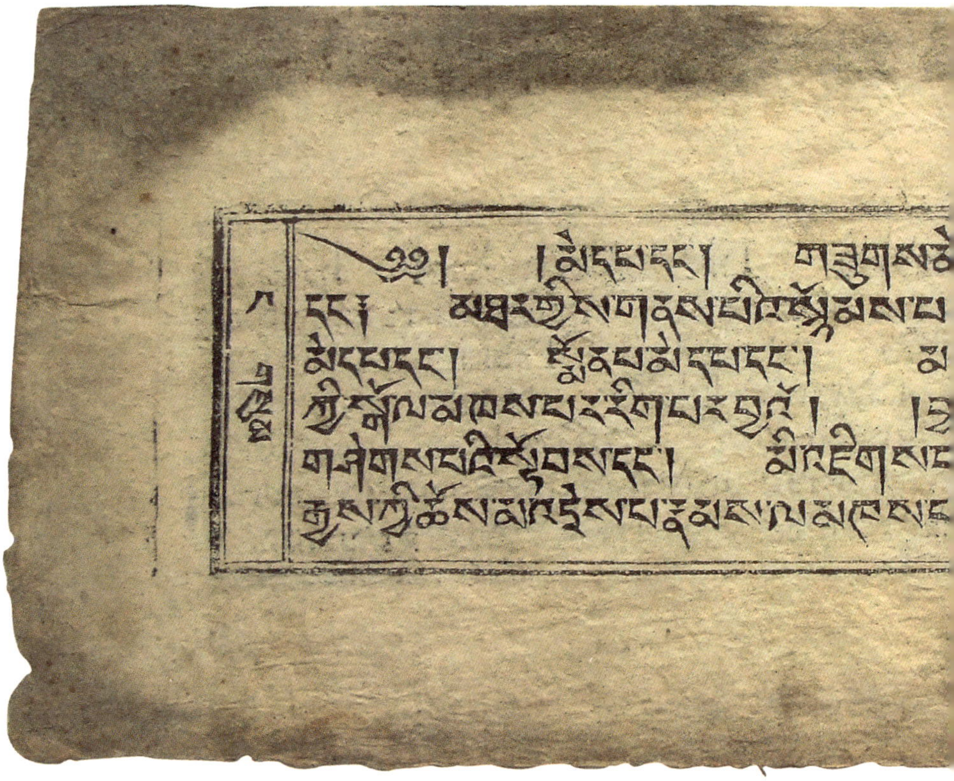

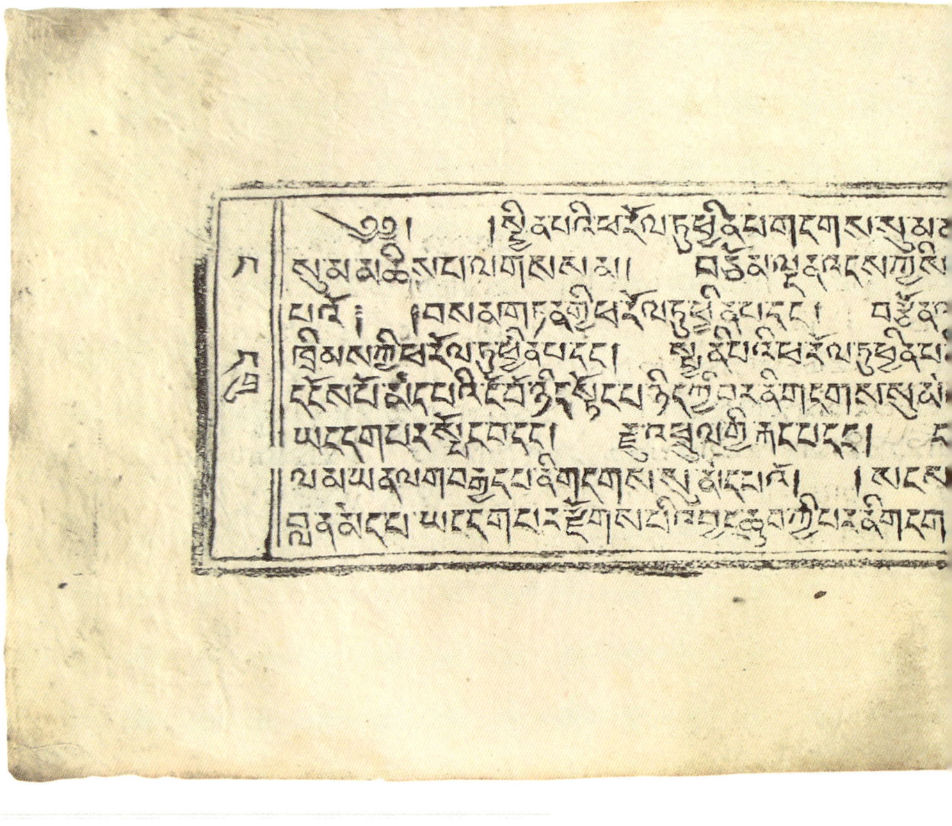

09652 般若波羅蜜多二萬頌後部 藏文 釋迦嘉吾譯 清康熙六十年（1721）刻本

梵夾裝。開本高21.5厘米，廣58厘米。匡高11厘米，廣46.5厘米。每葉八行，四周雙邊。西北民族大學圖書館藏，存一函。

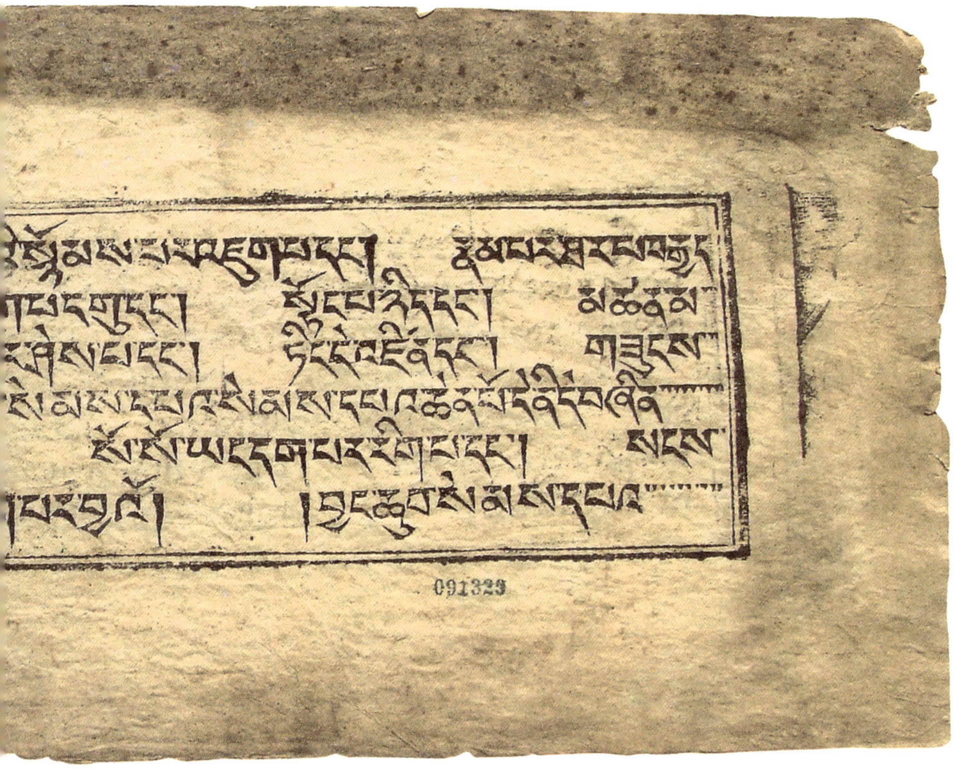

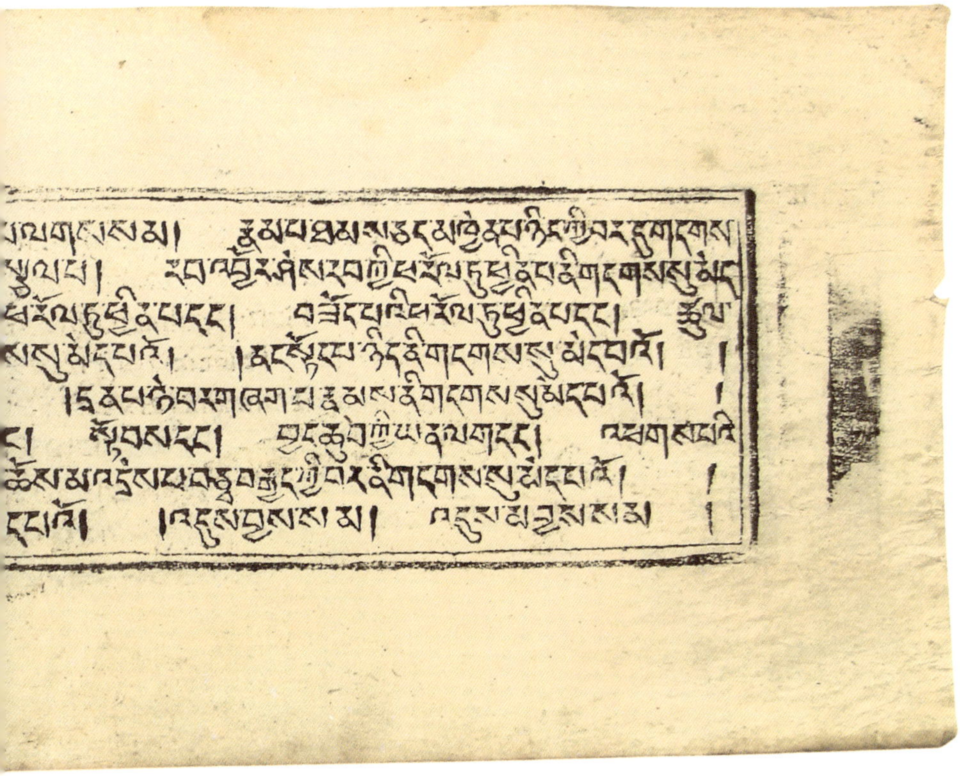

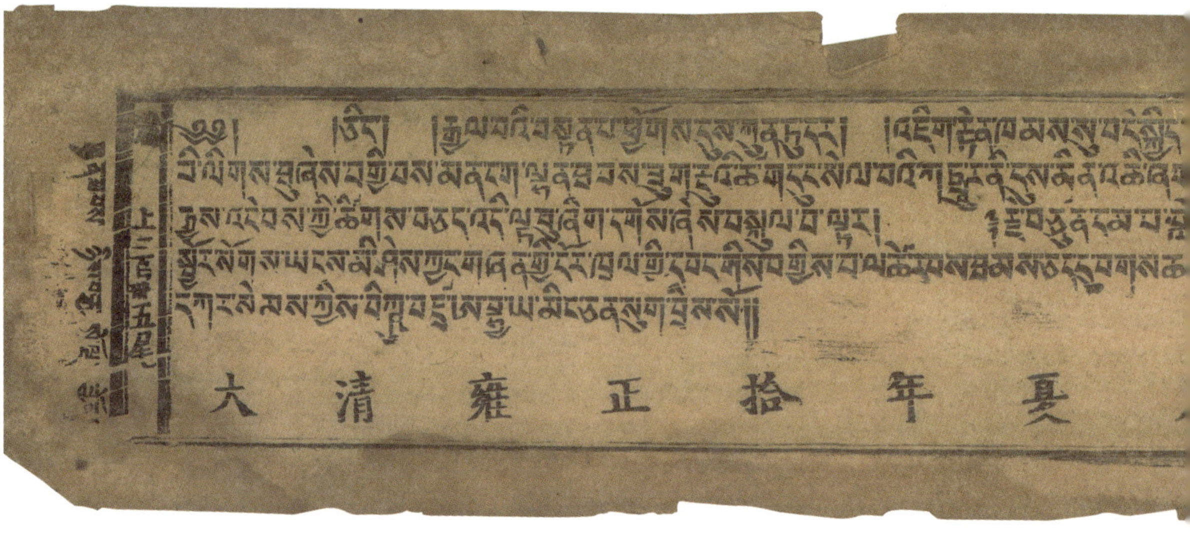

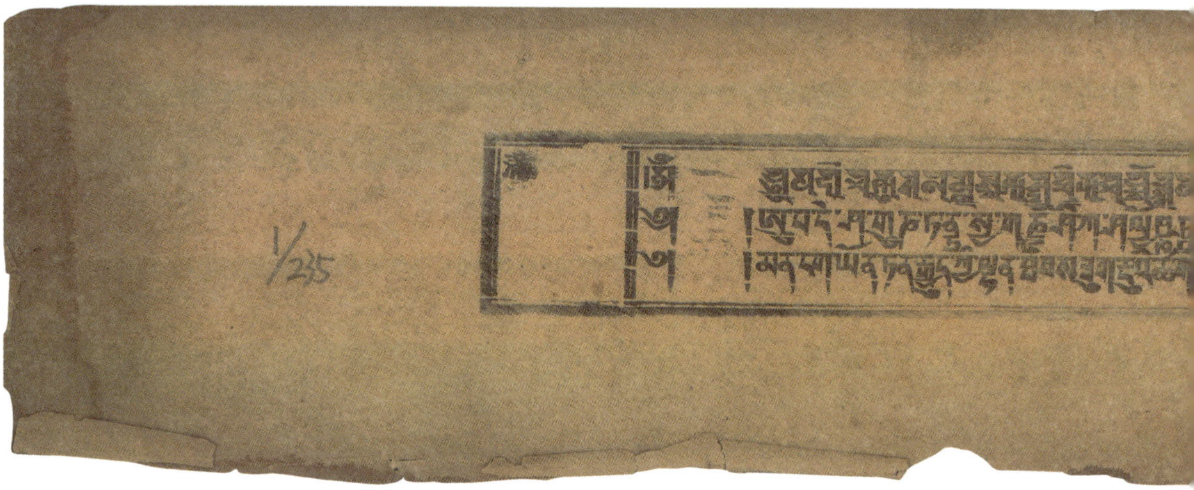

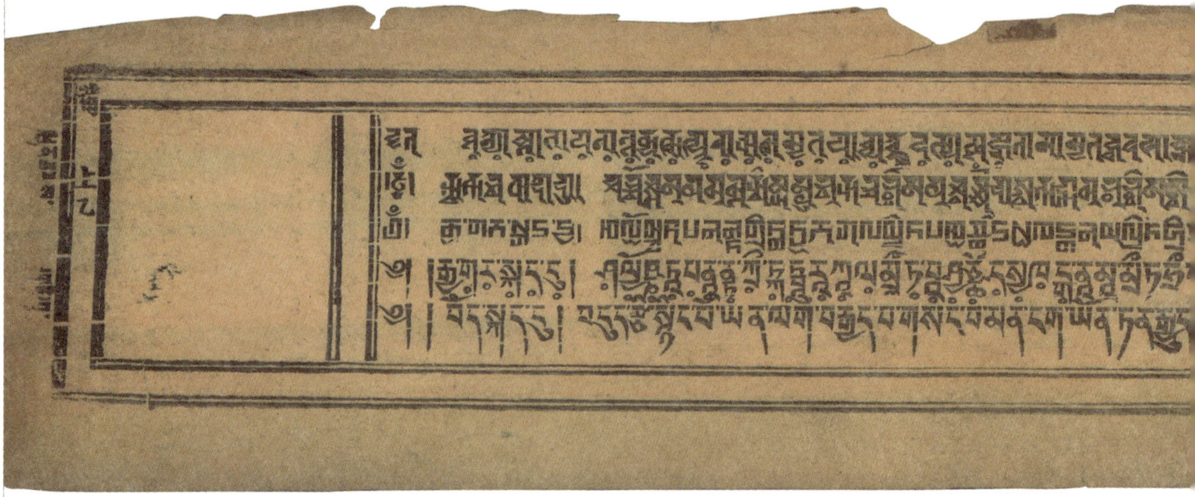

09653 秘訣醫典補遺 藏文 （清）第司·桑傑嘉措撰 清雍正十年（1732）

刻本

梵夾裝。開本高10.2厘米，廣52.9厘米。匡高7.5厘米，廣48厘米。每葉七行，四周雙邊。中國民族圖書館藏。

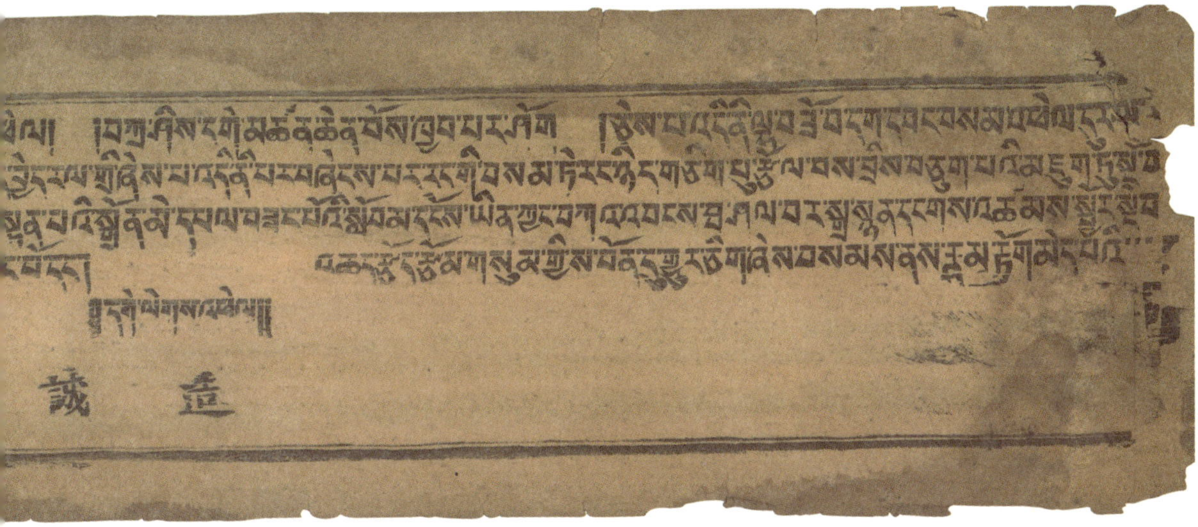

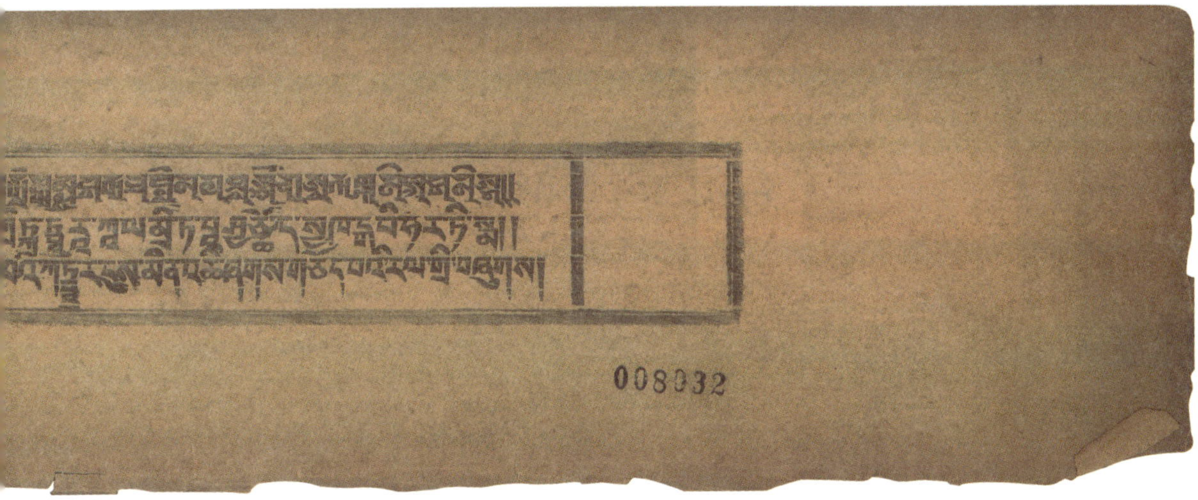
008032

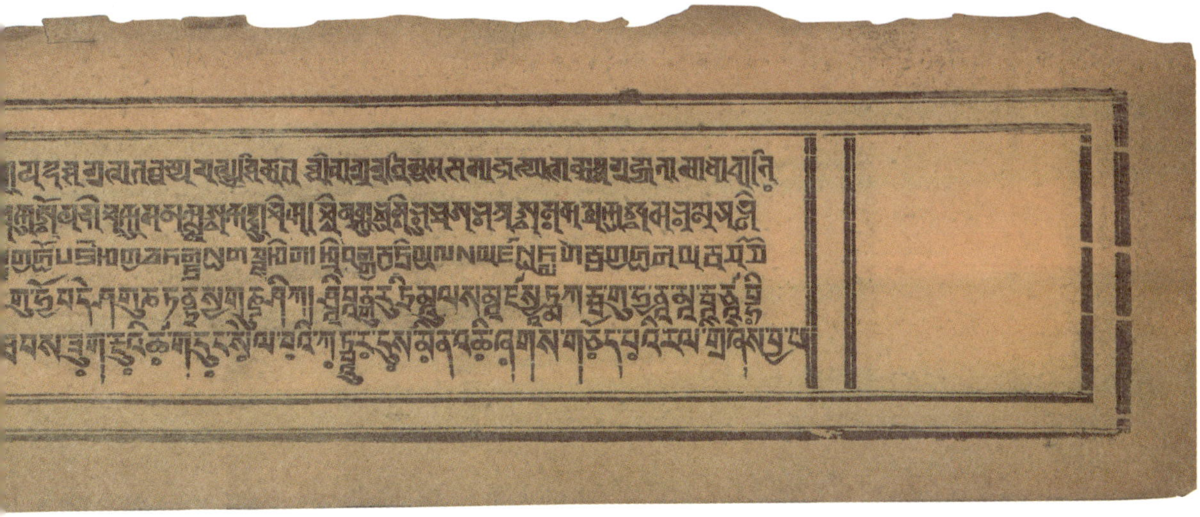

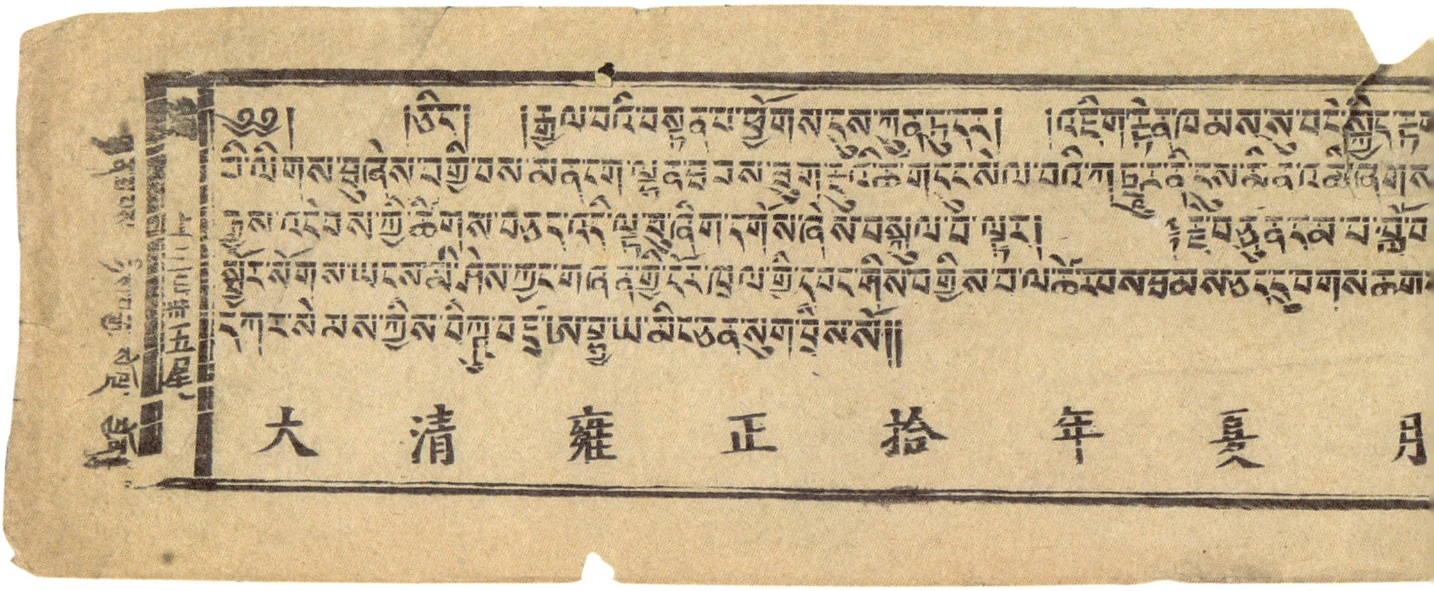

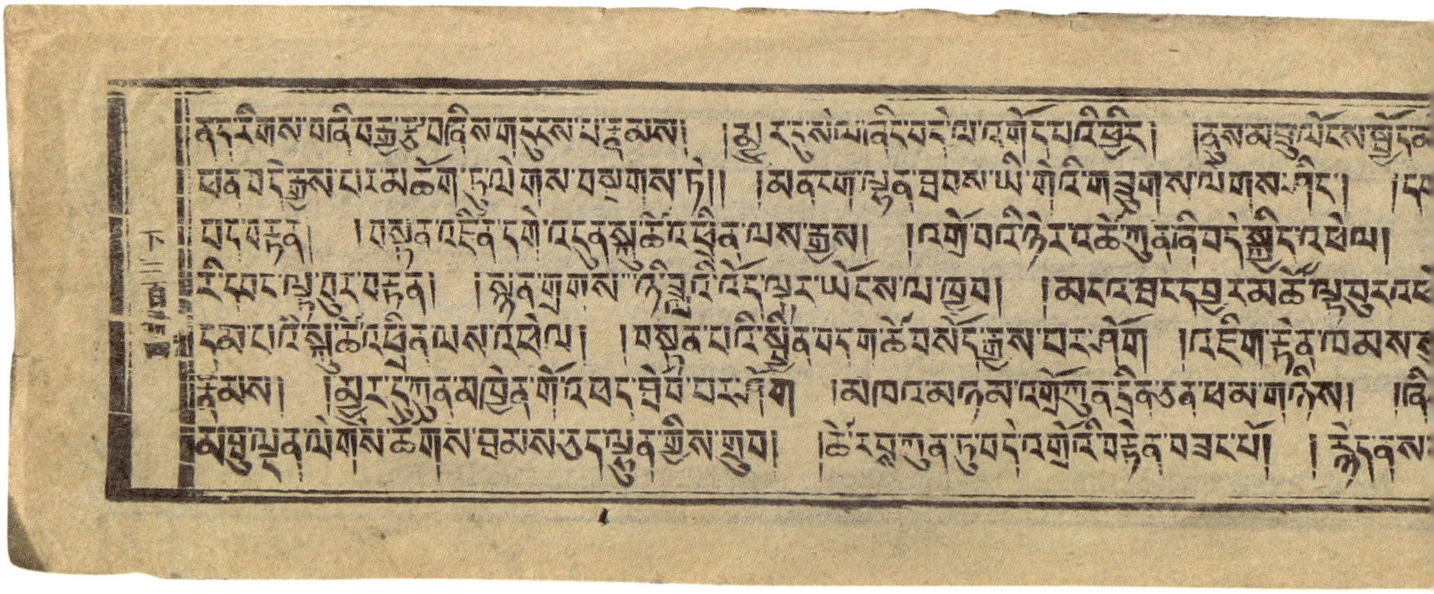

09654 四部醫典・訣竅部 藏文 宇妥・雲丹貢布撰 十四代宇妥・雲丹貢布修訂 清雍正十年（1732）刻本

梵夾裝。開本高10.2厘米，廣52.9厘米。匡高7.5厘米，廣48厘米。每葉七行，四周雙邊。國家圖書館藏。

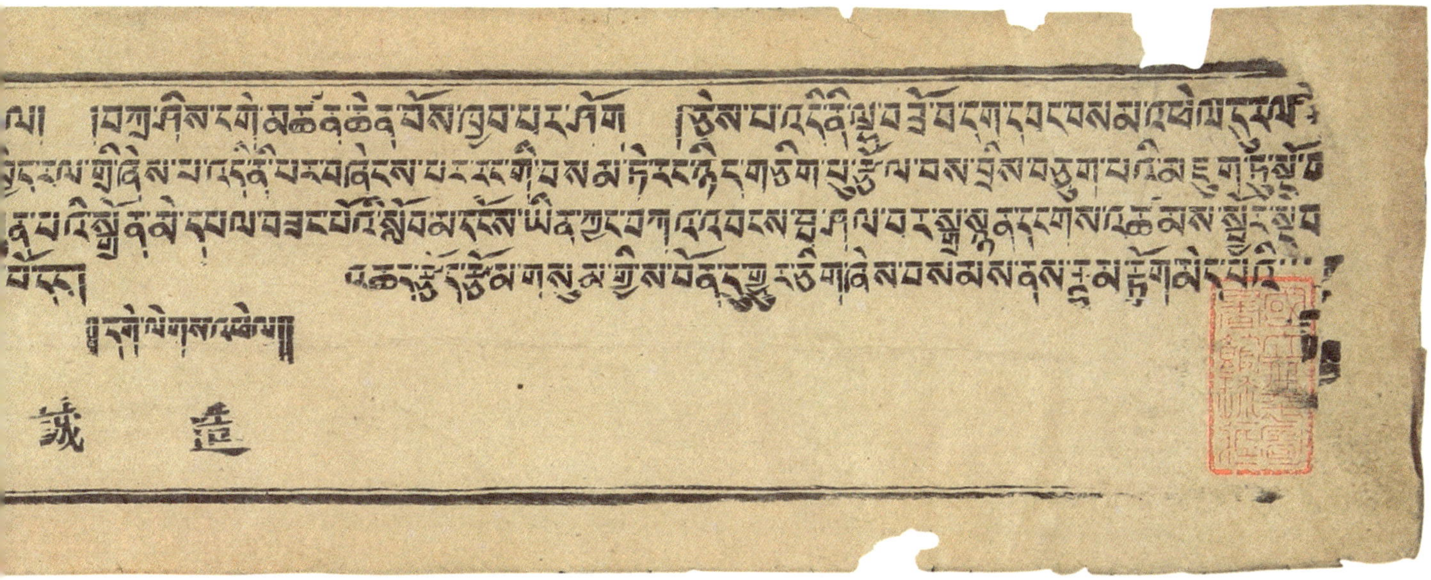
誠
造

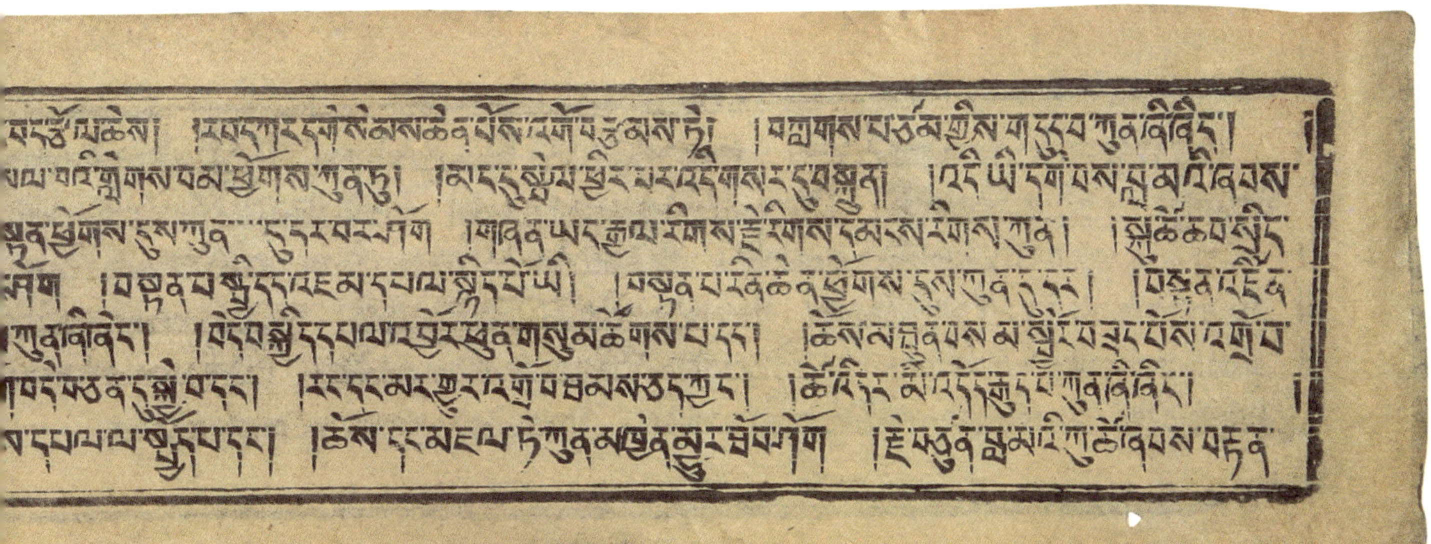

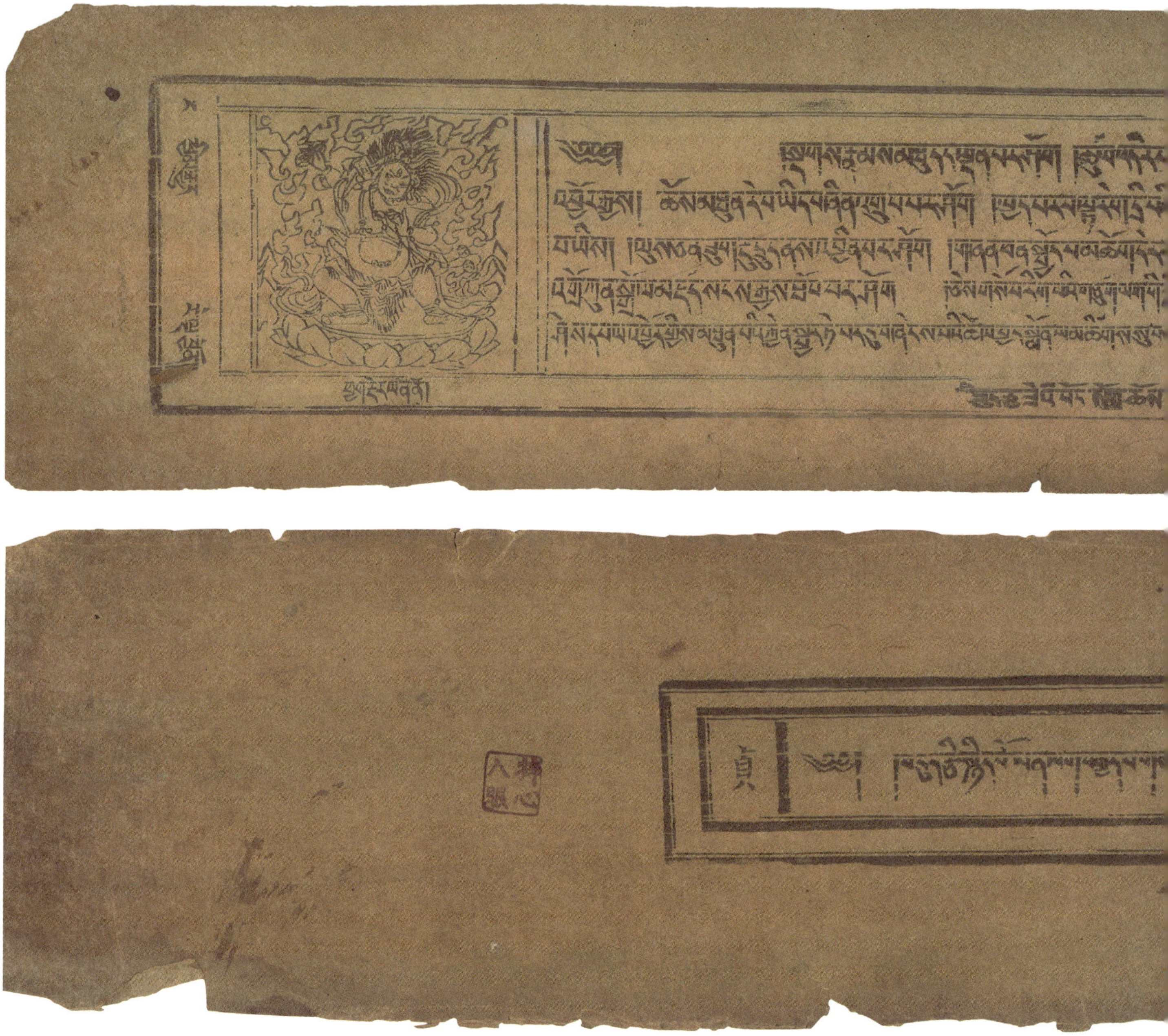

09655 四部醫典·後續部　藏文　宇妥·雲丹貢布撰　十四代宇妥·雲丹貢布修訂　清雍正刻本

梵夾裝。開本高10.3厘米，廣52厘米。匡高6.7厘米，廣48.7厘米。每葉六行，四周雙邊。中國民族圖書館藏。

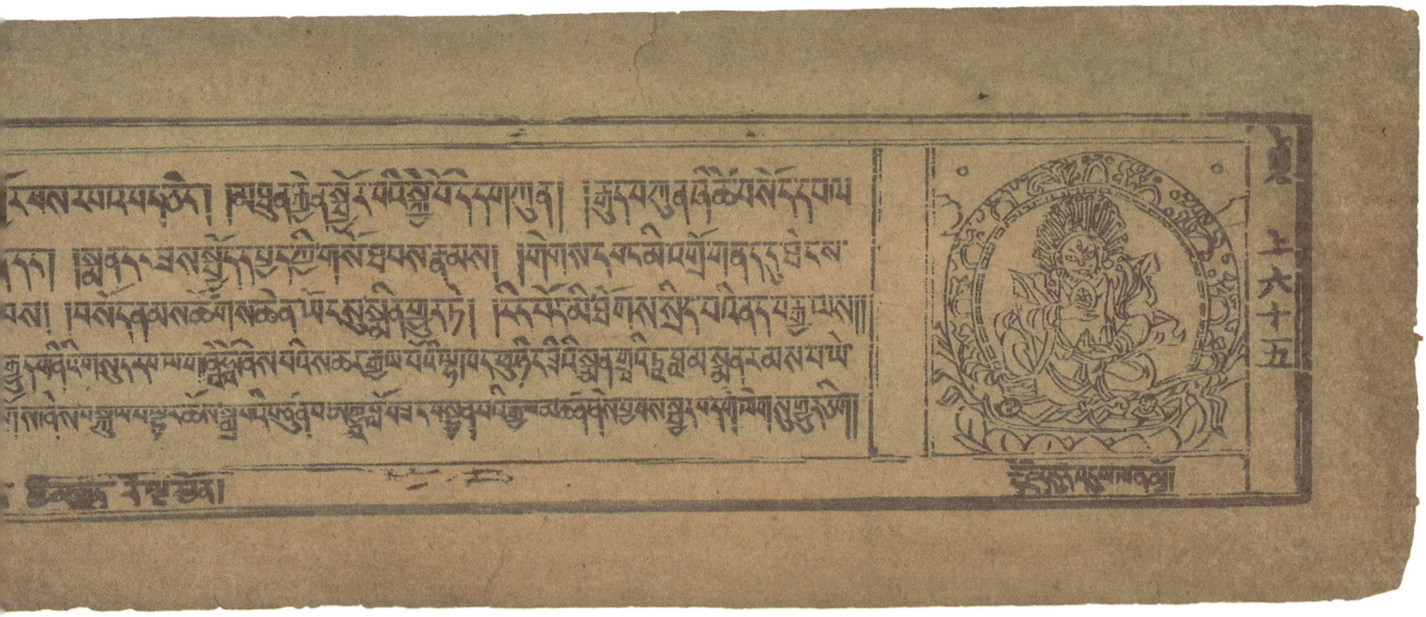
上六十五

下乙

09656 四部醫典·訣竅部 藏文 宇妥·雲丹貢布撰 十四代宇妥·雲丹貢布修訂 清雍正刻本

梵夾裝。開本高10.3厘米，廣52厘米。匡高6.7厘米，廣48.7厘米。每葉六行，四周雙邊。中國民族圖書館藏。

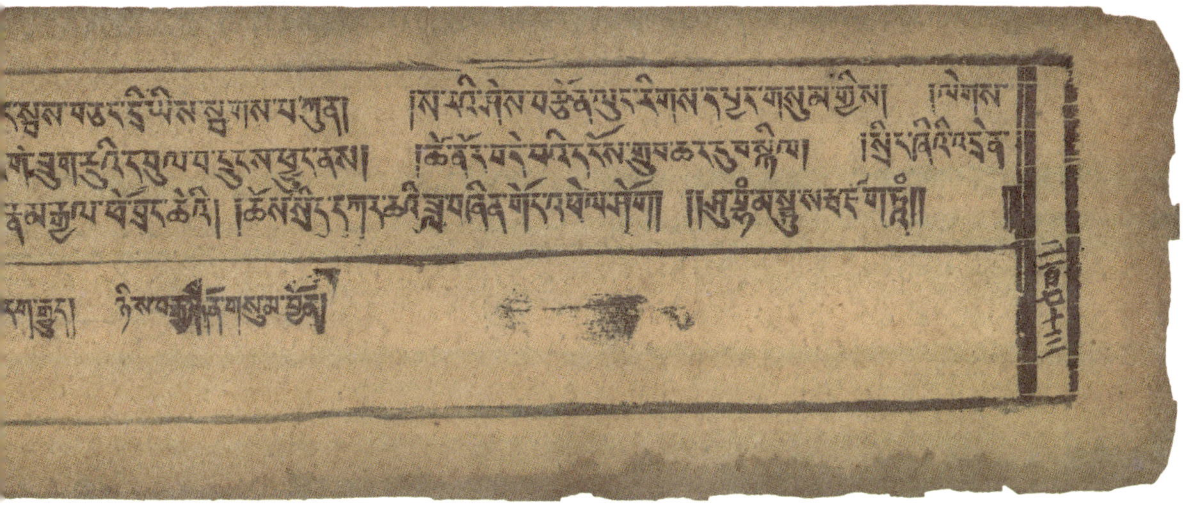

008037

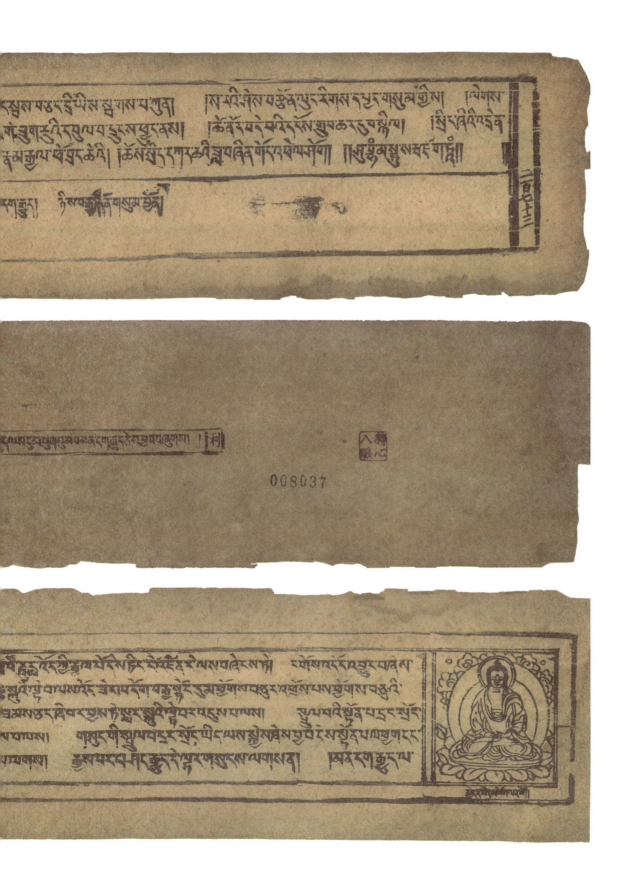

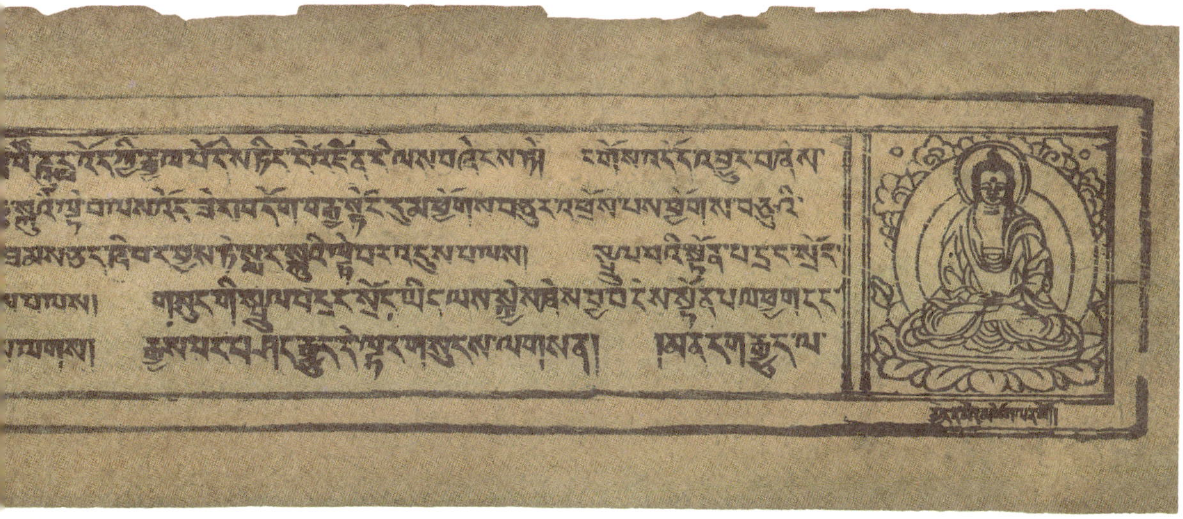

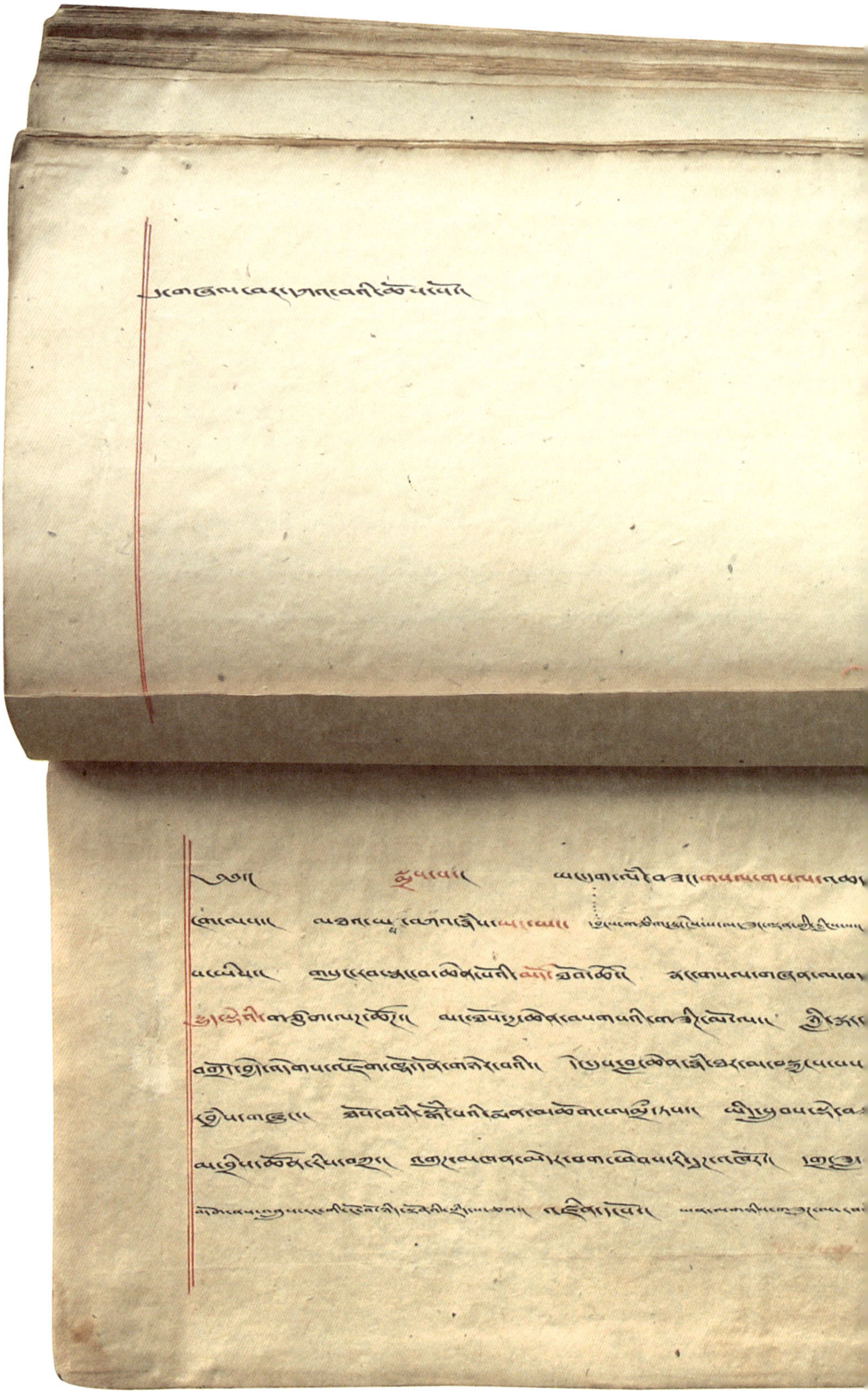

09657 受法錄寶摩頂飾 藏文 （清）阿旺丹貝堅贊撰 清乾隆二十一年（1756）稿本

包背裝。開本高16厘米，廣44厘米。中國民族圖書館藏。

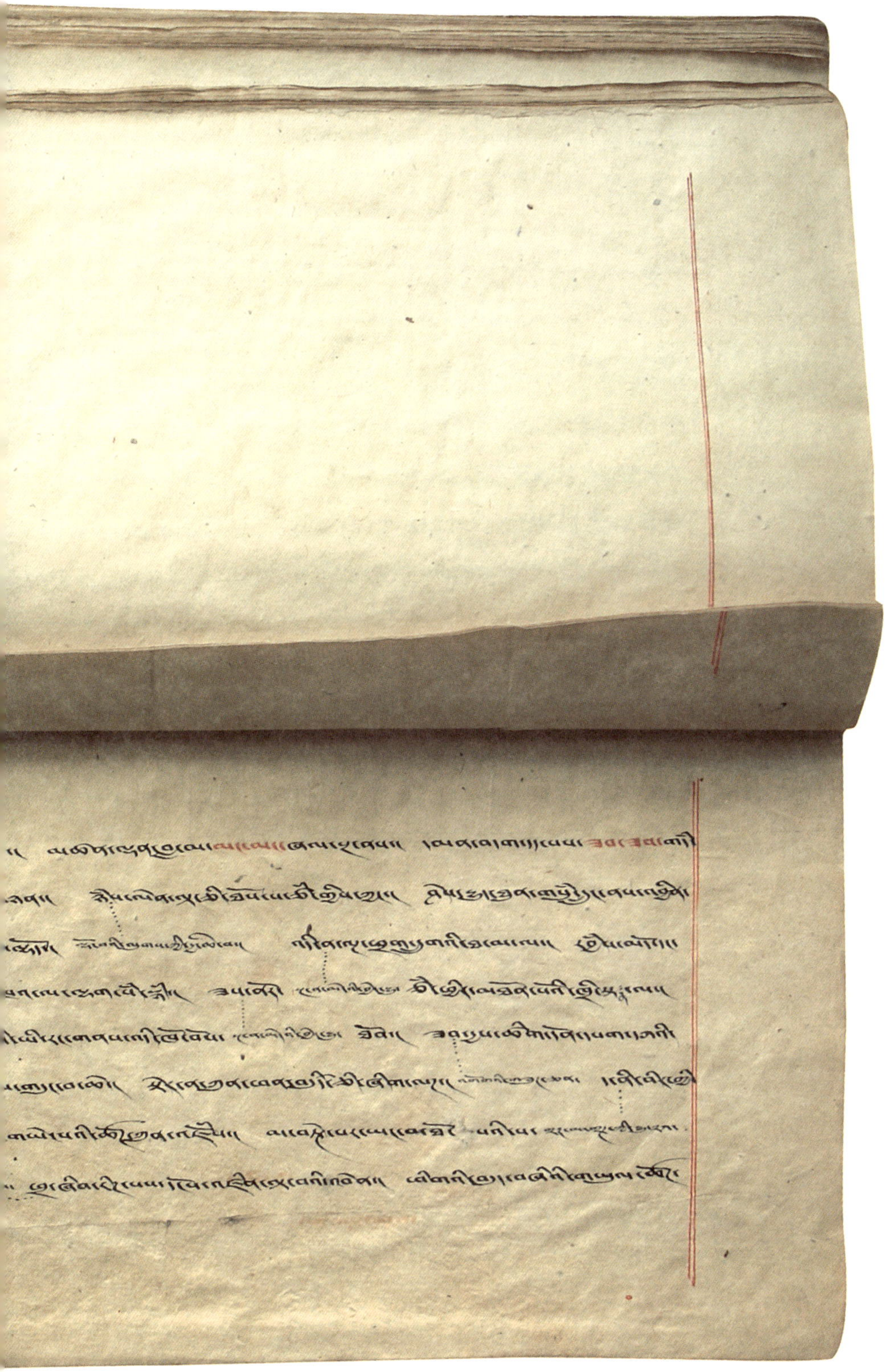

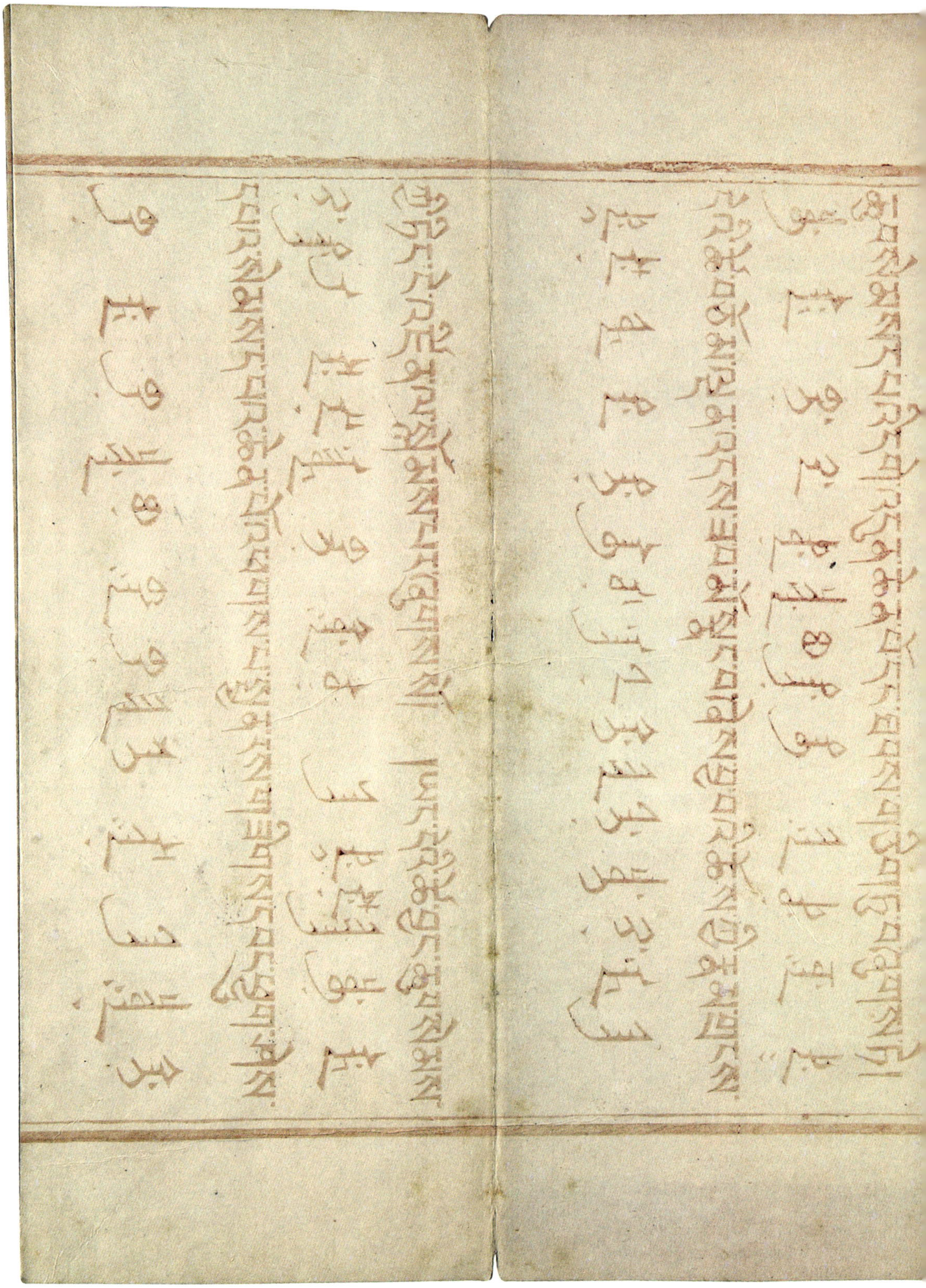

09658 般若波羅蜜多心經 藏文 清乾隆四十九年（1784）朱印本

經折裝。開本高20厘米，廣7.8厘米。匡高15.3厘米，廣7.6厘米。每葉四行。國家圖書館藏。

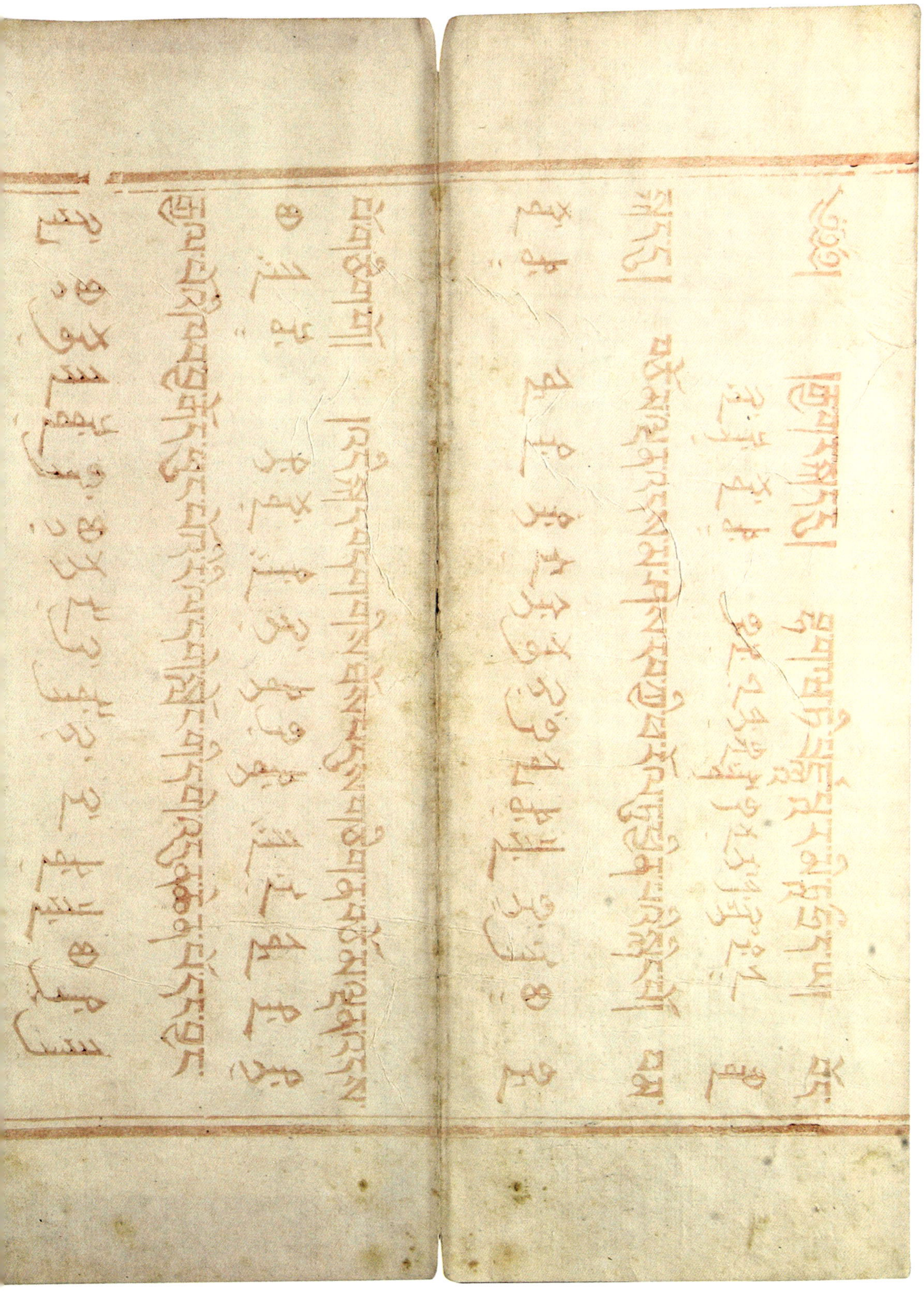

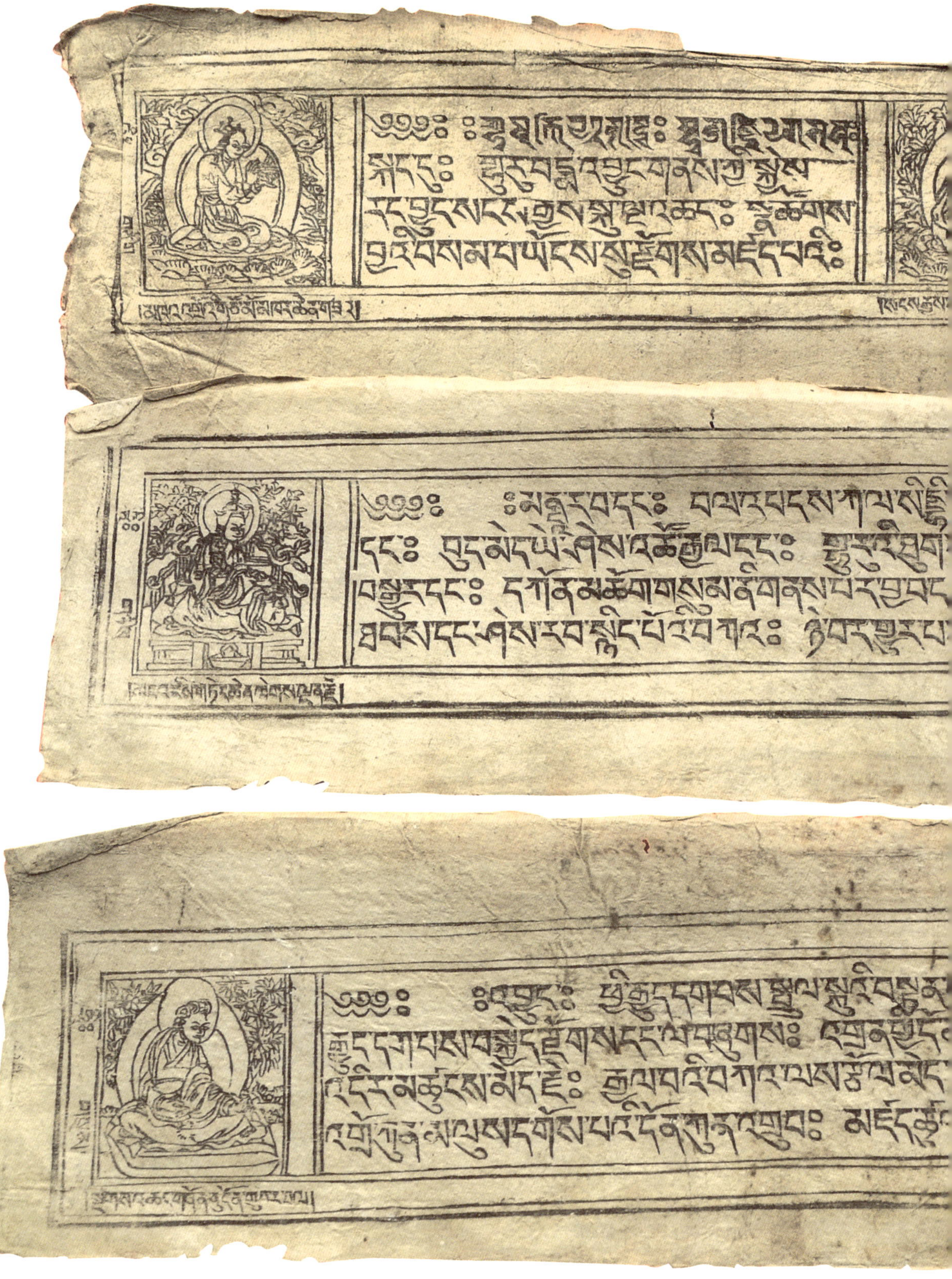

09659 蓮花生傳　藏文　清道光六年（1826）卓尼刻本

梵夾裝。開本高10.3厘米，廣47.8厘米。匡高6.5厘米，廣43厘米。每葉四行，四周雙邊。青海省地方誌編纂委員會辦公室謝佐藏。

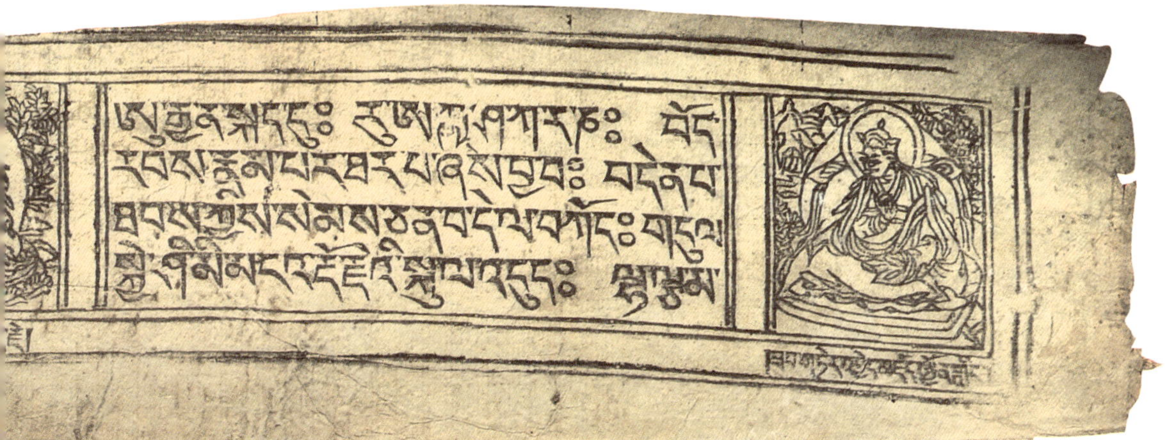

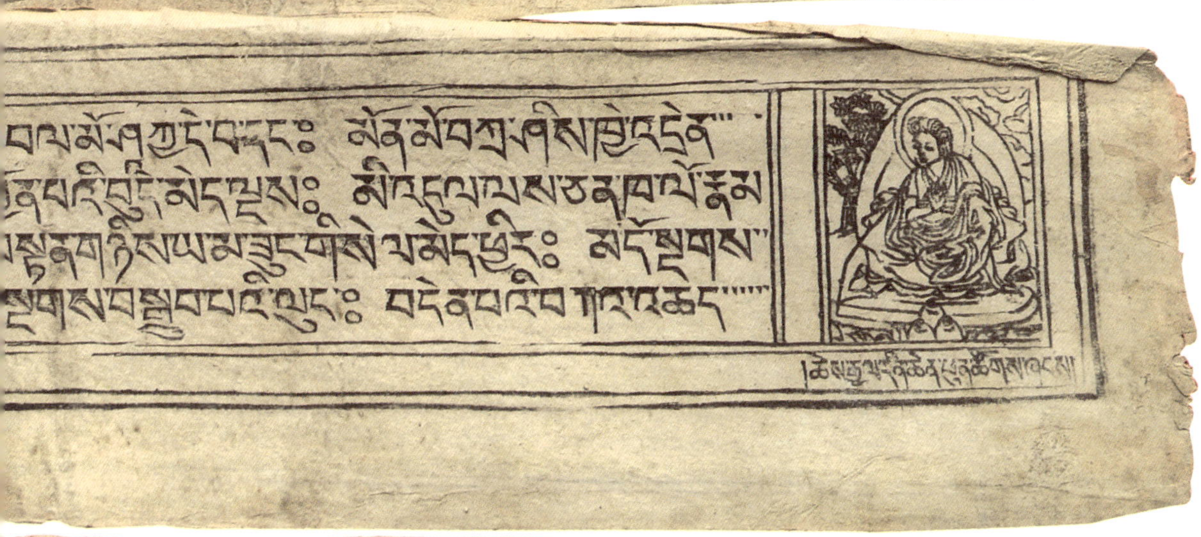

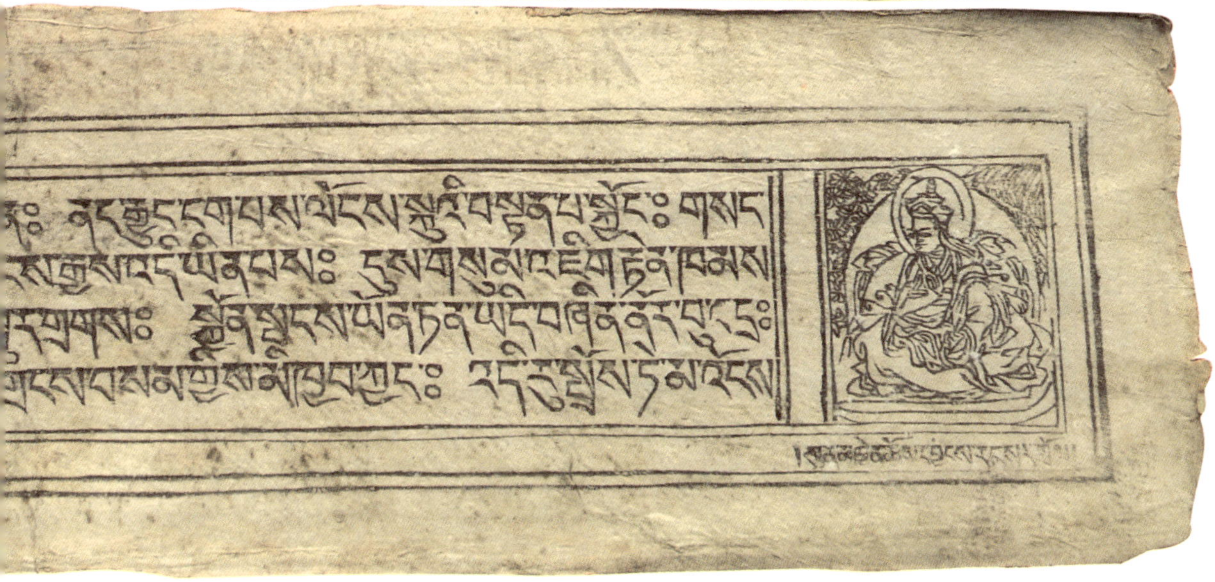

09660 般若波羅蜜多八千頌 藏文 釋迦賽納 達磨達希拉等譯 清道光十二年（1832）金銀汁抄本

梵夾裝。開本高13.1厘米，廣48厘米。匡高8.5厘米，廣39厘米。每葉五行，四周雙邊。西北民族大學圖書館藏，存一函。

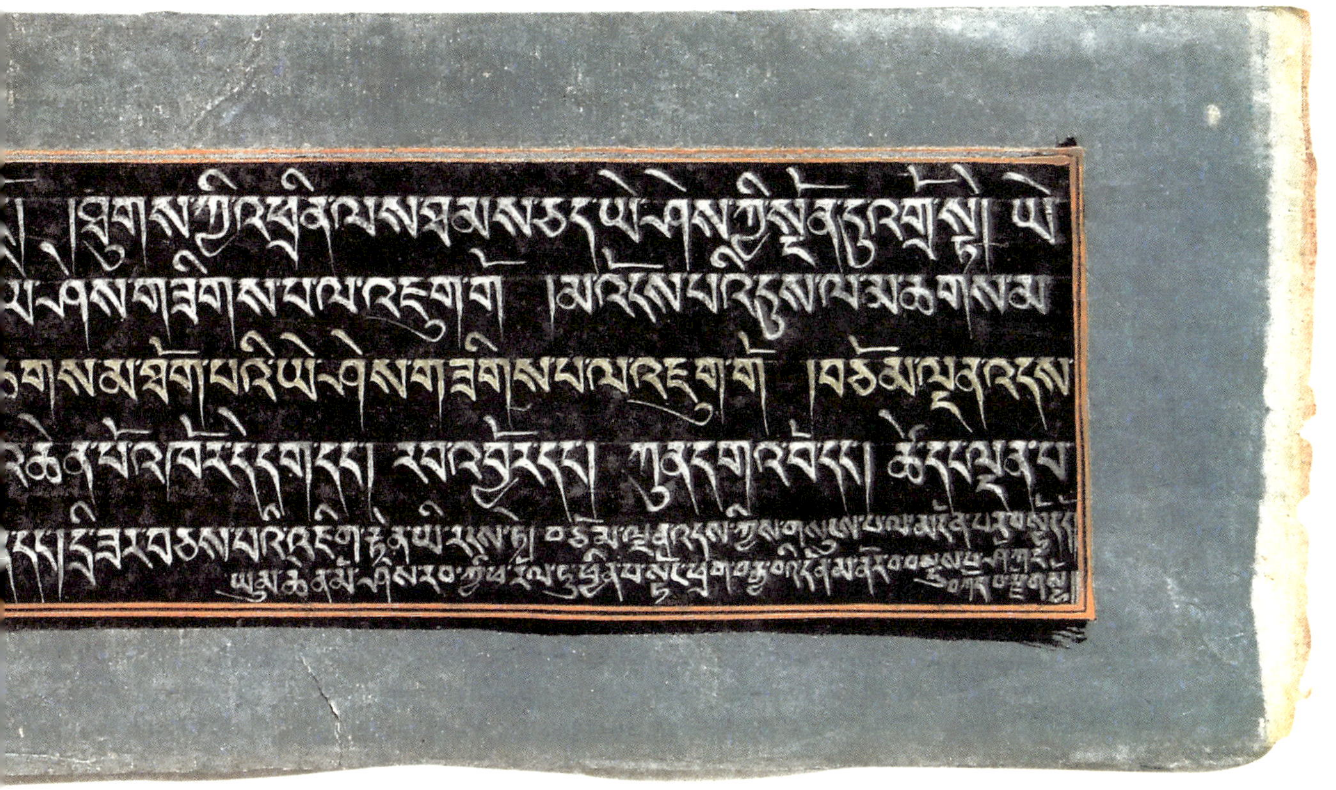

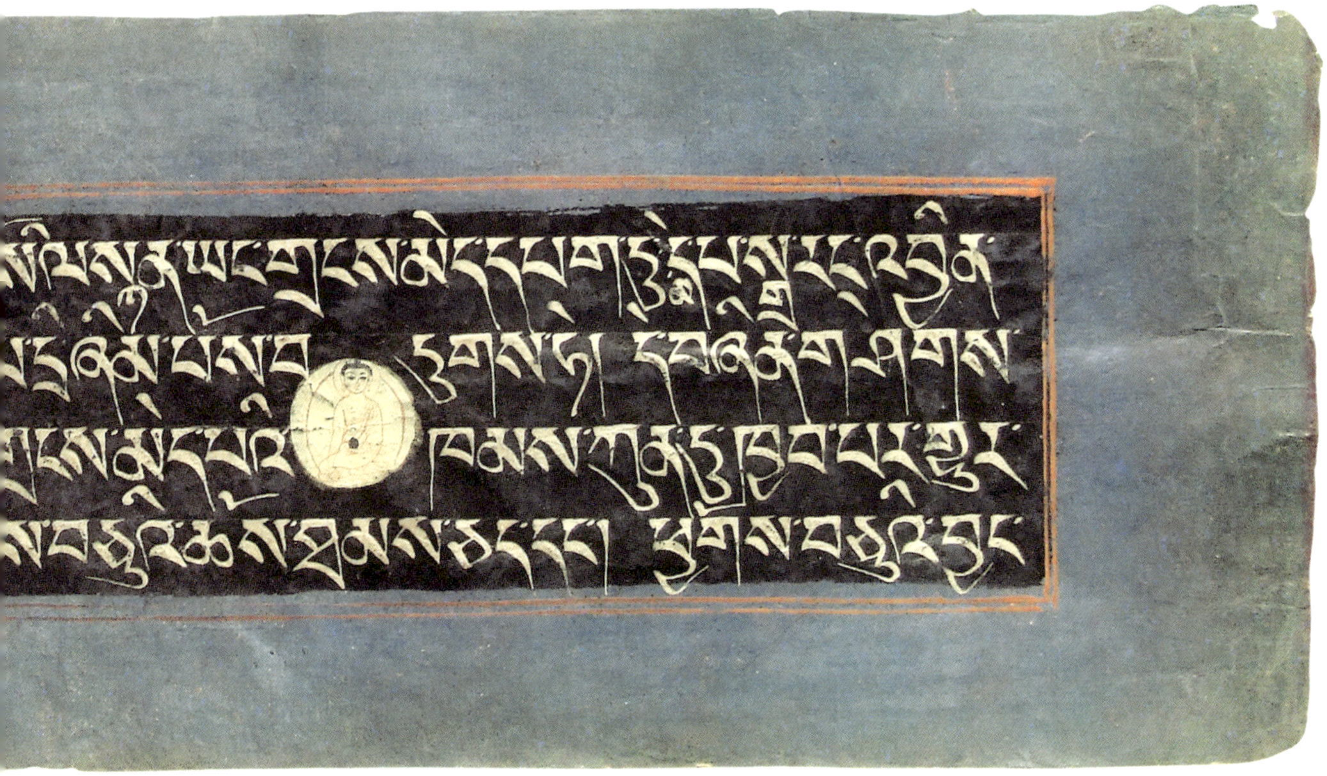

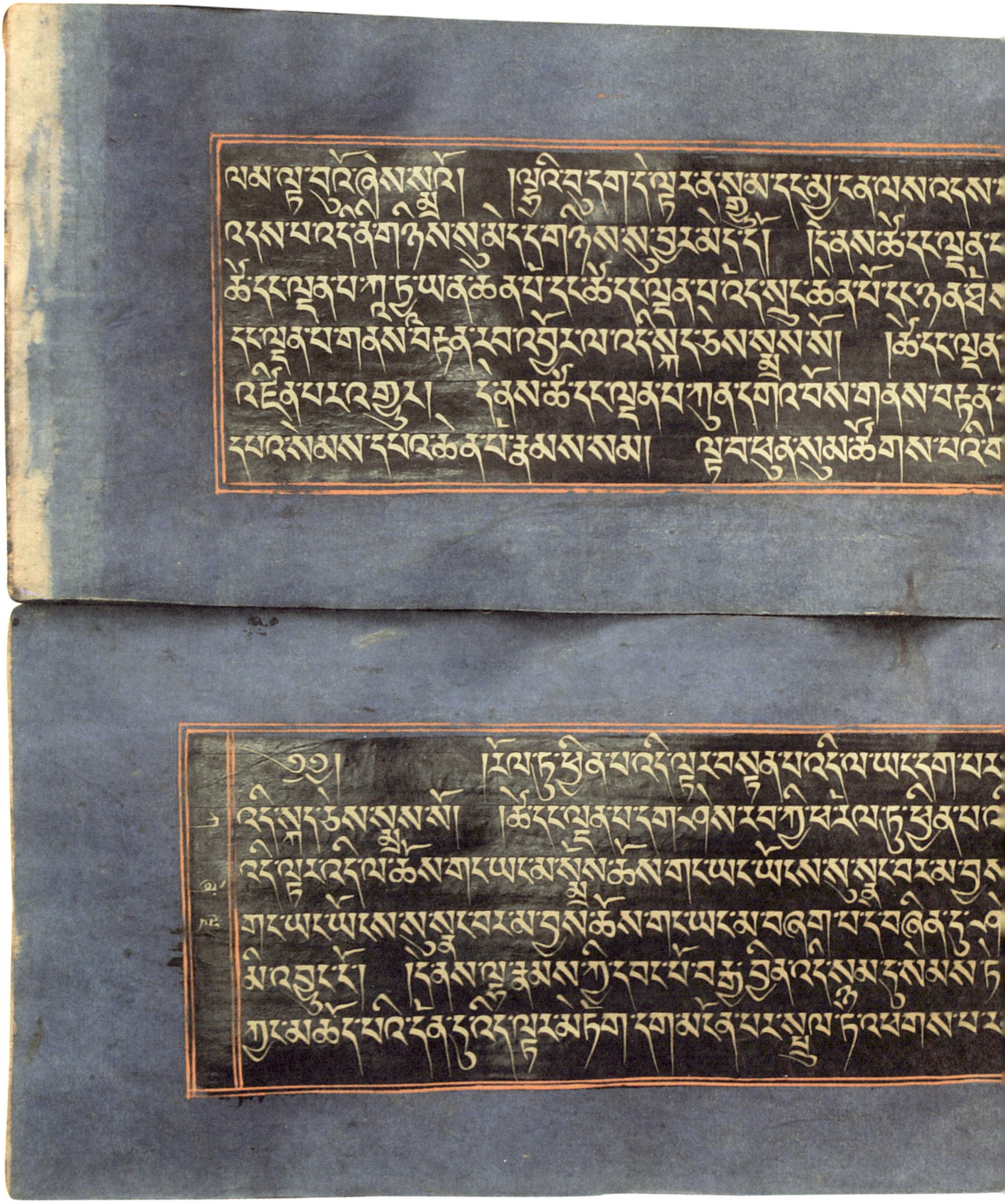

09661 般若波羅蜜多八千頌二十五卷 藏文 釋迦賽納 達磨達希拉等譯 清金汁抄本

梵夾裝。開本高14.5厘米，廣53厘米。匡高8.9厘米，廣44.2厘米。每葉六行。中國民族圖書館藏。

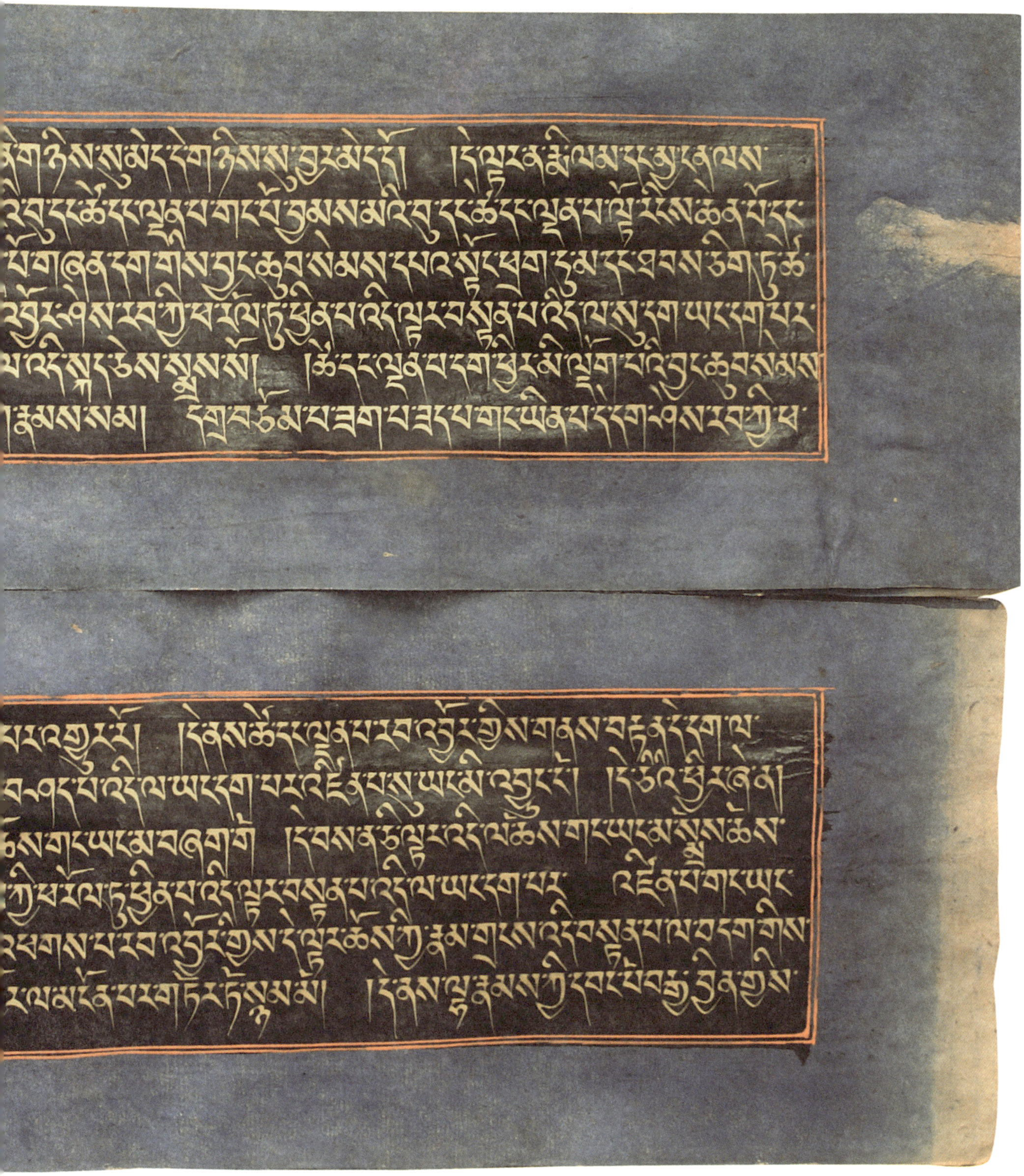

09662 律經根本 藏文 噶瓦華則等譯 清抄本

梵夾裝。開本高22厘米，廣62厘米。武威市博物館藏，存四百五葉。

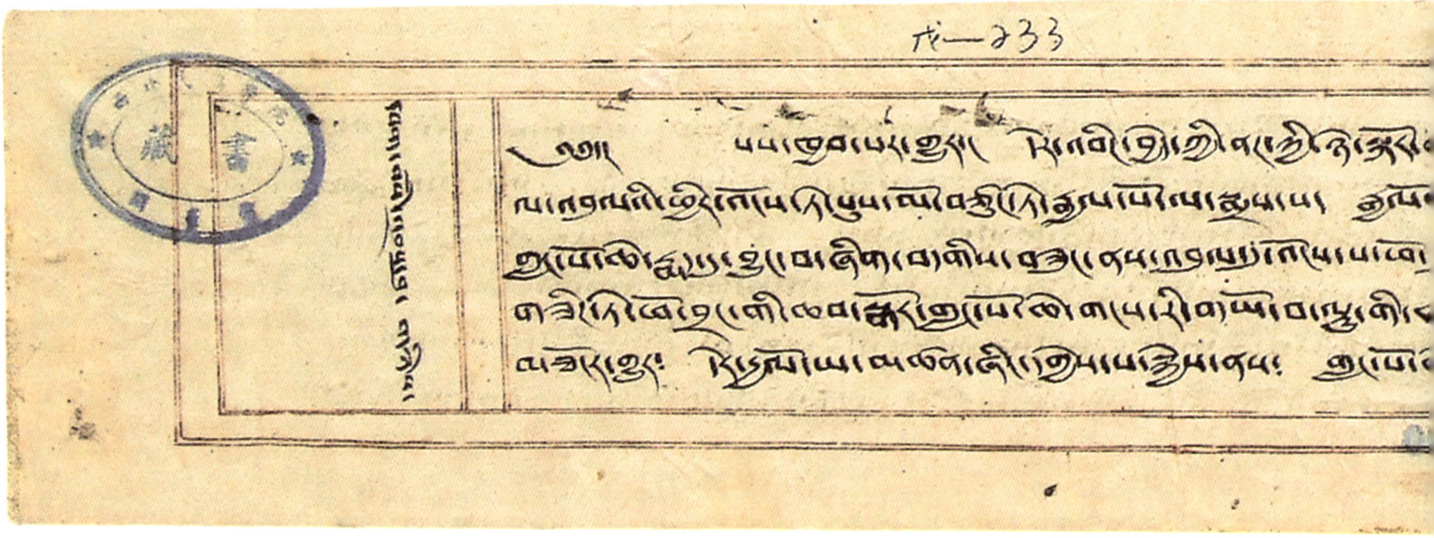

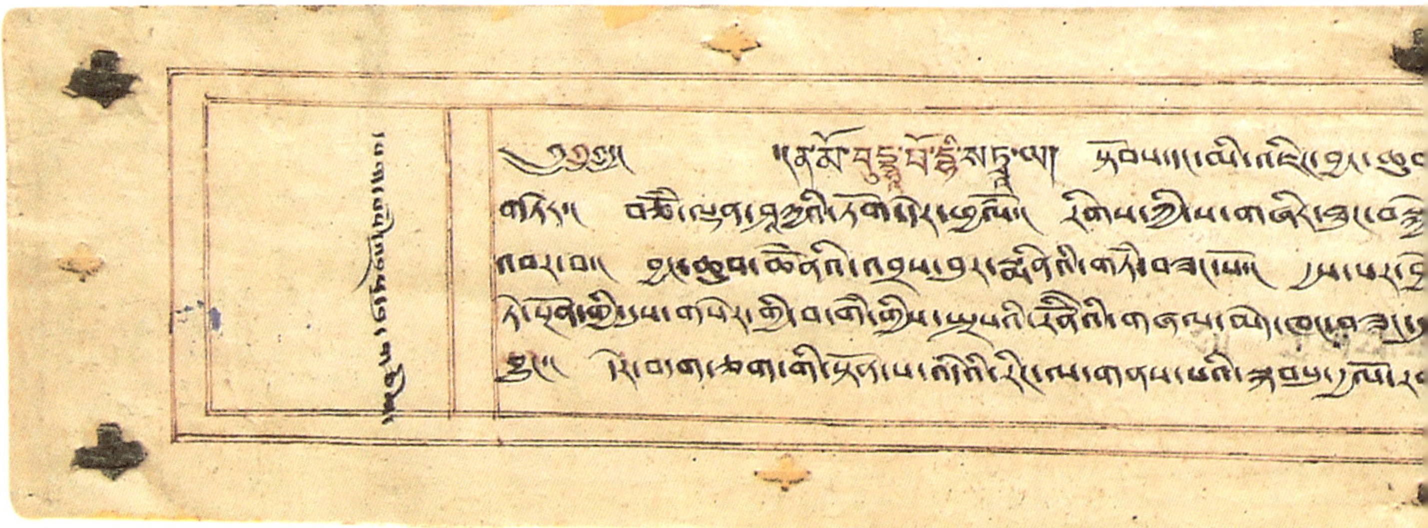

09663 如意果 藏文　格衛旺波撰　清抄本

梵夾裝。開本高8.2厘米，廣47.5厘米。匡高6厘米，廣41.5厘米。西北民族大學圖書館藏，存一函。

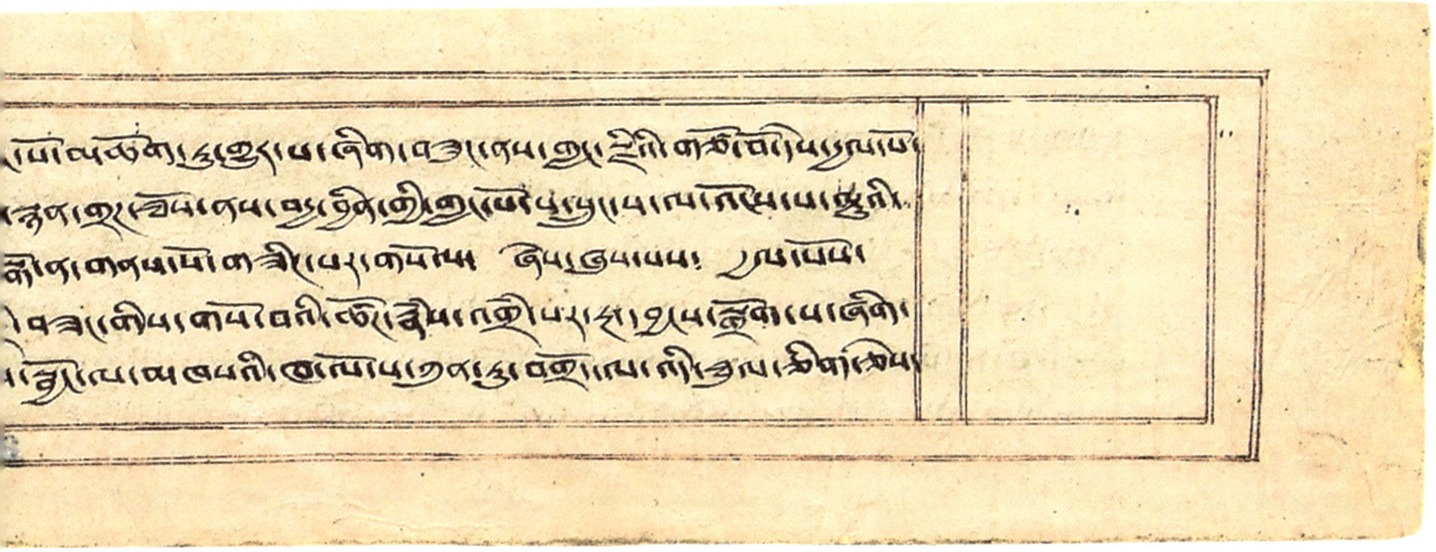

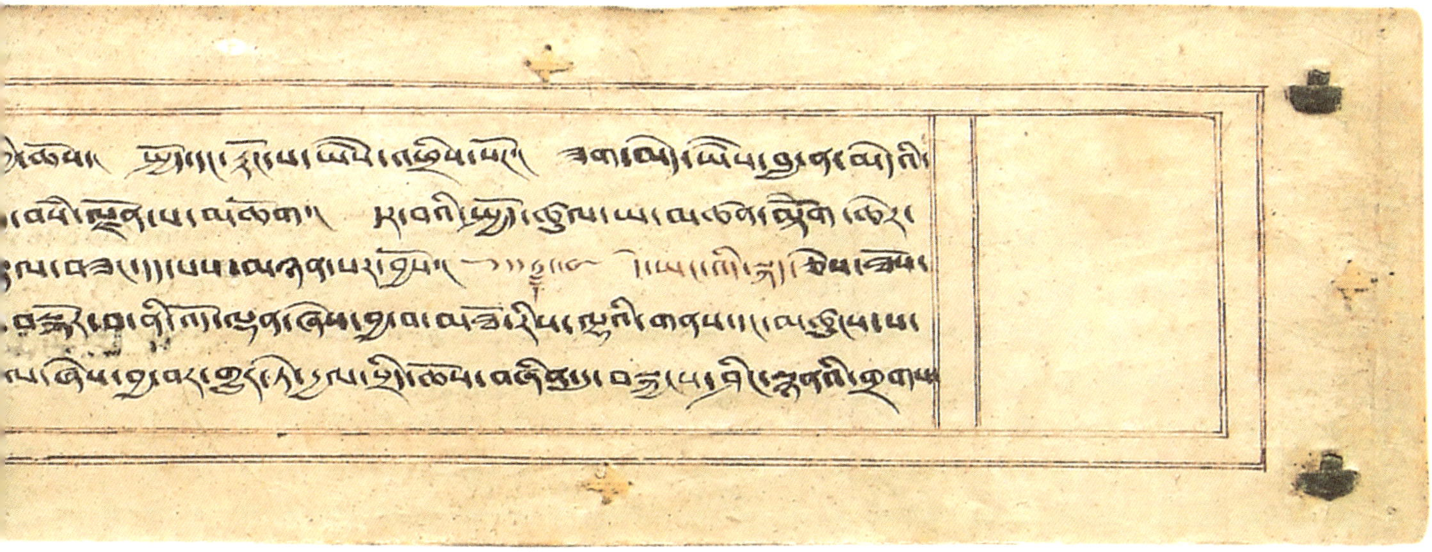

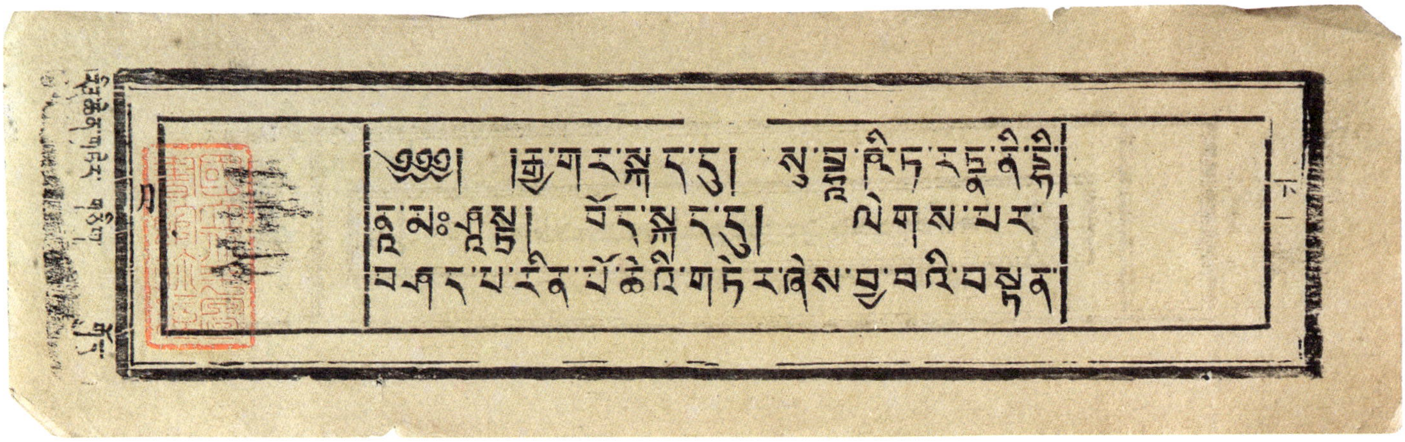

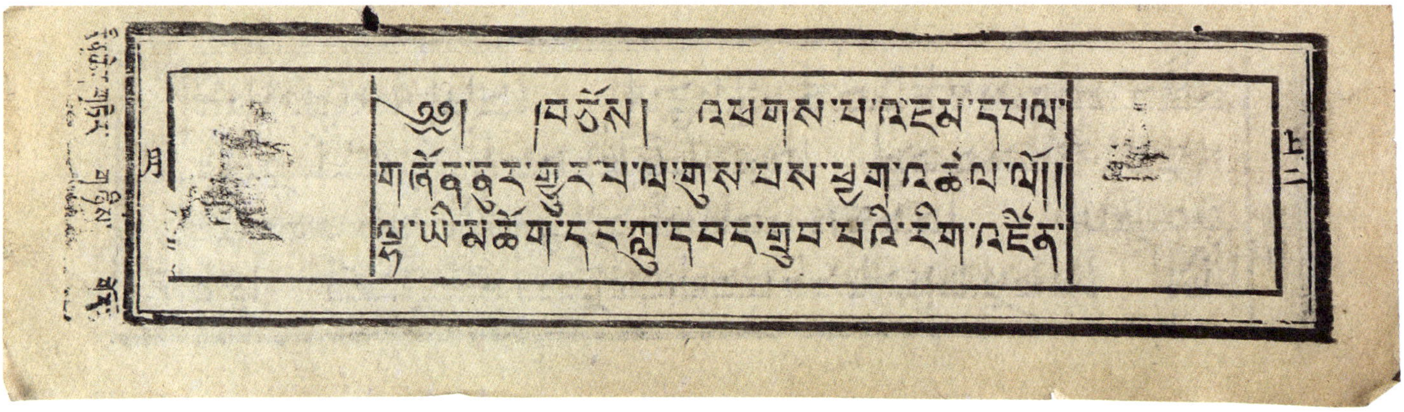

09664 薩迦格言 藏文 薩班·貢噶堅贊撰 清刻本

梵夾裝。開本高7.3厘米，廣26.7厘米。匡高5.1厘米，廣24厘米。每葉四行，四周雙邊。國家圖書館藏。

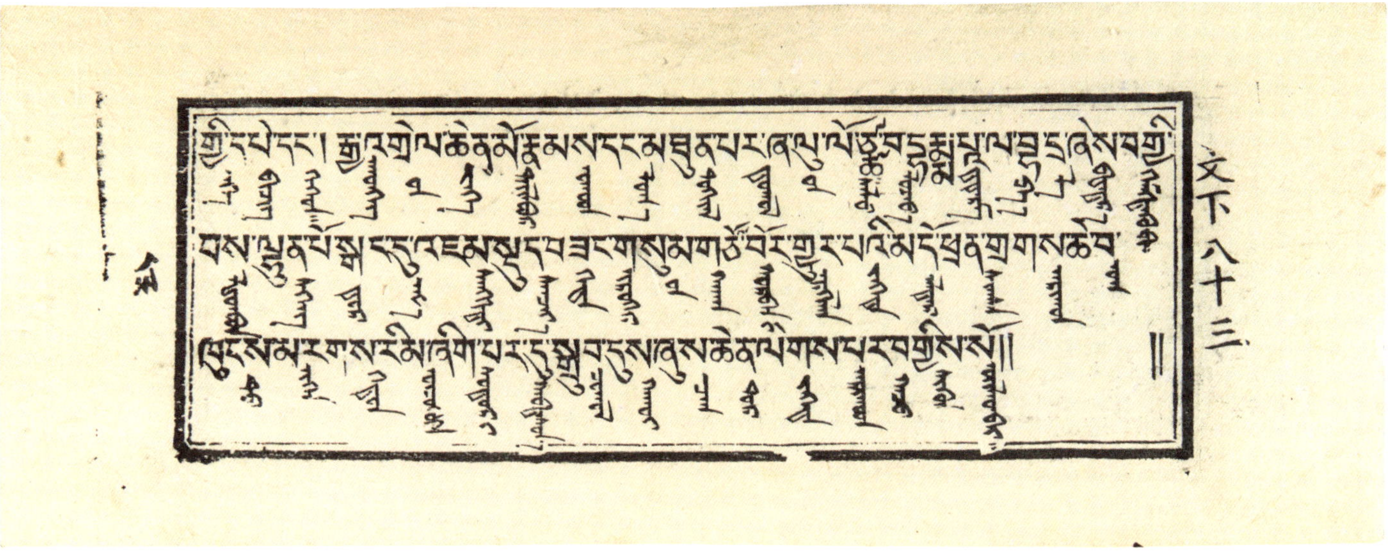

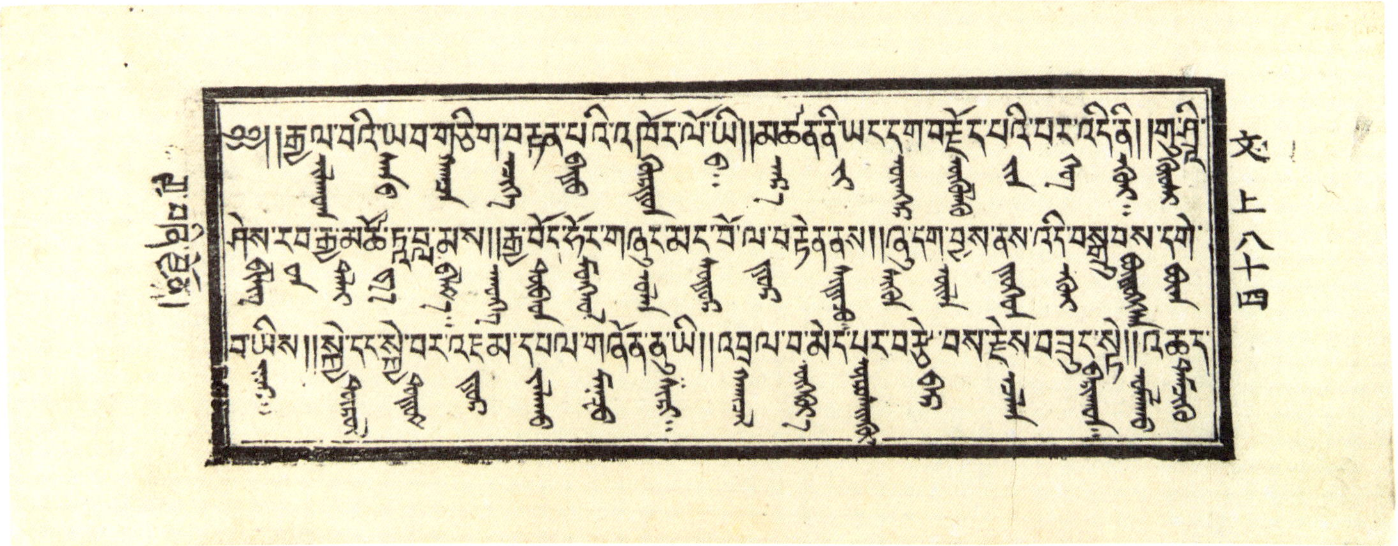

09665 聖妙吉祥真實名經 藏文 達瑪巴拉譯 清刻本

梵夾裝。開本高9.2厘米，廣24厘米。匡高5.3厘米，廣17.5厘米。四周雙邊。國家圖書館藏。

09666 甘珠爾 藏文 1920年至1934年拉薩刻本

梵夾裝。開本高16.5厘米，廣63.4厘米。匡高11厘米，廣57.5厘米。每葉七行，四周雙邊。中國民族圖書館藏。

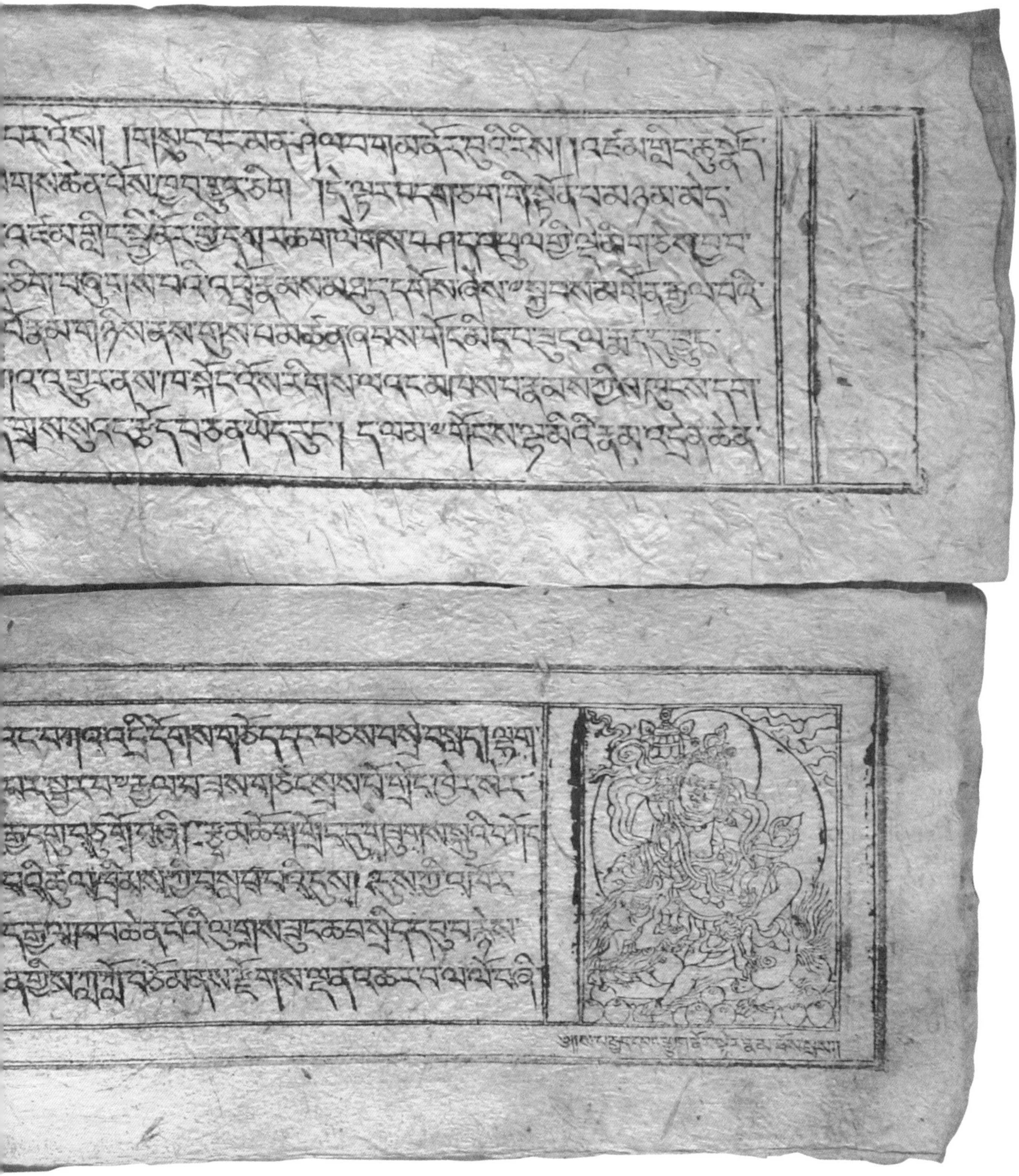

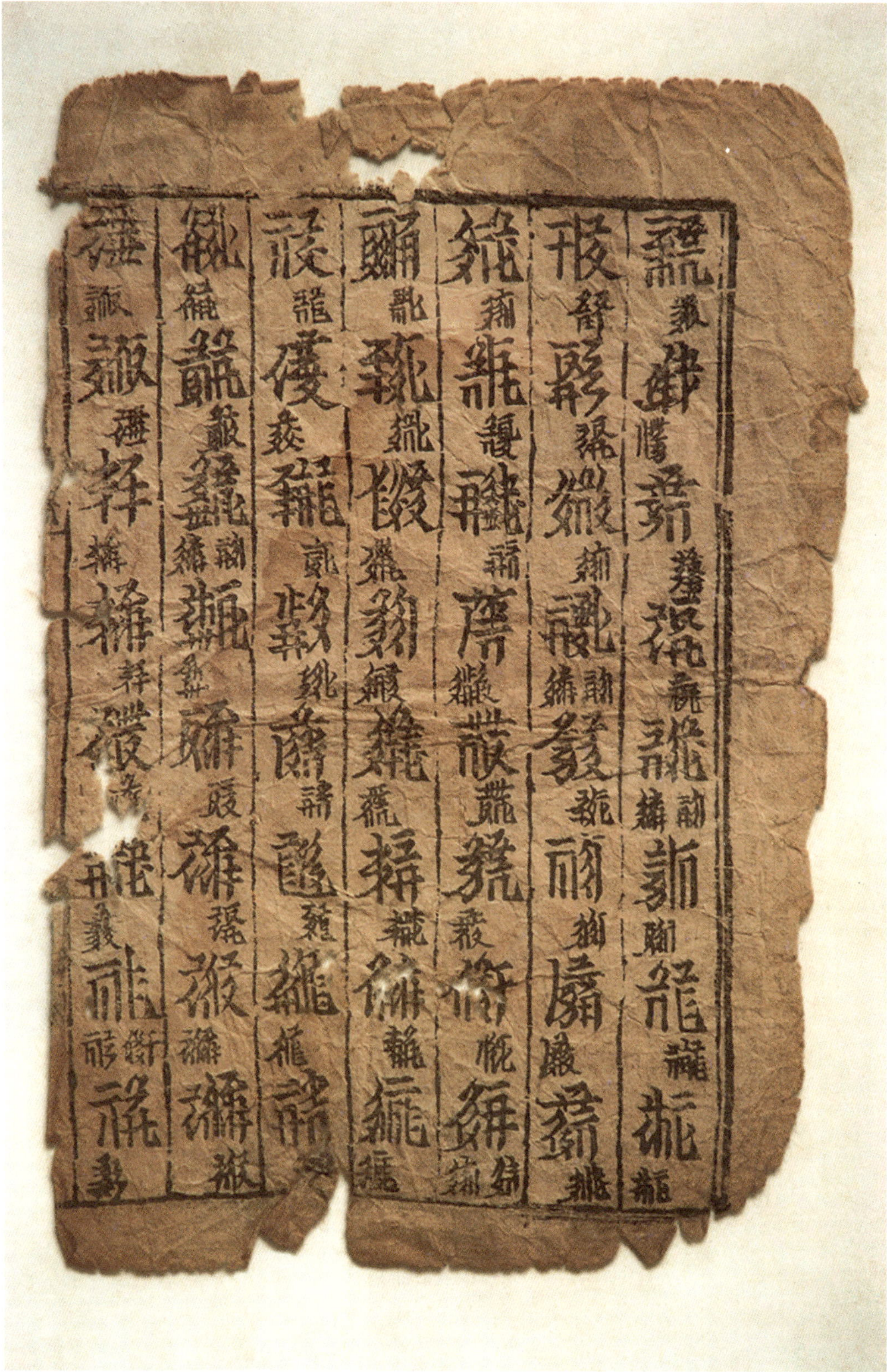

09667 音同 西夏文 西夏刻本

殘葉。開本高12厘米，廣28.5厘米。匡高10厘米，廣25厘米。半葉七行，左右雙邊。武威市博物館藏，存一面。

09668 番漢合時掌中珠　西夏文　（西夏）骨勒茂才撰　西夏刻本

殘葉。敦煌研究院藏，存一面。

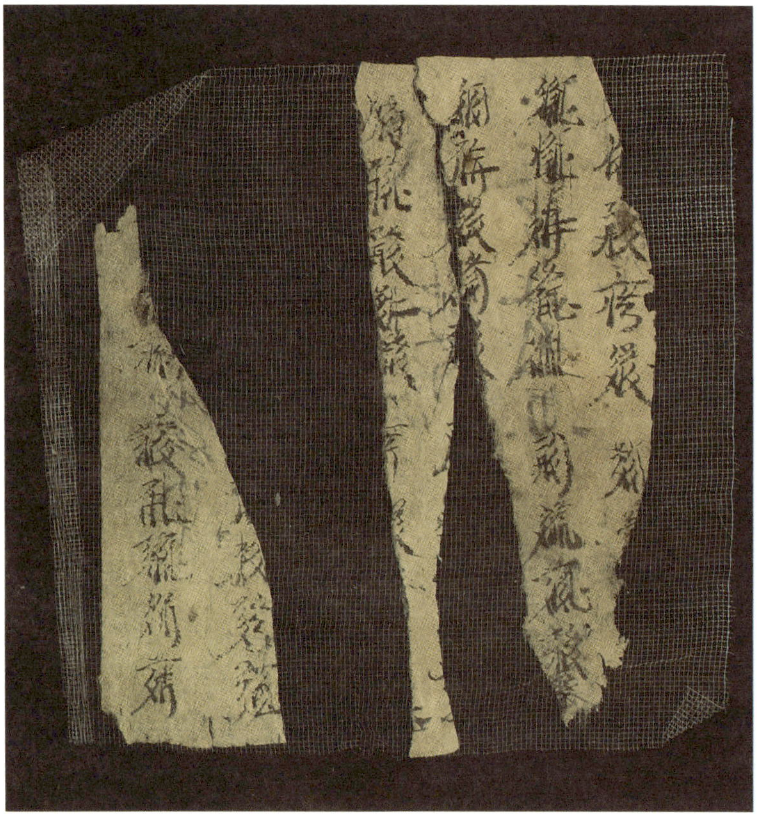

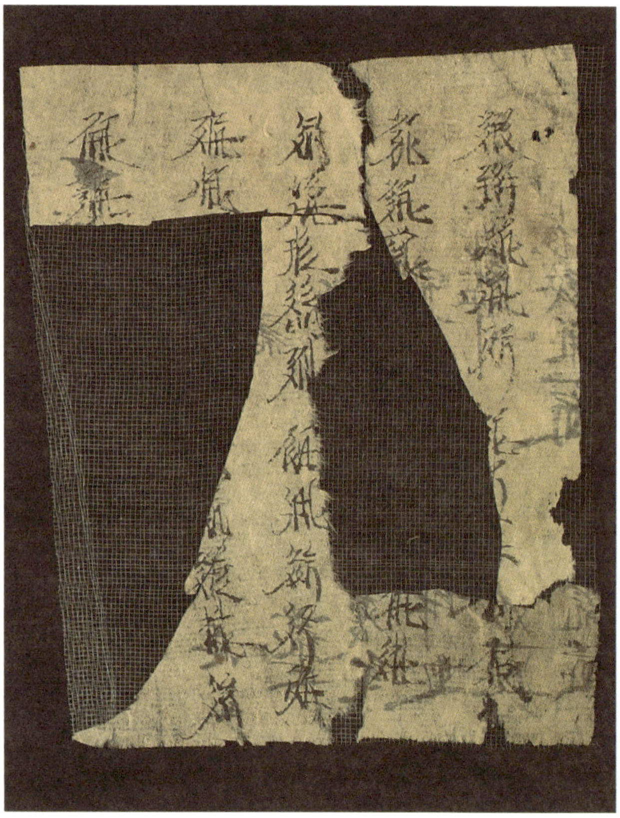

09669 新集碎金置掌文 西夏文 （西夏）息齊文智撰 西夏寫本

殘葉。敦煌研究院藏，存二十八葉。

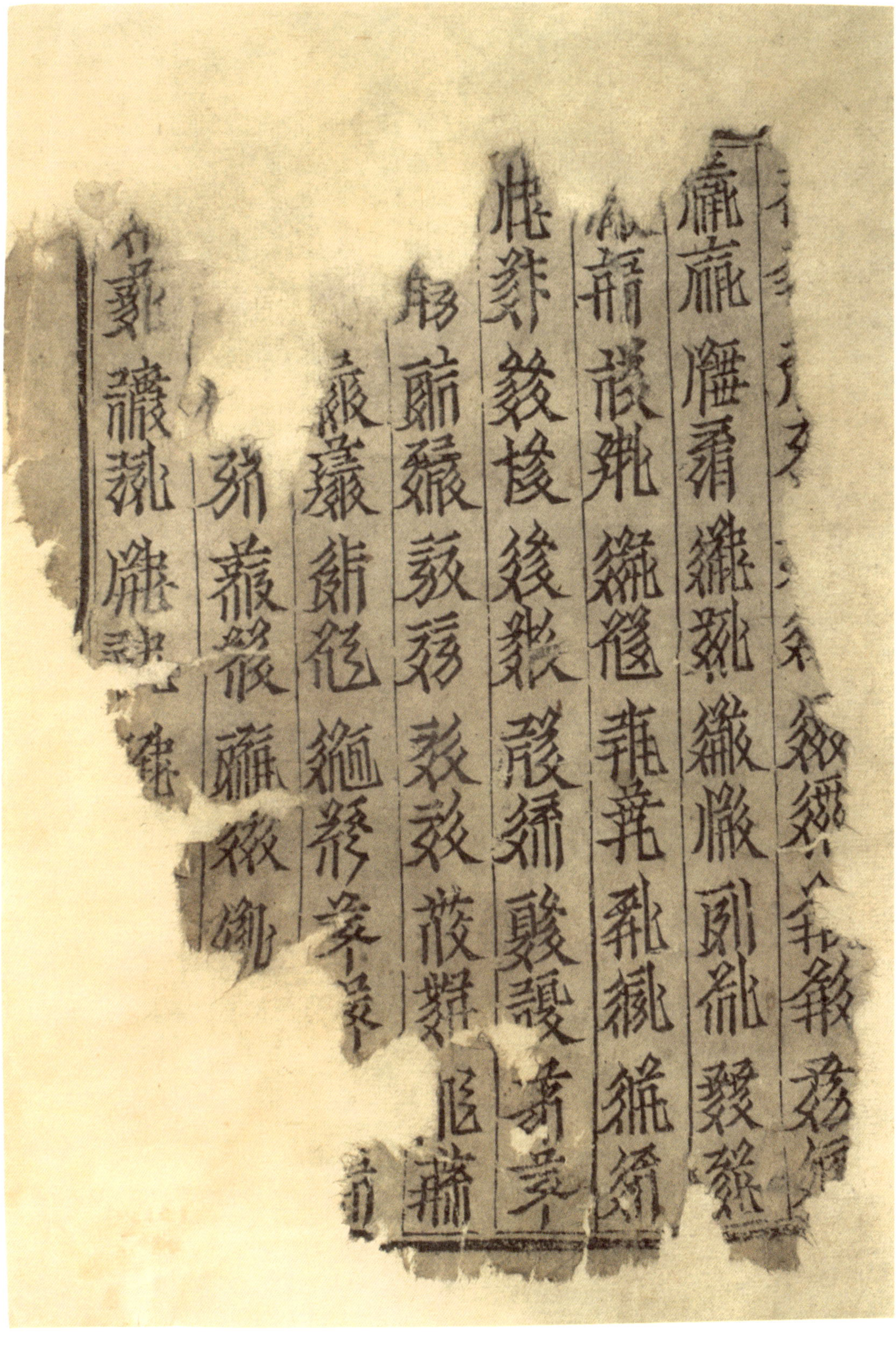

09670 三才雜字 西夏文 西夏刻本

殘葉。甘肅省博物館藏，存二面。

09671 妙法蓮華經觀世音菩薩普門品 西夏文 西夏刻本

經折裝。開本高22.3厘米，廣9.3厘米。匡高15.3厘米。半葉五行，行十字，上下雙邊。敦煌研究院藏，存二十四面。

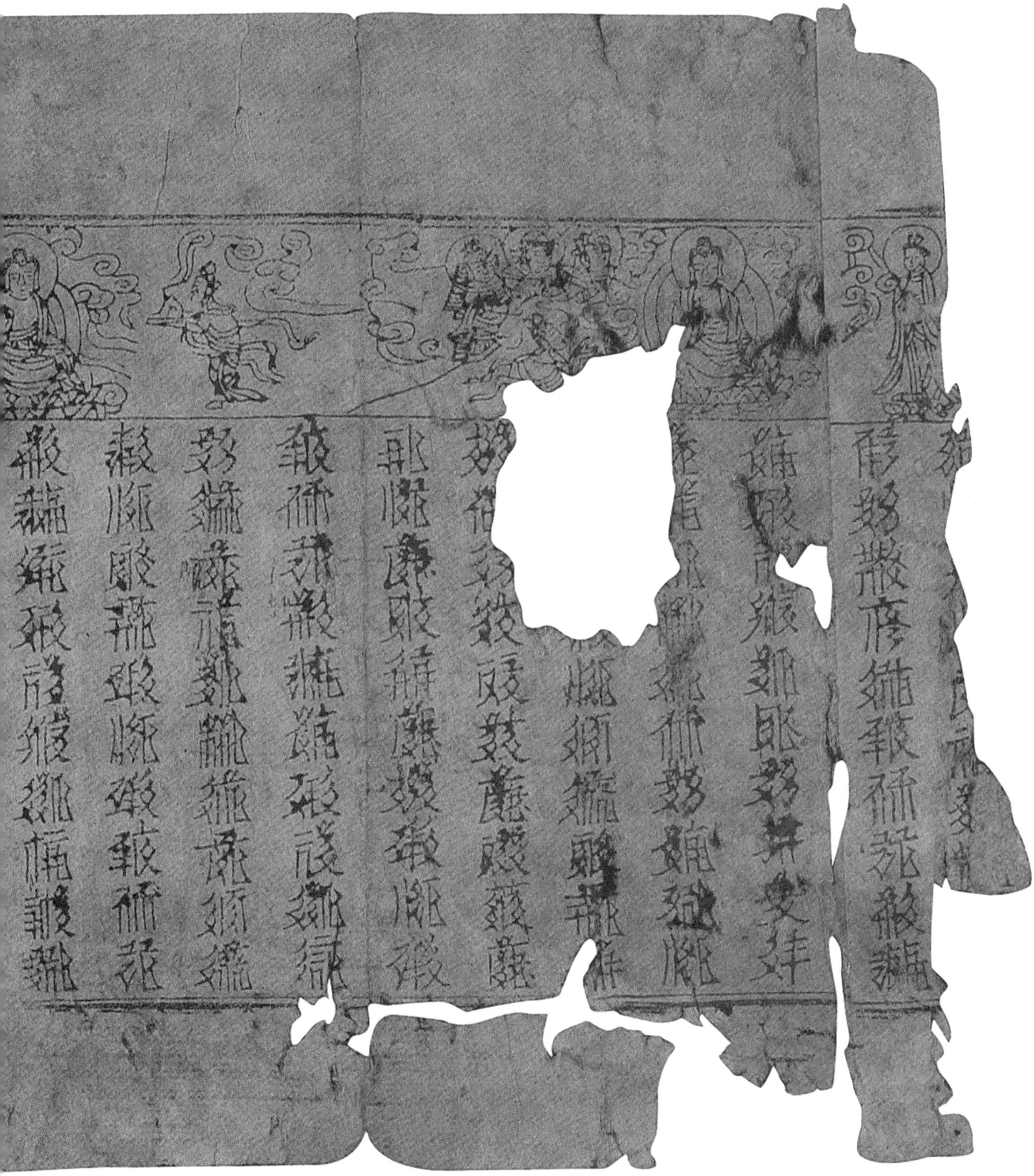

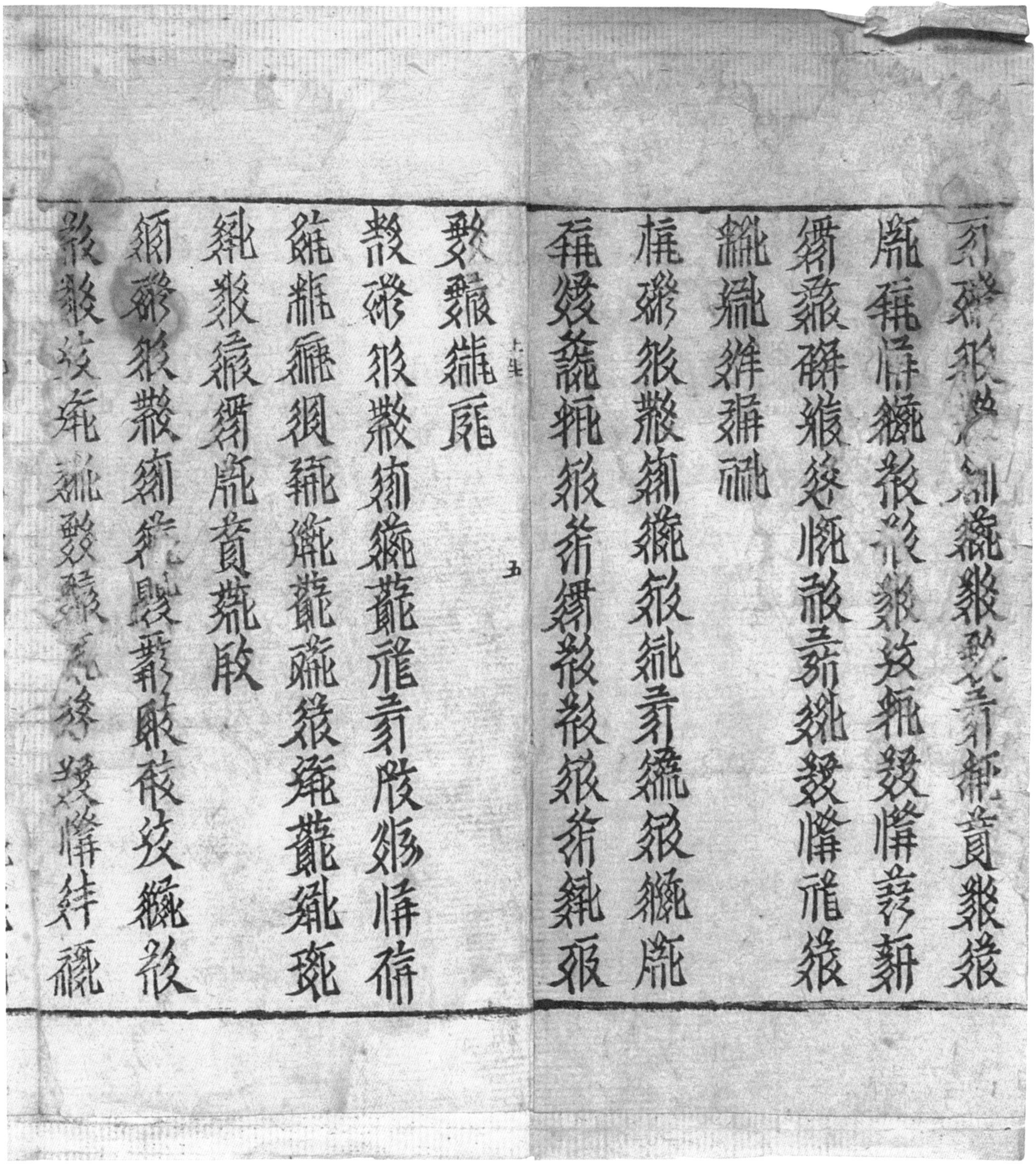

09672 佛說觀彌勒菩薩上升兜率天經 西夏文 西夏刻本

經折裝。開本高22厘米，廣10.6厘米。匡高16.3厘米。半葉六行，行十三字，上下單邊。甘肅省博物館藏，存二十面。

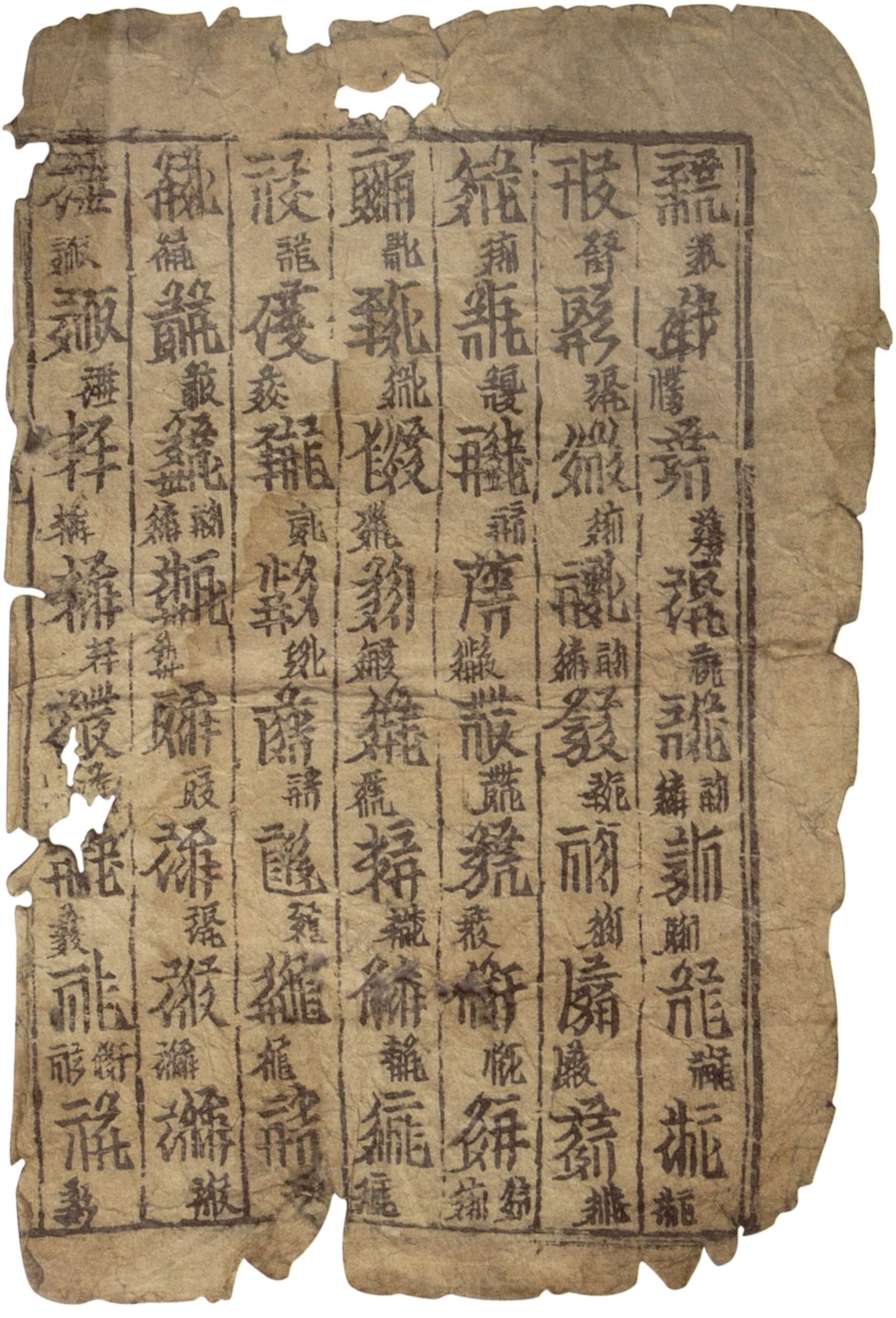

09673 毗盧遮那法身頂相印輪文眾生三災怖畏令物取作惡業救拔 西夏文 西夏刻本

殘葉。開本高18.5厘米，廣9厘米。匡高15厘米。武威市博物館藏，存十五面。

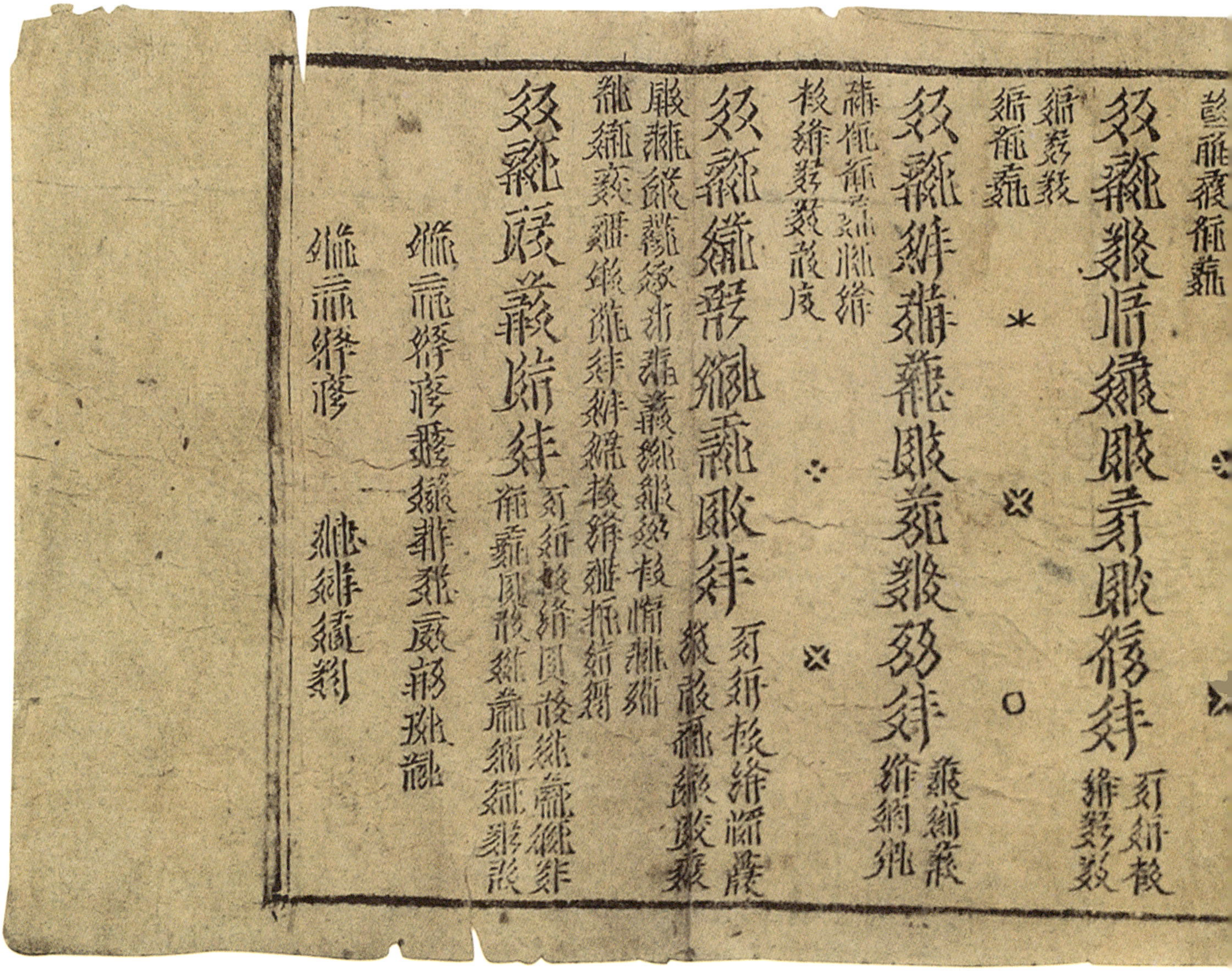

09674 誦讀功效文　西夏文　西夏刻本

卷軸裝。敦煌研究院藏，存一葉。

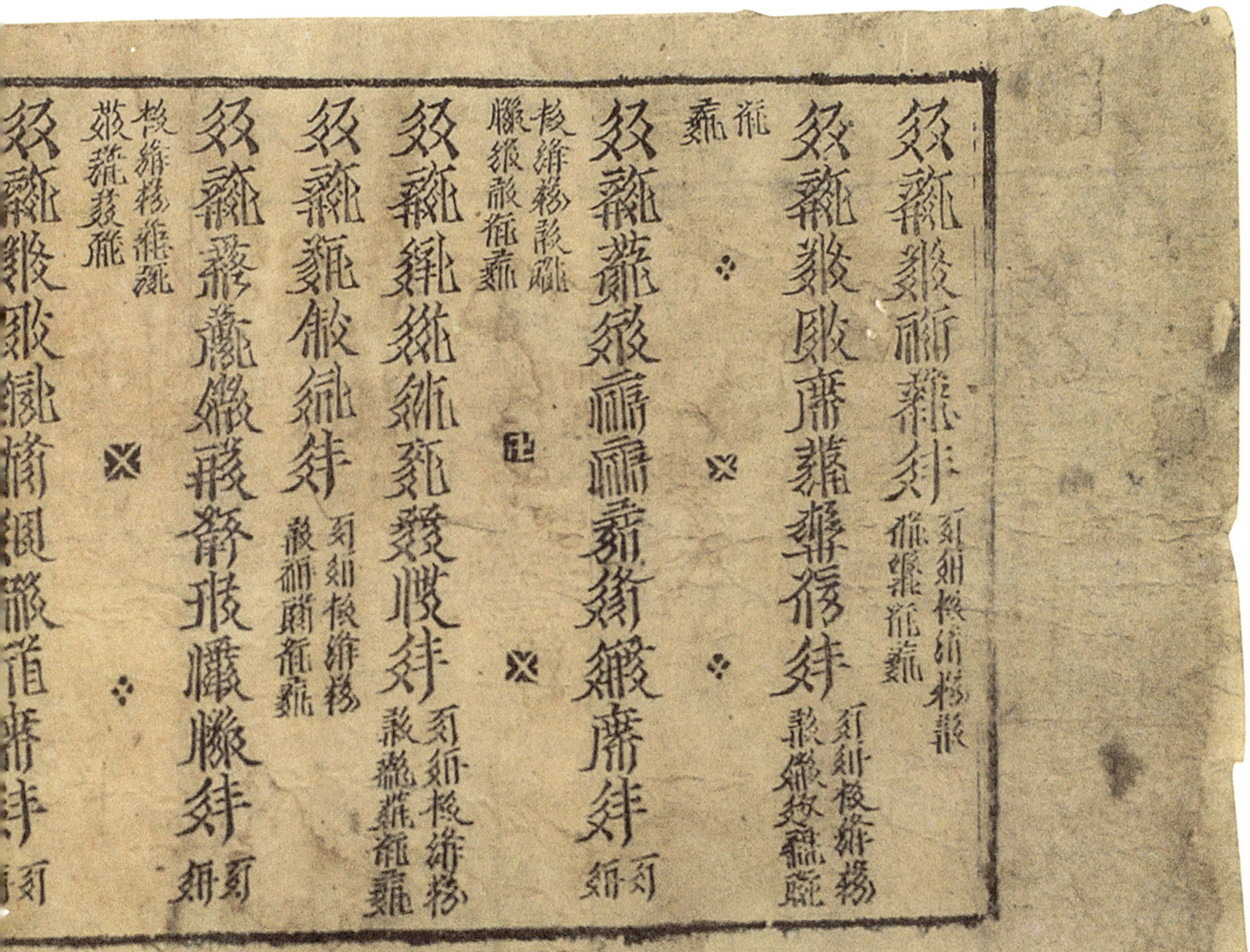

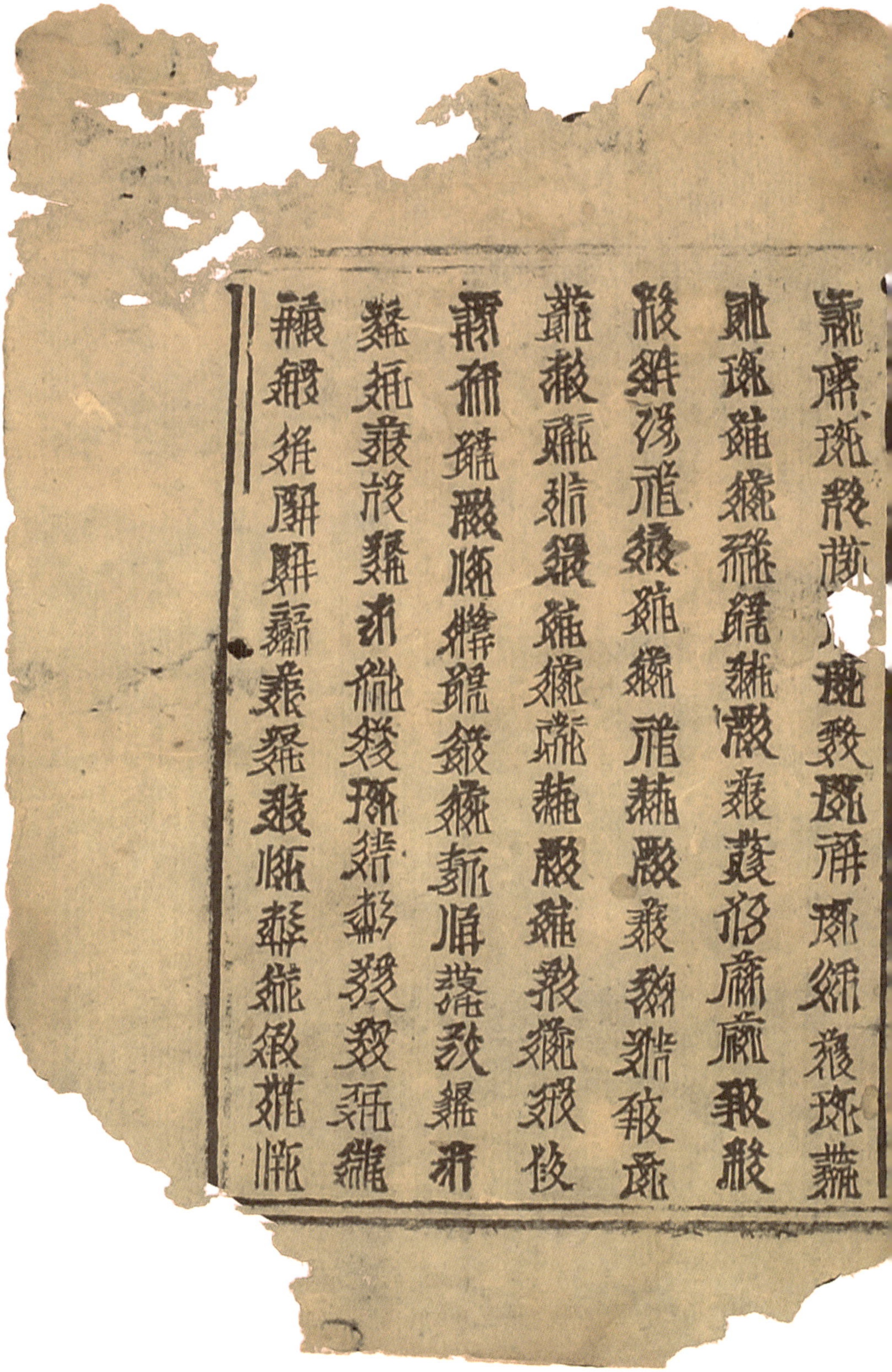

09675 諸密咒要語 西夏文 西夏活字本

蝴蝶裝。半葉七行，行十五字，四周雙邊。敦煌研究院藏，存十六葉。

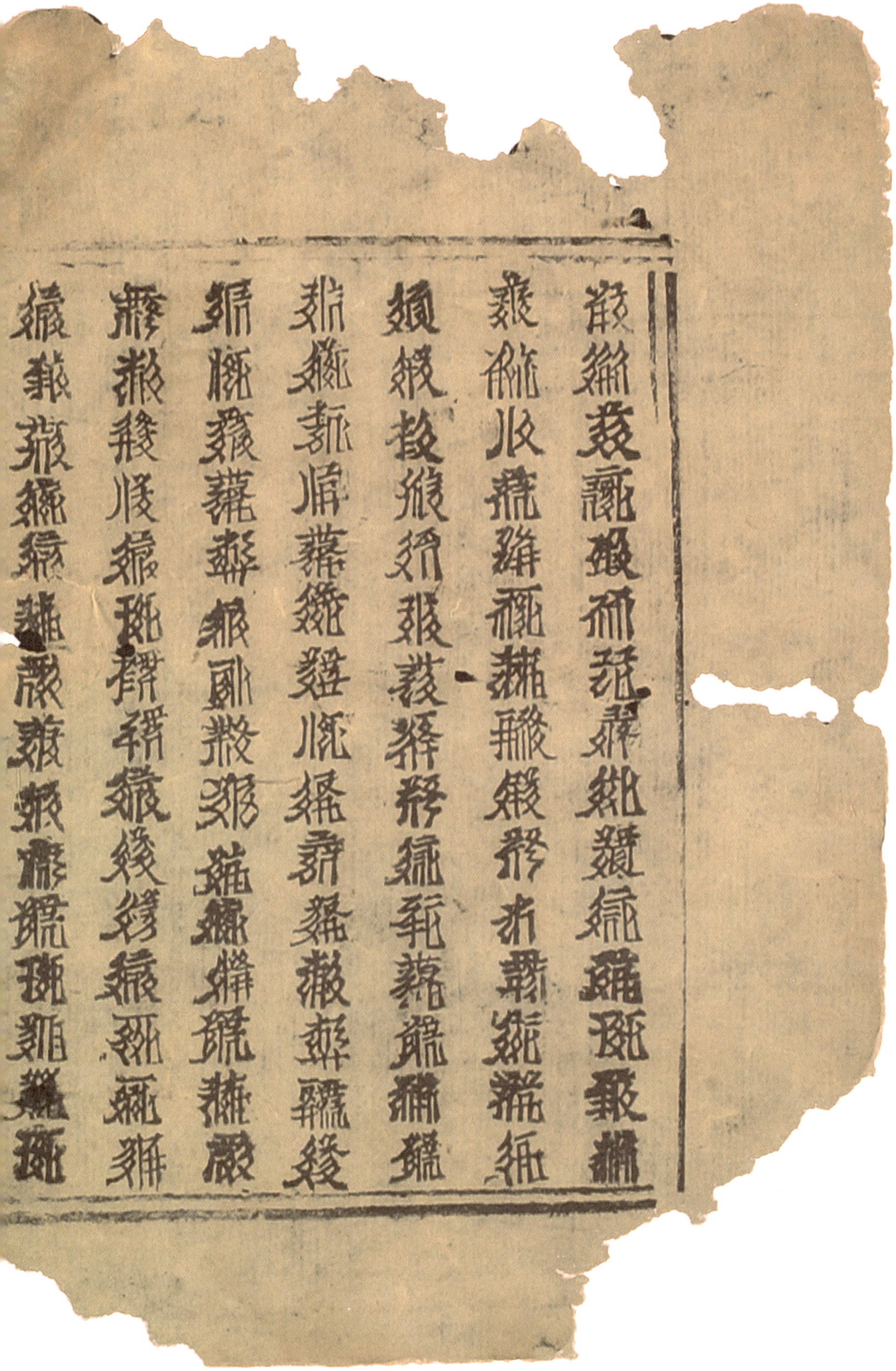

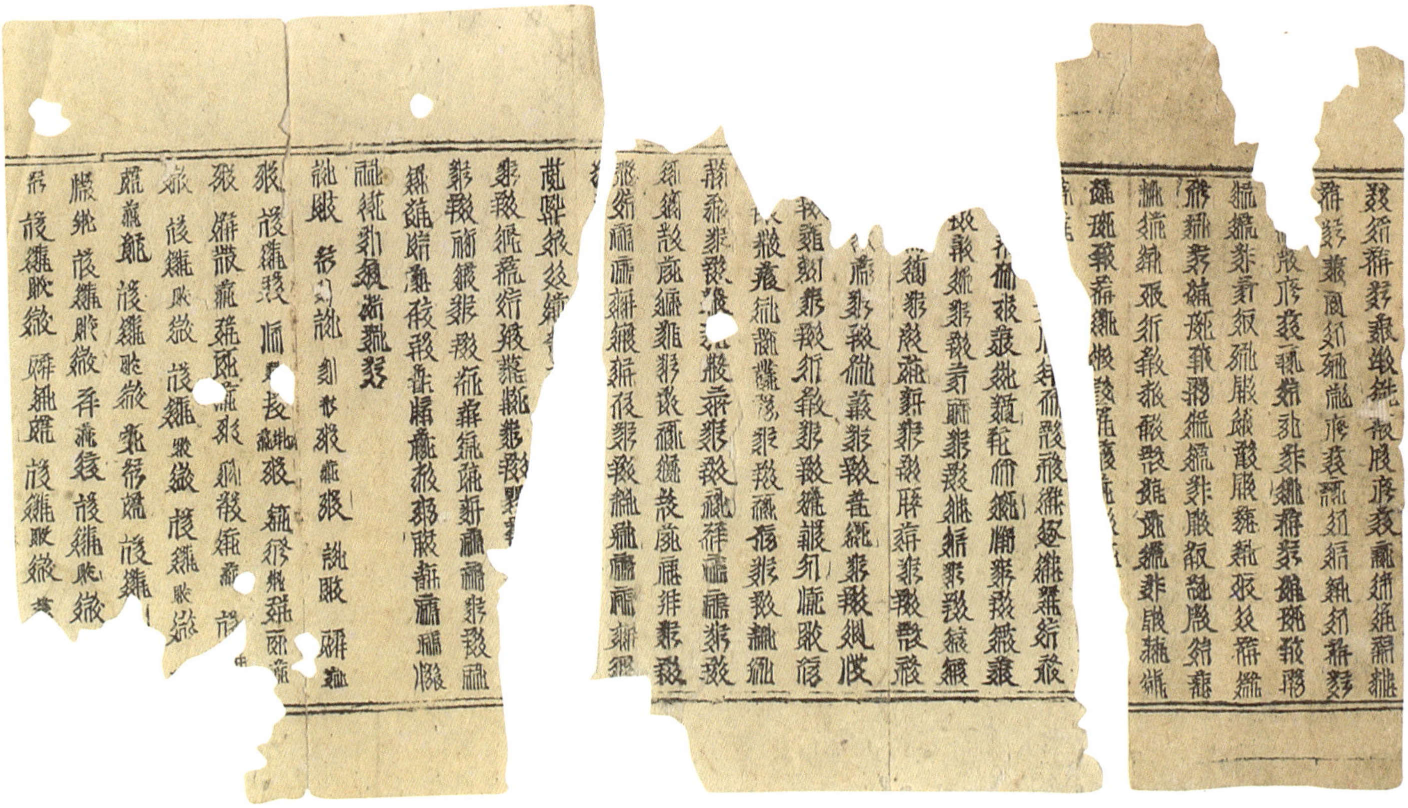

09676 地藏菩薩本願經 西夏文 西夏活字本

殘葉。半葉六行，行十六字，上下雙邊。敦煌研究院藏，存九面。

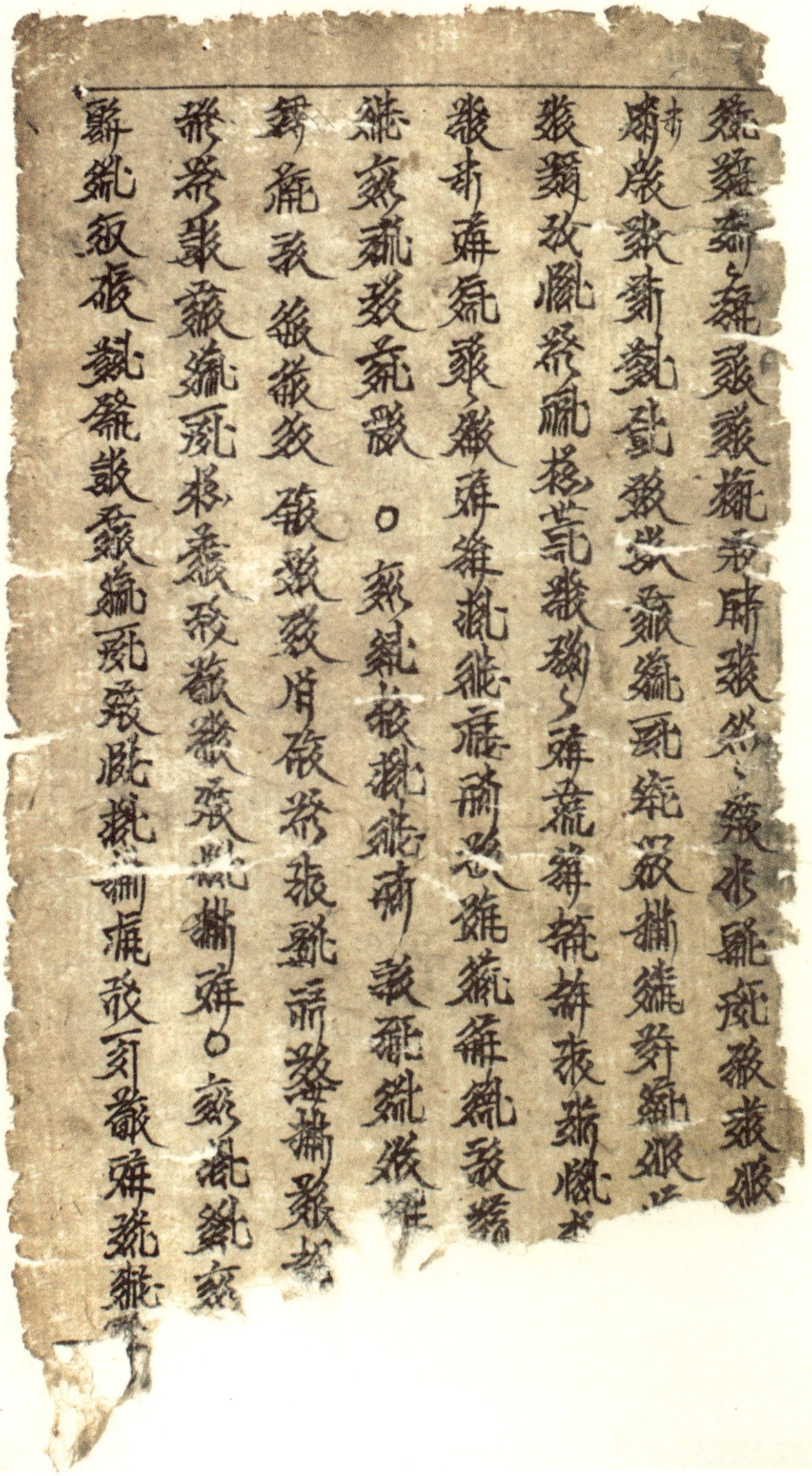

09677 醫方　西夏文　西夏寫本

殘葉。甘肅省博物館藏，存一面。

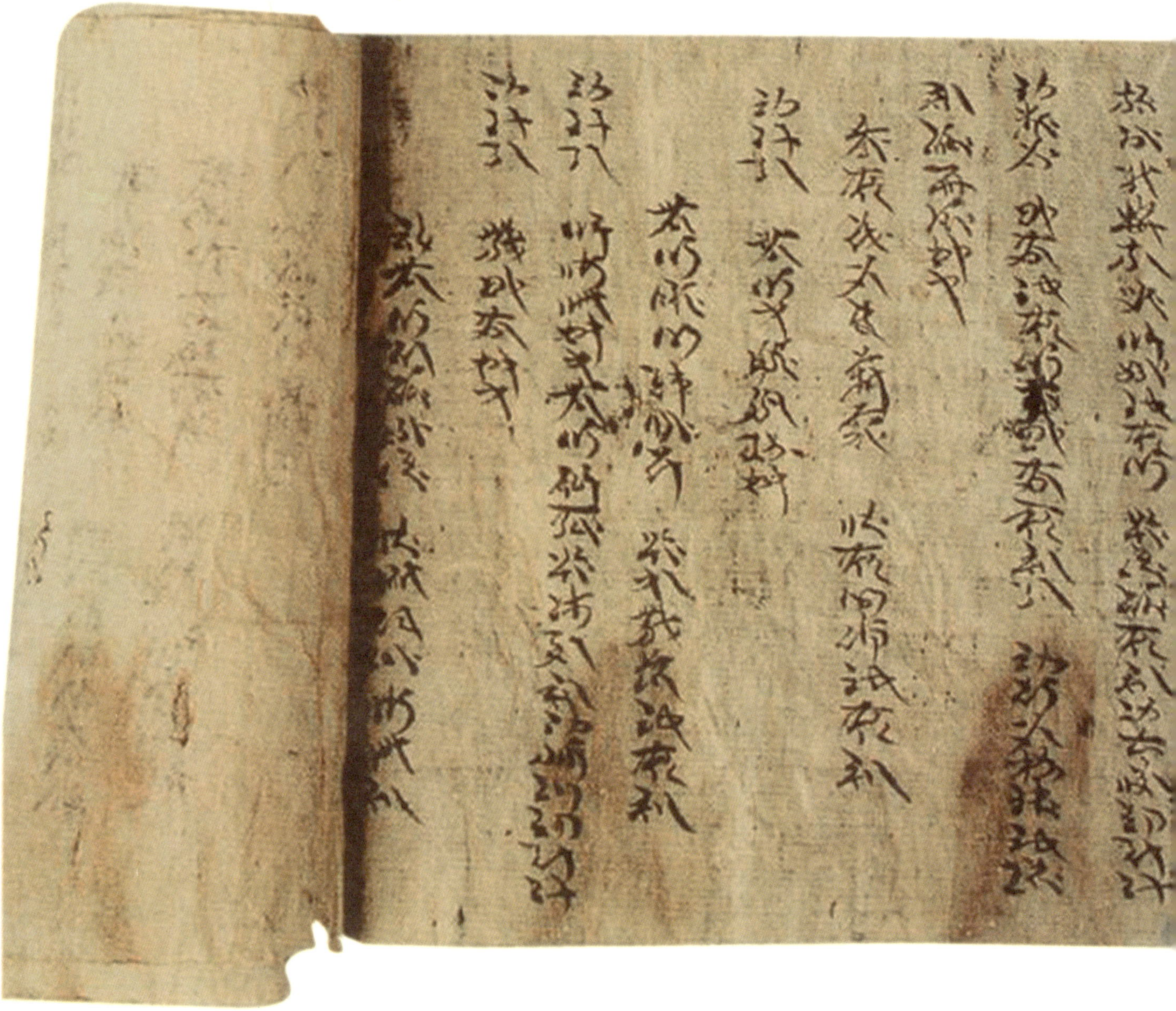

09678 佛經長卷 西夏文 西夏寫本

卷軸裝。高16厘米，廣574厘米。寧夏文物考古研究所藏，存一卷。

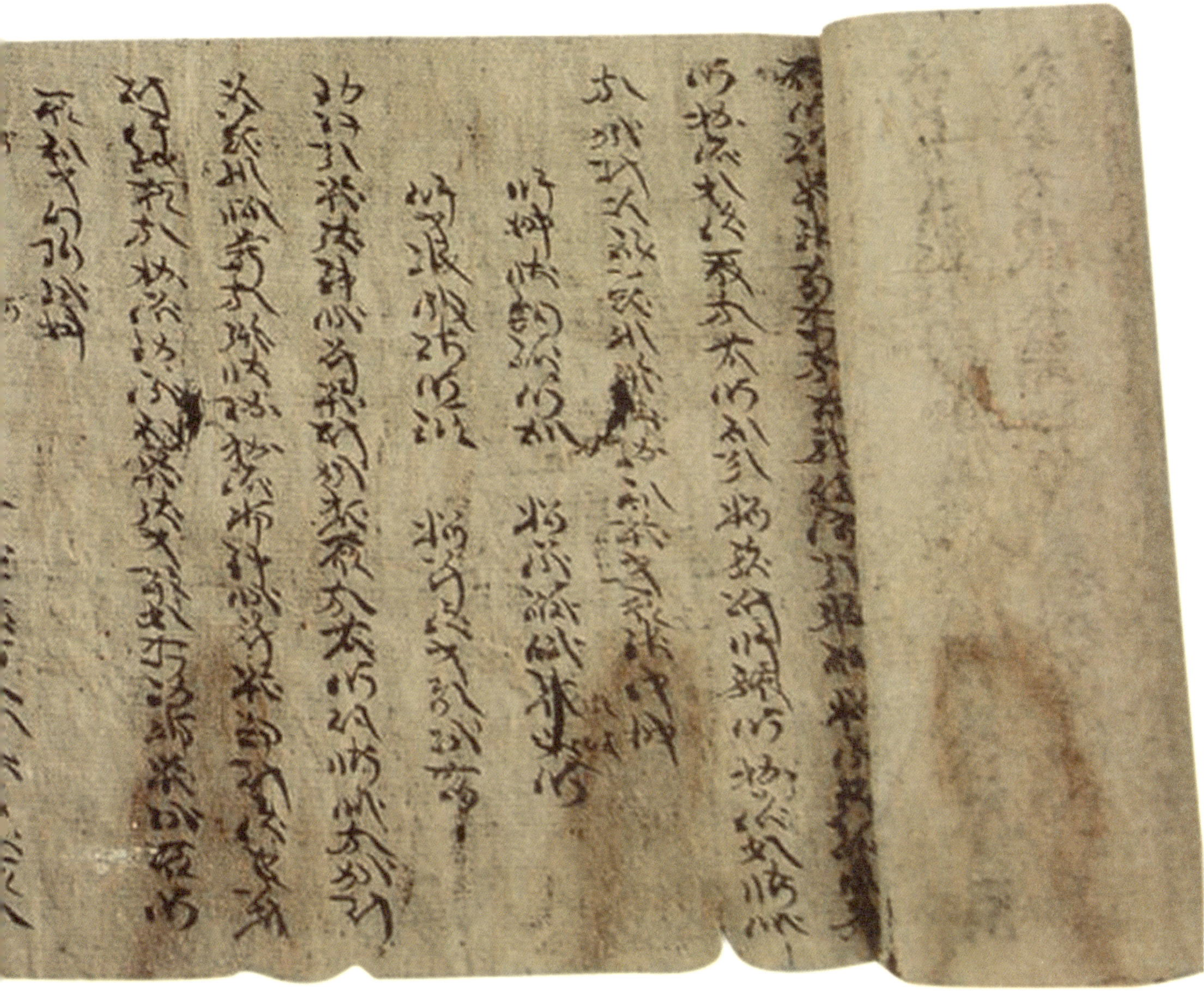

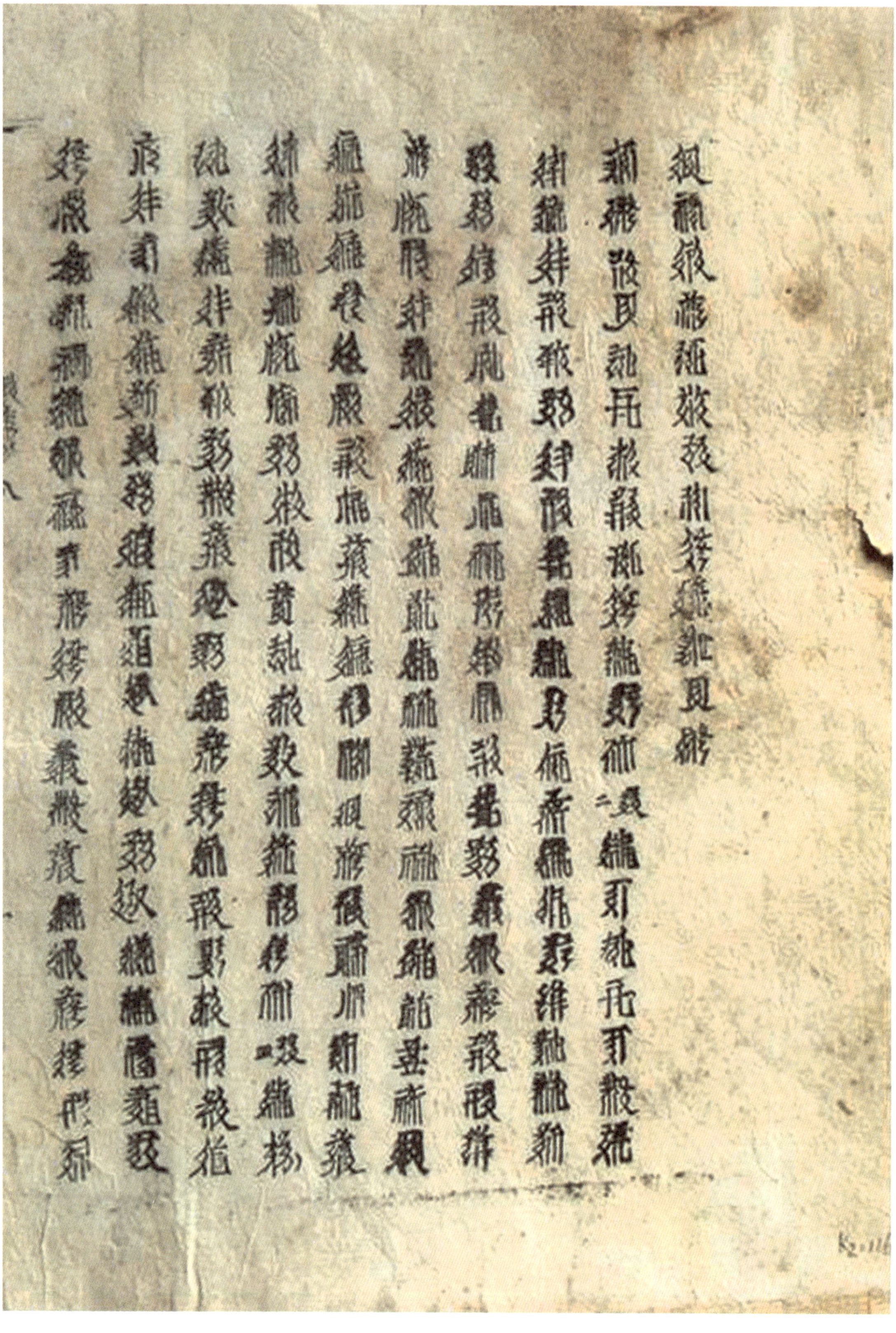

09679 妙法蓮華經集要義鏡注 西夏文 西夏泥活字本

殘葉。開本高32厘米，廣21.4厘米。寧夏文物考古研究所藏，存六十八紙。

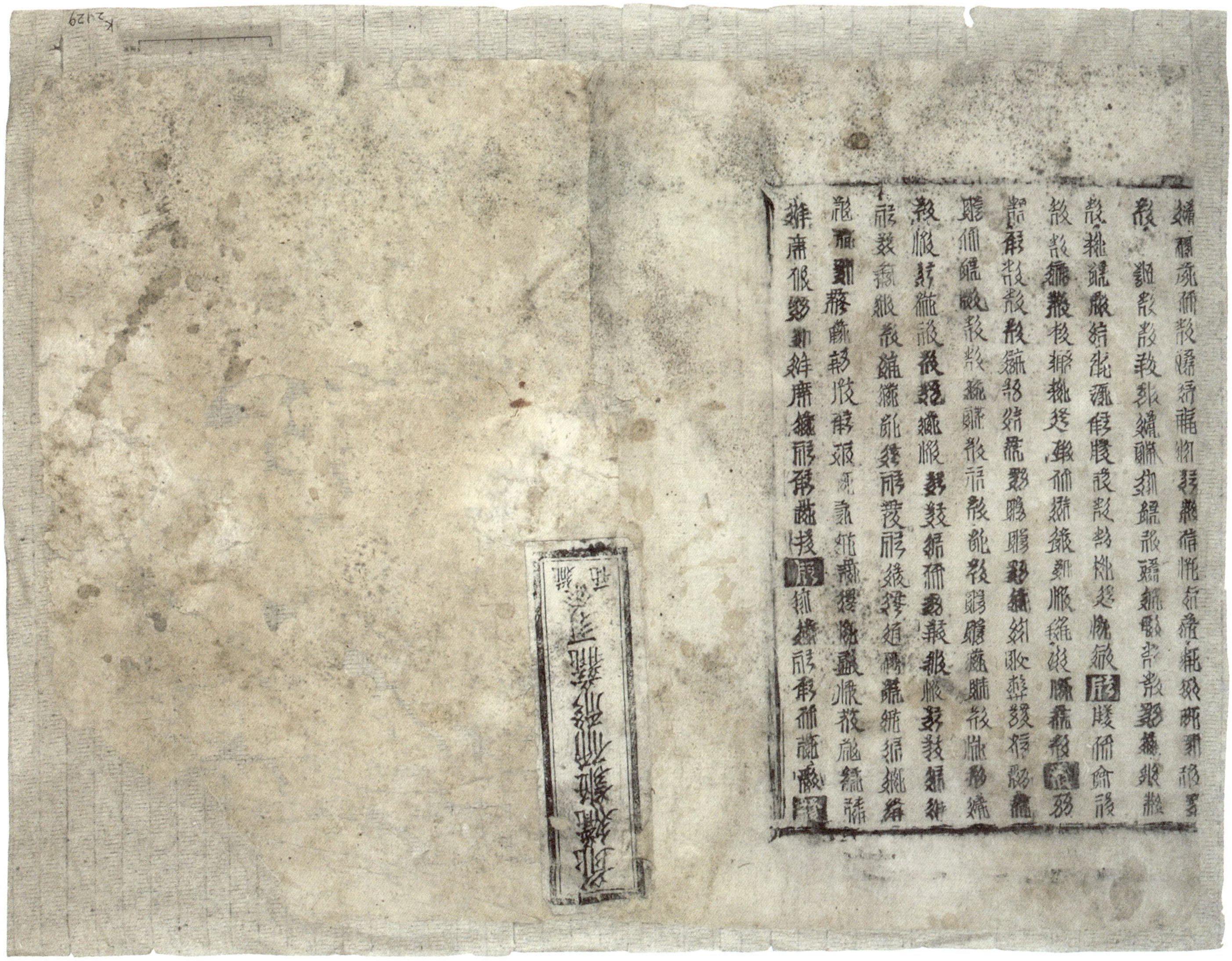

09680 圓覺注之略疏第一上半 西夏文 西夏泥活字本

殘葉。開本高40.2厘米，廣29.5厘米。寧夏文物考古研究所藏，存十四紙。

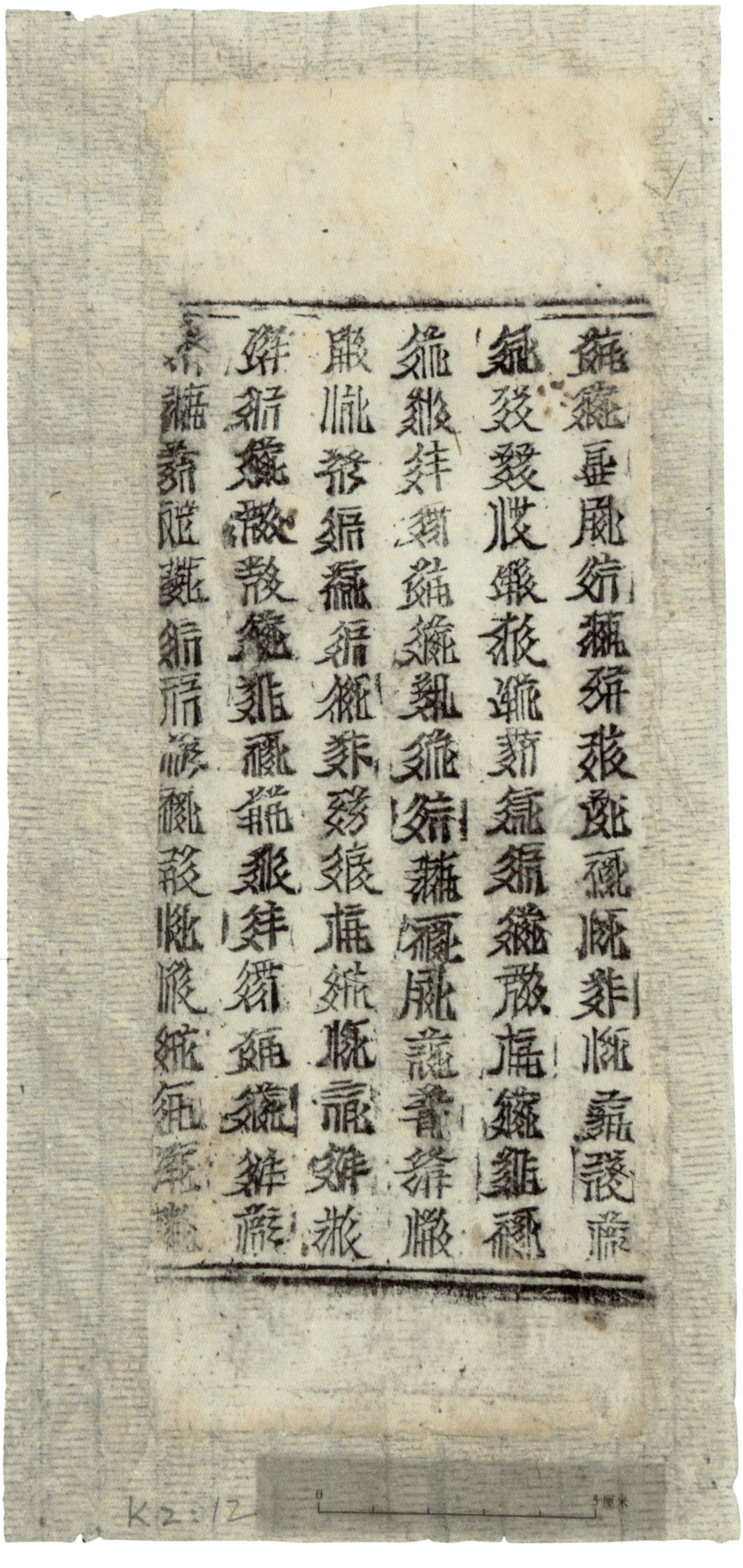

09681 占察善惡業報經 西夏文 西夏木活字本

殘葉。寧夏文物考古研究所藏，存二面。

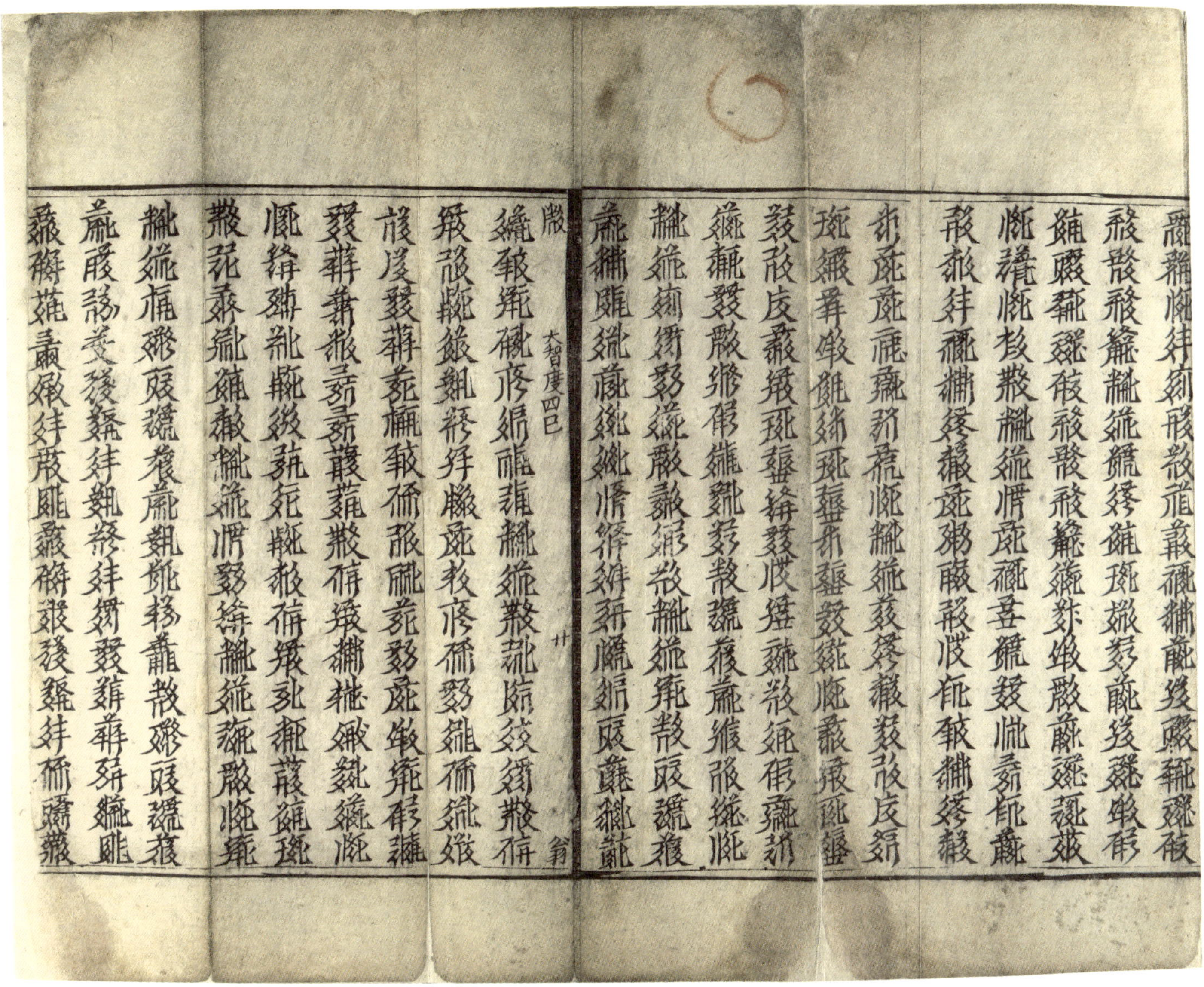

09682 大智度論卷第四 西夏文 元刻本

經折裝。開本高32.3厘米，廣12厘米。匡高23厘米。半葉六行，行十七字，上下雙邊。國家圖書館藏，存八面。

09683 菩薩地持經卷第九 西夏文 元刻本

經折裝。開本高32.3厘米，廣10.5厘米。匡高22.7厘米。半葉六行，行十七字，上下雙邊。國家圖書館藏，存七面。

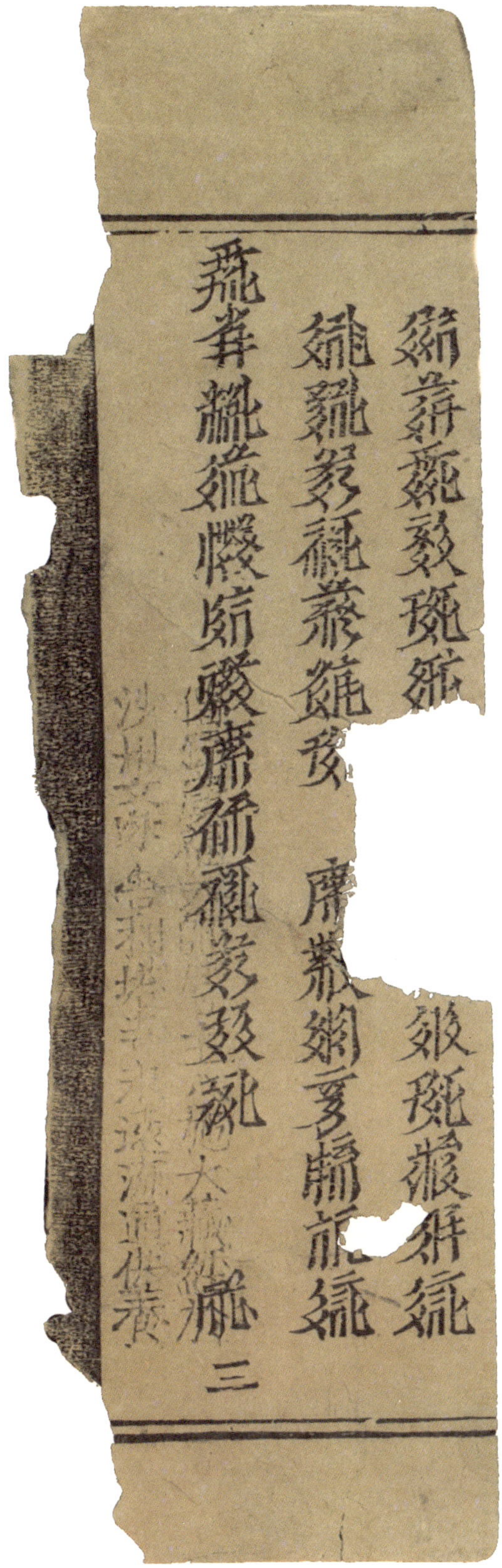

09684 龍樹菩薩為禪陀迦王說法要偈 西夏文 元刻本

殘葉。敦煌研究院藏，存一面。

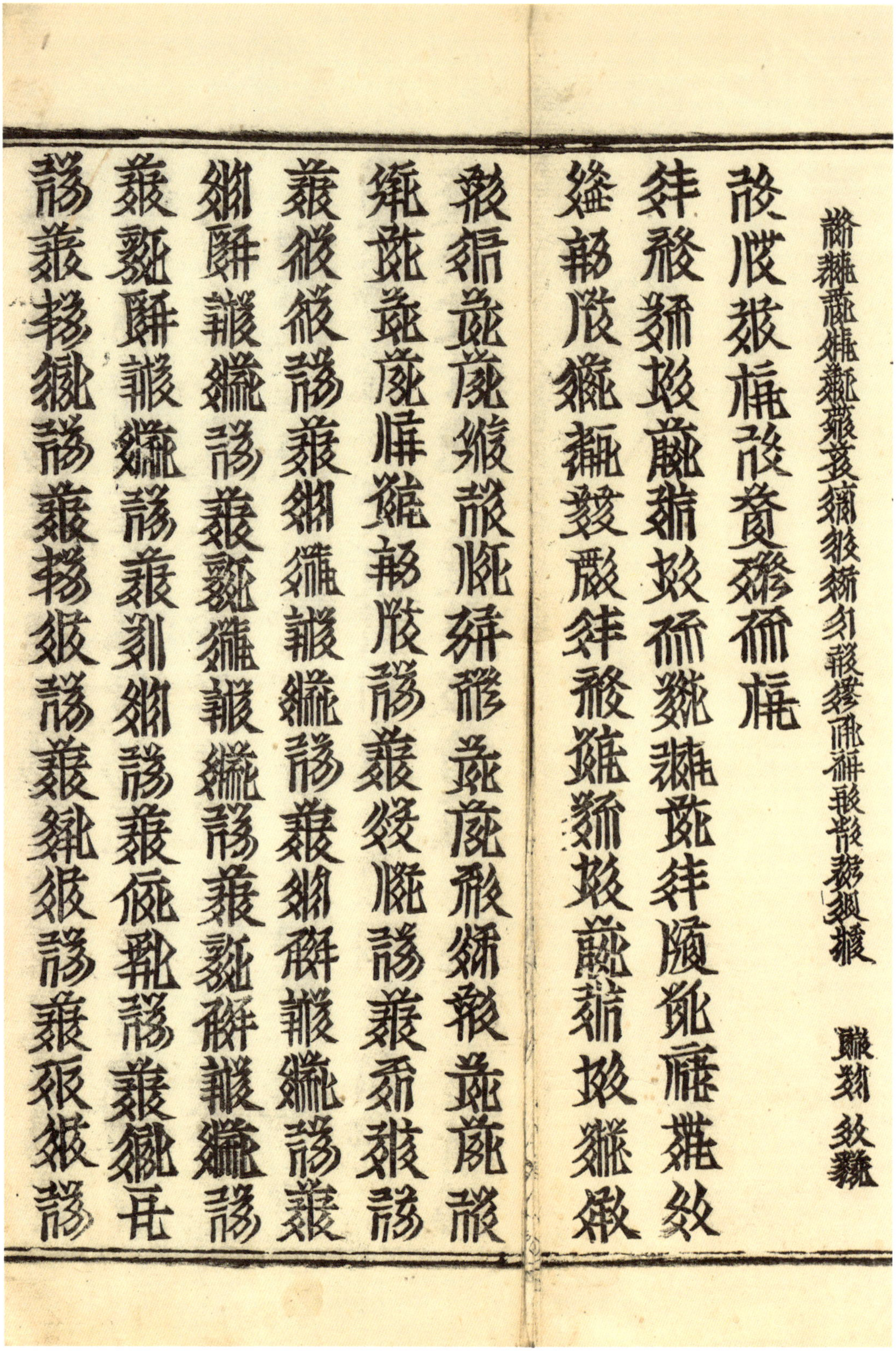

09685 大方廣佛華嚴經卷第四十一 西夏文 元大德間（1297－1307）

活字本

經折裝。開本高31.6厘米，廣12.4厘米。匡高25厘米。半葉六行，行十七字，上下雙邊。北京大學圖書館藏。

09686 大方廣佛華嚴經普賢行願品 西夏文 元活字本

經折裝。開本高31.7厘米，廣12.2厘米。匡高24.4厘米。半葉六行，行十四字，上下雙邊。甘肅省博物館藏，存六十四面。

09687 大般若波羅蜜多經十二卷 蒙古文 （明）錫力固什·綽爾濟譯 清初抄本

梵夾裝。開本高22厘米，廣68.5厘米。匡高15.5厘米，廣57.5厘米。中國民族圖書館藏。

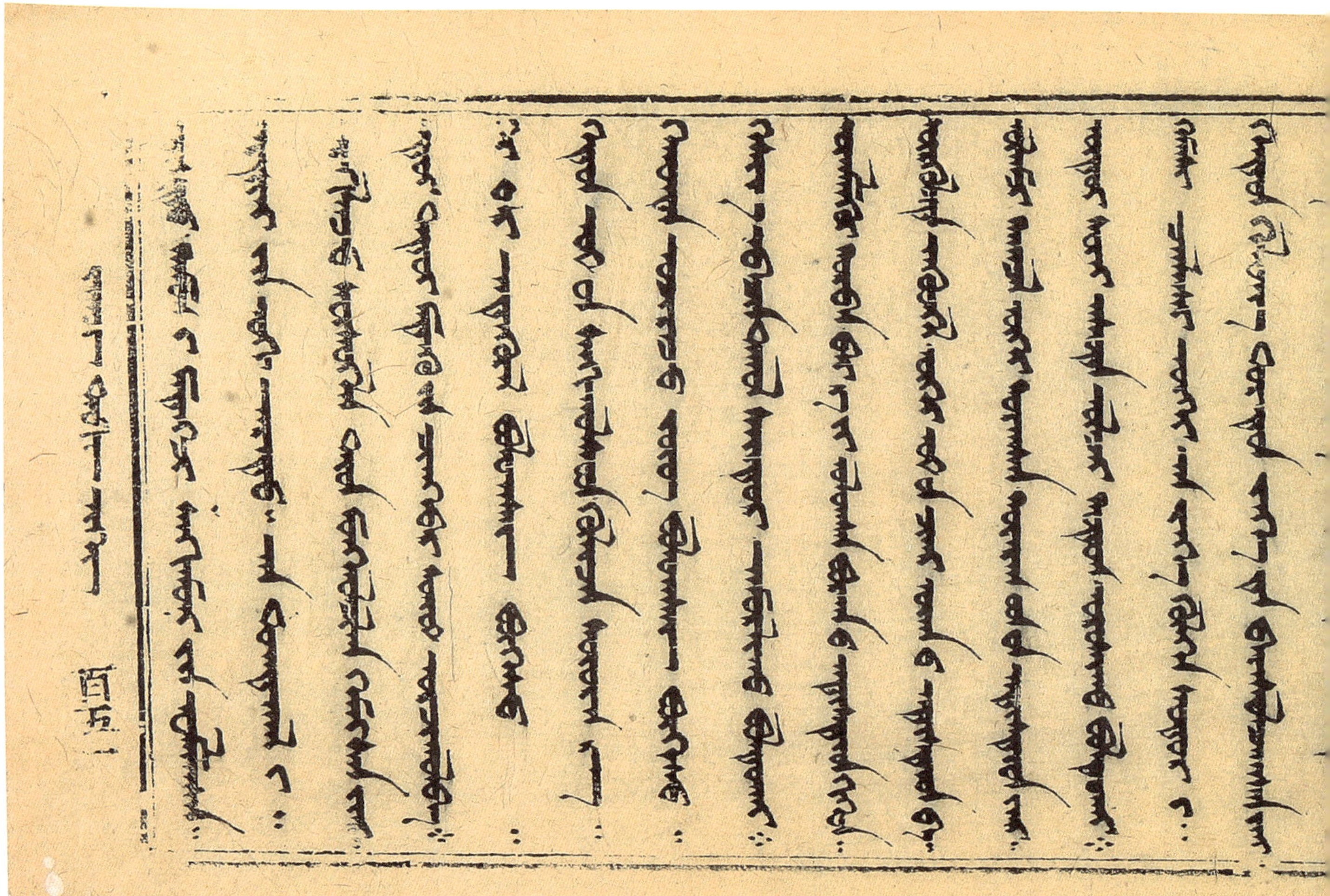

09688 寶星陀羅尼經 蒙古文 （清）蘇茹木譯 清康熙四年（1665）刻本

梵夾裝。開本高17.2厘米，廣51.2厘米。匡高13.2厘米，廣47.2厘米。行字不等，四周雙邊。國家圖書館藏，存一函。

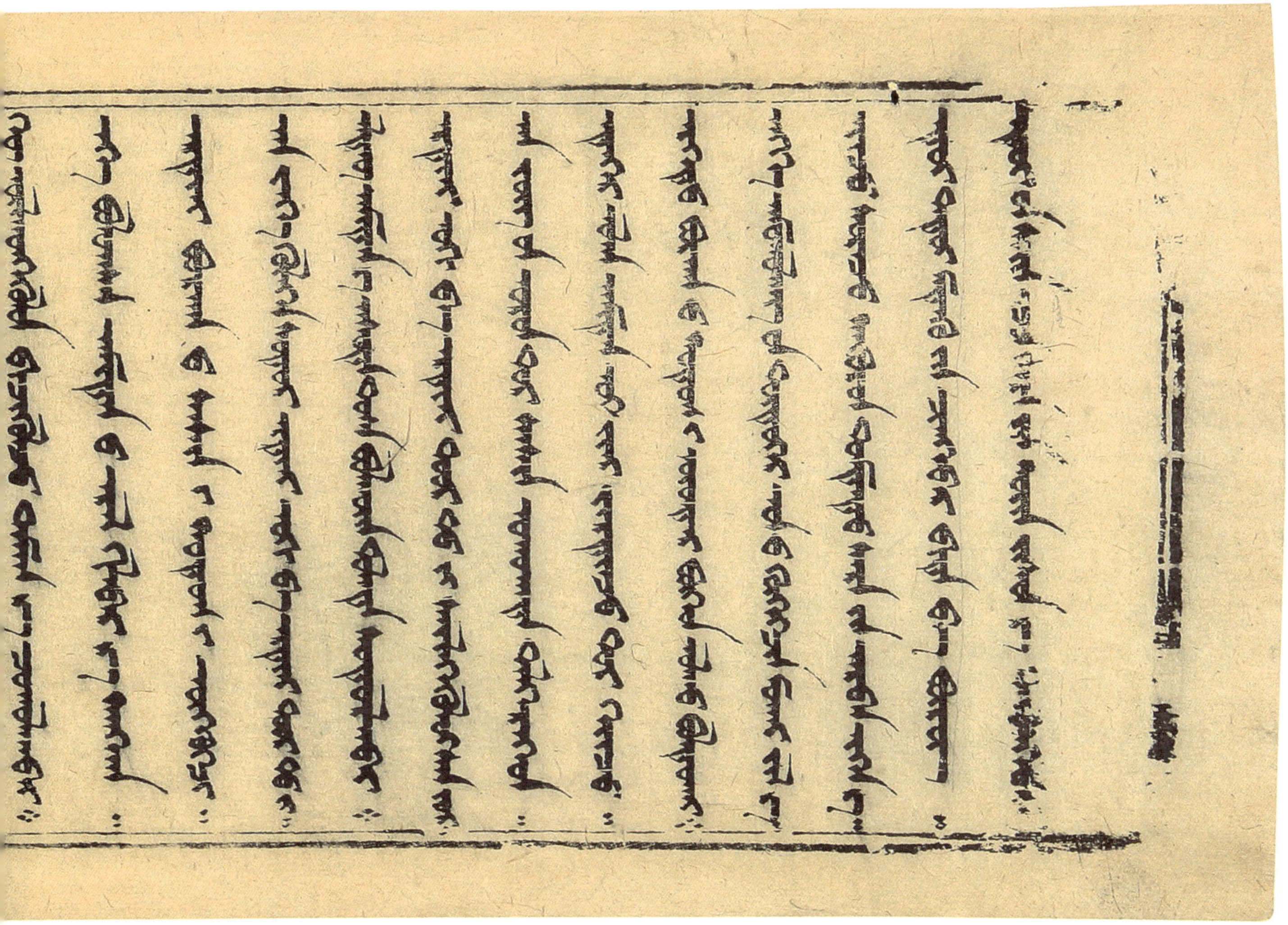

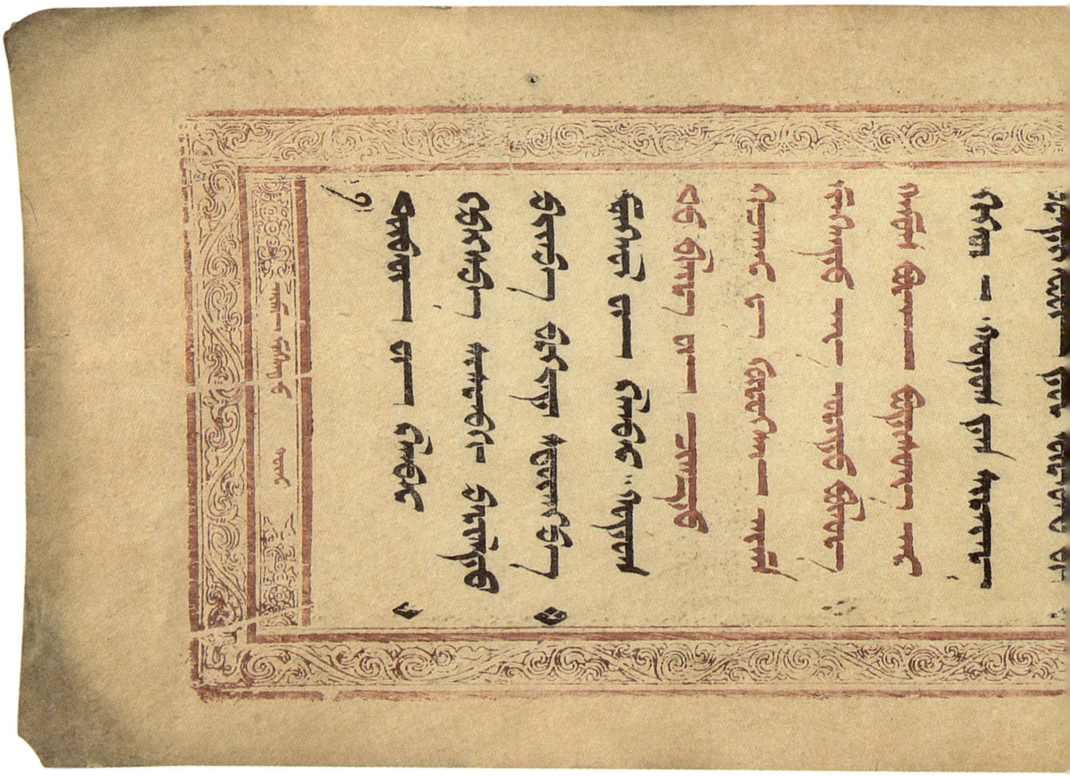

09689 聖般若波羅蜜多八千頌 蒙古文 （明）薩木丹僧格譯 清康熙四十六年（1707）北京刻本

梵夾裝。開本高21.6厘米，廣63.3厘米。匡高17厘米，廣53.7厘米。行字不等，四周雙邊。國家圖書館藏，存一函。

三 般若二

09690 聖懺悔滅罪大解脱普聞成等正覺勝莊嚴大乘經三卷 蒙古文 （清）貢嘎敖斯爾譯 清康熙四十七年（1708）北京刻本

梵夾裝。開本高13.5厘米，廣53.5厘米。匡高8.4厘米，廣46.5厘米。行字不等，四周雙邊。中國民族圖書館藏。

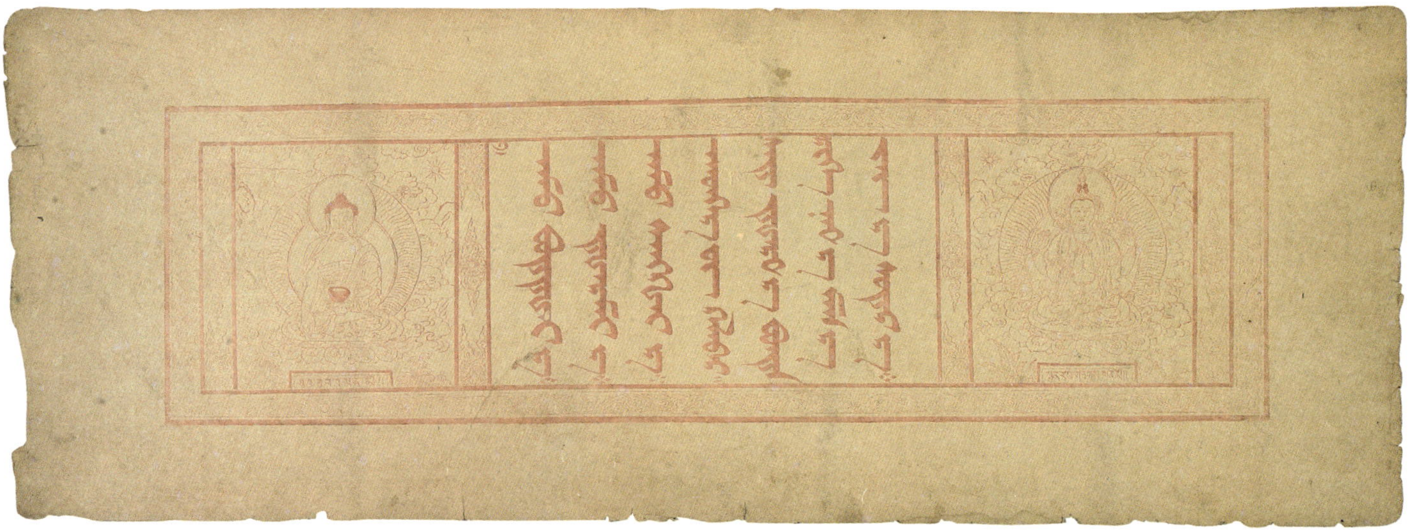

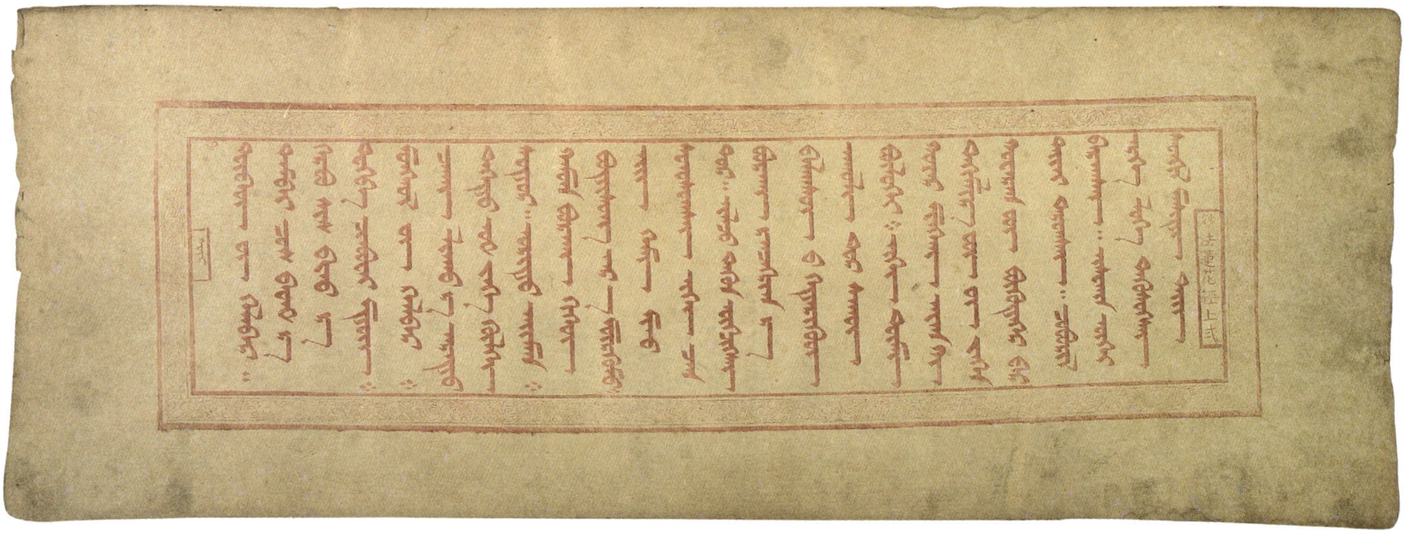

09691 妙法蓮華大乘經 蒙古文 （明）額爾敦摩爾根太青台濟譯 清康熙五十年（1711）刻本

梵夾裝。開本高22.5厘米，廣61.5厘米。匡高14.2厘米，廣50.2厘米。行字不等，四周雙邊。國家圖書館藏，存一函。

09692 譬喻之海　蒙古文　（明）錫力固什・綽爾濟譯　清康熙五十三年（1714）刻本

梵夾裝。開本高21厘米，廣58厘米。匡高17厘米，廣53厘米。行字不等，四周雙邊。大慶市梁炳華藏。

09693 格斯爾傳　蒙古文　清康熙五十五年（1716）北京刻本

梵夾裝。開本高17.2厘米，廣52厘米。匡高13.5厘米，廣46.5厘米。行字不等，四周雙邊。中國民族圖書館藏。

09694 蒙古文法詮釋蒼天如意珠 蒙古文 （清）丹津紥巴撰 清雍正北京刻本

梵夾裝。開本高11厘米，廣45.2厘米。匡高7.8厘米，廣41.5厘米。每葉三十行，四周雙邊。中國民族圖書館藏。

09695 察哈爾格西洛桑楚臣傳略 蒙古文 （清）羅布桑薩瑪如尼瑪撰 清中期刻本

梵夾裝。開本高10.5厘米，廣56厘米。匡高8厘米，廣48.3厘米。每葉三十八行，四周雙邊。中國民族圖書館藏。

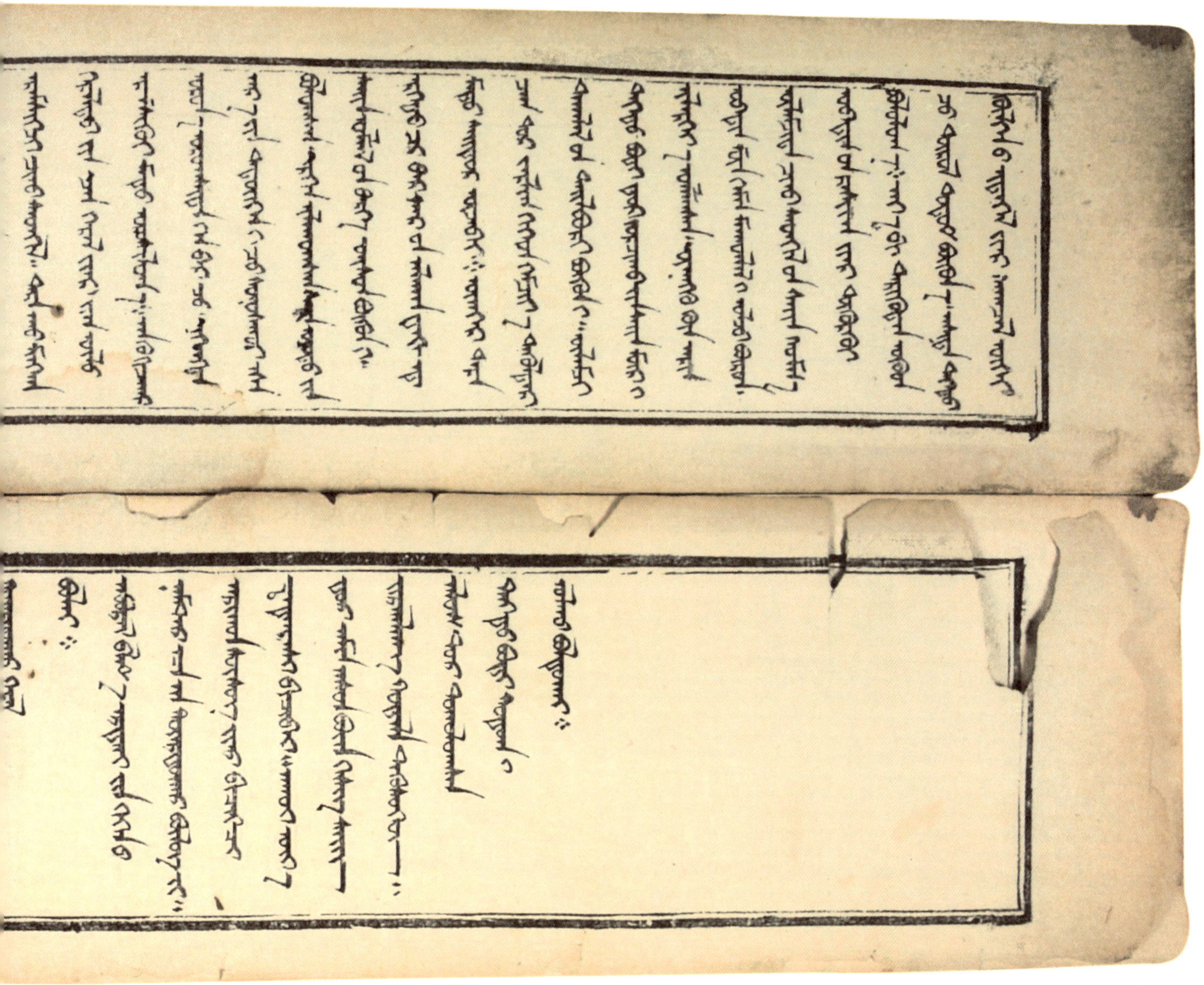

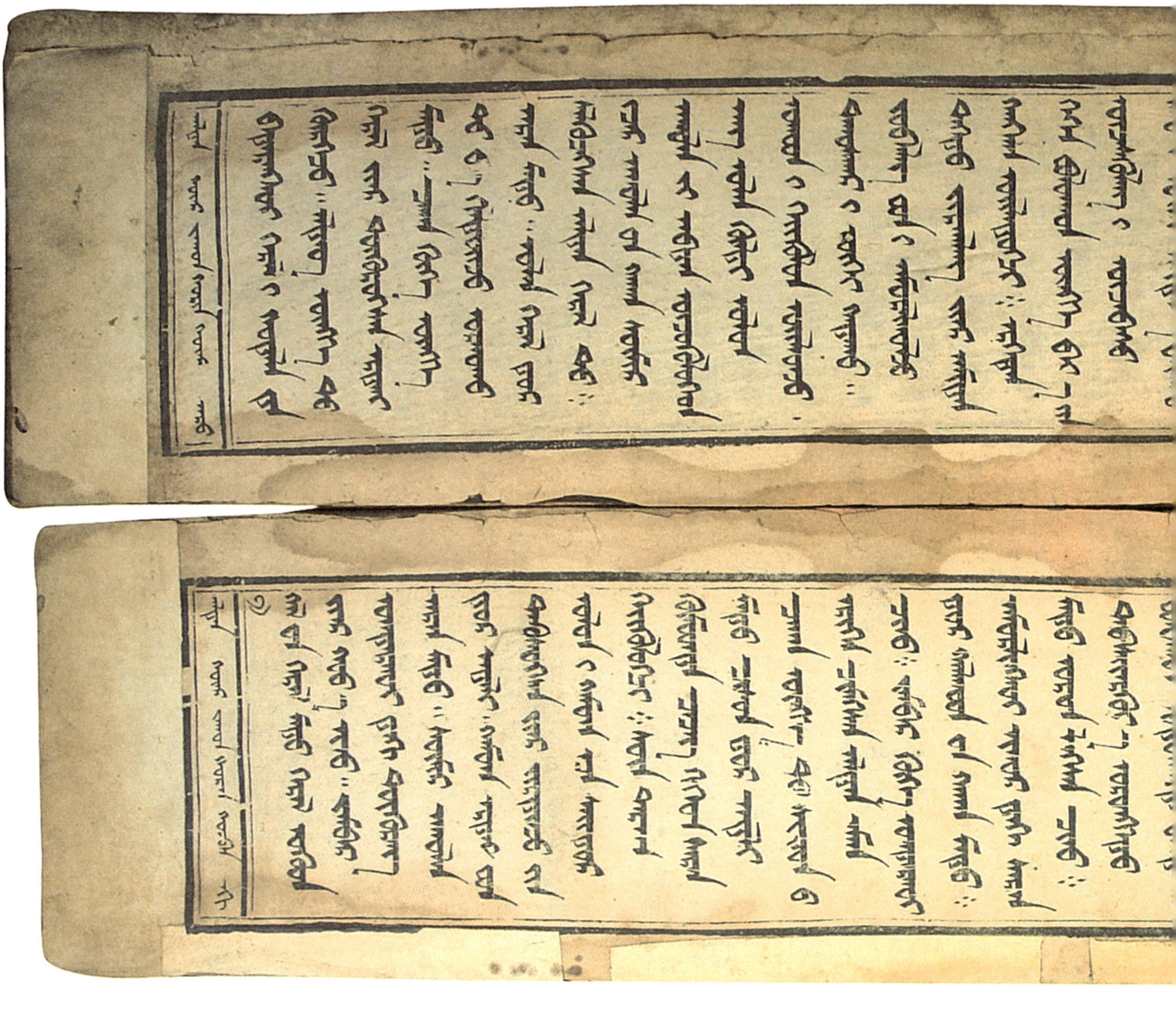

09696 金光明最勝王經十卷 蒙古文 （元）希儒僧格譯 清中期北京刻本 梵夾裝。開本高10.2厘米，廣51厘米。匡高8厘米，廣45.5厘米。每葉三十七行，四周雙邊。中國民族圖書館藏。

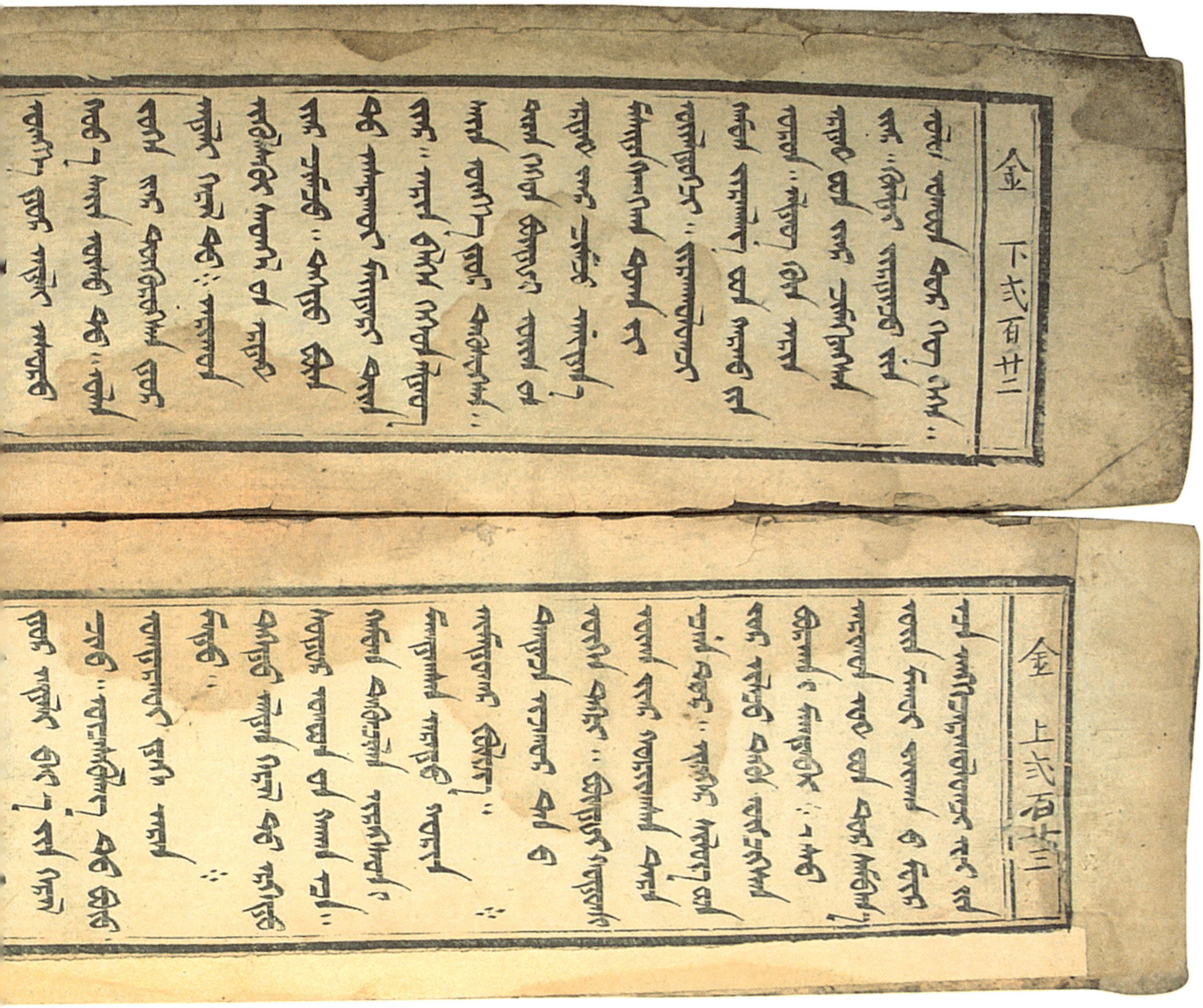
金 下弍百廿二
金 上弍百廿三

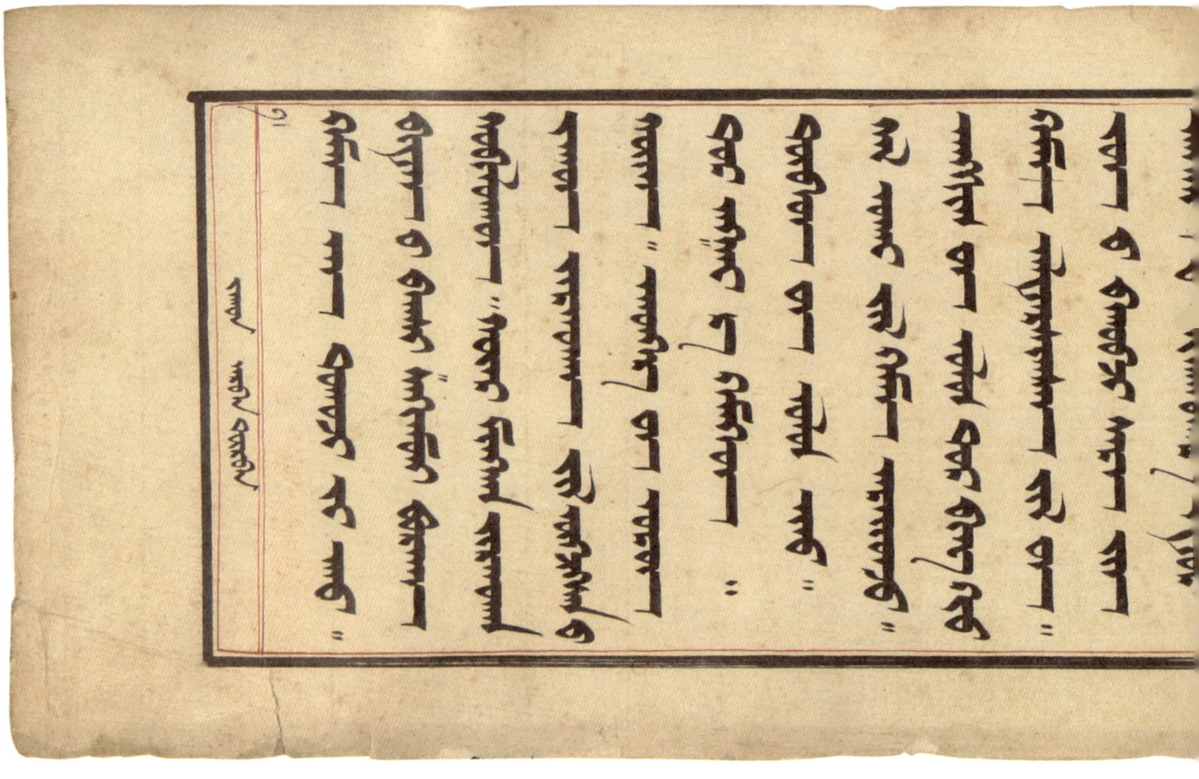

09697 釋迦牟尼佛十二聖跡記 蒙古文 （明）班智達固師譯 清中期抄本

梵夾裝。開本高14.4厘米，廣49厘米。匡高11厘米，廣45.6厘米。行字不等，四周雙邊。國家圖書館藏，存一函。

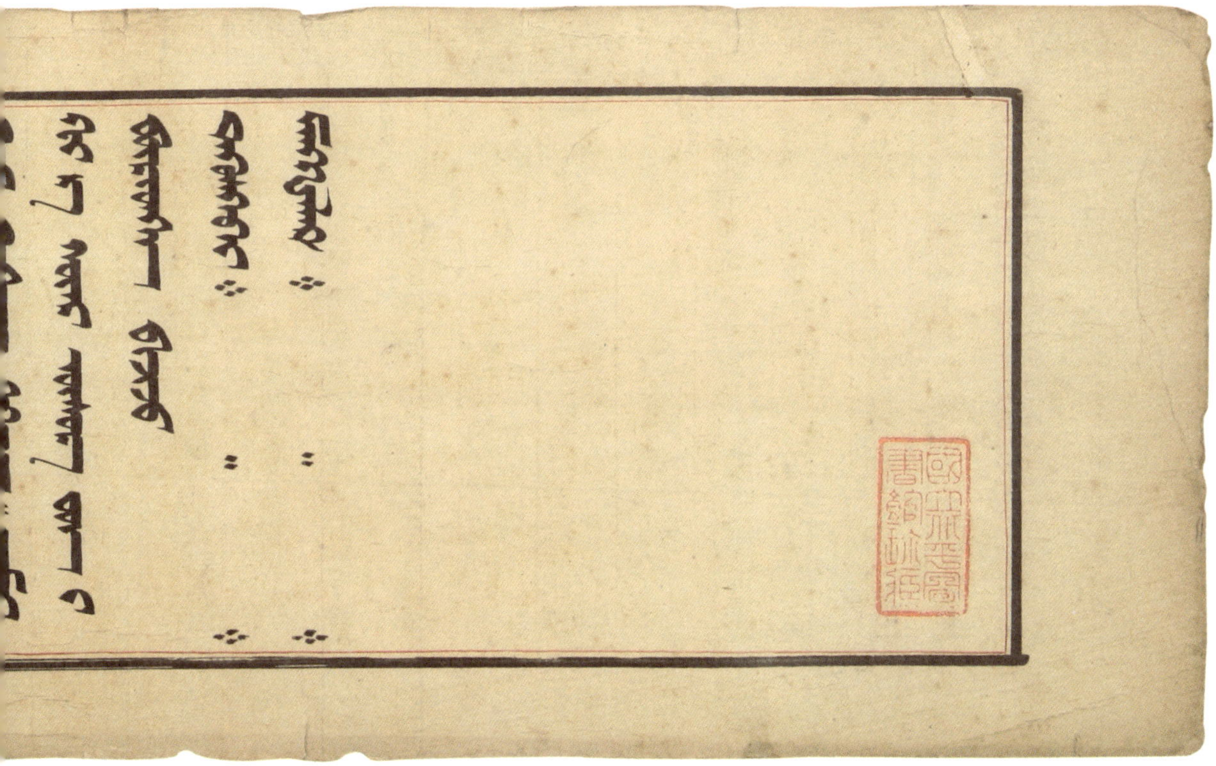

09698 魔屍的故事 蒙古文 （清）索多納木·巴拉朱爾譯 清抄本

梵夾裝。開本高13厘米，廣46厘米。新疆維吾爾自治區少數民族古籍搜集整理出版規劃領導小組辦公室藏。

09699 般若波羅蜜多八千頌 蒙古文 清刻本

梵夾裝。開本高9.8厘米，廣50厘米。匡高7厘米，廣45.5厘米。每葉三十九行，四周雙邊。中央民族大學少數民族古籍研究所藏。

09700 大白傘蓋佛母 蒙古文 （清）阿尤希固師譯 清刻本

梵夾裝。開本高9.2厘米，廣22.2厘米。匡高6.5厘米，廣18厘米。每葉十五行，四周雙邊。中央民族大學少數民族古籍研究所藏。

09701 聖懺悔滅罪大解脱普聞成等正覺莊嚴大乘經 蒙古文 清金銀汁抄本

梵夾裝。開本高14.5厘米，廣50厘米。新疆維吾爾自治區少數民族古籍搜集整理出版規劃領導小組辦公室藏。

09702 真實善王本生故事 蒙古文 清抄本

梵夾裝。開本高10厘米，廣40厘米。新疆維吾爾自治區少數民族古籍搜集整理出版規劃領導小組辦公室藏。

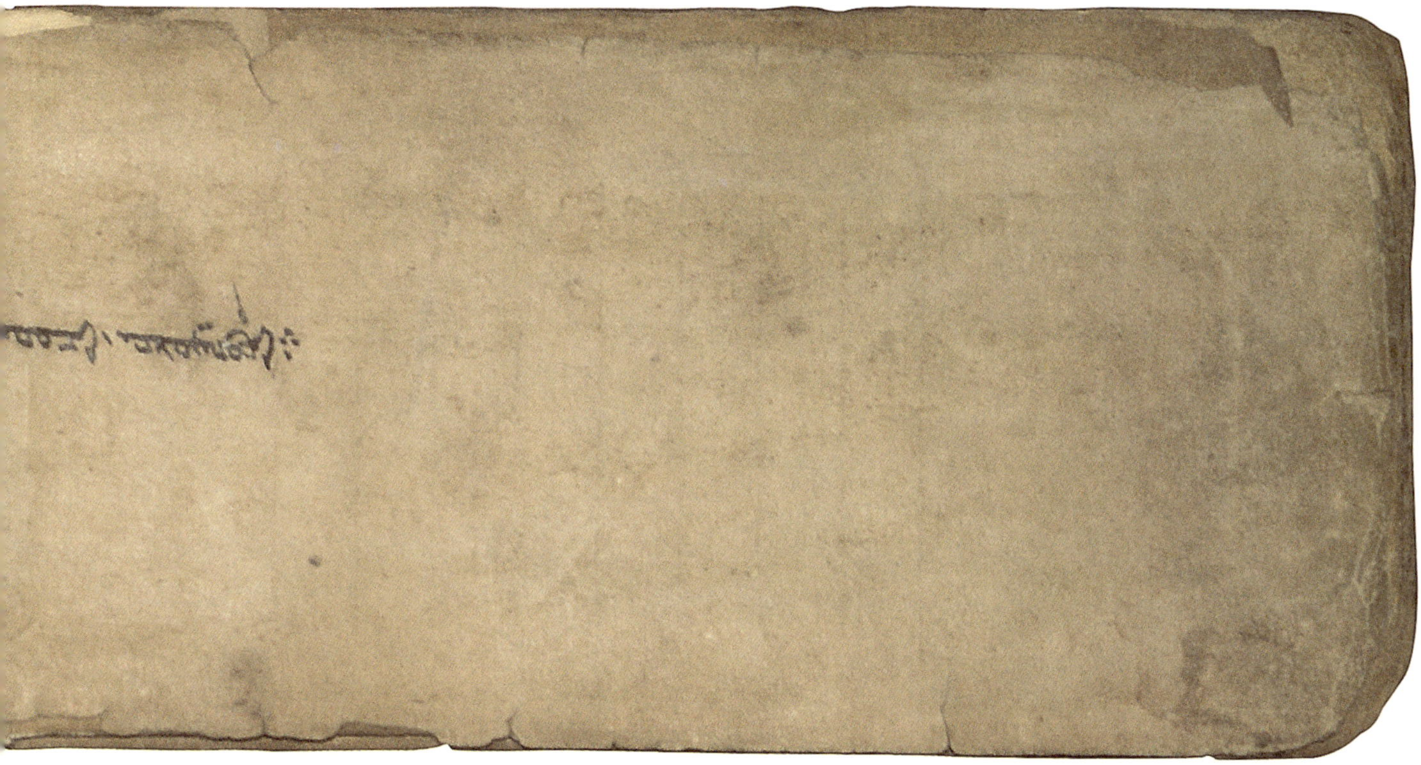

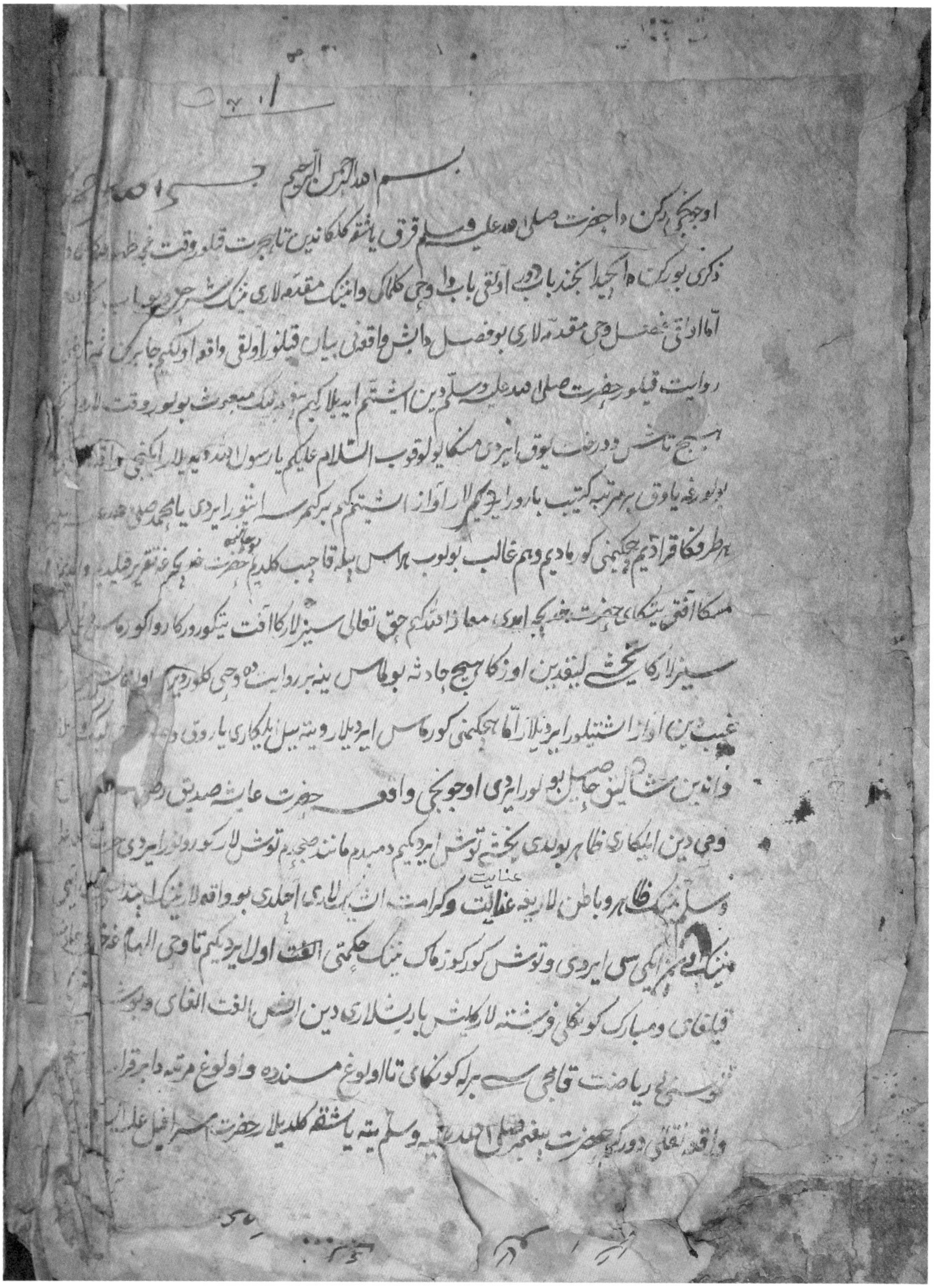
بسم الله الرحمن الرحيم

09703 穆聖傳 察合台文 清雍正元年（1723）抄本

縫繢裝。開本高36厘米，廣26.5厘米。新疆維吾爾自治區圖書館藏。

اولتوروب ايلنے اليد متدى ايكولانح اول بش منكجر برك يلماط سالدى خوار جلاے اولتوروب
دماقلاجعارى ايك منكع اسيد قلدى مال متاع لارينى غنمت اليد مسلملانغه قسمت يلدى
خوارجلاى نرذبر يلوب ايت دبه بذ ترعلم لارى نكوسيار مغلوب بولدى القصه القطاعارد ايلن
اخبار ناقلان اتار اتيغ معلوم بولسو نكم اول يجوزه عكاره بير مللوك نه يذ ينو علمق شير زرى كابيارب
ايدى كلودكه يه اشول واقعه كه مرددو اوز ركم بعد اط قويدى جرمنز لده توش قاباركا علم ارتيقو اجيني
واجينا ويب ماتم قوتماردده اخر شير زرى كه قتى درواقه ينكلا اشتينا ابروذو به بارلاريدى انكا
كليل بشته قراعلم قرابارانجما كتح قفا شكرمان لا دينكلا هيتكا تاتت قبر ال لارينى لهت قولا مال لار
اولتوده يا اش قلدى ماتم قوتمى شيرزر ريوله خلو نم كردو كوه جعف نذرى يارببه انكا جره يبف انكا جاله
فار فار يغلاريغلاايدى القصد يك كوه مونته اوتى لارشا علقم جريتلا لشنو نلغ بريجه كلب ور ايش كابلاغه
امام حسن بنك جبا كبن كلا قته ايدبش نه غوبو لوفاى اوذى عاجر بولوفاى شوكا ولعا رلوق قيل كا جاره لارك
يلبنخى سيلاسانك ديدى ماوا وقته اشا علق او غلانلا رغه باقيب اوبك كا دل يجوزه فته مكره باربكلار
ديدى عزرى ايكلار واوام اينك نزنك كلا نكر يلم جرى يوقايدى الجلال شيرنك خذ متنكر نه كلوروب
اينك لا ديدى ادل قيد الاكع ادعه مكار منك قاسف بادداى دا يجوزه بولوب كوروب جركبن قولا بركشا بشاى
توجاغلابم اتجما واهرجو هايب فاذ فاذ يغلاب لرحمت خذ هسلاركه ونا نا يعلاخذ بولوى ادلا دهط عم ابولوبين
اماينلا رسيار جيح تاربتو اوللاربنك روح لارى سيلايدبه راح خوشذوذ بوكتا بوكتا فسنديلدى لوفى
ادبنى ابا وتكا ابندى كان لويز ويه خ بى كلام معديقلادى كوانى شهدلا كربلاه يغلادى ايدك كبن تويكم
ياغش ايكجه هتايت ايك كبلكتا بوجاره كه نو بولارى ديدى شا علقم يك لاعلانلارى ايوى اى بوب ابا نز
عيرنز ايوى الجورككسل ملازمتنكه كلورديب مالارى قارشغ كلورى ايبلارى بدرب ذكرا وديكو كولده
انبك ويك

09704　卡爾巴拉依戰役　察合台文　哈孜伊麻目·穆罕默德·哈納菲

撰　清嘉慶十一年（1806）抄本

縫續裝。開本高24厘米，廣18厘米。新疆維吾爾自治區圖書館藏。

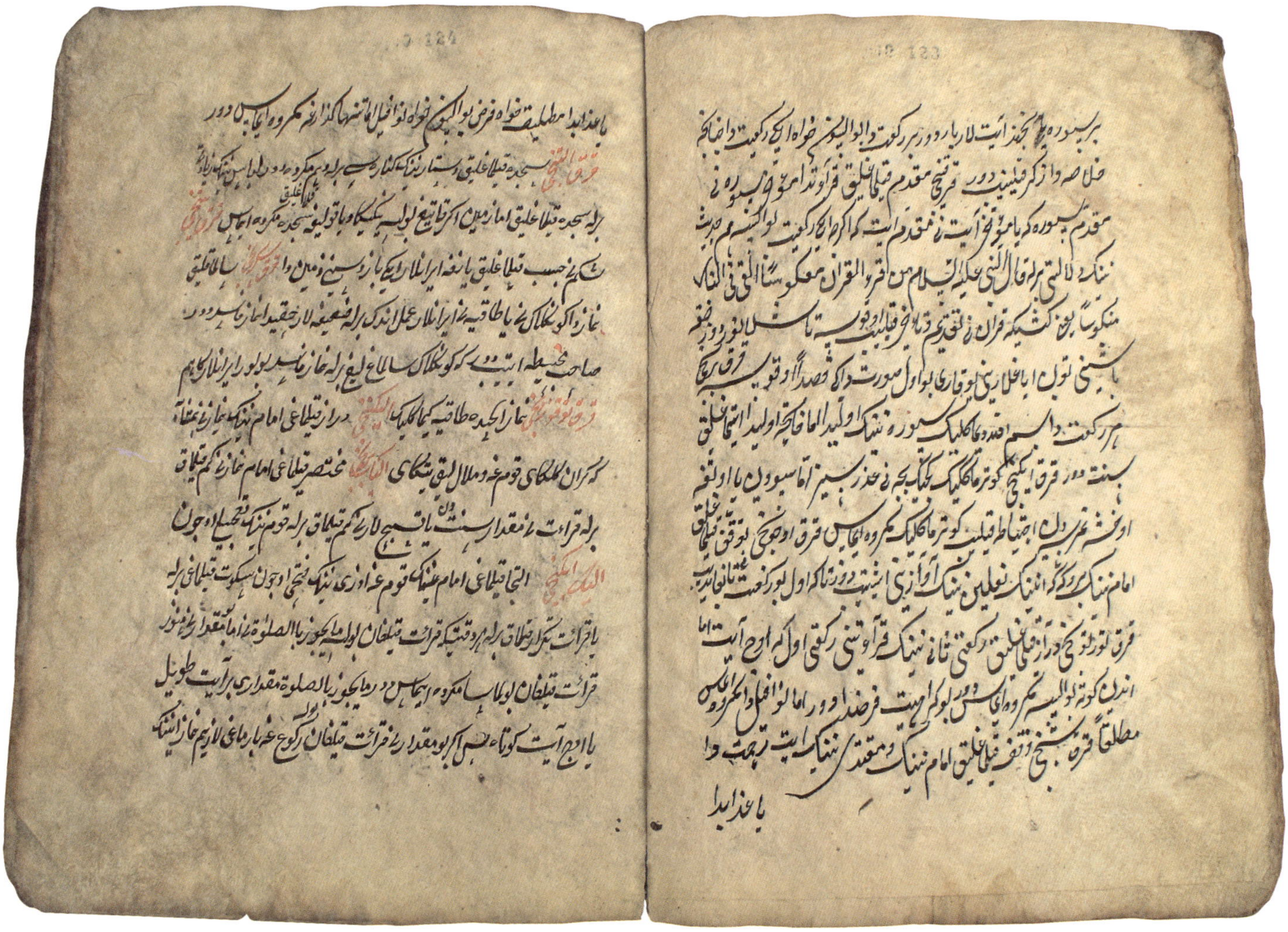

09705 穆斯林要則　察合台文　十八世紀初抄本

縫績裝。開本高30厘米，廣21厘米。新疆維吾爾自治區少數民族古籍搜集整理出版規劃領導小組辦公室藏。

اندبلار قره است داوعبادات خلق خدای تعالی غه سجده قیلورلار کا خولا سجده قیلانلاریکی
او جاہلاریقہ ایکیلی لمس دادگشیکہ موی لب حالہ بوردرلار دلاو یم سجده قیلابلان لار
...لمیکلب لاودبارتیب نیزه بولوب قولایبـ تورلاو سجده قیلغانلای ما نع بولور بوریلا
خلق بولاره کمرودبب بوبجت لبق لاربنی محونیں بطورلارواحجی بحمل دافضا تہ مسواک
حضرت ولمول صلی اللہ علیہ وسلم ویولاراغزفمگولاره مسواک برلایاک قلینگلاوکم قران
تشلی ولد تردودبنہ ایدبلاردکم صواک افزنیگزلاودنگ چاکلیتی تردوفرشتہ لادنزمش دینی
تردو حیلالا تحالی منگک دفصالی تردودبنہ ایدبلار تورتاغم منفعاء دمندین ایکری کلا ادتکلام
پیغمبر بلادنگ سنتی تردو نگاربه قیلیلای دسرعیم توتتاق بویی خوش توتتاق مسواک لا قیلغای ق
ینما اید بلارویکاو لحبت نی زمسواک بیلہ ادتاکان اودارانوذ دمسوایکسیزنتیش دگعت نماز
اوتاکا نومین وبله الدربلار مسواک اوله مدبن اودکا افزیتغہ شفاء تربتہ بنہ اودبلار
حبرائیل علیہ السلام منگا نورت اشاء مبالغہ قیلدبلاوکم کبان قیلدب یکم کرفرض بولوردم
ایکین وبب بریس جنتہ فطشی بگاه دشیلین قیلی ق جندان مبالغہ قیلدبیکم کبان
قیلدبیکم جنت نہ طلاق قیلی ق امت لاودکا حرام بولدی مو ایکین وبب بینہ بری مبسابہ
نحفنشی استراماہ جندان مبالغہ قیلدبیکہ کین ان قیلدبیکم بساایہ میہ مجرات قالغای
دینہ بولدی جایات میلہ بخا زاودتا مالکی کما جندان مبالغہ قیلدبیکم کین ان قیلدبیکم عباعت انتم کم
فرض بولدی لمو ایکین دینہ ریا مسواک قیلبانحہ مبالغہ قیلدبیکم بیلاک کرلک حضرت رسول
صلی اللہ علیہ وسلم منگک آخرت تسبیح لاودی ایدی دآخرت وحبت لاری قیلویدی
داخرة یشلاری تبسیح ایردی بوردی دآخرت تسبیح لاودا بوایدی سبحان اللہ الحمد للہ لاردا
تاخرة دعالارواید اردا اللہی حون علینا سکرات الموت دآخرة نتہ

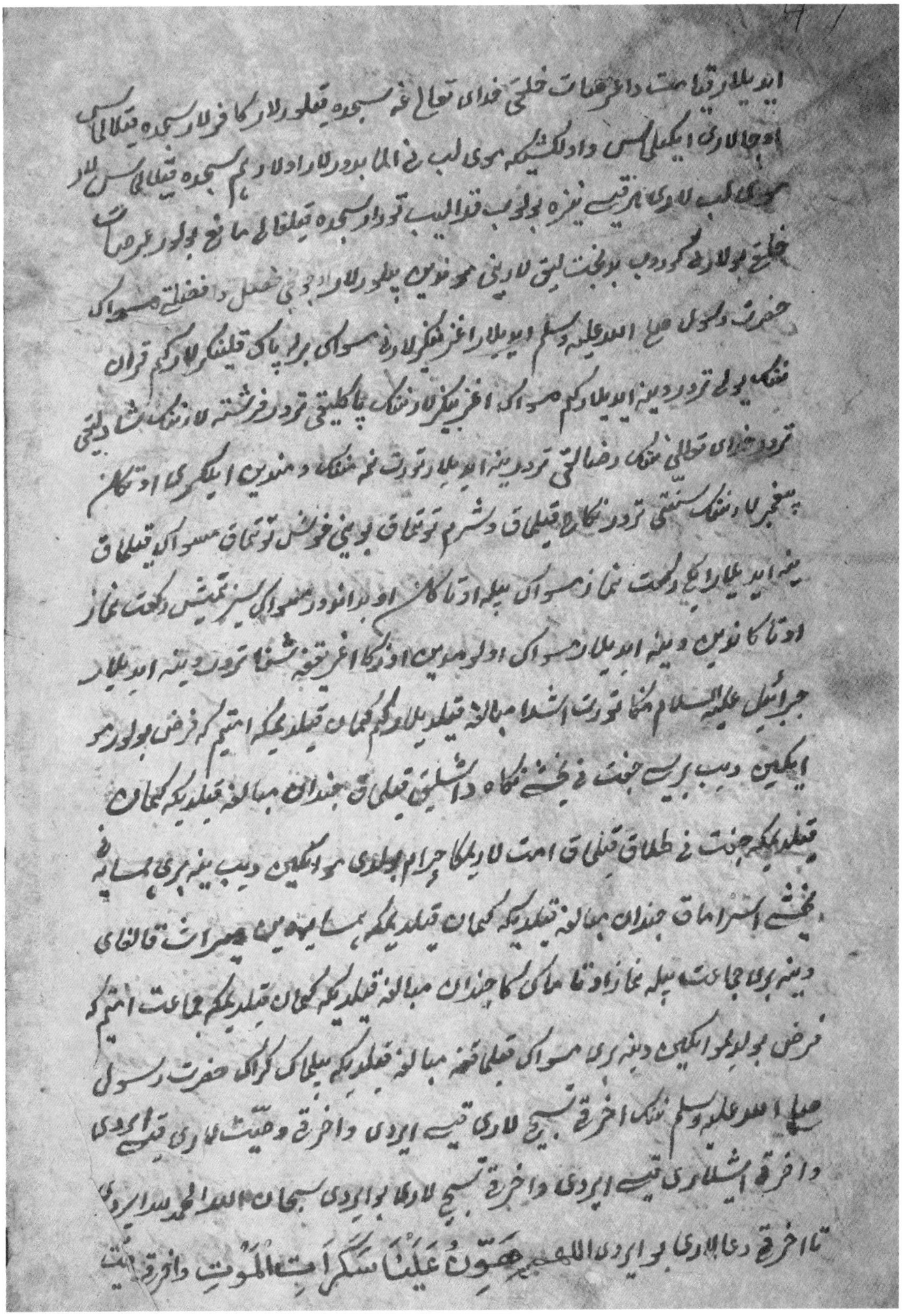

09706 天堂的鑰匙 察合台文 阿布都熱合曼·賈米撰 十八世紀末抄本

縫繢裝。開本高36厘米，廣23厘米。新疆維吾爾自治區圖書館藏。

09707 納瓦依詩集 察合台文 艾里希爾・納瓦依撰 十八世紀末抄本

縫繢裝。開本高18厘米，廣11厘米。新疆維吾爾自治區少數民族古籍搜集整理出版規劃領導小組辦公室藏。

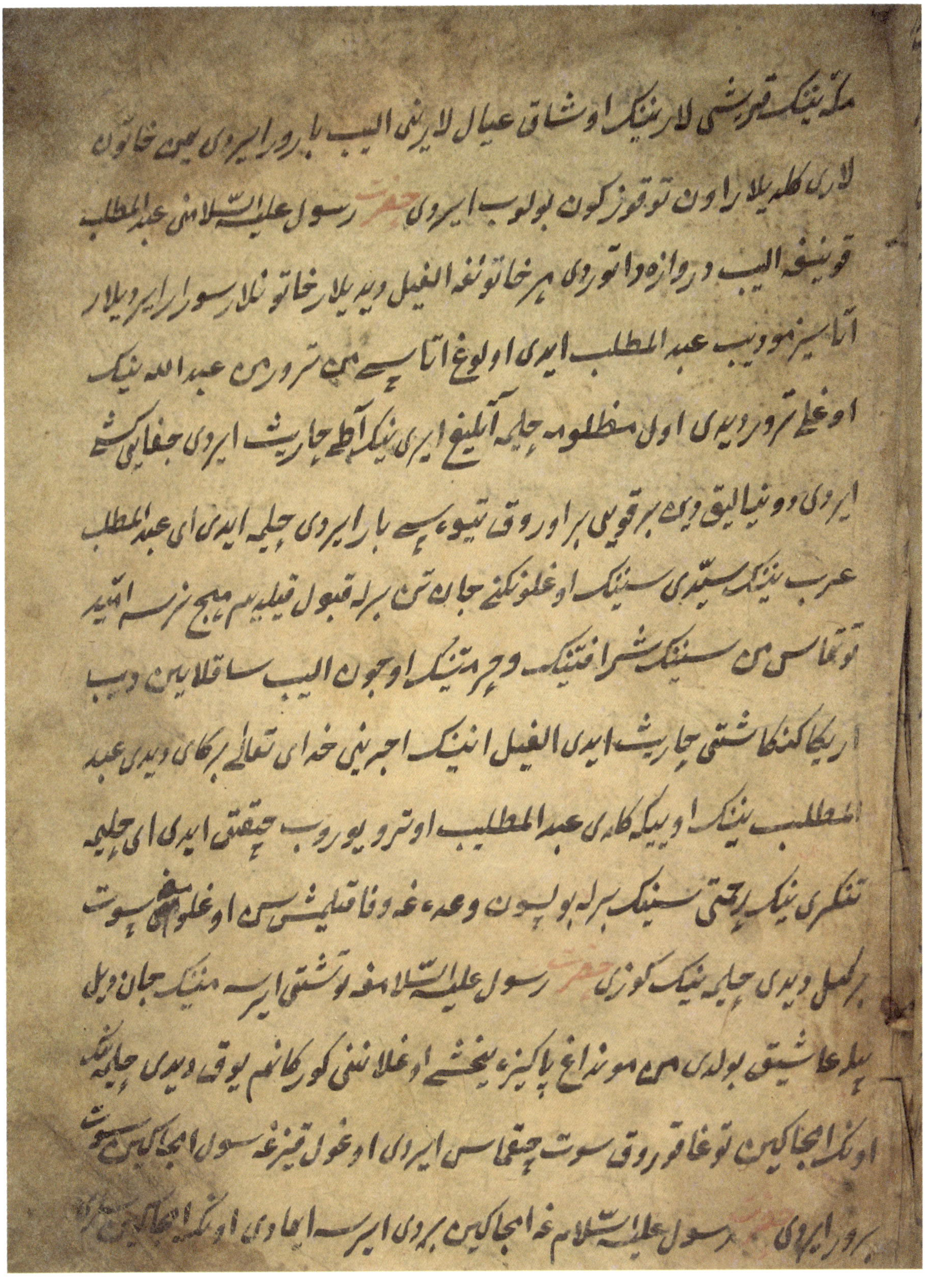

09708 殉教者至花園 察合台文 十九世紀初抄本

縫繢裝。開本高32厘米，廣22厘米。新疆維吾爾自治區圖書館藏。

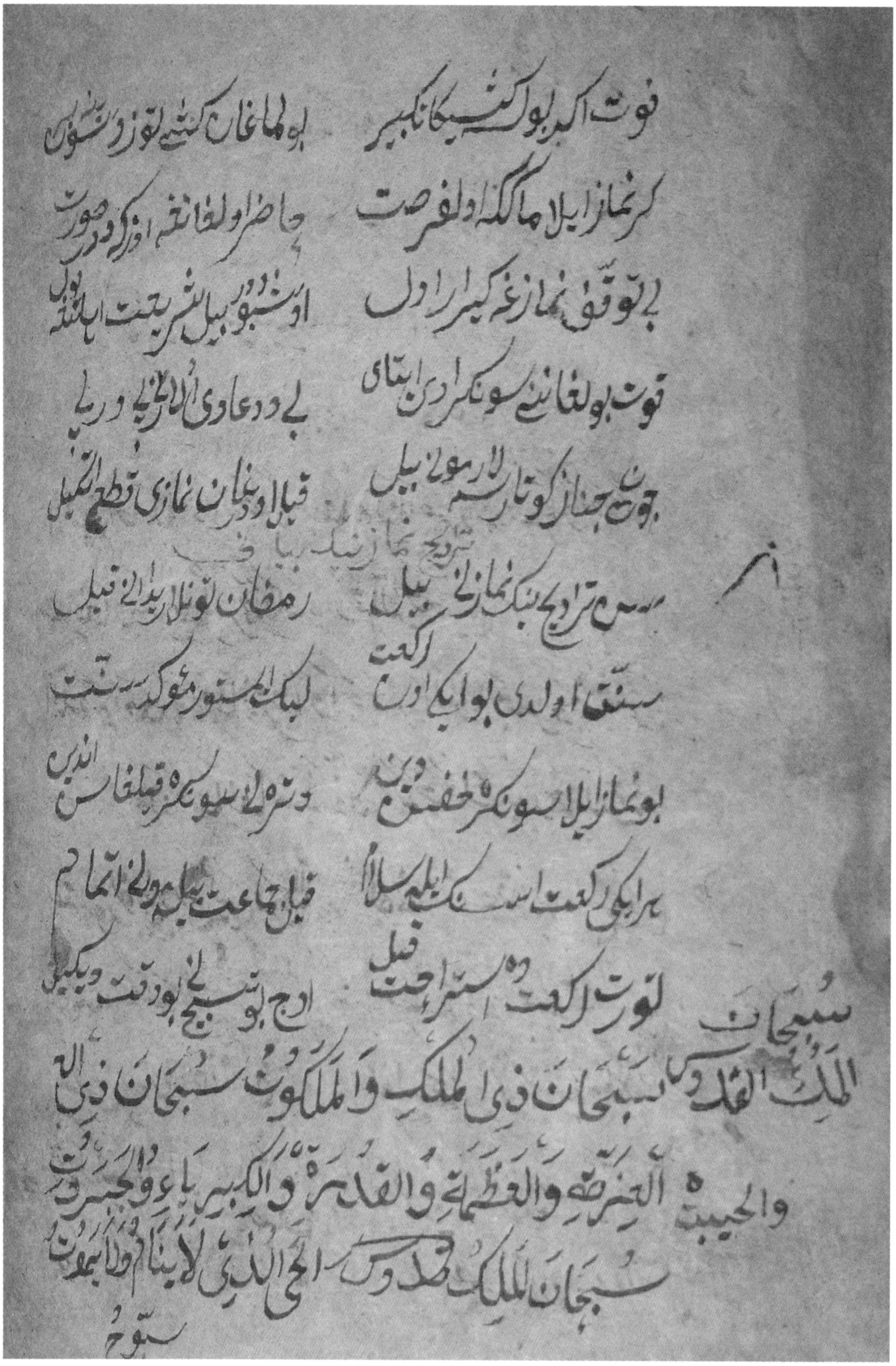

09709 巴布尔概論　察合台文　阿哈麥德撰　十九世紀初抄本

縫繢裝。開本高27厘米，廣16厘米。新疆維吾爾自治區圖書館藏。

صدق واخلاص برلا اينا لكيم نجمن انجمنه لااله الا الله يعنى بهشت ننبنك بهاسى لاال الا الله او

او جاق ابوى يا رسول الله اكرمن سنك خد متتكيمه لابنى ايا فس من عالكم لا رنكوى برجا

ببو رغيل نا نو ميد بانى عايمن حضرت حطا الله عليه سلم ابو بلا كيم من عرشى ركا فنيد ايردبم

بلال ننبك كفشى يس ننك نشرفده فولا قنبه كلد بكيم فون با ريبه لا ويدبن مسجد كا با رو

ايروى ديبا و جاتفو بلال نه حوالا قبلد يلا رو جاق نا له قبلد بكيم يا رسول الله منزا ادى

كشنكا بهر دبك كيم ابو فحافه ننك او خلى سا تعبين الفا ن خلى نشره د روا رز مكه خانون

لا ردبدن هيج قنبرسه قبول فيلا دى جغن كوفوا ول حضرت حطا الله عليه سلم

ابو بلا راى بهشت سين مونه در سين تو رغيل كيم بلال به دبير مردا ننك فبا

لينى خرقرا رسين مكمر بلا ى سبنى كيم رعنا لا رننك زنى وخا له اكم تمرا اقد و

زببا ودلمر بلا را قد و رنا نون سنبك سين كون همروا رد بنو نتا بل قبطا فه و نخلفى

و لانبك علمى الانهار ونشرا فنيه بيلا دى تعيرى او بكيم كيمو زد كو ندو زا كا كوندو ز

زى كيم كه جير ما ننتو ردوب مر بر بكا ننبدل فبلو رد مهر سمر كان كيم بلال با شنبو

كلم جو ركا ب سبنه با ر اردبدا در قا سنبن فلا بت خربو ارببه عرض فبلو رد مهرا بسمكه

بهاسبنه يو زبهشت سا نعبن الو روفبكيم در دبغ كوتكل دبن سوزلوى نا لا صغه

اسمان فرمشنه لا راى فر مبو اون سالو را له اه انشى ار مهرو م نكيو رو بر كرداو رده

كنو فرشنه بلا رنخا نبن او زتا ر سه عفو و رى القصه معراج كيمنجه يه بهشت ننك و بلا ى رضى اله

ننبك لا رببا عند نكاح وافو بولدى و خوجه علبه الصلواة والسلام ان اول مزبنويت

باب الجنه بلال فنوى البنى بو فعد نكاح ننبك نجوا سبه يتب بهشت فجرد بلا راه لمزنما

بكيم فخوجه علبه الصلواة والسلام معراج دى يا نبر بلا ر بلال كلدى و خوجه علبه الصلواة والسلام

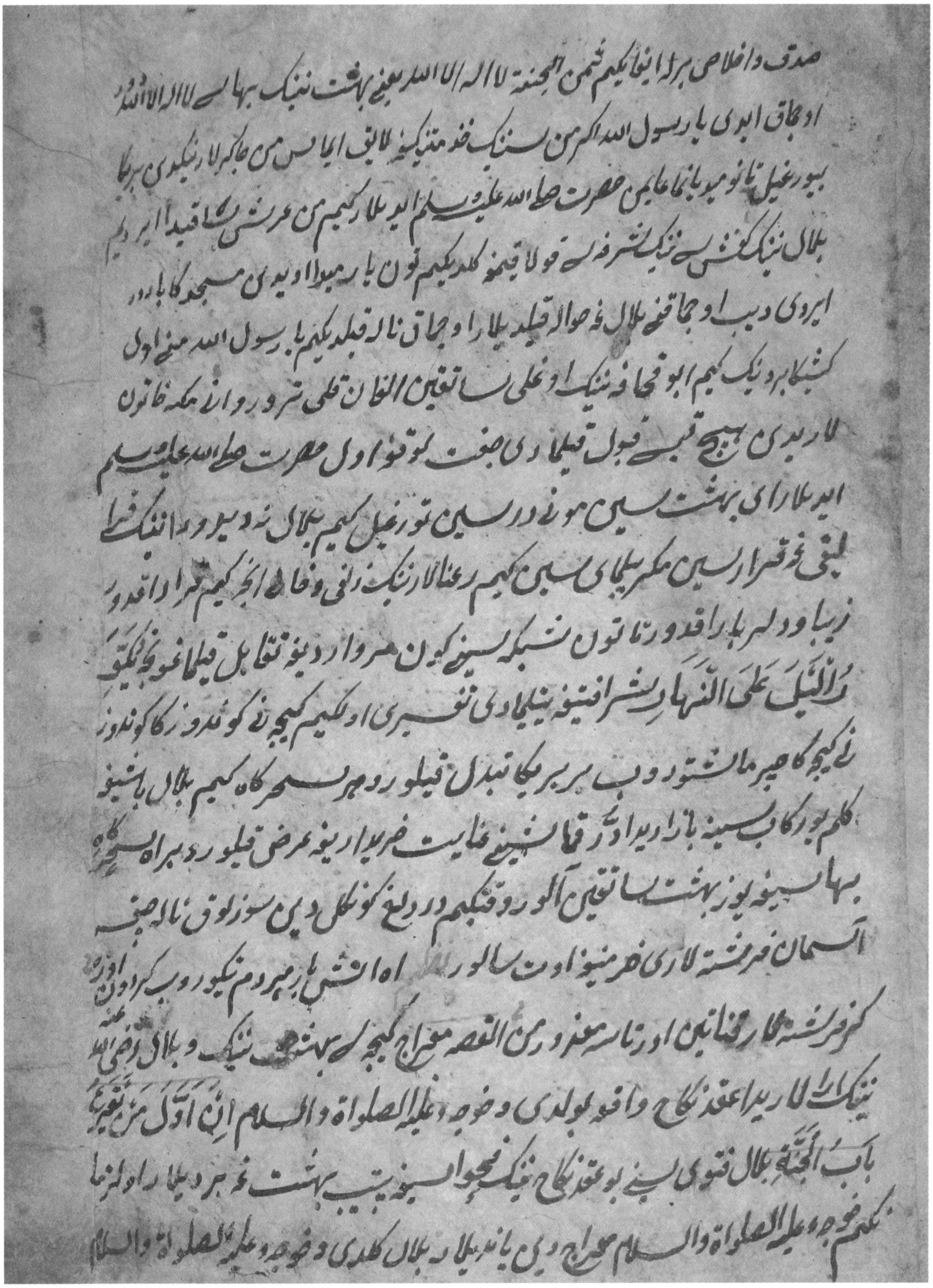

09710 穆聖故事記 察合台文 十九世紀初抄本

縫繢裝。開本高30.5厘米，廣20厘米。新疆維吾爾自治區圖書館藏。

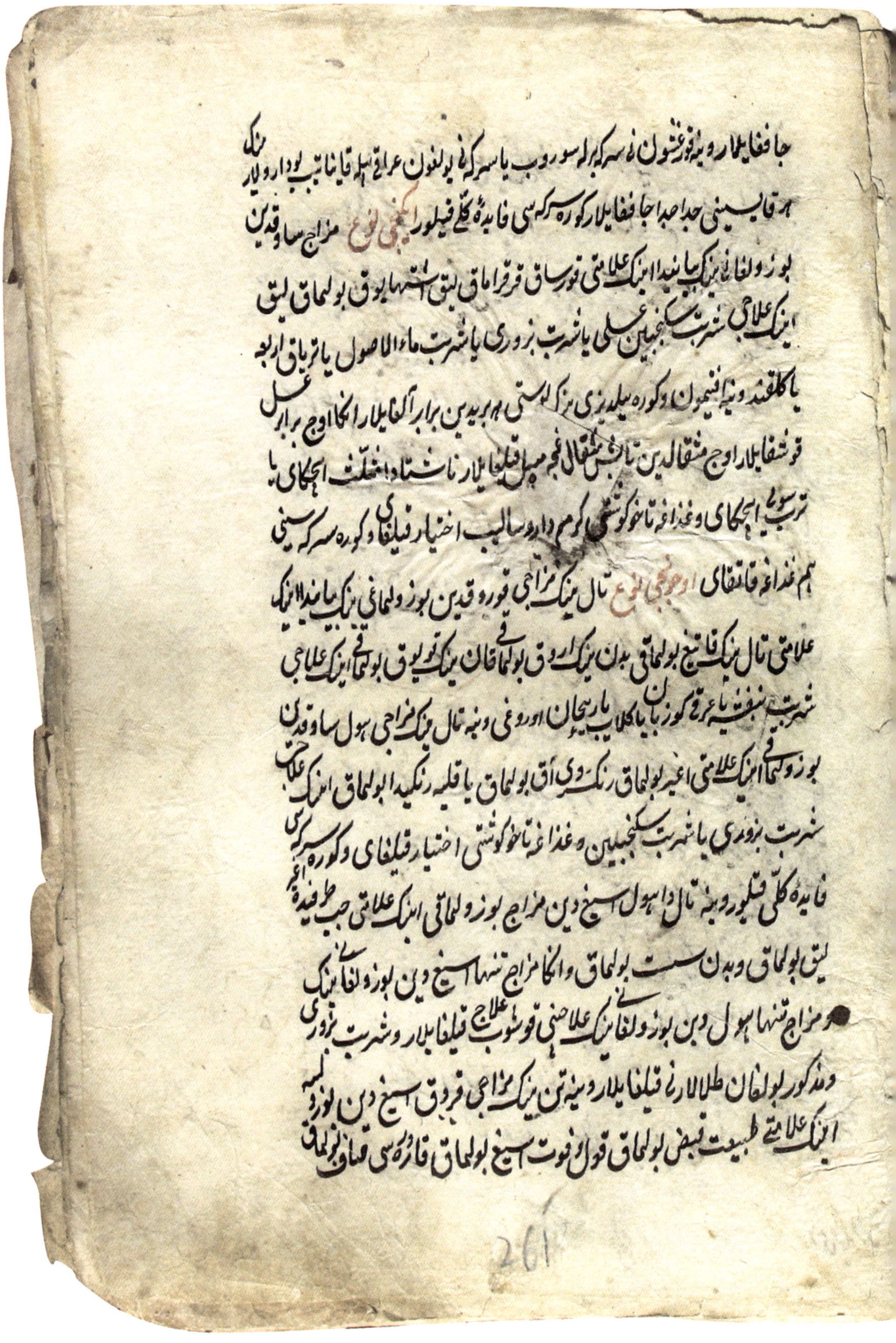

09711 木接熱巴提 阿日普 察合台文 毛拉·阿日普·和田尼撰 十九世紀初抄本

縫繢裝。開本高18厘米，廣12厘米。新疆維吾爾醫學高等專科學校維吾爾醫學古籍文獻研究室藏。

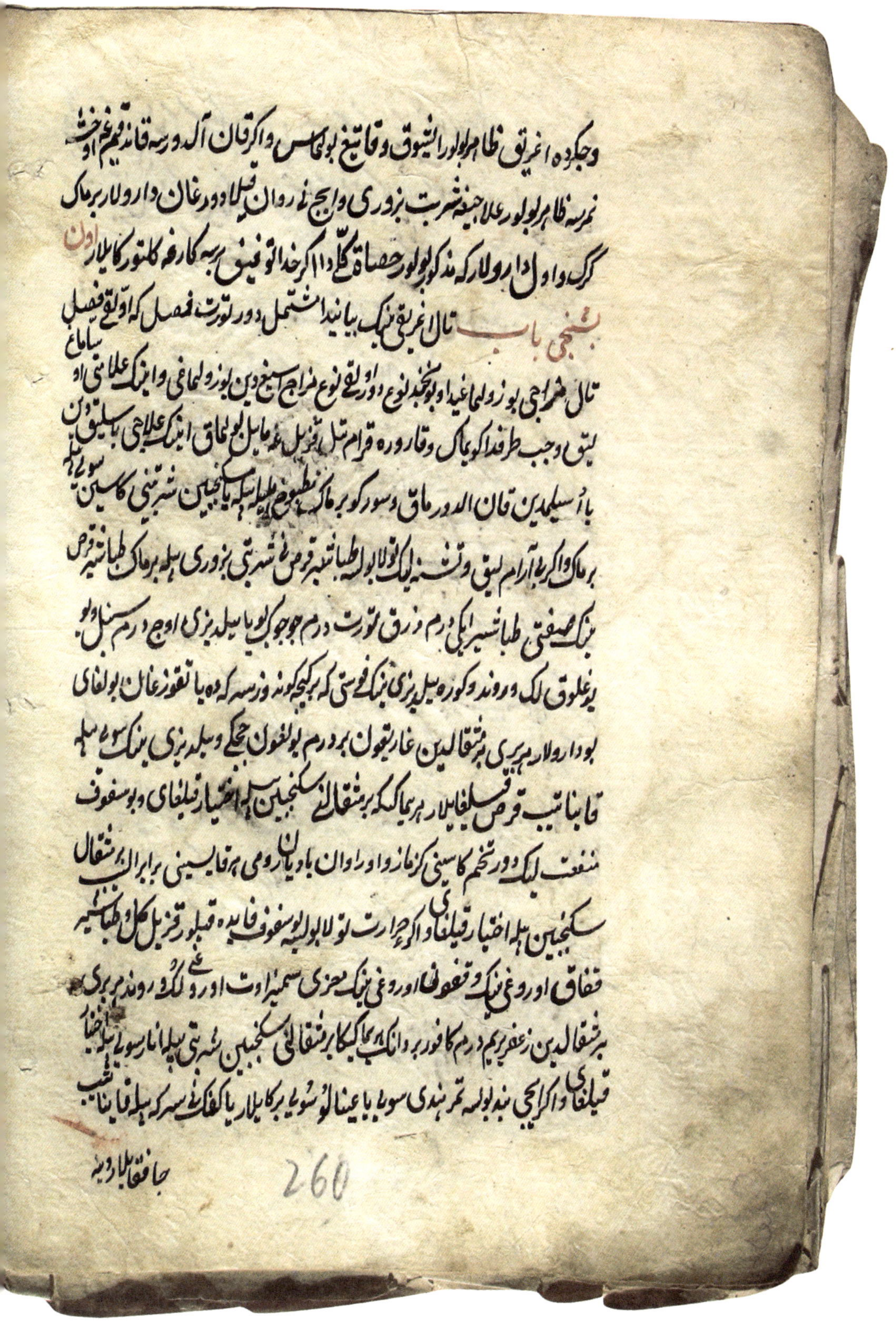
وجکده اغریق ظاهر بولور النسوق و قاتیغ بولماس و اگر قان آلدورسه قاندقویغم او خش
نمرسه ظاهر بولور علاجیغه شربت بزوری و ابجنا روان تیلا دورغان دارو لار برماک
گرک و اول دارو لار که مذکور بولور حصاة کا دا اگر خدا توفیق برسه کارغه کلتور کایلار اول
بشنجی باب تال اغریقی نینک بیانیدا مشتمل دور تورت فصل که اولقی فصل
تال [illegible] بوزولماغیدا [illegible] نوع دور اولقی نوع مزاج اسیغ دین بوزولماغی و اینک علامتی او
[illegible] و جب طرفدا کویماک و قاروره [illegible] اینک علاجی باسلیق دین
باسلیق دین قان الدورماق و [illegible] برماک مطبوخ [illegible] سکنجبین شربتی نی کاسنی سوی بیله
برماک و اگر [illegible] آرام [illegible] و تشنه لیک تولا بولسه طباشیر قرص [illegible] شربتی بزوری بیله برماک طباشیر قرص
نینک صفتی طباشیر ایکی درم [illegible] تورت درم [illegible] بیله بزی اوچ درم سنبل و بو
[illegible] و روند و کوره بیله بزی نینک [illegible] که برکیجه کونده [illegible] بولغای
بو دارو لاردین هر بیری برمثقالدین [illegible] و بیله بزی نینک سوی بیله
قاینانیب قرص قیلغایلار هر یماکه بر مثقالنی سکنجبین بیله اختیار قیلغای و بو سفوف
منفعت لیک دور تخم کاسنی [illegible] بادیان رومی هر قایسینی برابر [illegible] برمثقال
سکنجبین بیله اختیار قیلغای و اگر حرارت تولا بولسه بو سفوف فایده قیلور قزیل گل طباشیر
قفاق اوروغی نینک و [illegible] اوروغی نینک مغزی سمیز اوت اوروغی [illegible] روند هر بیری
برمثقالدین زعفران بریم درم کافور بر دانک [illegible] سکنجبین [illegible] انار سوی بیله اختیار
قیلغای و اگر ایچی [illegible] تمر هندی سوی یا عناب سوی برکایلار یا [illegible] سرکه بیله قاینا تیب
جا فقاع بیلا دینه
260

09712 艾合拉胡穆赫斯尼 察合台文 （清）吾蘇雲卡世皮述 十九世紀抄本

縫繢裝。開本高26.5厘米，廣17厘米。喀什地區英吉沙縣文化館藏。

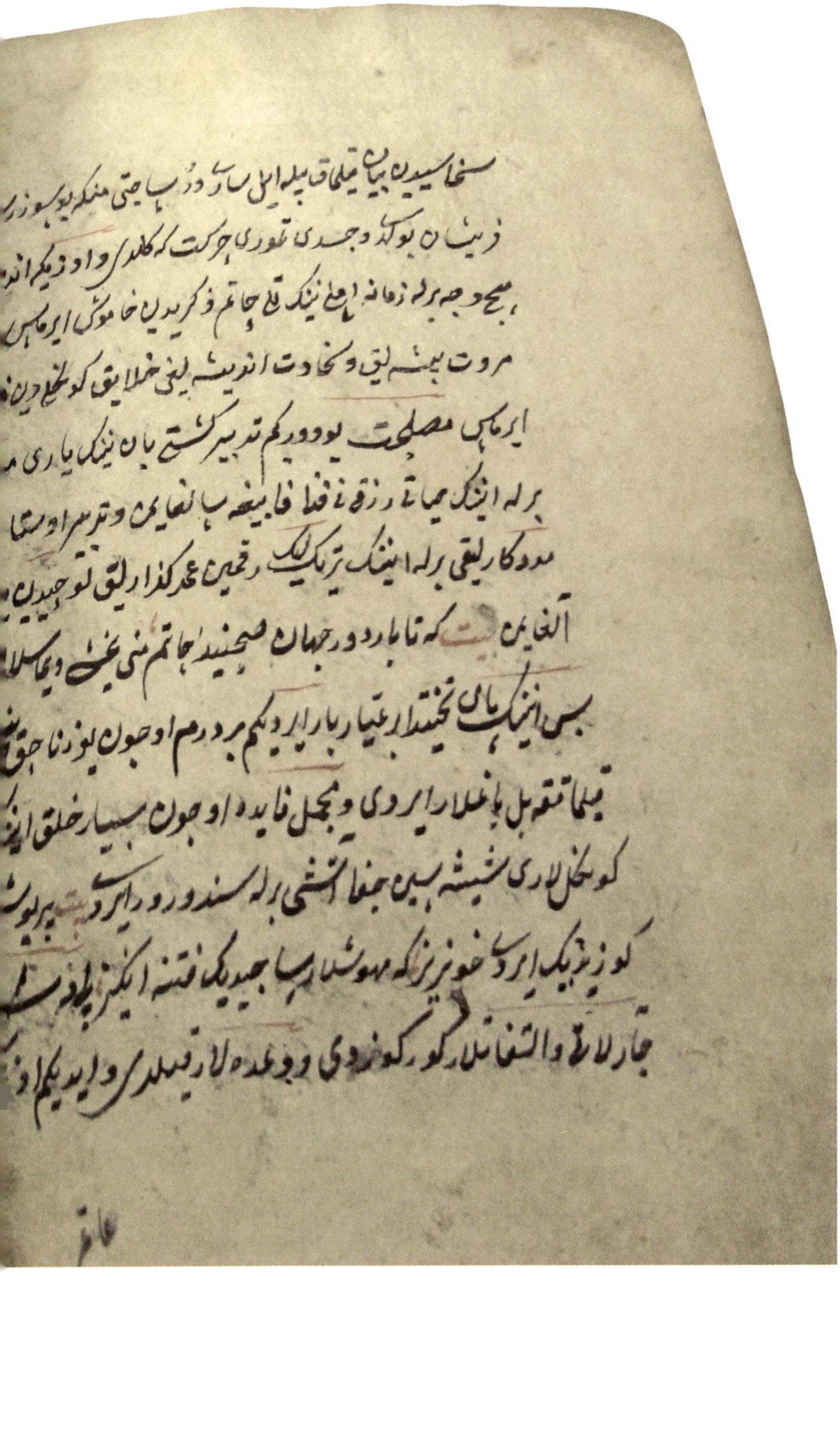
سخا سیدین بیان قیلماق بیله اہل ساز دزباجتی منکه یوسوز ر
ذہن بوکونکه وجدی تموری حرکت که کلدی داد ذیکر اند
مبحوجه برله زمانه اہلی نینک قلی حاتم ذکریدین خاموش ایرماس
مروت بیشه لیقی و سخاوت اندیشه لیقی خلایق کونکلیدین
ایرماس مصلحت یوق دورکم تدبیر کشتی بان نینک یاری م
برله اینک حیات زورقی فنا فابیغه ہا لنغایمه و تزسرا و ستا
مددکارلیقی برله اینک تربیک لیک رحمینی عجز کذارلیق توحیدین
الغایمه بیت که تا بار دور جهان صحنیده حاتم منی غنی و عباسلا
بس اینک ہان تخمینلار عیار بار ایردیکم بردرم اوچون یوزناچوق
قیلما تقبل باغلار ایردی و مجلس فایده اوچون بسیار خلق اینک
کونکل لاری نشیشه سین جفا اتشی برله سندوررو ایردی بیت هر بیوت
کوزینک ایرد خونریز که مهوشلار چیدیک فتنه انکیز بولد
جارلار والشغانلار کورکوزدی و وعده لار قیلدی وایدیکم اد

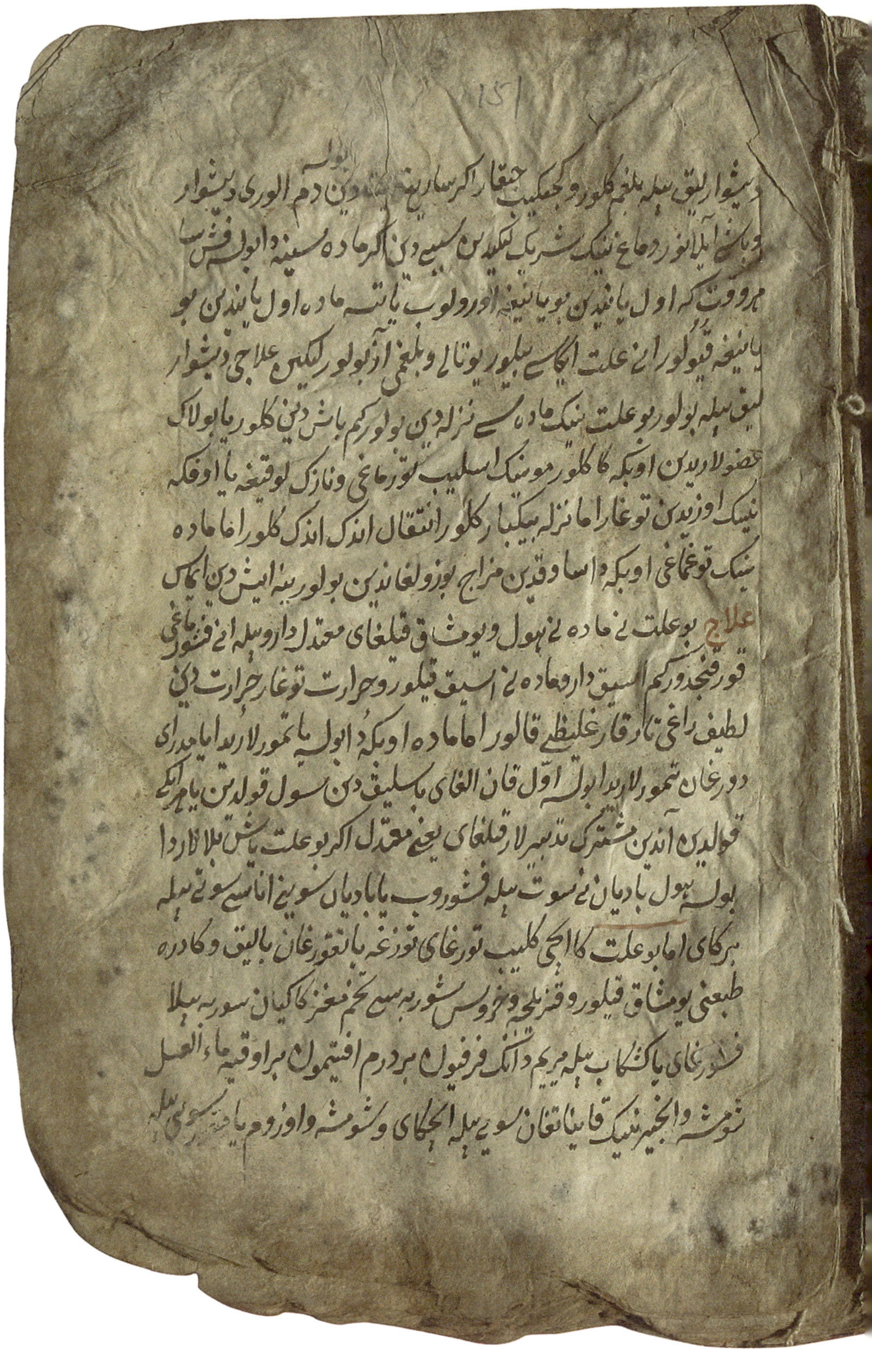

09713 卡米力 提比 察合台文　胡佳·熱依木·阿胡訇撰　清末抄本

縫繢裝。開本高25厘米，廣15.5厘米。新疆維吾爾醫學高等專科學校維吾爾醫學古籍文獻研究室藏。

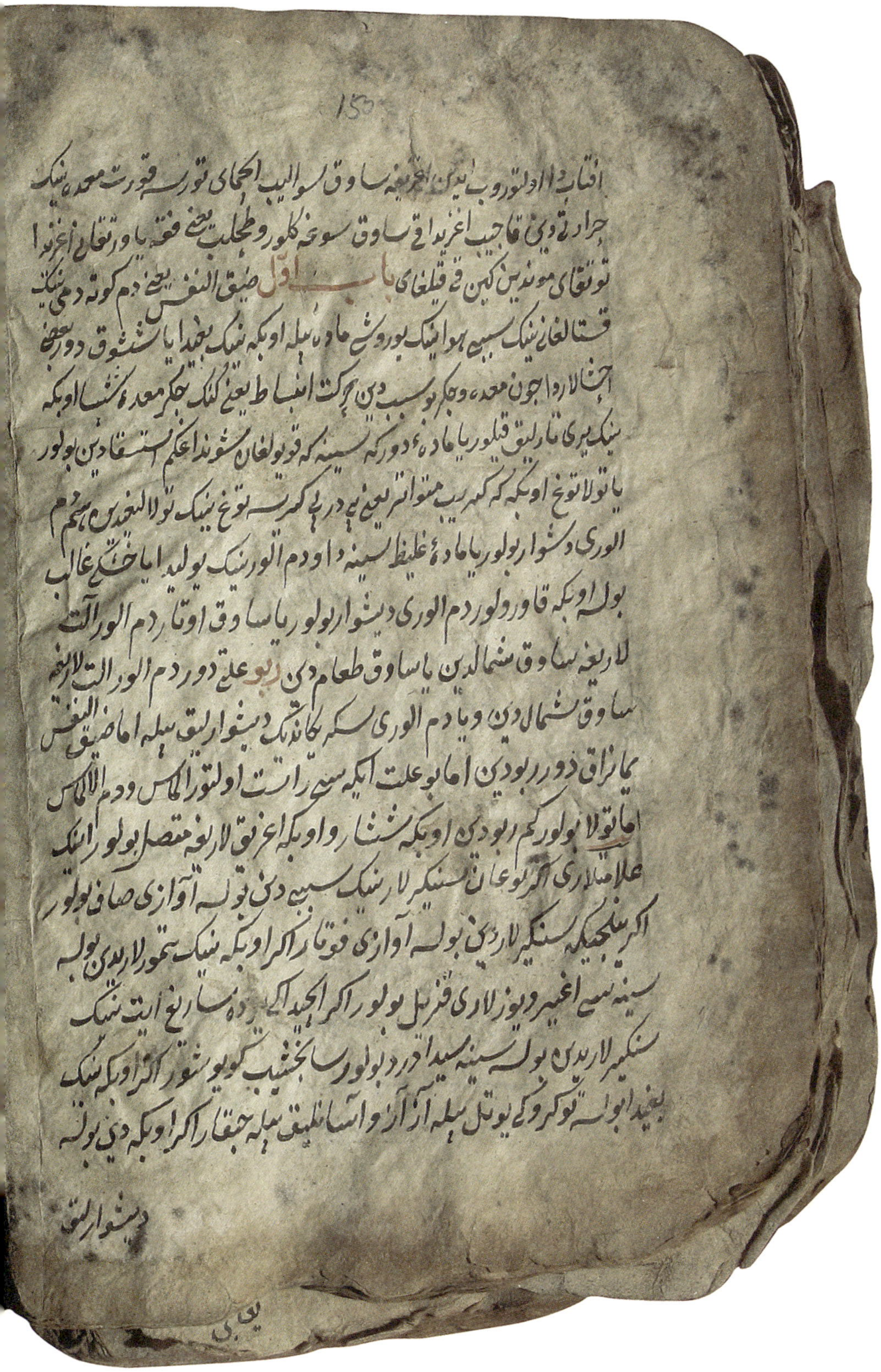
150

افتاب اا اولتوروب ایدی اغریغه ساوق سو الیب ایچمای توروب قورت معده نینک
حرارتی دین قاجیب اغریدا قی ساوق سوتغه کلور و مطلب یعنی فقه یا ور تقاعی اغریدا
توتقای موندین کین قی قیلغای باب اول ضیق النفس یعنی دم کوته دمی نینک
قیتالغانی نینک سببی هوا اینک بوروشی ماده بیله اوبکه نینک بعضا یا پشوق دور بعضی
احشالاردا اجون معده و جگر بو سبب دین حرکت انقباض یعنی کلک جگر معده نینک اوبکه
نینک یری تارلیق قیلور یا ماده دور که سینه که قویولغان شوندا اغلب استسقا دین بولور
یا تولاتوغ اوبکه که کهربت متواتر یعنی پی درپی کهربت توغ نینک تولا النغد یوم هم دم
الوری دشوار بولور یا ماده غلیظ سینه دا او دم الورنینک بولیدا اما خفی غالب
بولسه اوبکه قاورولور دم الوری دشوار بولور یا ساوق اوتار دم الورالت
لاریغه ساوق شمالدین یا ساوق طعام دی ربو علتی دور دم الورالت لاریغه
ساوق شمالدین و یا دم الوری سکریکاندیک دشوارلیق بیله اما ضیق النفس
یمازاق دور ربودین اما بو علت ایکه سببی زاتت اولتورالماس و دم الالماس
اما تولا بولورکم ربودین اوبکه شناروا اوبکه اغریق لاریغه متصل بولور اینک
علامتلاری اگر بوغان سنگیرلار نینک سببی دین بولسه آوازی صاف بولور
اگر یلجیکه سنگیرلاردین بولسه آوازی فوتار اگر اوبکه نینک بتورلاریدین بولسه
سینه سی اغیر و یوزلاری قیزیل بولور اگر الحیدا اگی رده ساریغ ایت نینک
سنگیرلاریدین بولسه سینه سیدا درد بولور سانجنیب کویوشور اگر اوبکه نینک
بغیدا بولسه توکرو کی یوتیل بیله ازار و اسانلیغ بیله جیقار اگر اوبکه دی بولسه

دشوارلیق

09714 醫藥處方書 察合台文 清抄本

縫績裝。開本高23.8厘米，廣13.5厘米。中央民族大學少數民族古籍研究所藏。

09715 賽布里詩集 察合台文 毛拉・埃米爾・侯賽因・謝赫・賽布里撰 清抄本

縫繢裝。開本高25厘米，廣14厘米。新疆維吾爾自治區少數民族古籍搜集整理出版規劃領導小組辦公室藏。

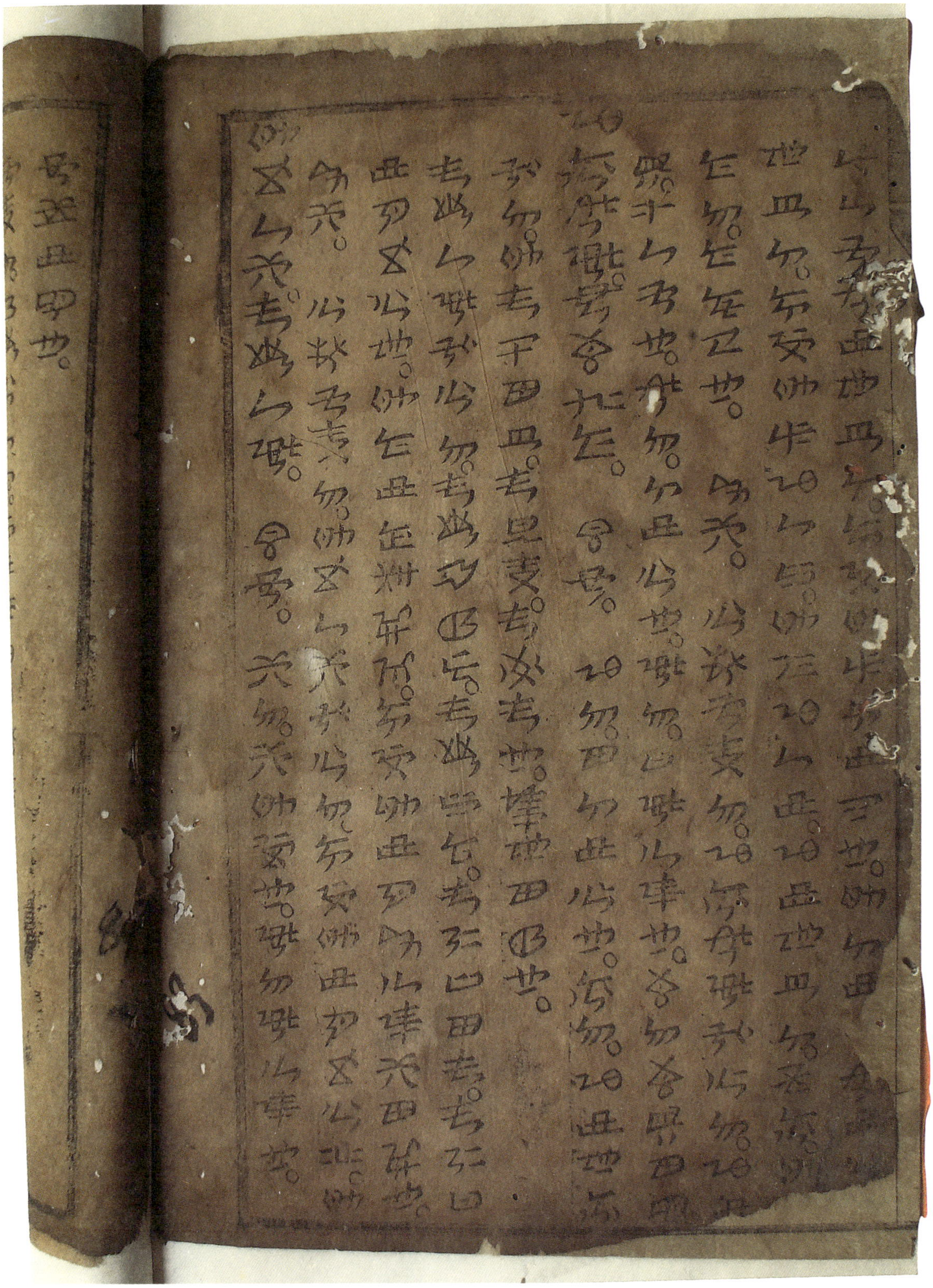

09716 勸善經 彝文 明刻本

綫裝。開本高32厘米，廣18厘米。匡高23厘米，廣14厘米。半葉十行，四周單邊。雲南省社會科學院圖書館藏。

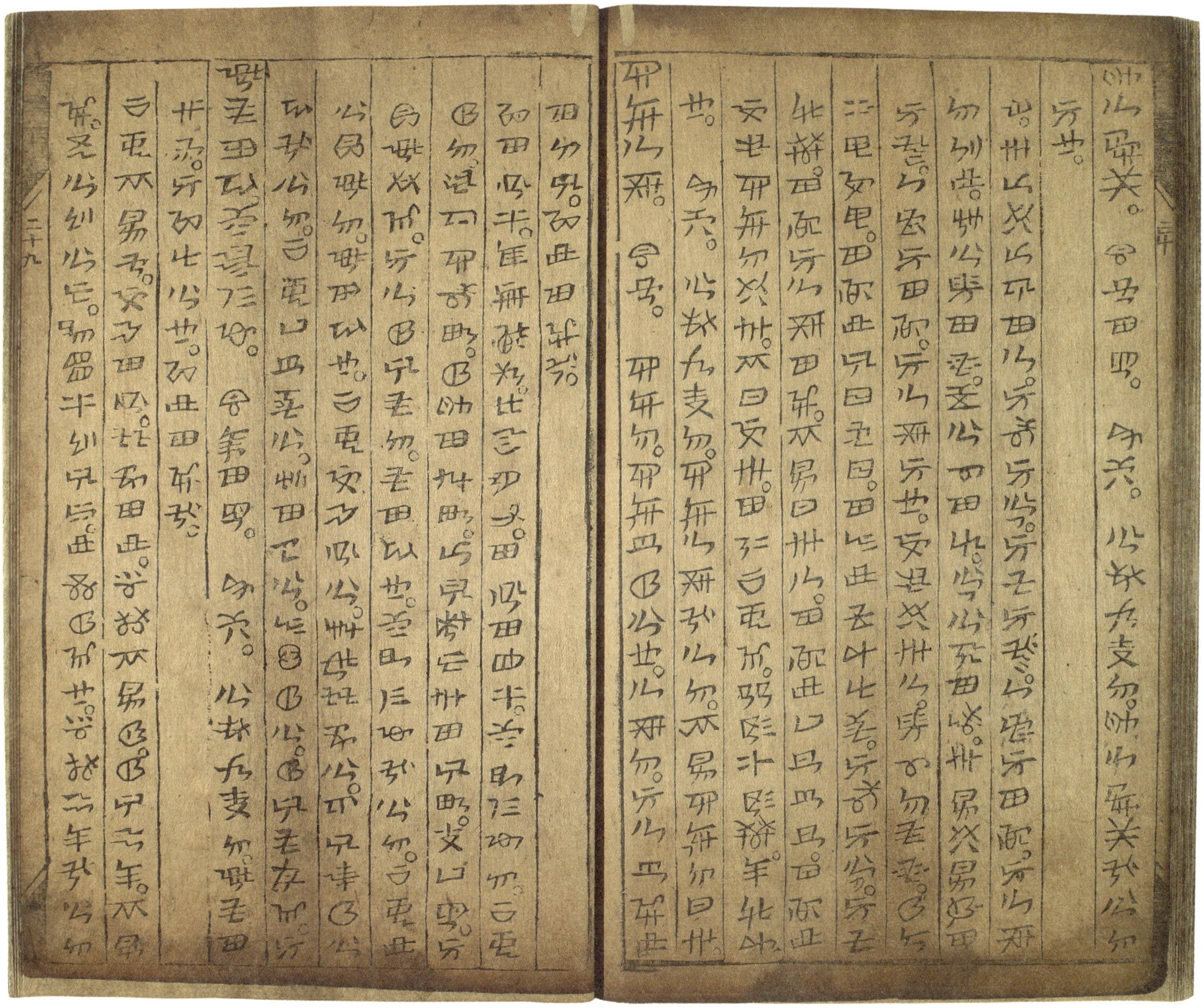

09717 勸善經 彝文 明刻本

綫裝。開本高24.8厘米，廣17.2厘米。匡高22.8厘米，廣14.9厘米。半葉十行，四周單邊。國家圖書館藏。

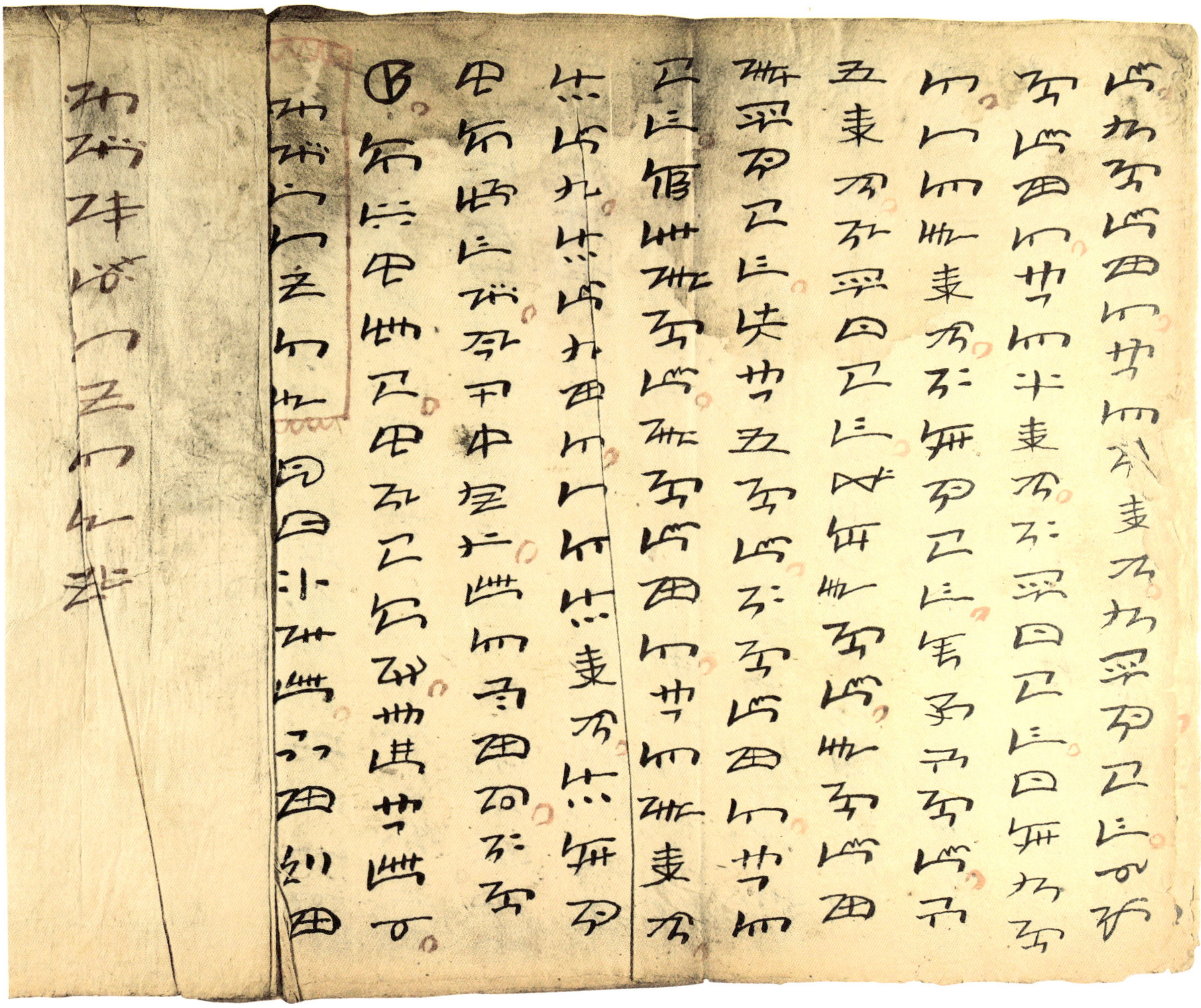

09718 沿途賄賂鬼神經 彝文 明末抄本

綫裝。開本高25.3厘米，廣23.5厘米。中國民族圖書館藏。

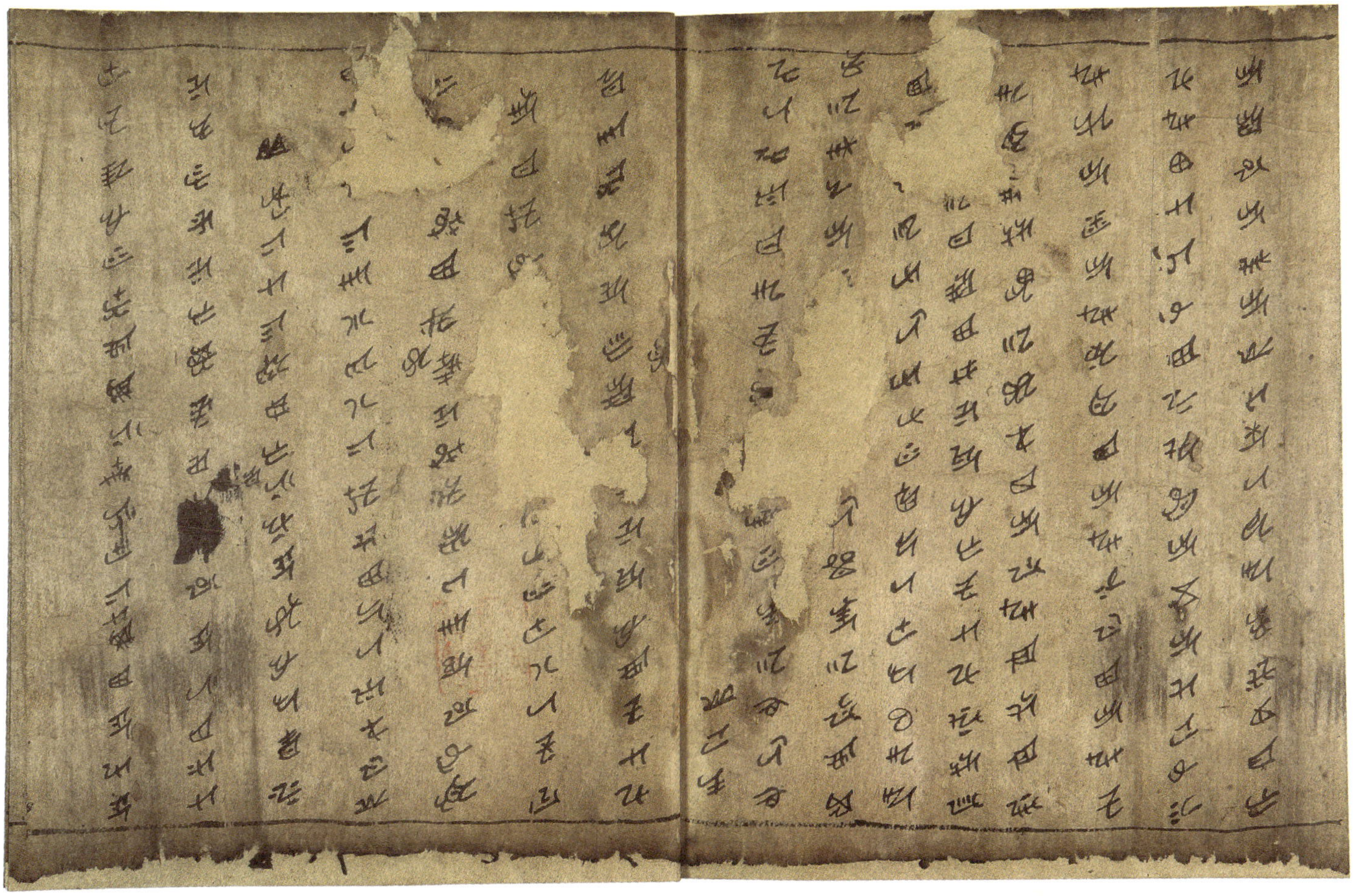

09719 益博六祖史 彝文 清乾隆三十二年（1767）抄本

綫裝。開本高27.2厘米，廣23.3厘米。國家圖書館藏。

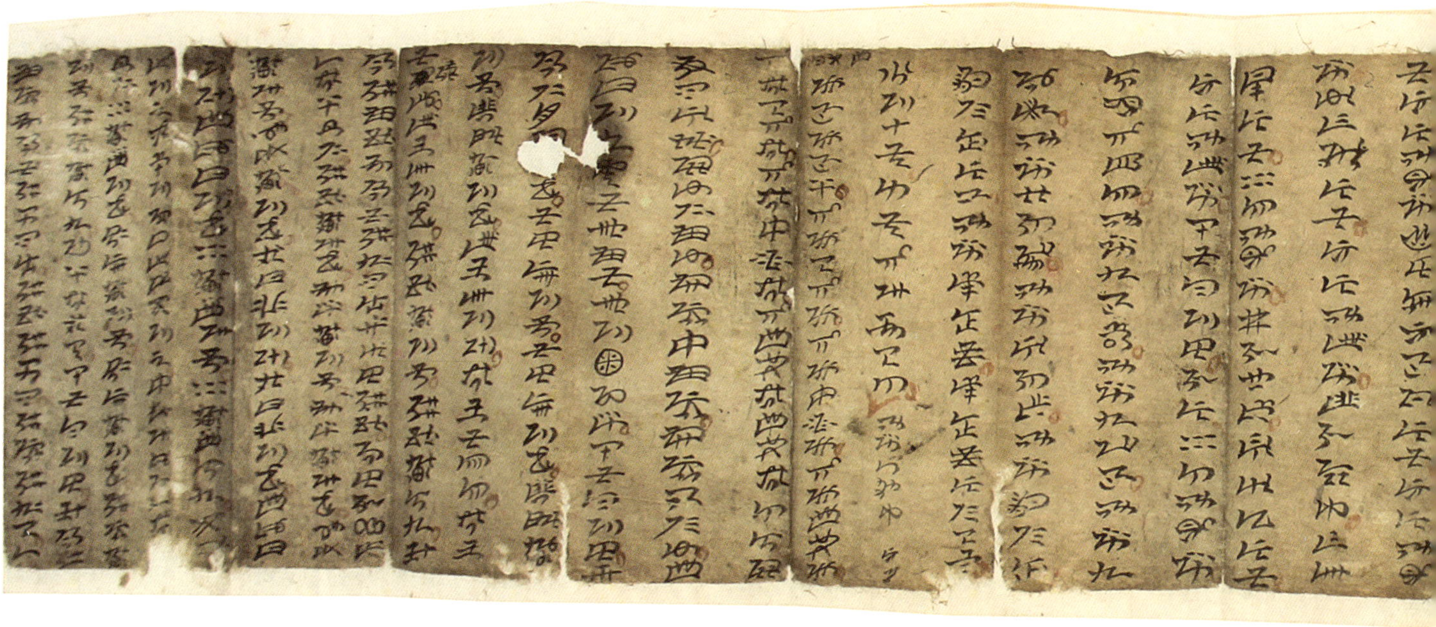

09720 賄賂經　彝文　清乾隆抄本

經折裝。開本高19.4厘米，廣8.2厘米。楚雄彝族文化研究院藏。

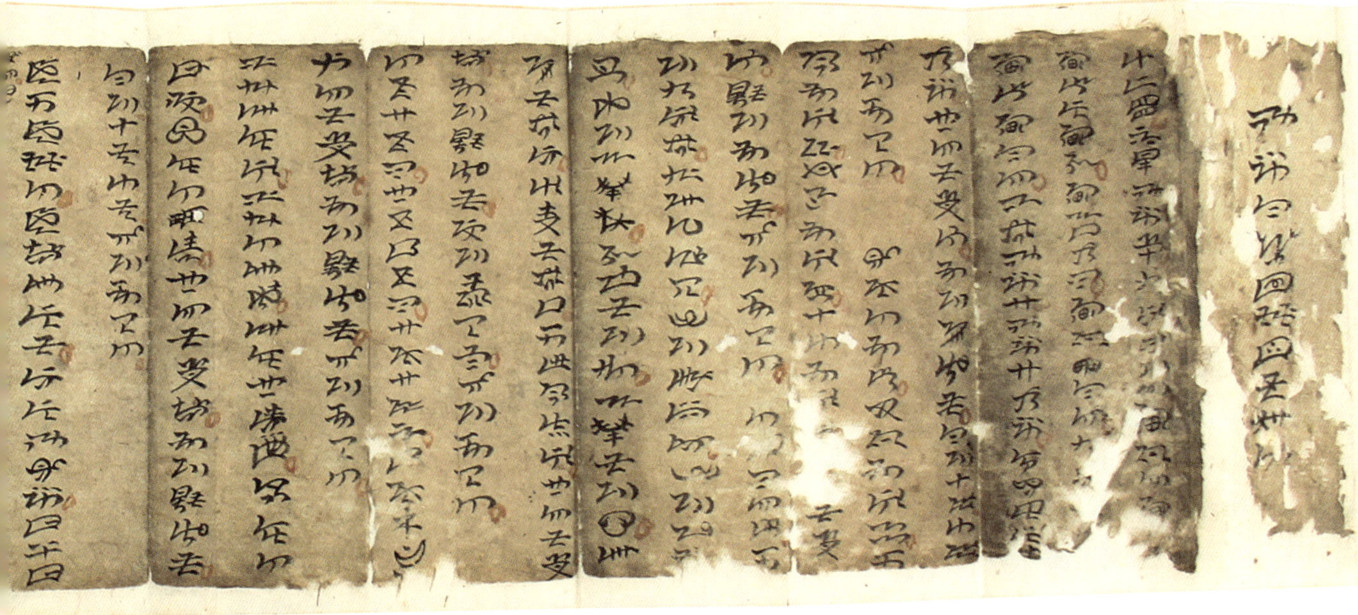

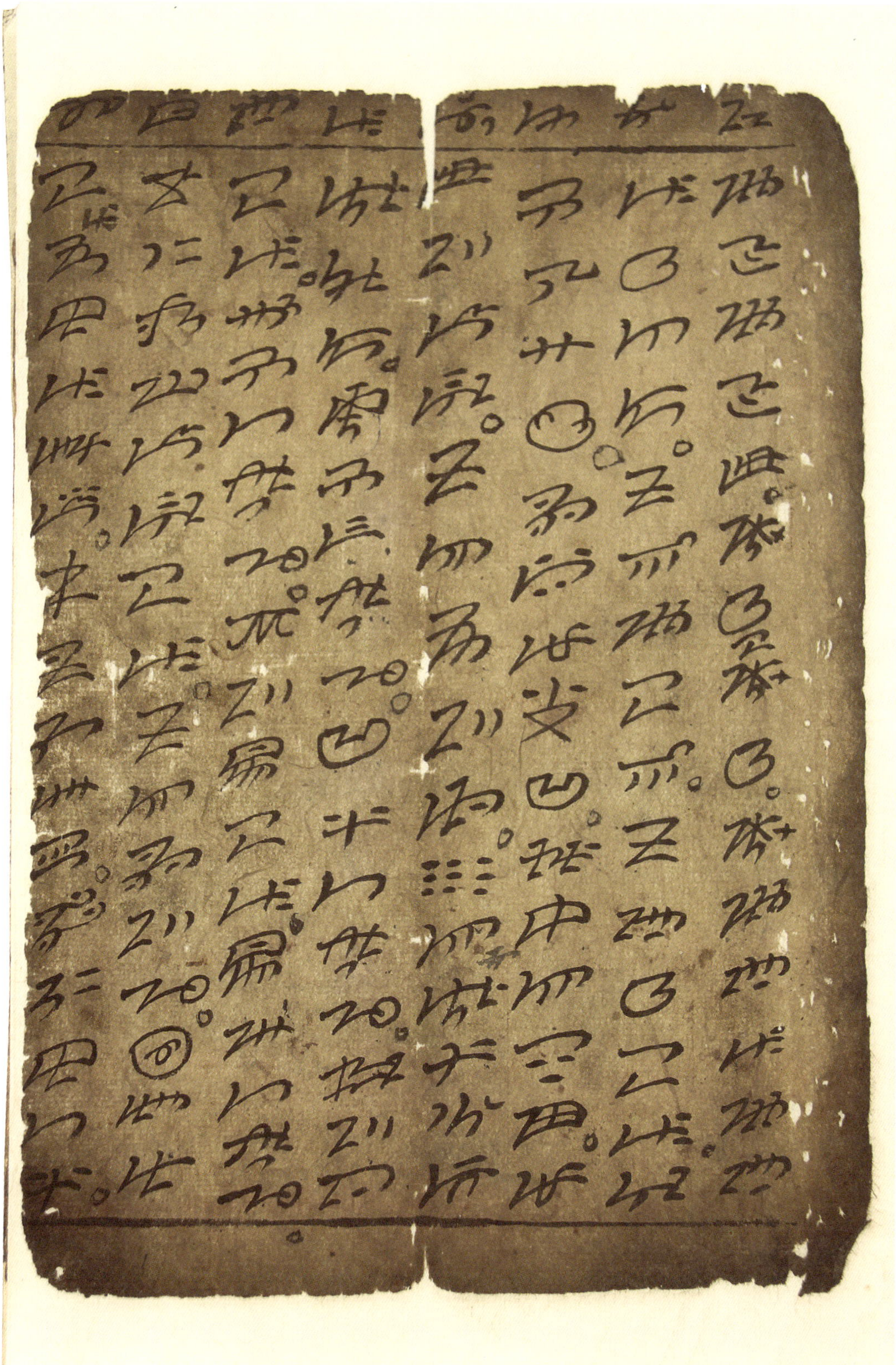

09721 指路經　彝文　清嘉慶七年（1802）抄本

綫裝。開本高19.8厘米，廣12.1厘米。楚雄彝族文化研究院藏。

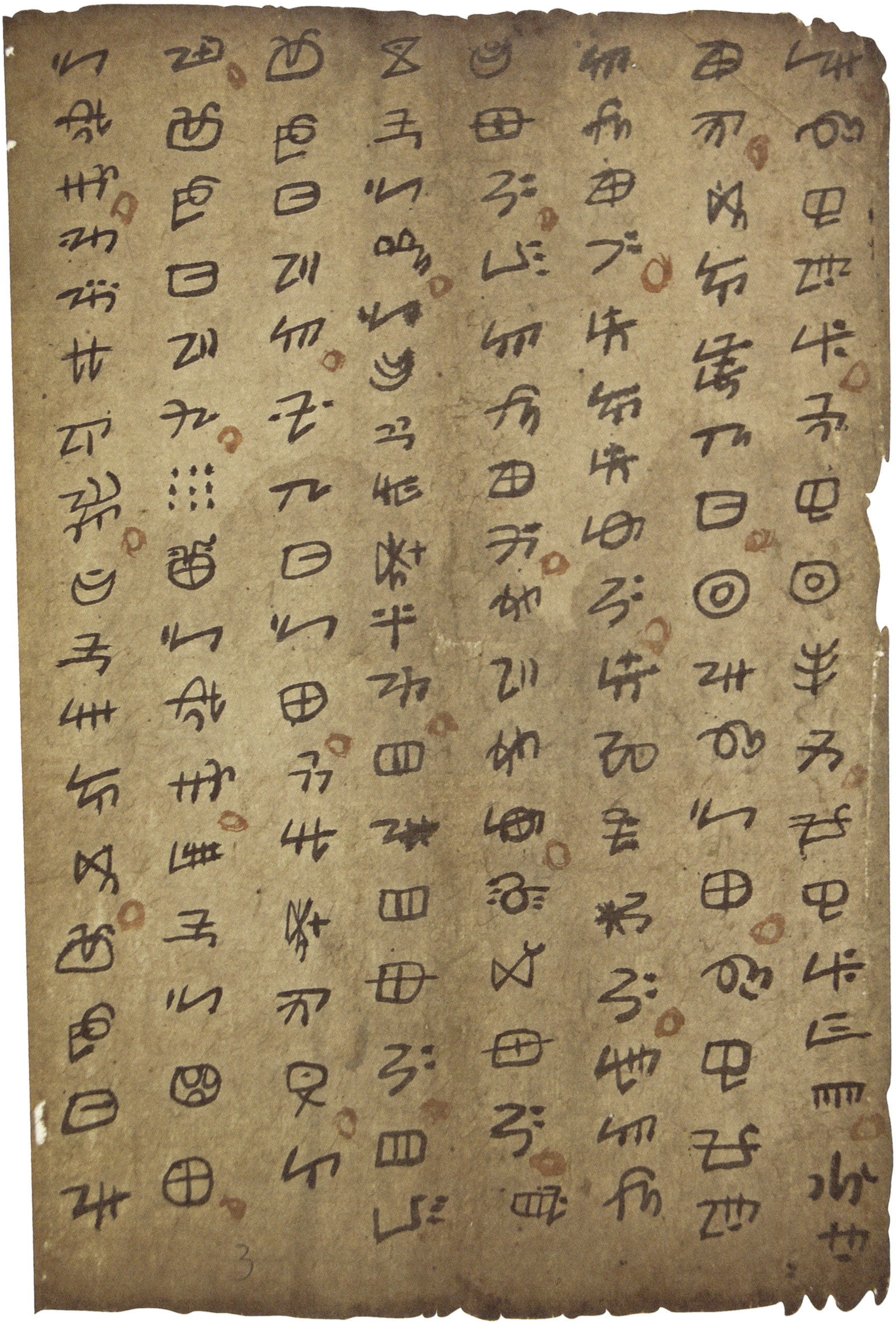

09722 指路經 彝文 清道光十年（1830）抄本

綫裝。開本高26.5厘米，廣18.8厘米。楚雄彝族文化研究院藏。

09723 指路經　彝文　清道光十八年（1838）抄本

綫裝。開本高28厘米，廣30厘米。雲南省社會科學院圖書館藏。

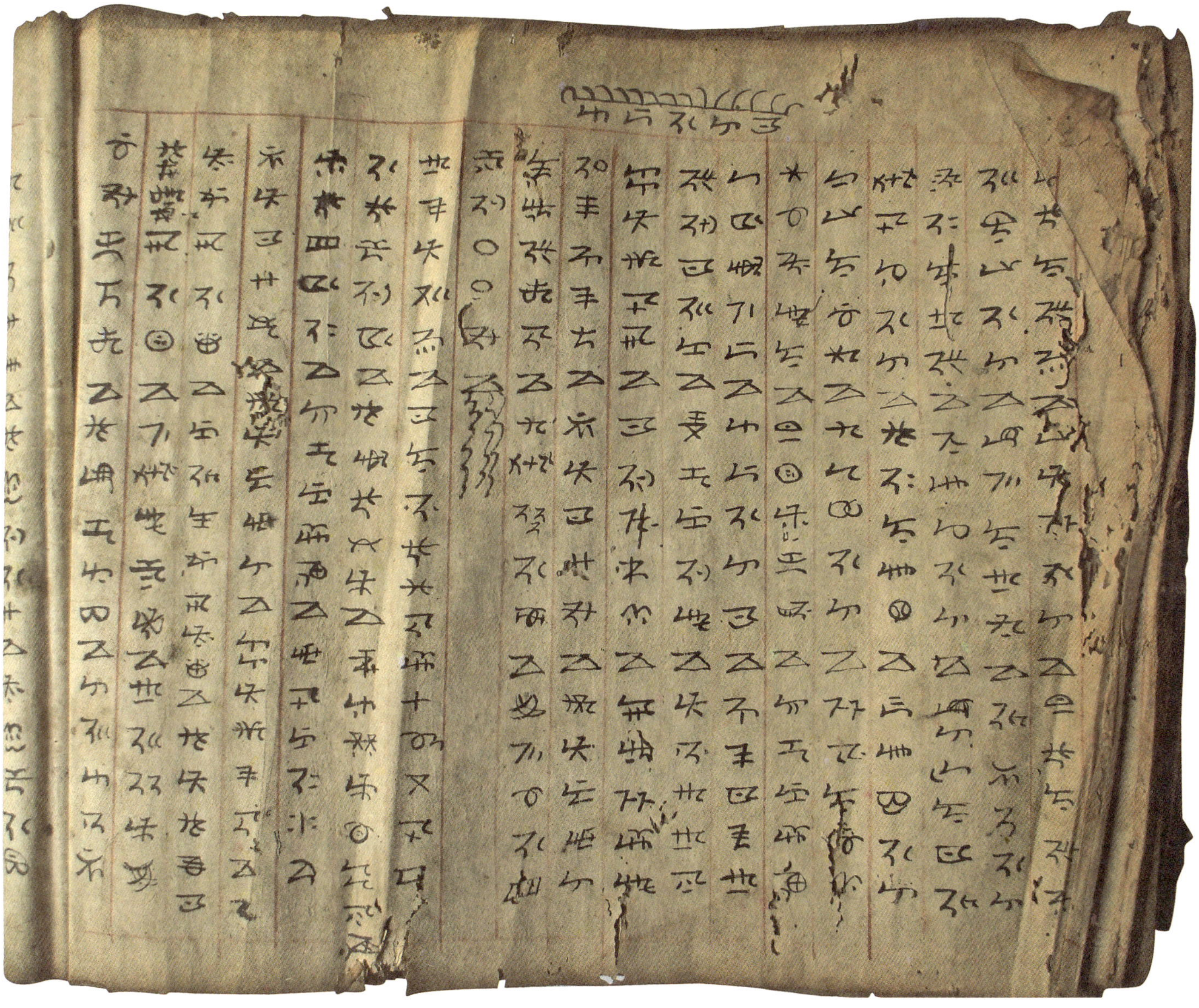

09724 吾查 彝文 清道光十八年（1838）抄本

綫裝。開本高28厘米，廣35厘米。雲南省社會科學院圖書館藏。

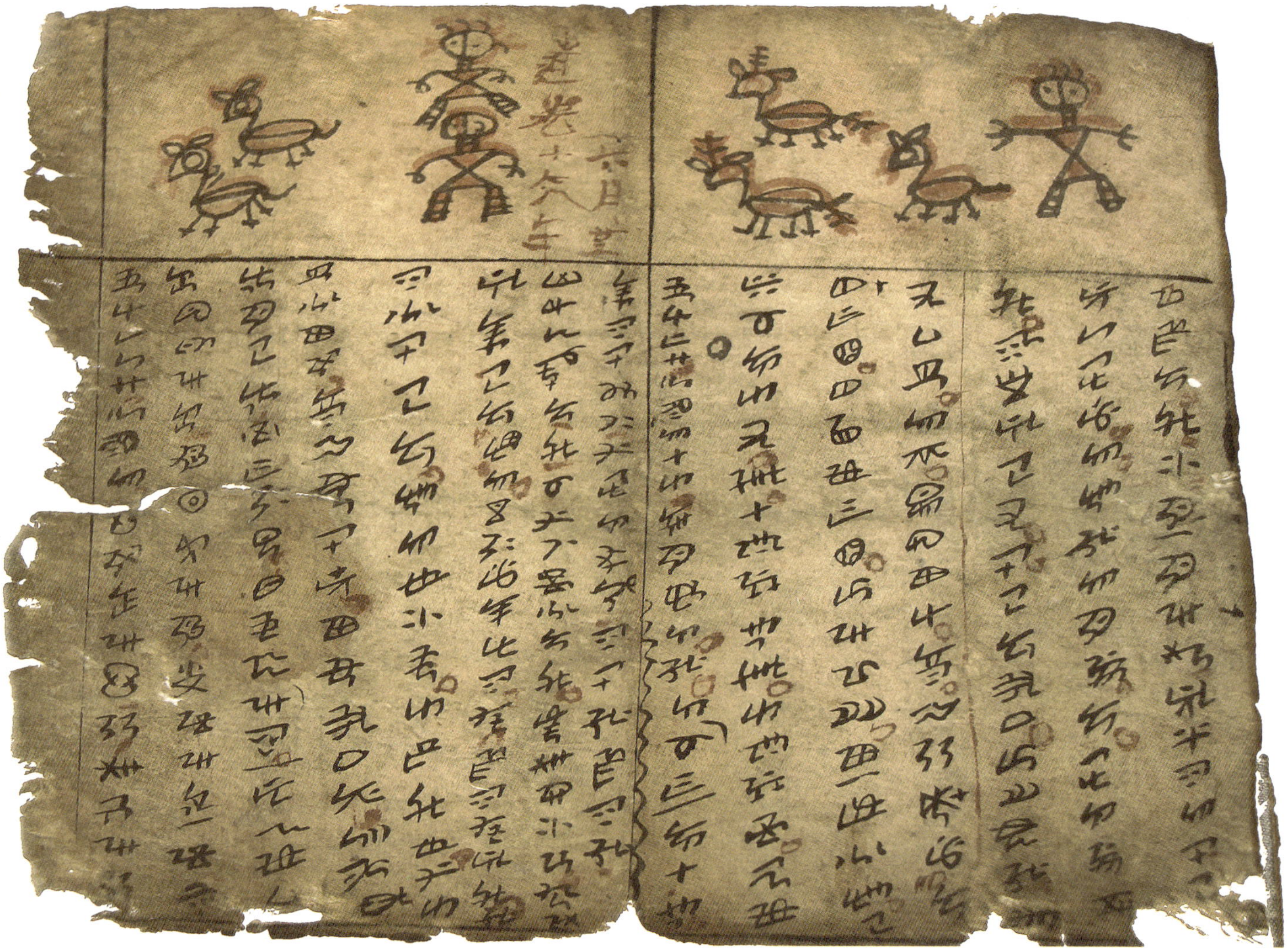

09725 簽書 彝文 清道光十八年（1838）抄本

綫裝。開本高21厘米，廣24.5厘米。楚雄彝族文化研究院藏。

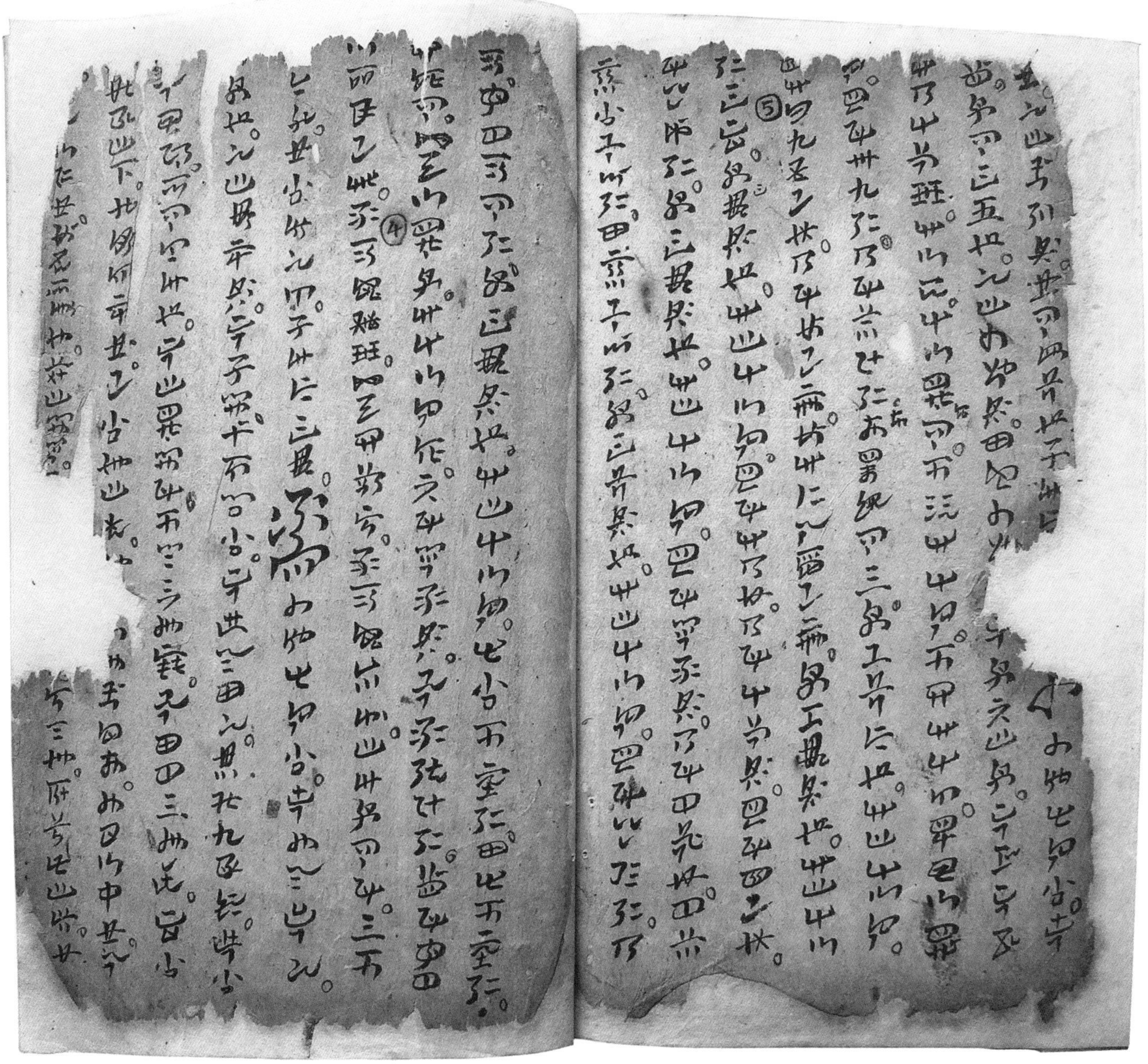

09726 宇宙人文論 彝文 清道光抄本

綫裝。開本高25.3厘米，廣16.7厘米。畢節地區彝文文獻翻譯研究中心藏。

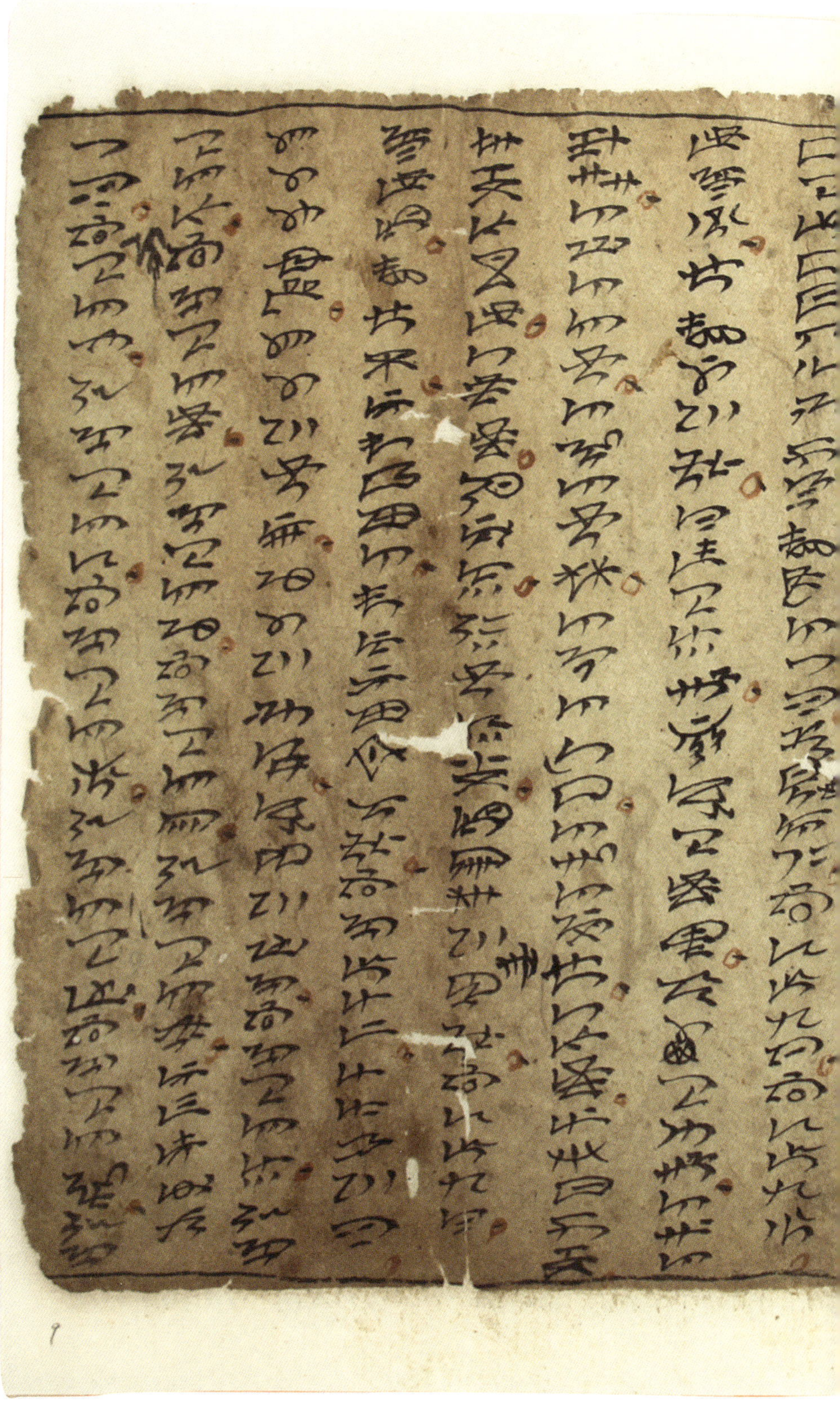

09727 彝族六祖源流 彝文 清同治二年（1863）抄本

綫裝。開本高24厘米，廣13.9厘米。楚雄彝族文化研究院藏。

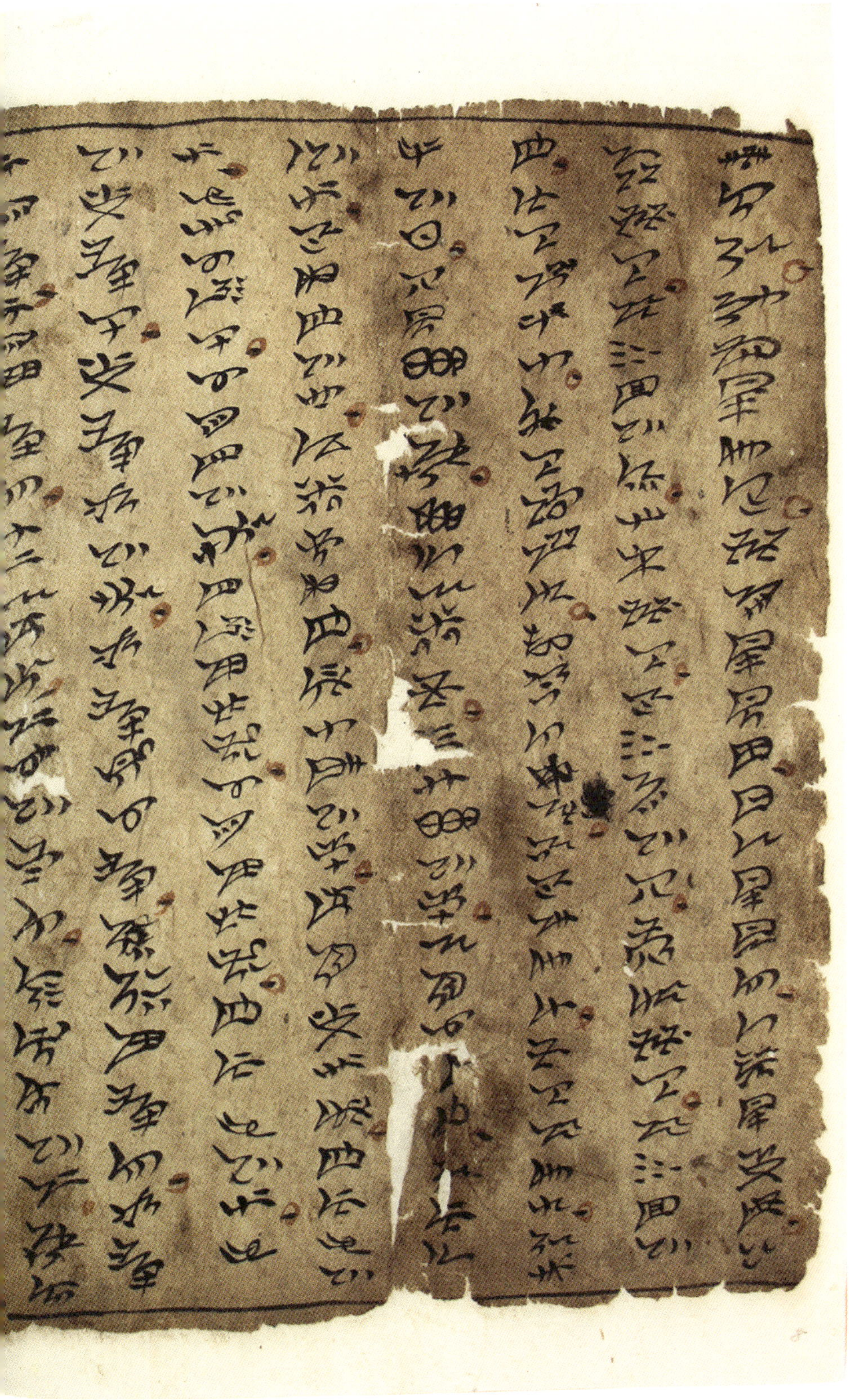

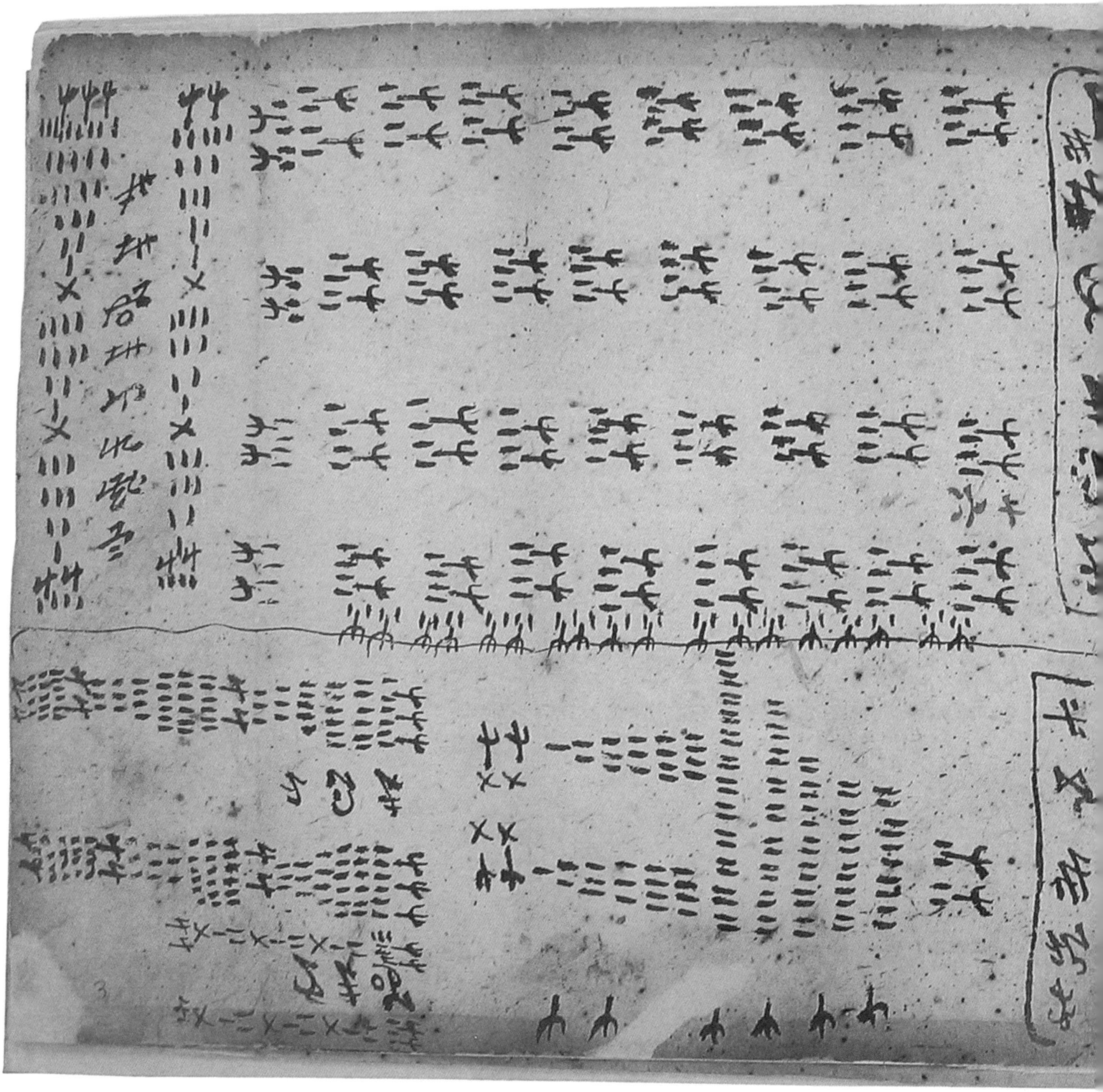

09728 道場神座插枝規程示意圖 彝文 清光緒十二年（1886）商嘎抄本

綫裝。開本高31.5厘米，廣35.9厘米。清華大學圖書館藏。

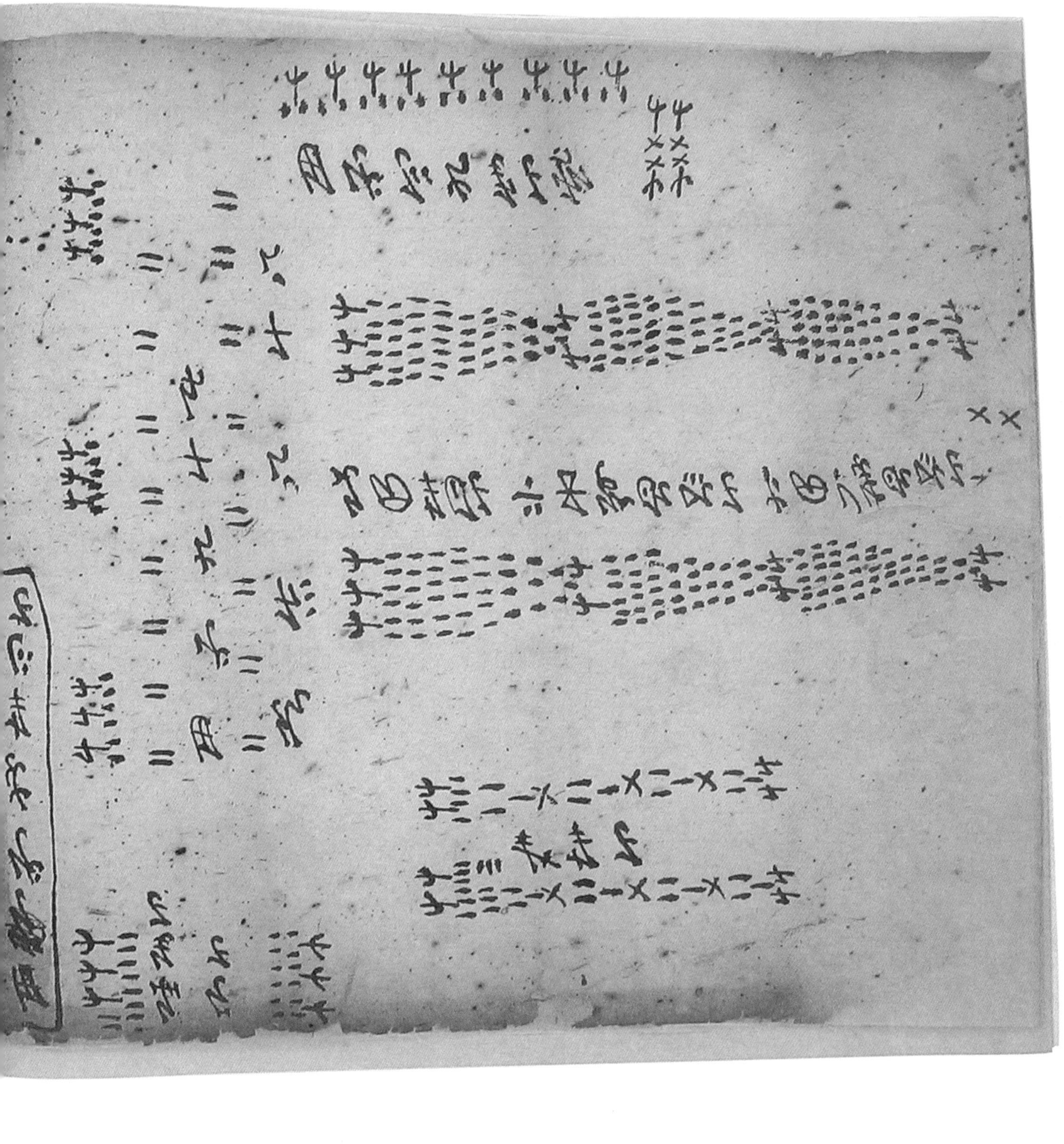

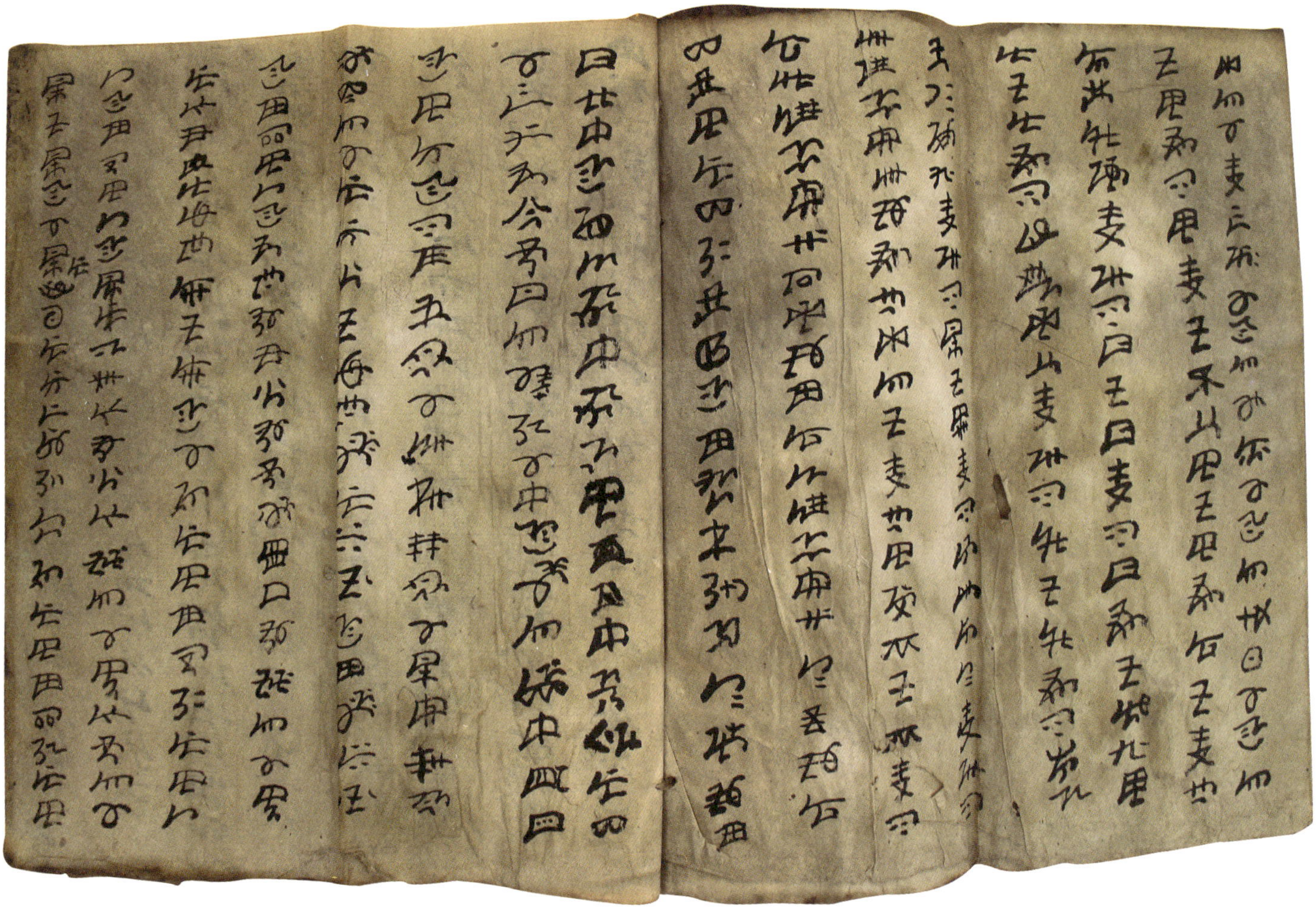

09729 獻水經 彝文 清光緒十六年（1890）抄本

綫裝。開本高29.4厘米，廣16.1厘米。楚雄彝族文化研究院藏。

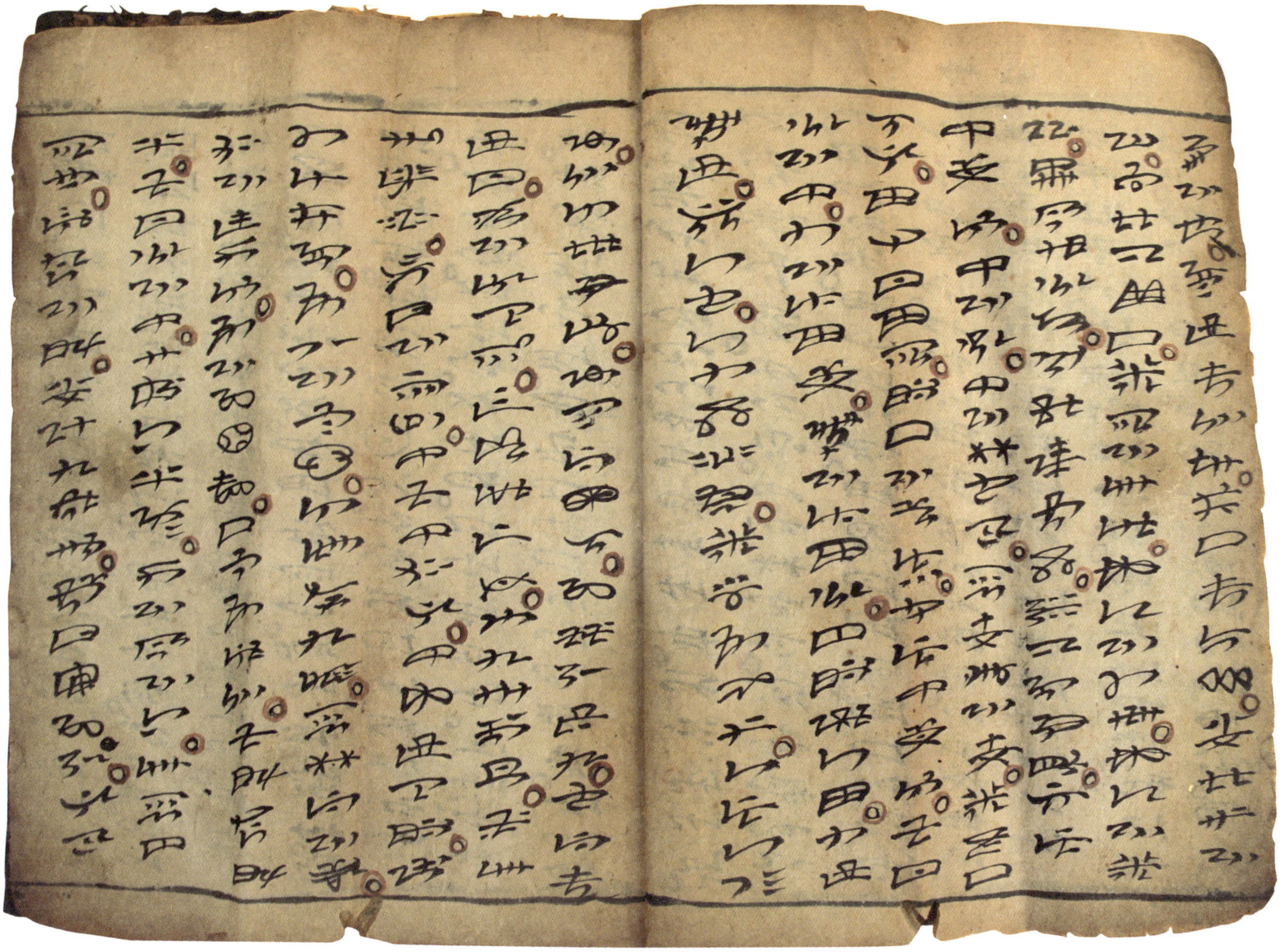

09730 **獻牲·合靈·本命方經** 彝文 清光緒二十八年（1902）抄本

綫裝。開本高27厘米，廣17厘米。楚雄彝族文化研究院藏。

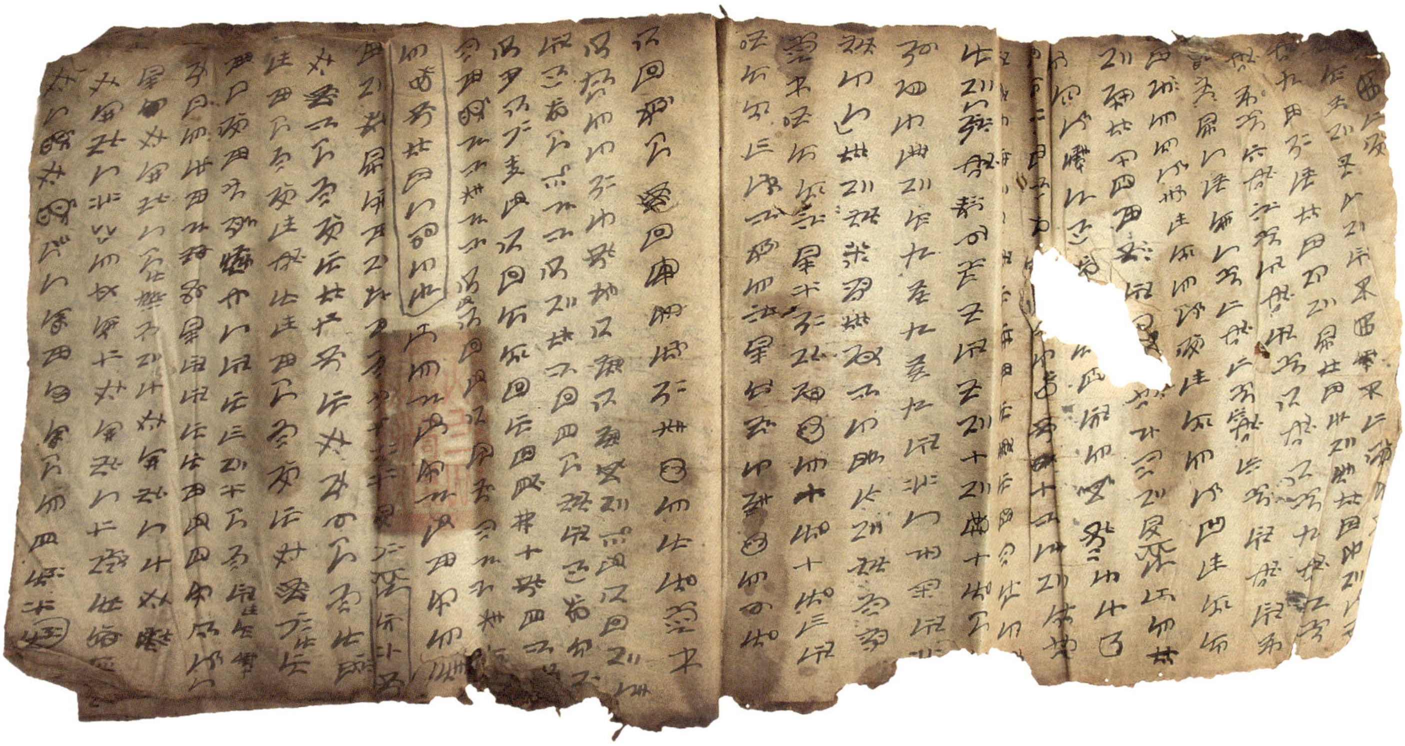

09731 獻酒獻茶經 彝文 清光緒二十九年（1903）抄本

綫裝。開本高10.7厘米，廣13.5厘米。楚雄彝族文化研究院藏。

09732 訓世詩 彝文 清四川刻本

綫裝。開本高28厘米，廣24厘米。中國民族圖書館藏。

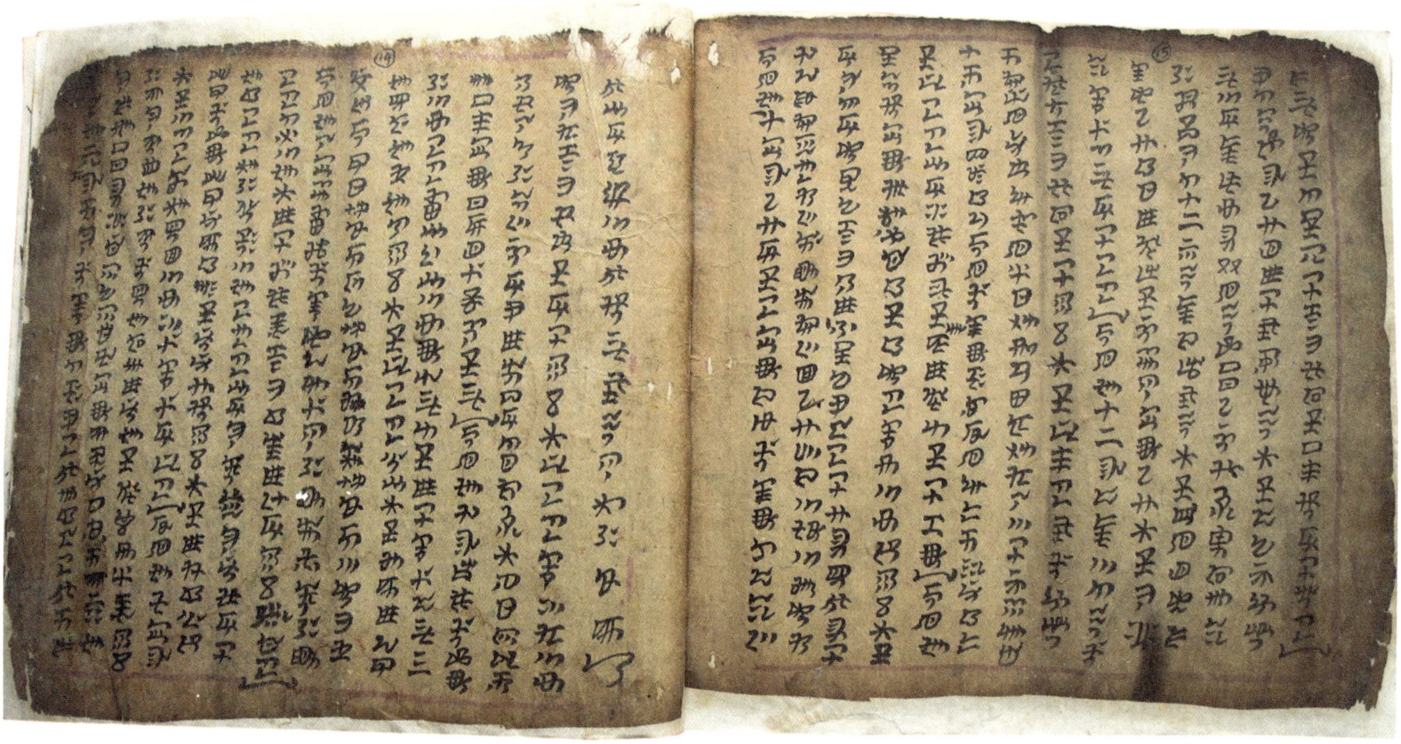

09733 阿魯玄通書 彝文 清抄本

綫裝。開本高26厘米，廣29厘米。畢節地區彝文文獻翻譯研究中心藏。

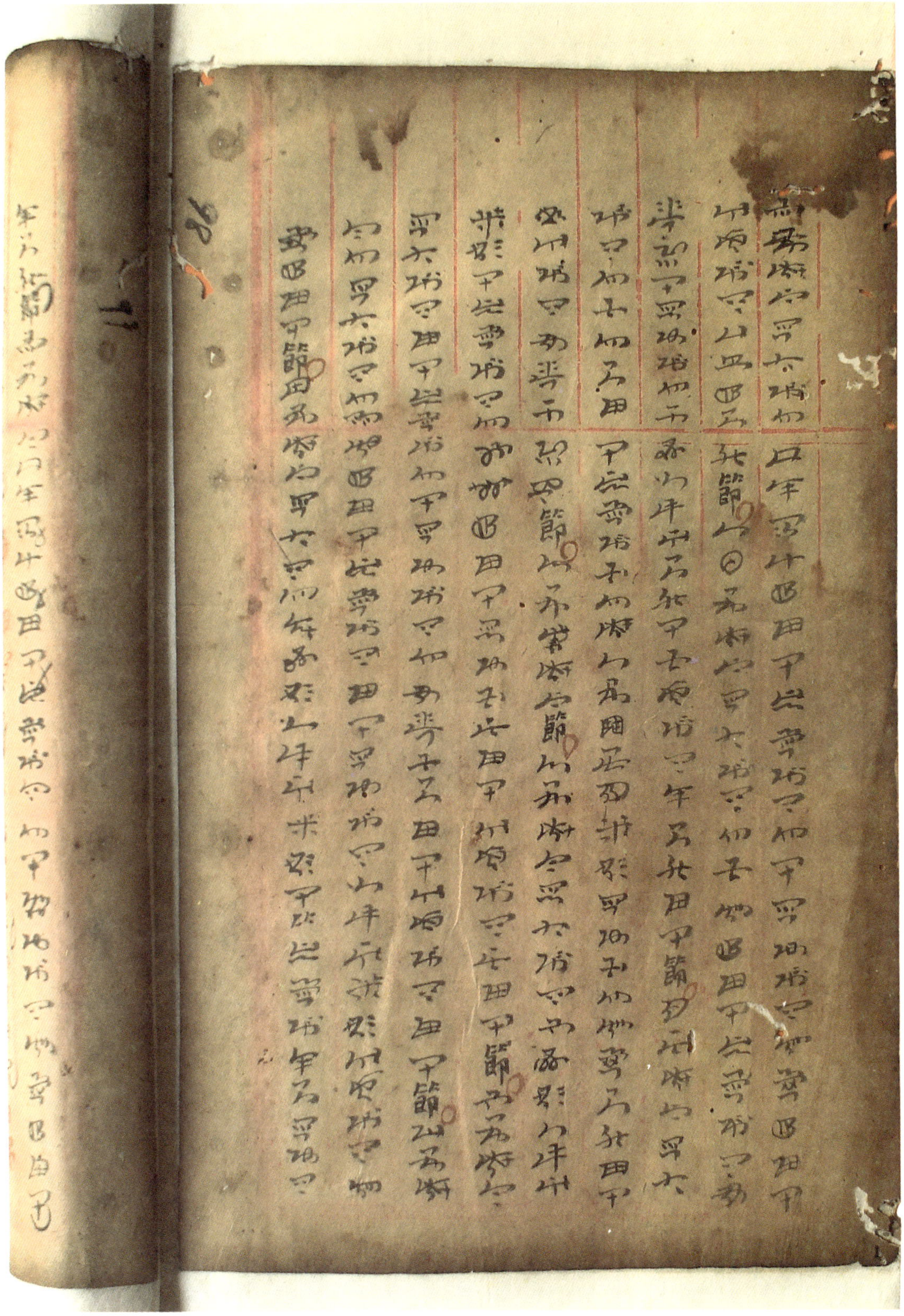

09734 物兆書　彝文　清抄本

綫裝。開本高32厘米，廣18厘米。雲南省社會科學院圖書館藏。

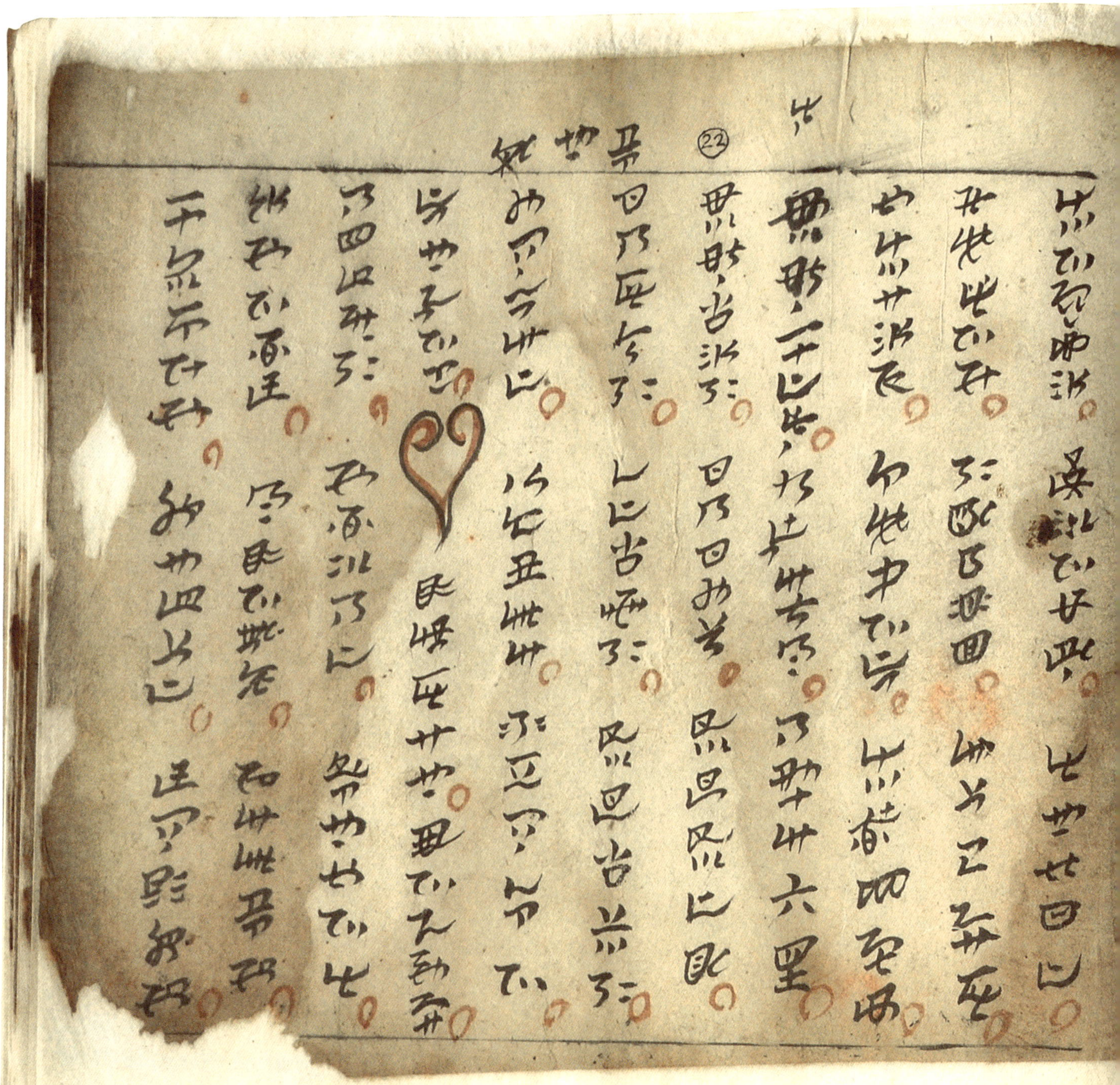

09735 扯勒喪儀經 彝文 清抄本

綫裝。開本高26厘米，廣40厘米。畢節地區彝文文獻翻譯研究中心藏。

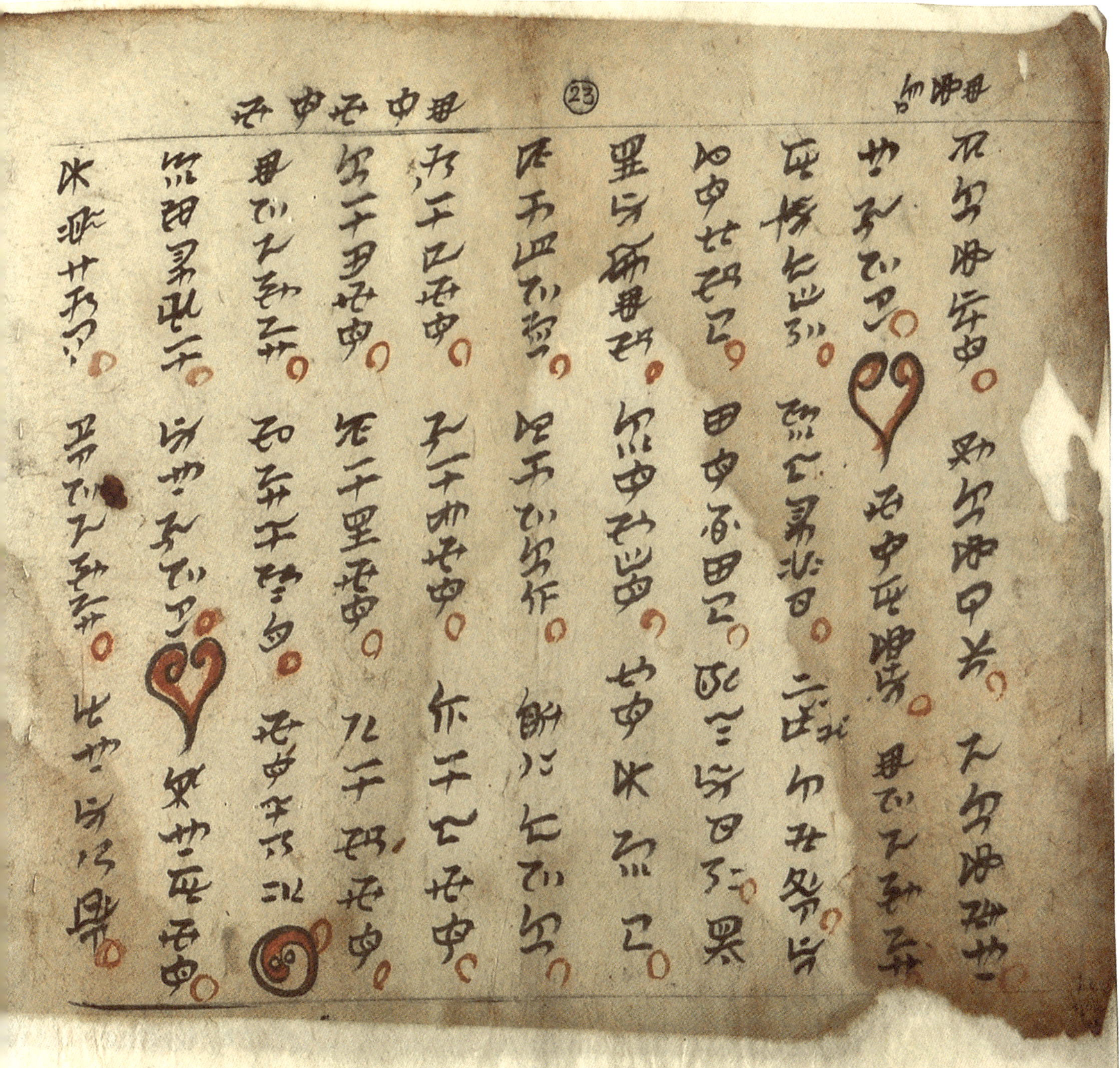

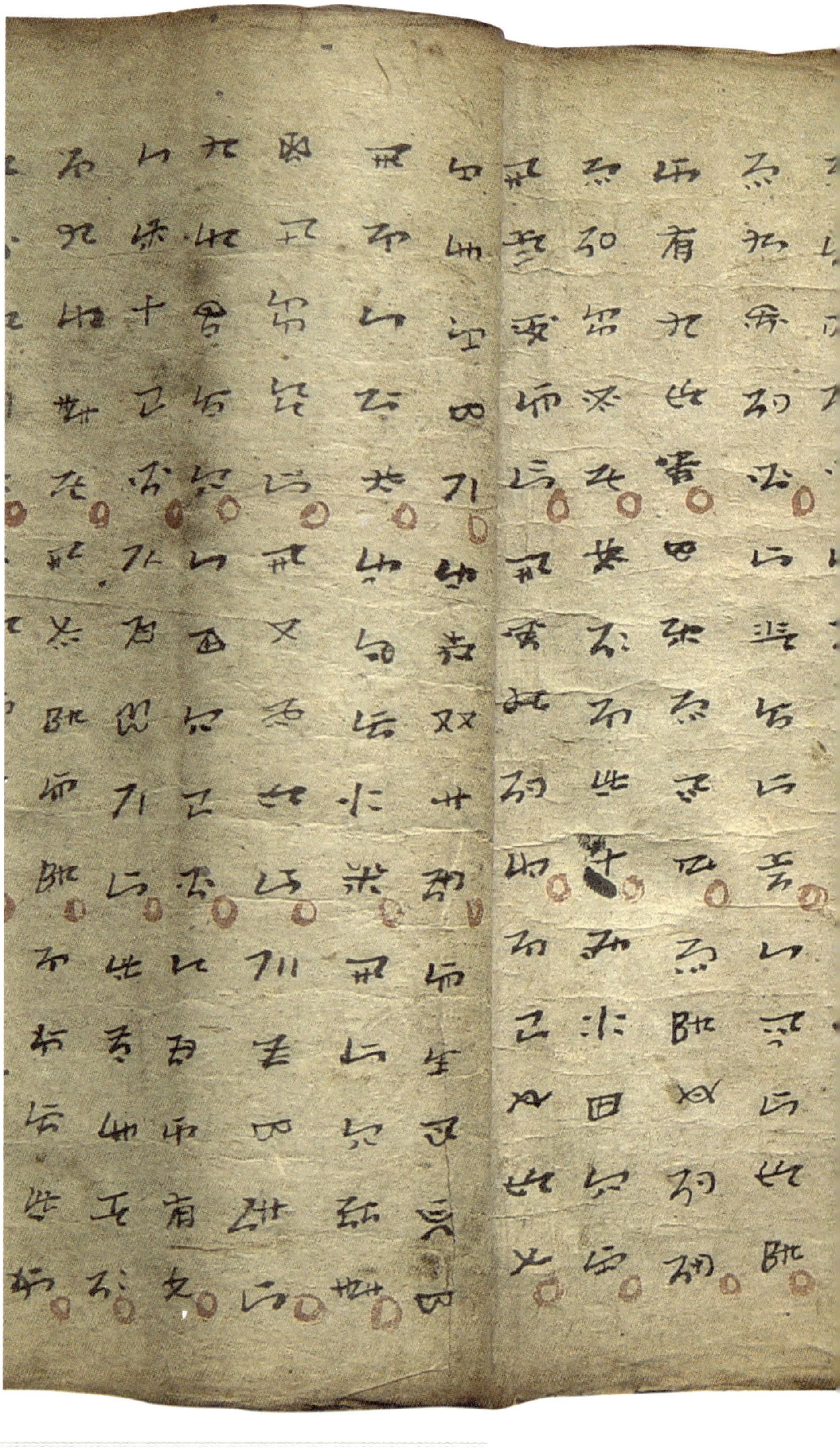

09736 董永與七仙女 彝文 清抄本

綫裝。開本高20厘米，廣24厘米。雲南省少數民族古籍整理出版規劃辦公室藏。

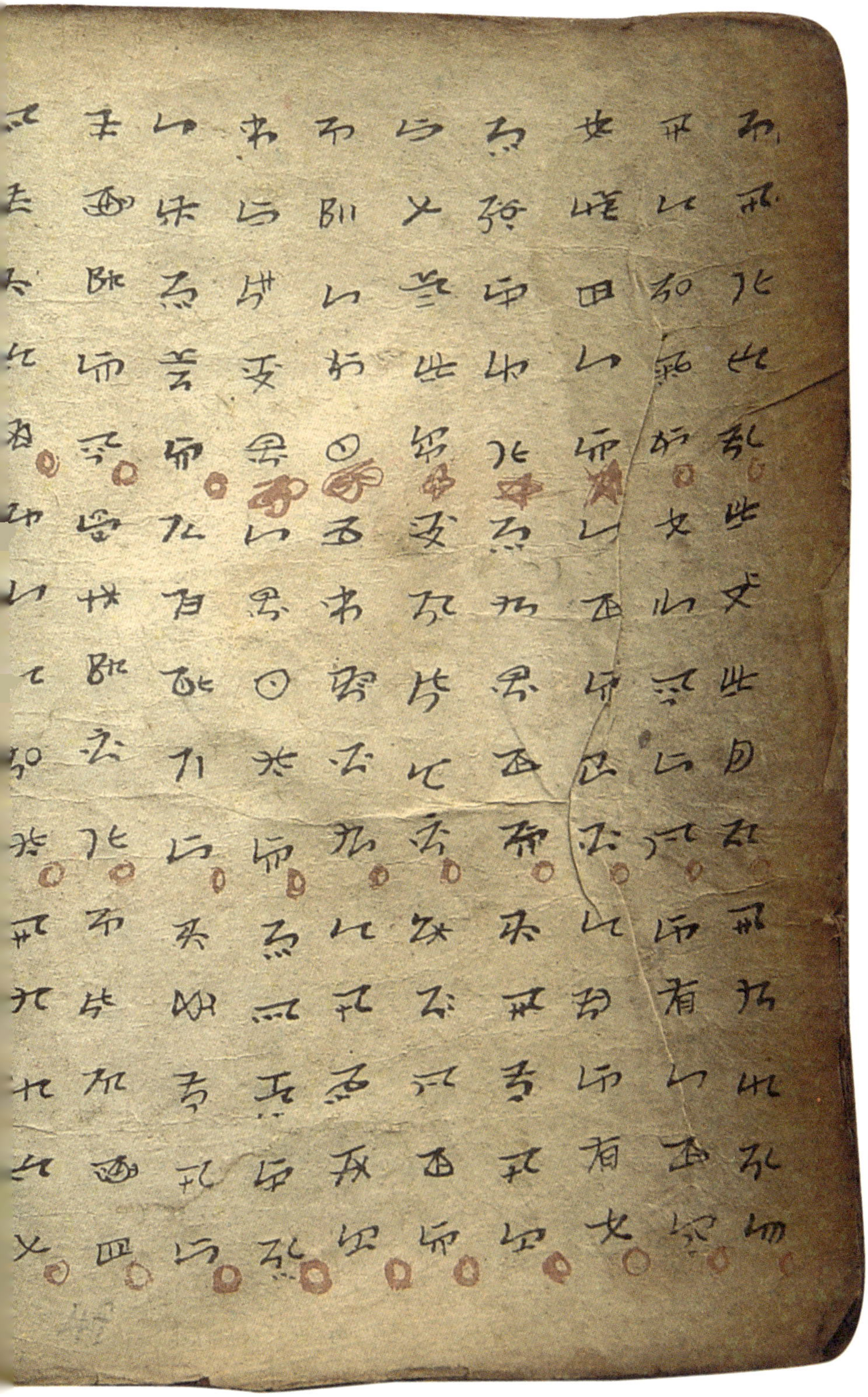

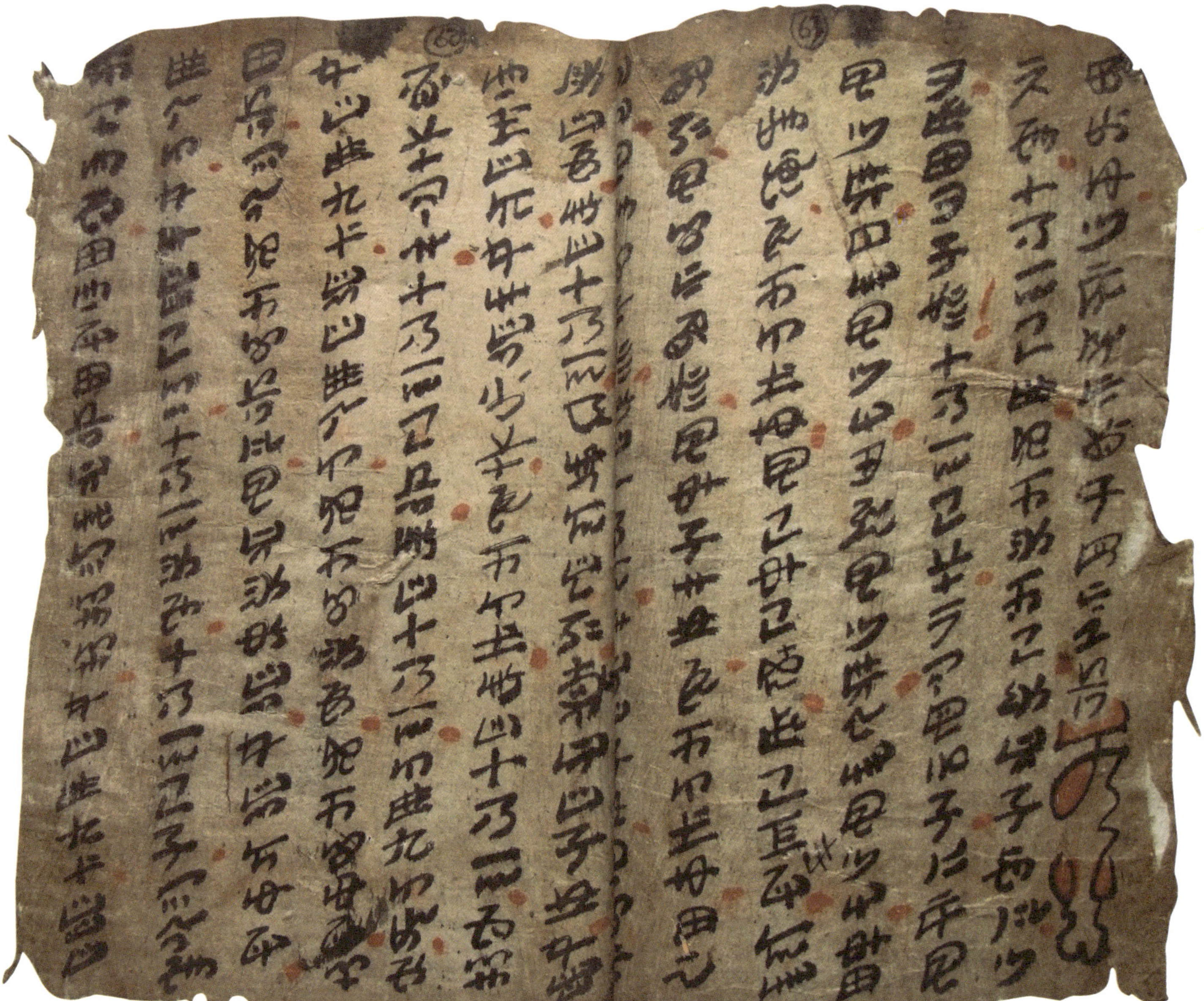

09737 洪水泛濫記　彝文　清抄本

綫装。開本高18.5厘米，廣15.4厘米。畢節地區彝文文獻翻譯研究中心藏。

09738 木荷與薇葉 彝文 清抄本

綫裝。開本高28厘米，廣35厘米。雲南省少數民族古籍整理出版規劃辦公室藏。

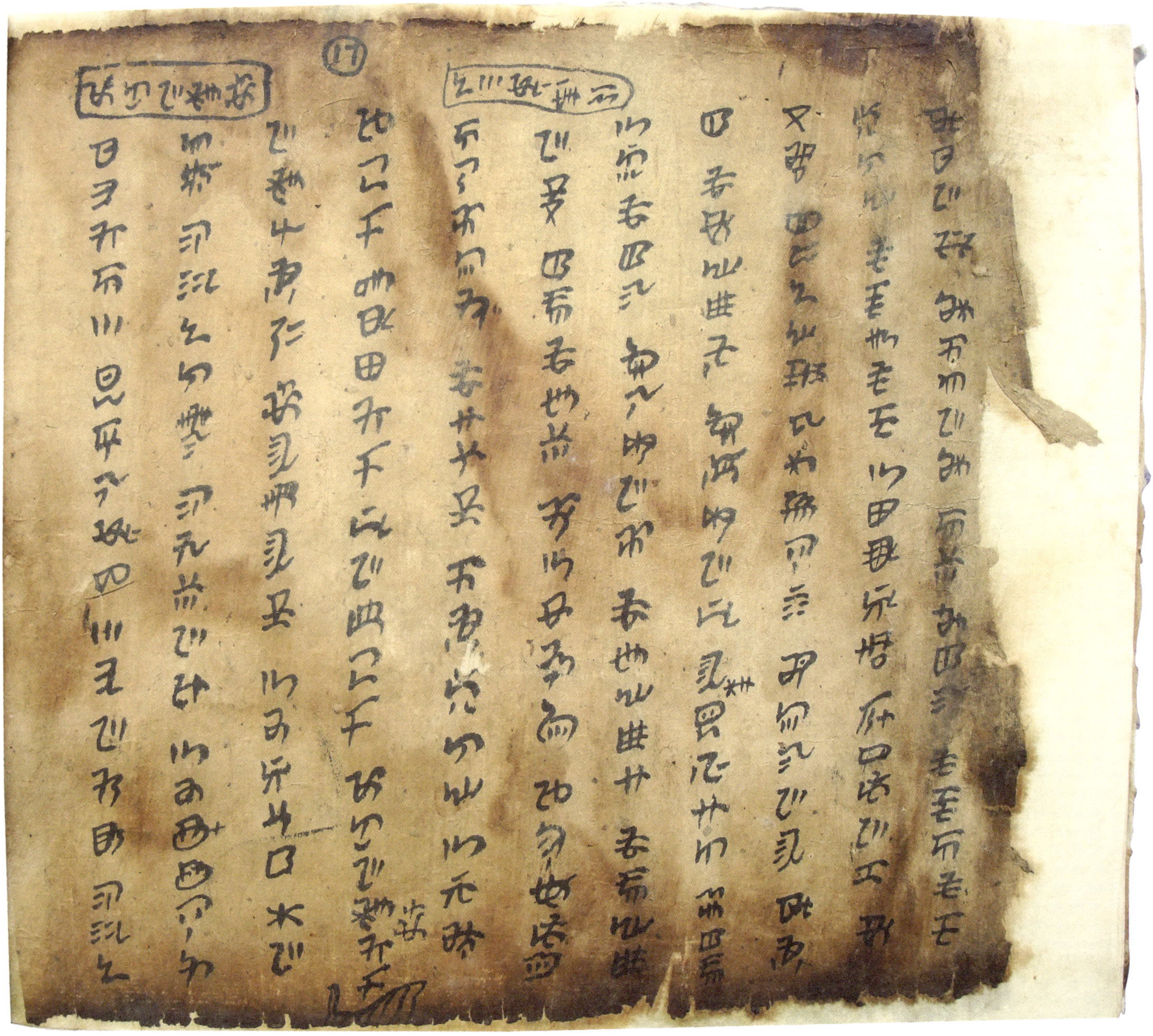

09739 那史釋名經 彝文 清抄本

綫裝。開本高25.2厘米，廣28.7厘米。畢節地區彝文文獻翻譯研究中心藏。

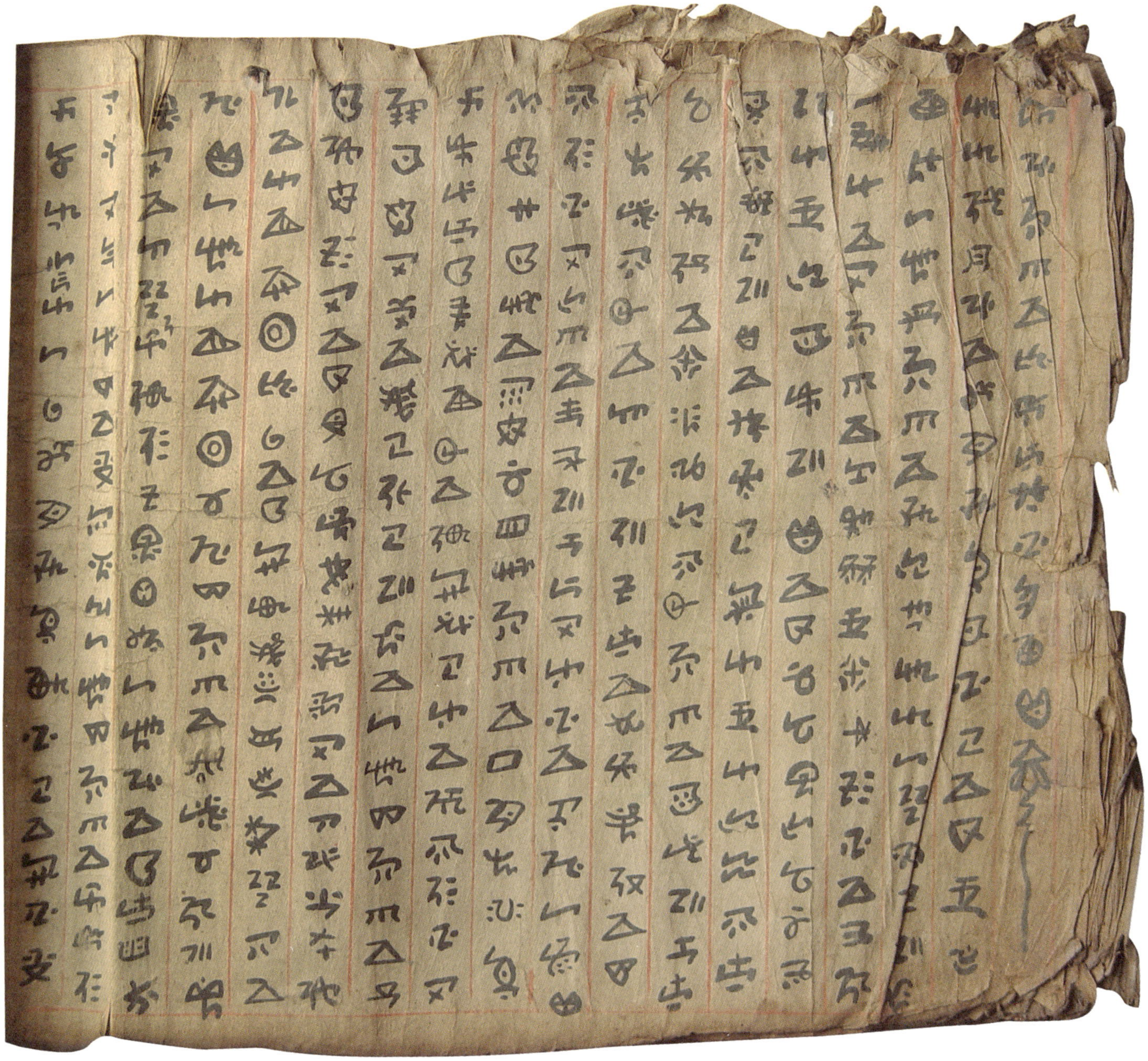

09740 牛角寨百樂書 彝文　清抄本

綫裝。開本高25厘米，廣28厘米。雲南省少數民族古籍整理出版規劃辦公室藏。

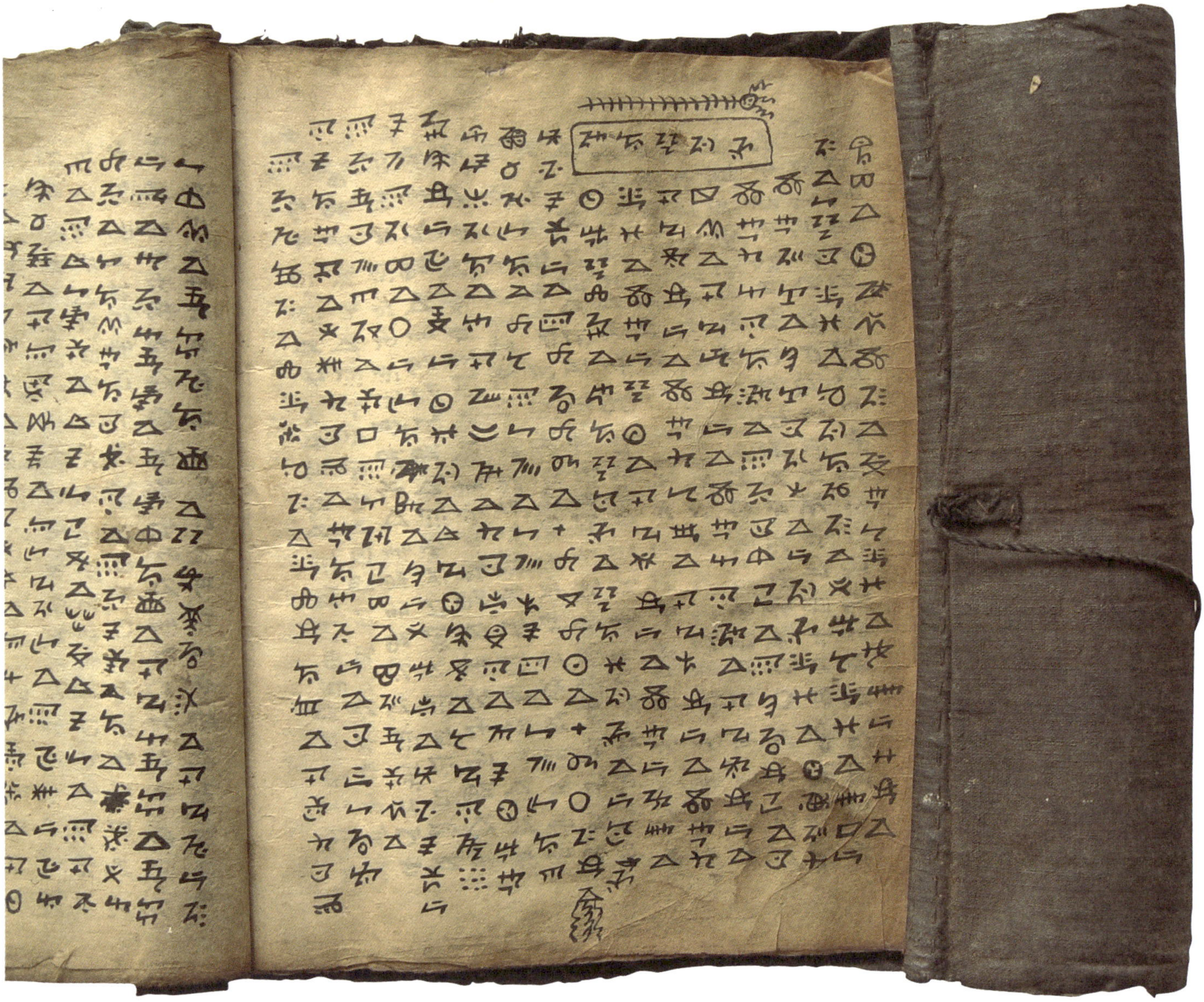

09741 普拓們查 彝文 清抄本

綫裝。開本高29厘米，廣26厘米。雲南省少數民族古籍整理出版規劃辦公室藏。

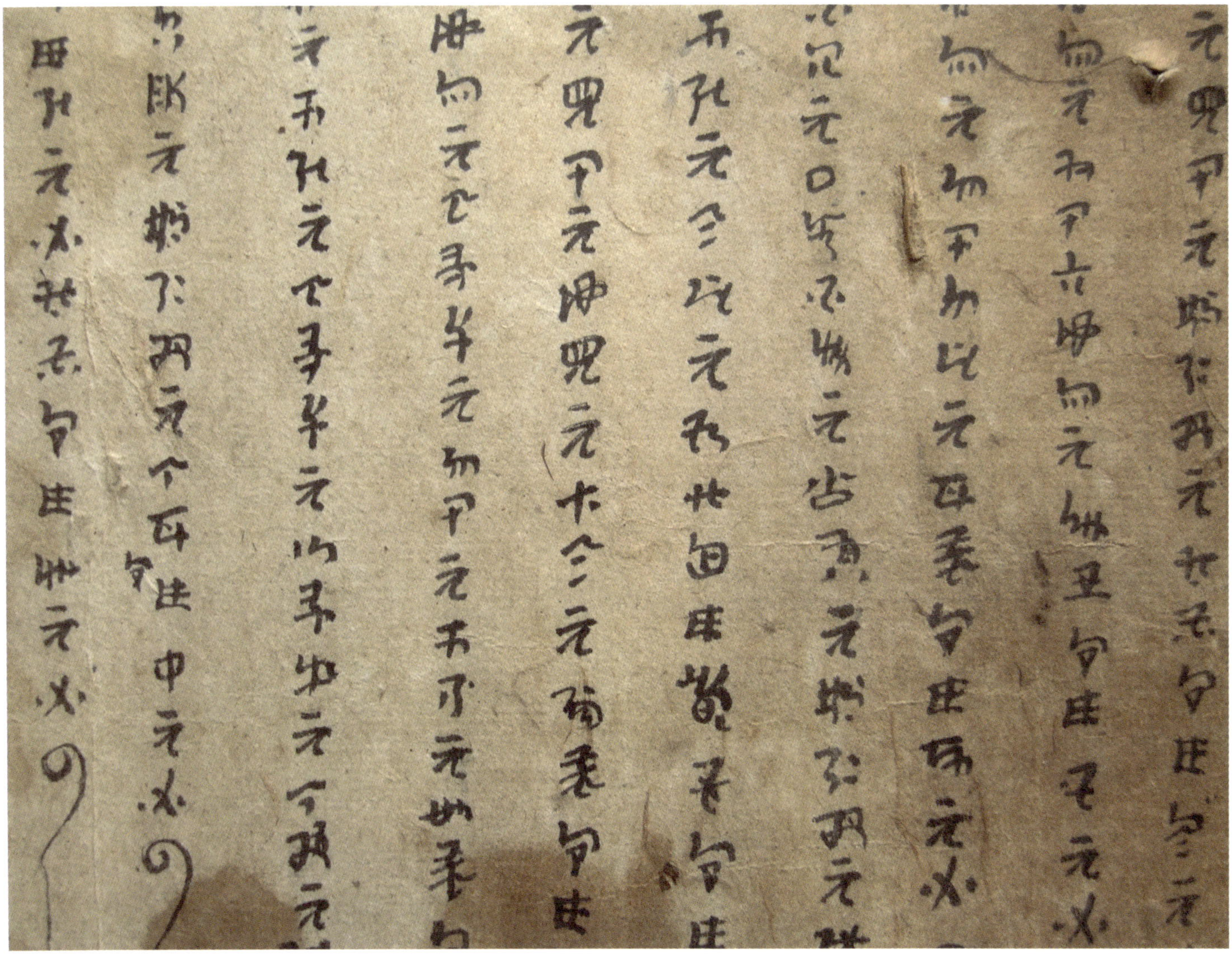

09742 祈福消災大經 彝文 清抄本

綫裝。開本高13厘米，廣23.2厘米。畢節地區彝文文獻翻譯研究中心藏。

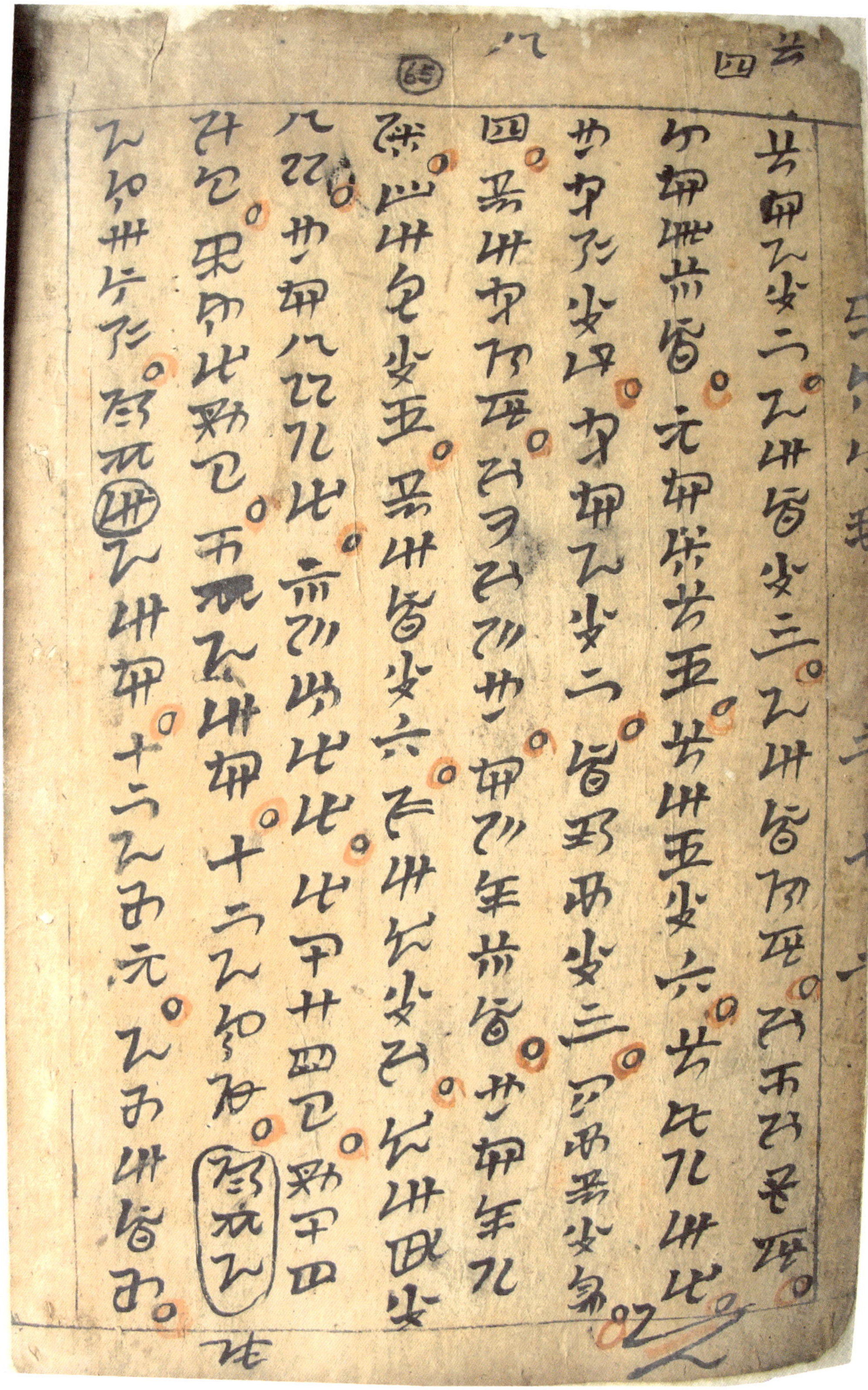

09743 水西彝族解寃經 彝文 清抄本

綫裝。開本高27.5厘米，廣17.4厘米。畢節地區彝文文獻翻譯研究中心藏。

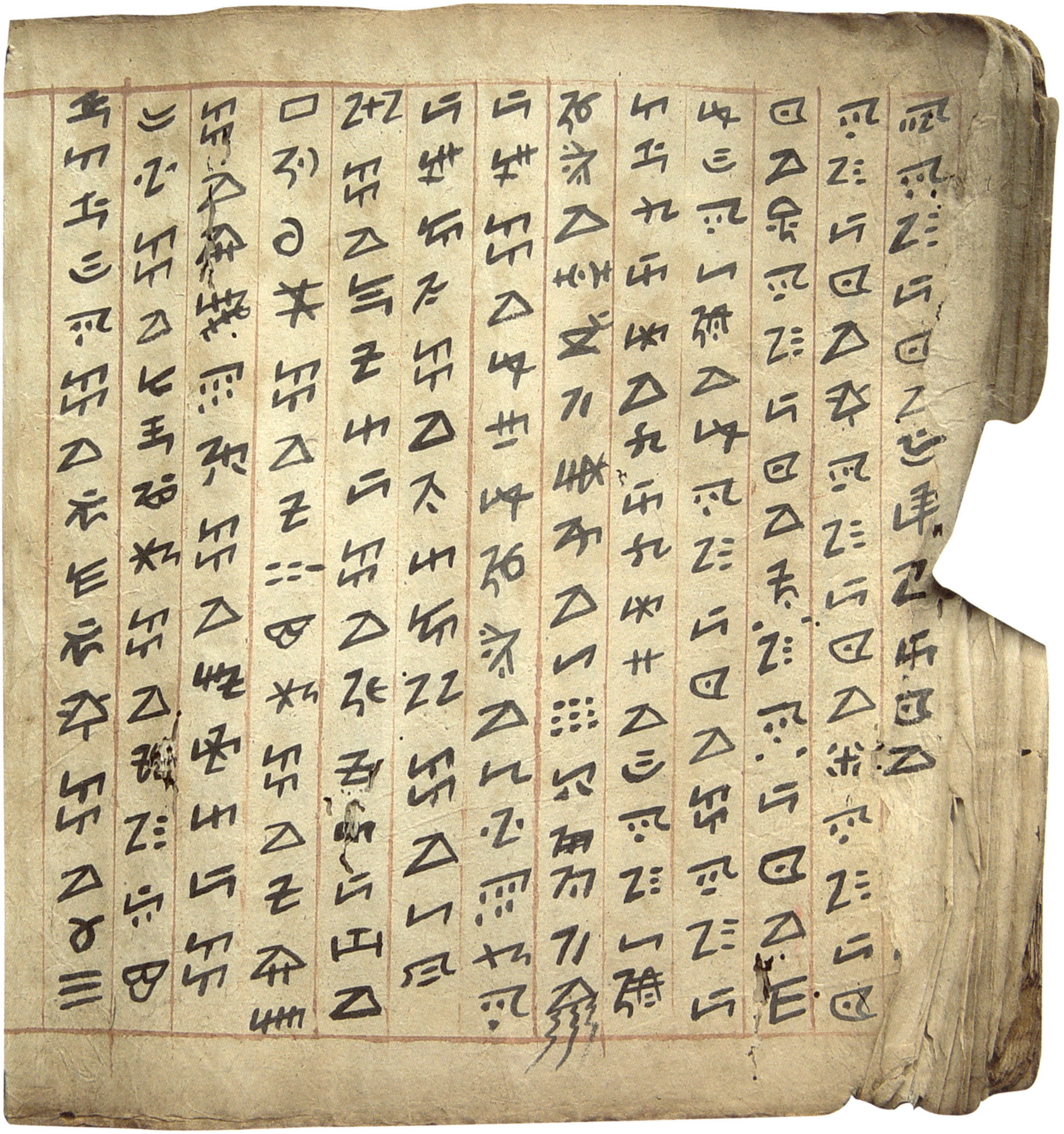

09744 天地查姆 彝文 清抄本

綫裝。開本高25厘米，廣27厘米。雲南省少數民族古籍整理出版規劃辦公室藏。

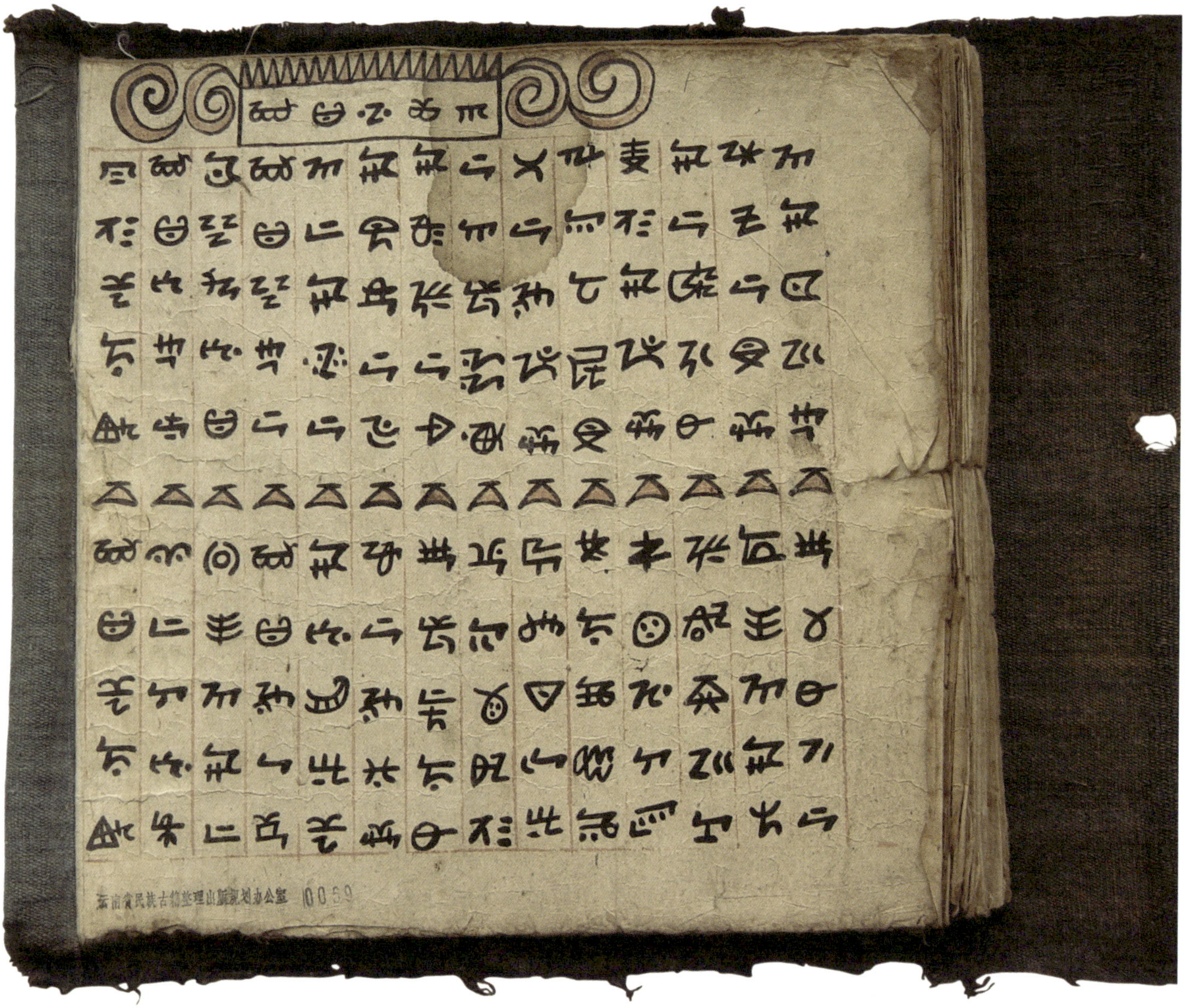

09745 獻夜宵經　彝文　清抄本

綫裝。開本高26厘米，廣29厘米。雲南省少數民族古籍整理出版規劃辦公室藏。

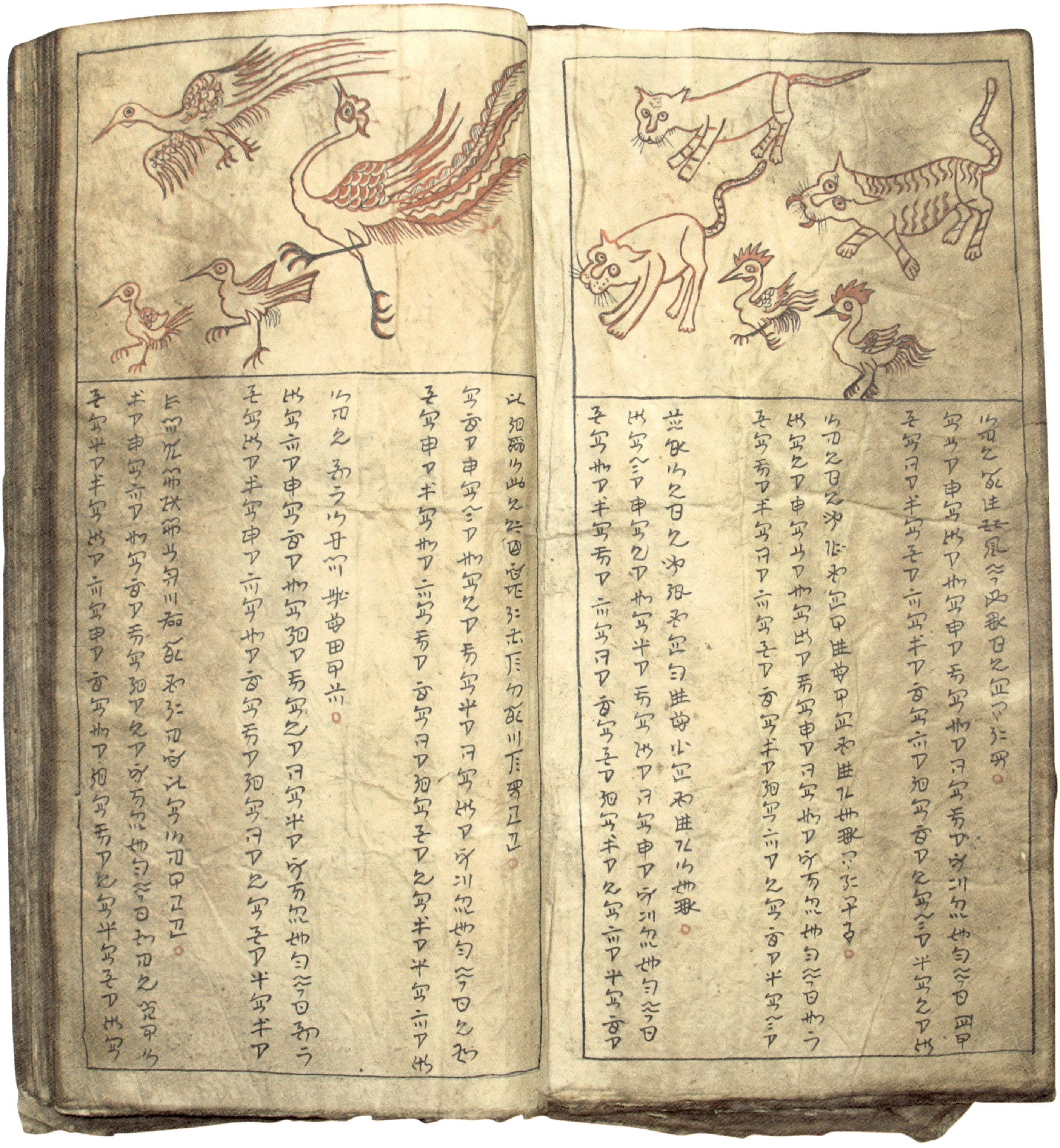

09746 玄通大書 彝文 清抄本

綫裝。開本高55厘米，廣30厘米。中央民族大學少數民族古籍研究所藏。

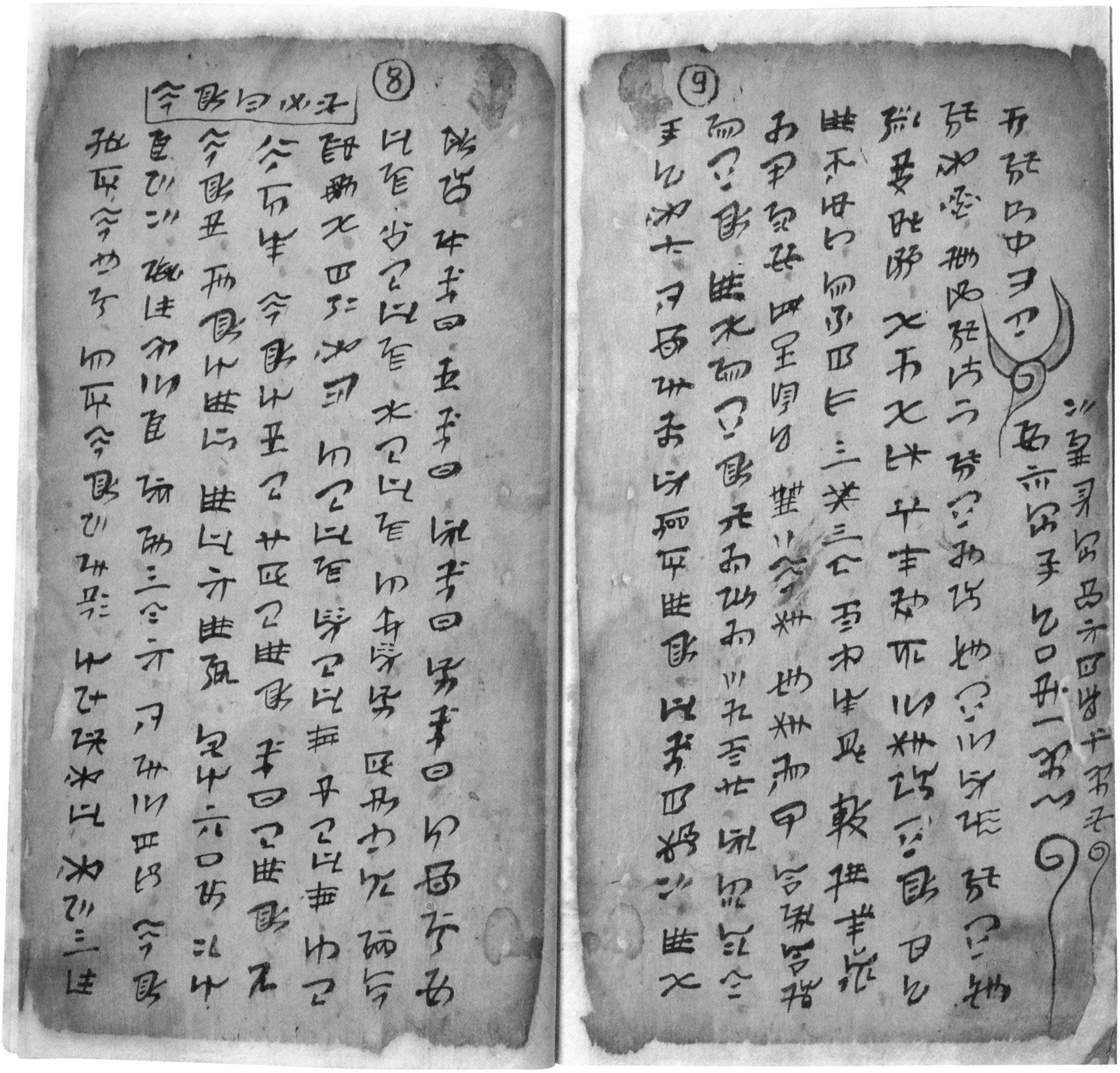

09747 彝家大通書 彝文 清抄本

綫裝。開本高28厘米，廣25厘米。畢節地區彝文文獻翻譯研究中心藏。

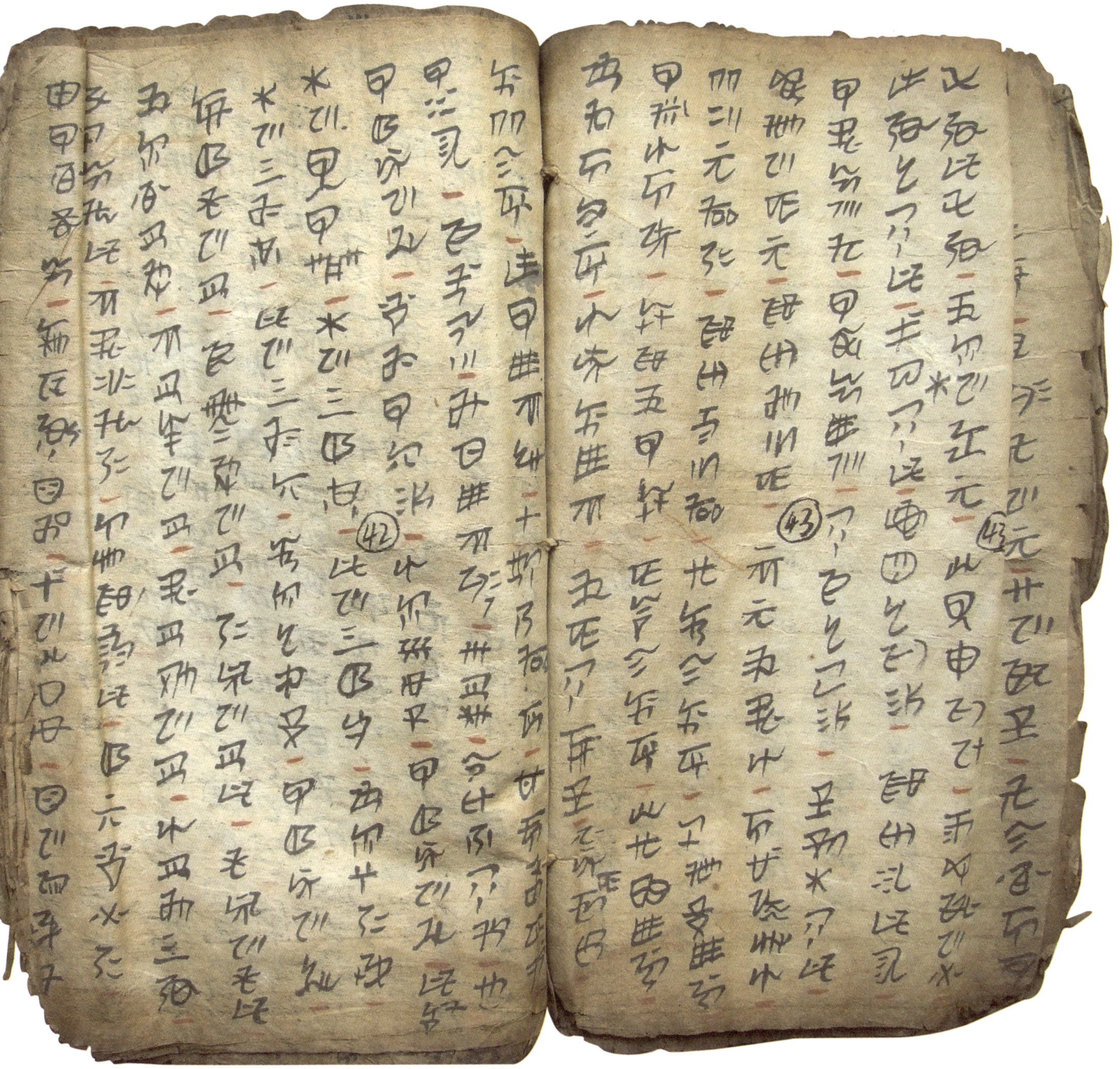

09748 彝史輯錄　彝文　清抄本

綫裝。開本高24.2厘米，廣13.7厘米。畢節地區彝文文獻翻譯研究中心藏。

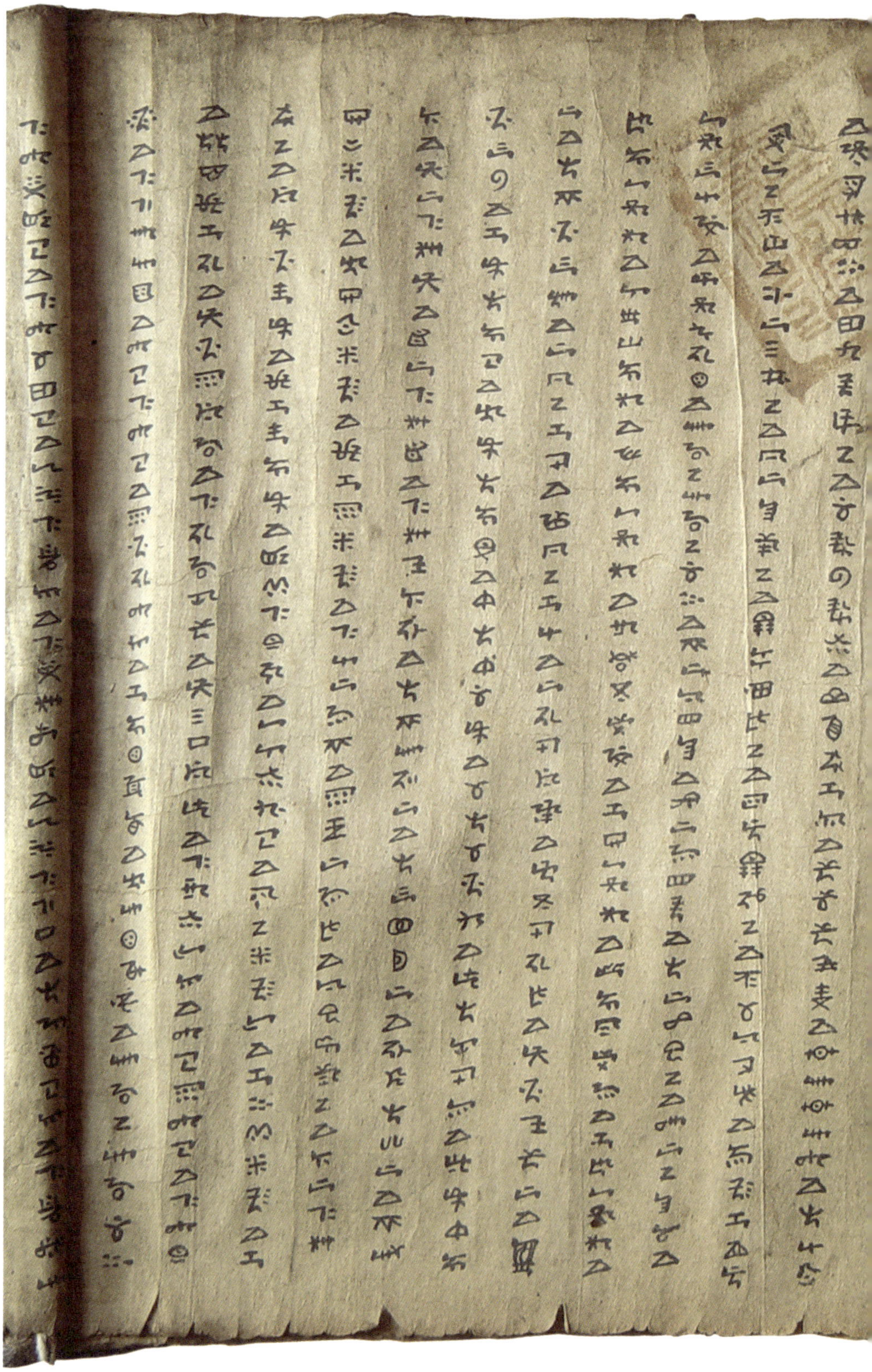

09749 神話人物傳 彝文　清抄本

綫裝。開本高27厘米，廣38厘米。雲南省少數民族古籍整理出版規劃辦公室藏。

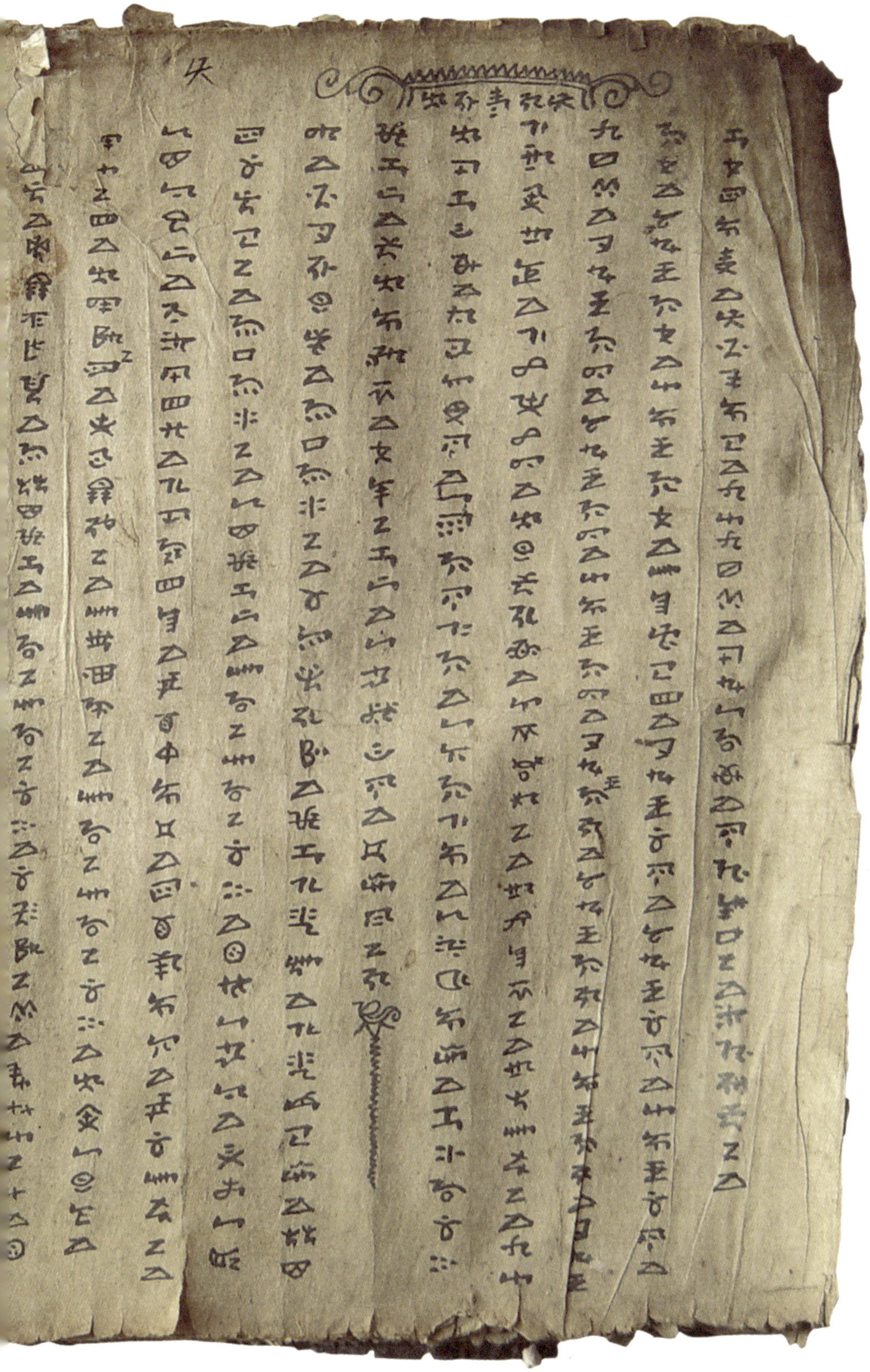

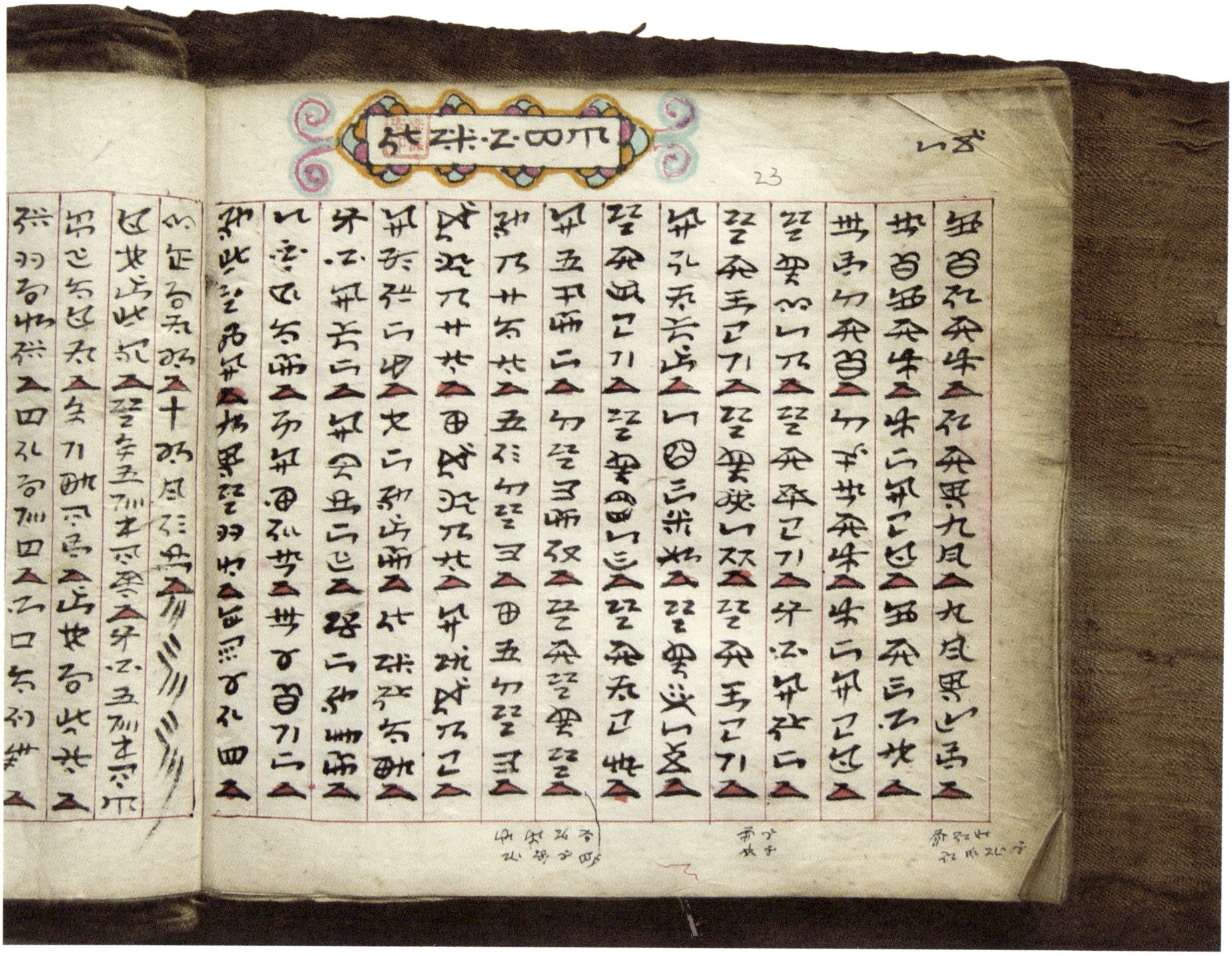

09750 元陽指路經　彝文　清抄本

綫裝。開本高22厘米，廣25厘米。雲南省少數民族古籍整理出版規劃辦公室藏。

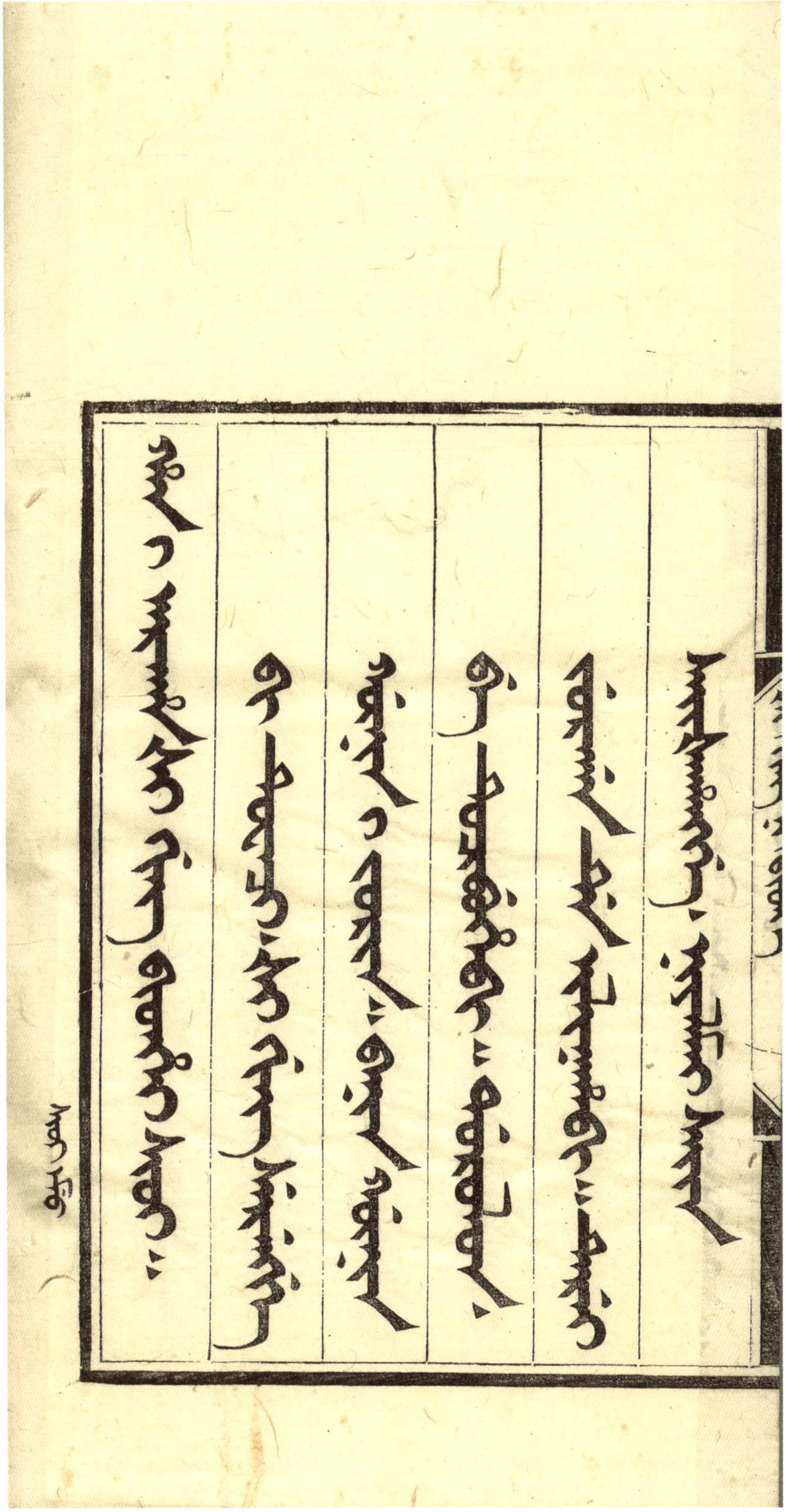

09751 詩經二十卷 滿文 清順治十一年（1654）刻本

綫裝。匡高22.8厘米，廣17厘米。半葉八行，黑口，四周雙邊。故宫博物院藏。

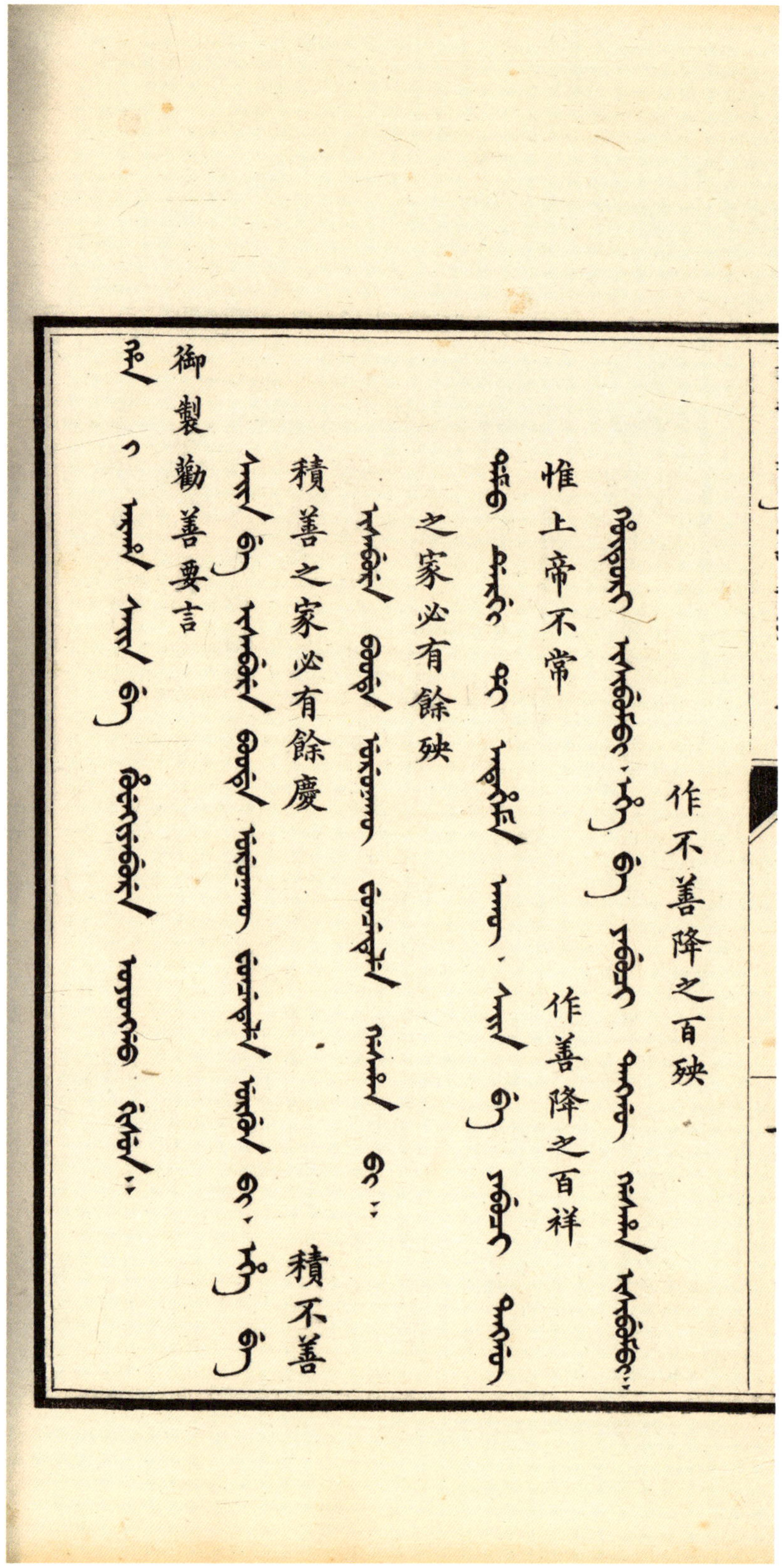

09752、09754 御製勸善要言 滿文 （清）世祖福臨撰 清順治十二年（1655）內府刻本

綫裝。匡高25.5厘米，廣17.7厘米。半葉十行，白口，四周雙邊。故宫博物院、天津圖書館藏。

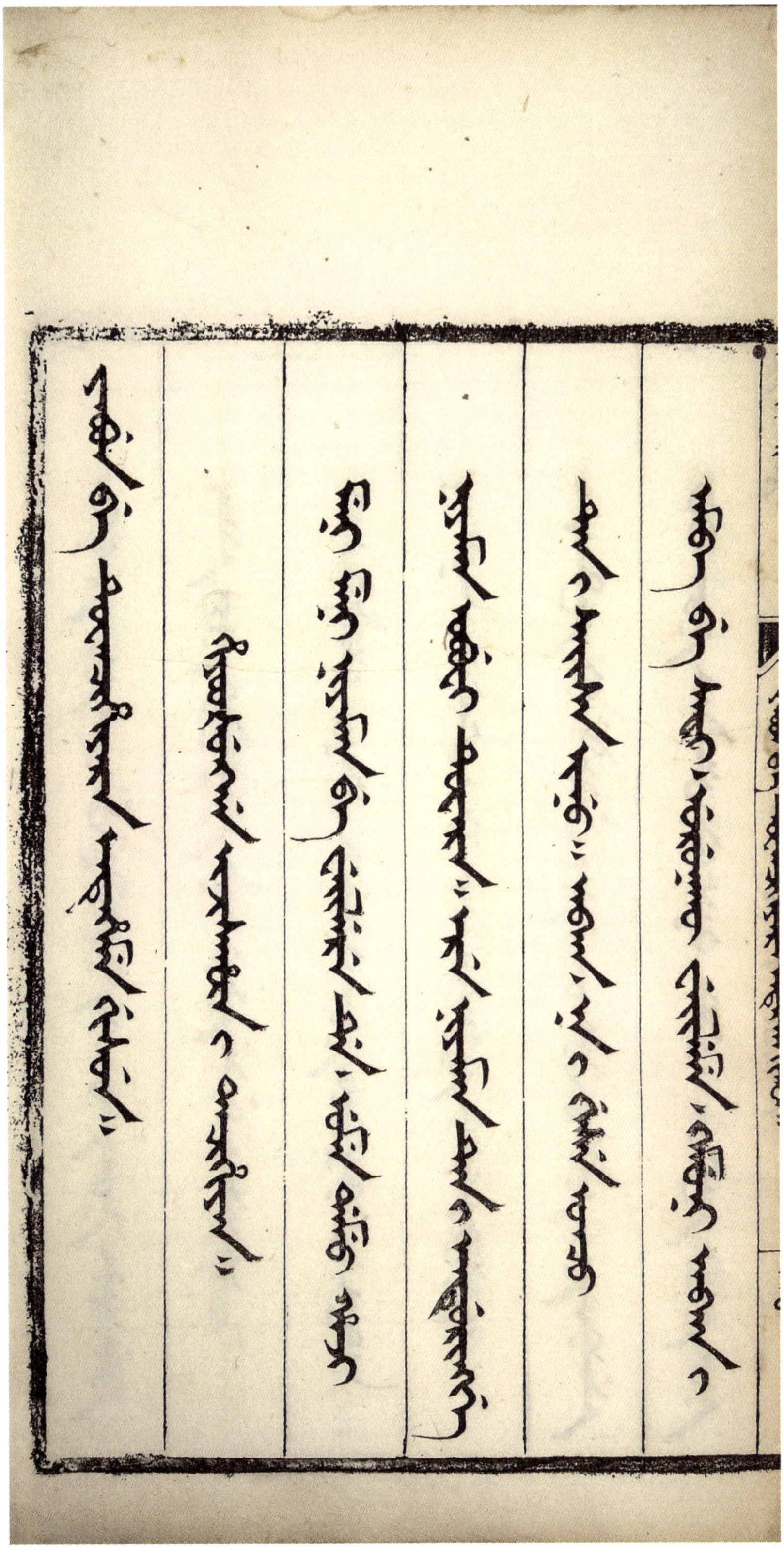

09753 范信恒言　滿文　（清）世祖福臨撰　清順治十二年（1655）内府刻本

綫裝。匡高21.6厘米，廣13.7厘米。半葉六行，白口，四周单邊。中國民族圖書館藏。

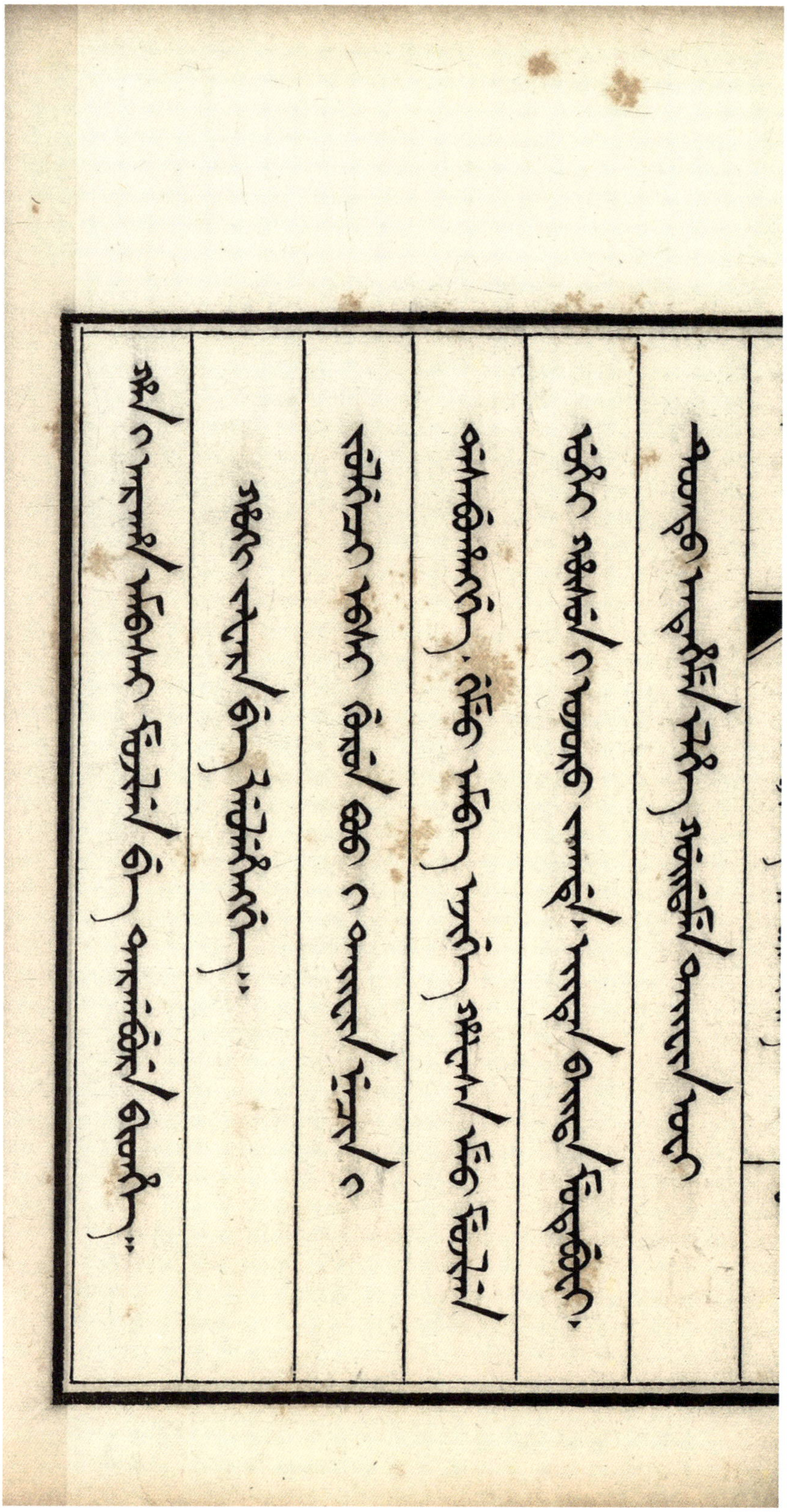

09755 御製人臣儆心錄 滿文 （清）世祖福臨撰 清順治十二年（1655）內府刻本

綫裝。匡高16.4厘米，廣11.5厘米。半葉六行，白口，四周雙邊。故宫博物院藏。

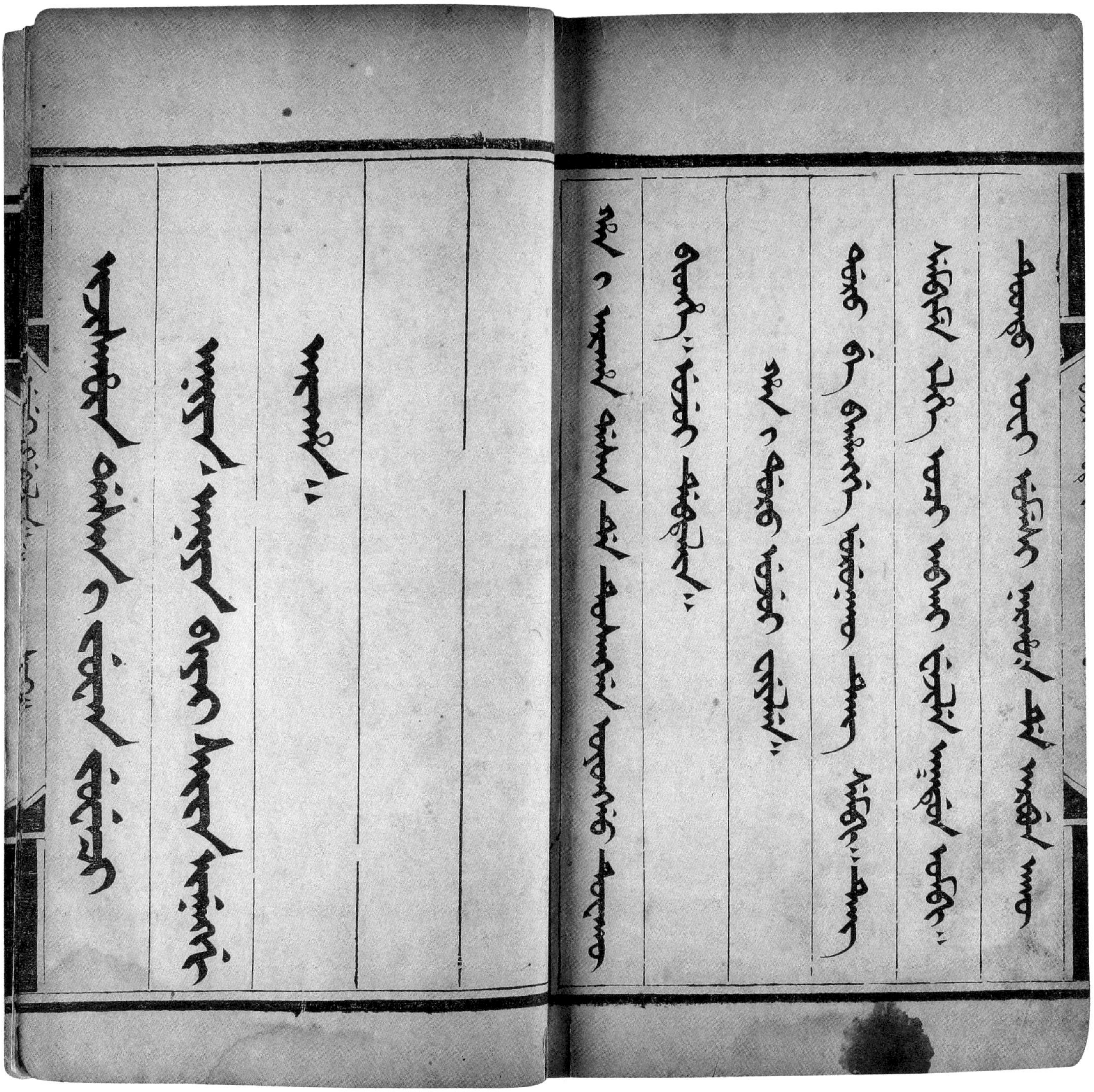

09756、09757 御製資政要覽三卷 滿文 （清）世祖福臨撰 清順治十二年（1655）内府刻本

綫裝。匡高18.7厘米，廣12.3厘米。半葉六行，黑口，四周雙邊。國家圖書館、故宫博物院藏。

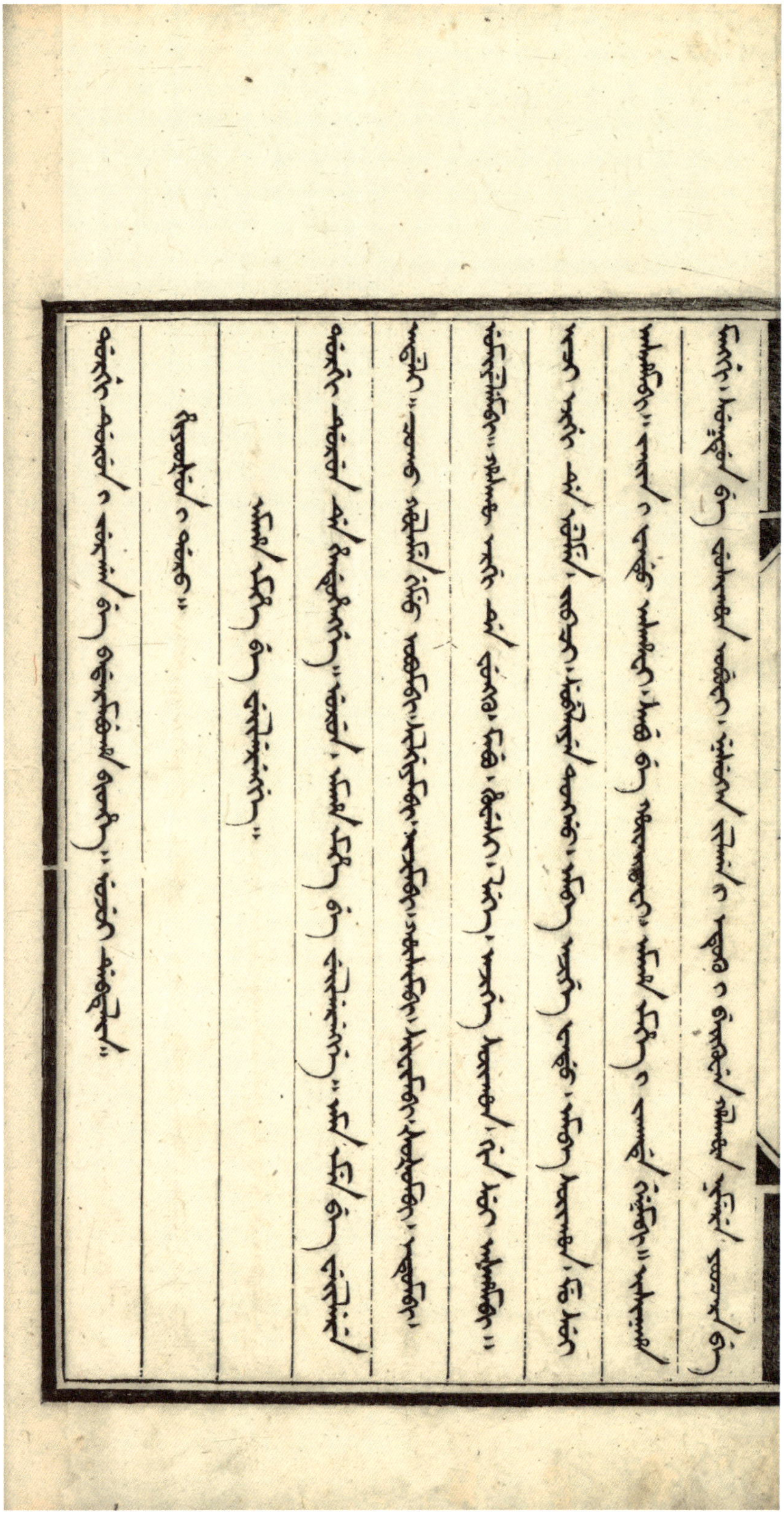

09758 内則衍義十六卷 滿文 （清）世祖福臨撰 清順治十三年（1656）內府刻本

綫裝。匡高24.3厘米，廣16.8厘米。半葉六行，黑口，四周雙邊。故宫博物院藏。

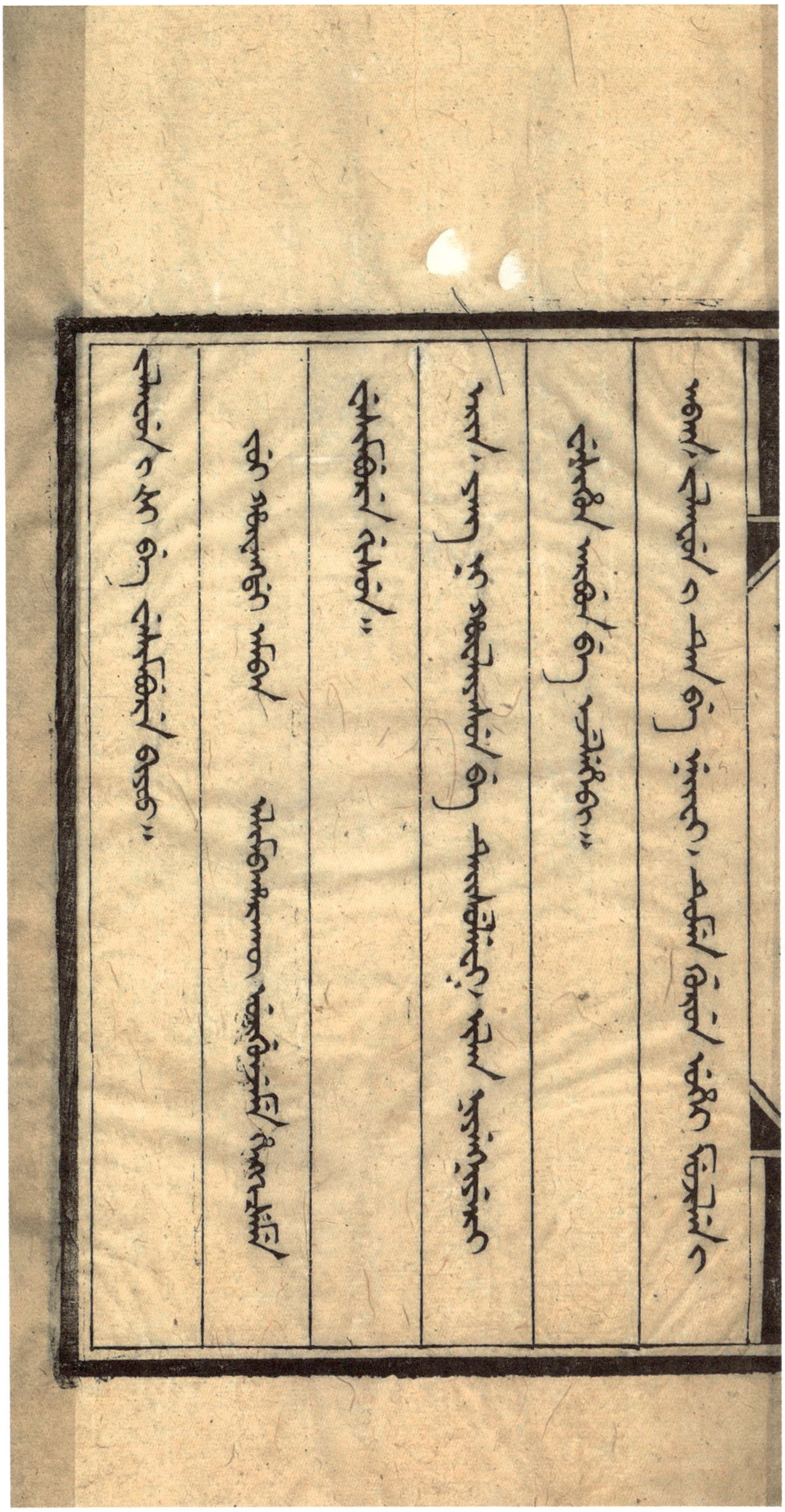

09759 壽詩　滿文　（清）世祖福臨撰　清順治十三年（1656）内府刻本

綫裝。匡高17.4厘米，廣12.2厘米。半葉六行，黑口，四周雙邊。故宫博物院藏。

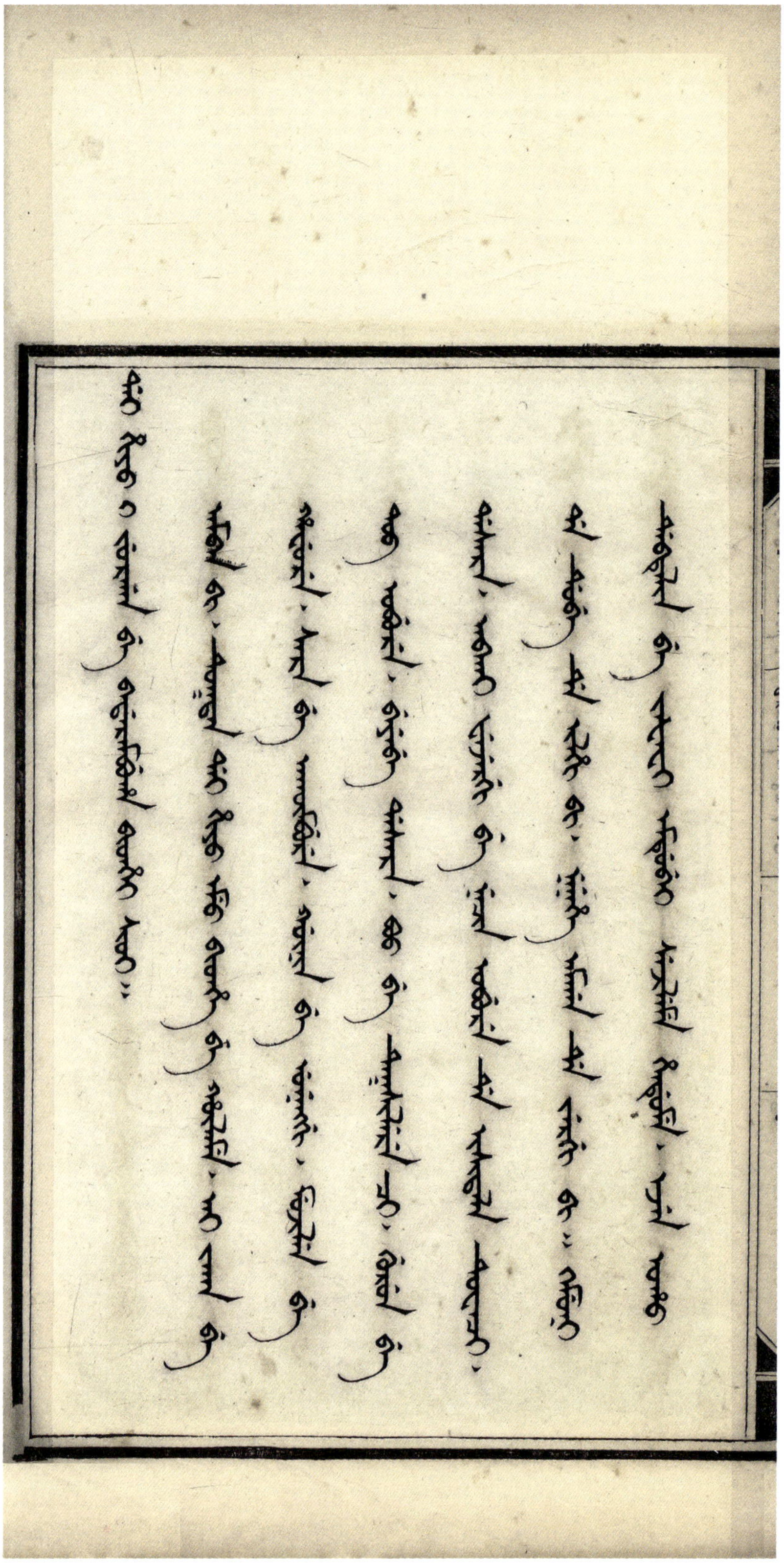

09760-09762 大學衍義四十三卷 滿文 （宋）真德秀撰 （清）福達禮等譯 清康熙十一年（1672）内府刻本

綫裝。匡高26.3厘米，廣19厘米。半葉七行，黑口，四周雙邊。故宫博物院、中國民族圖書館、大連圖書館藏。

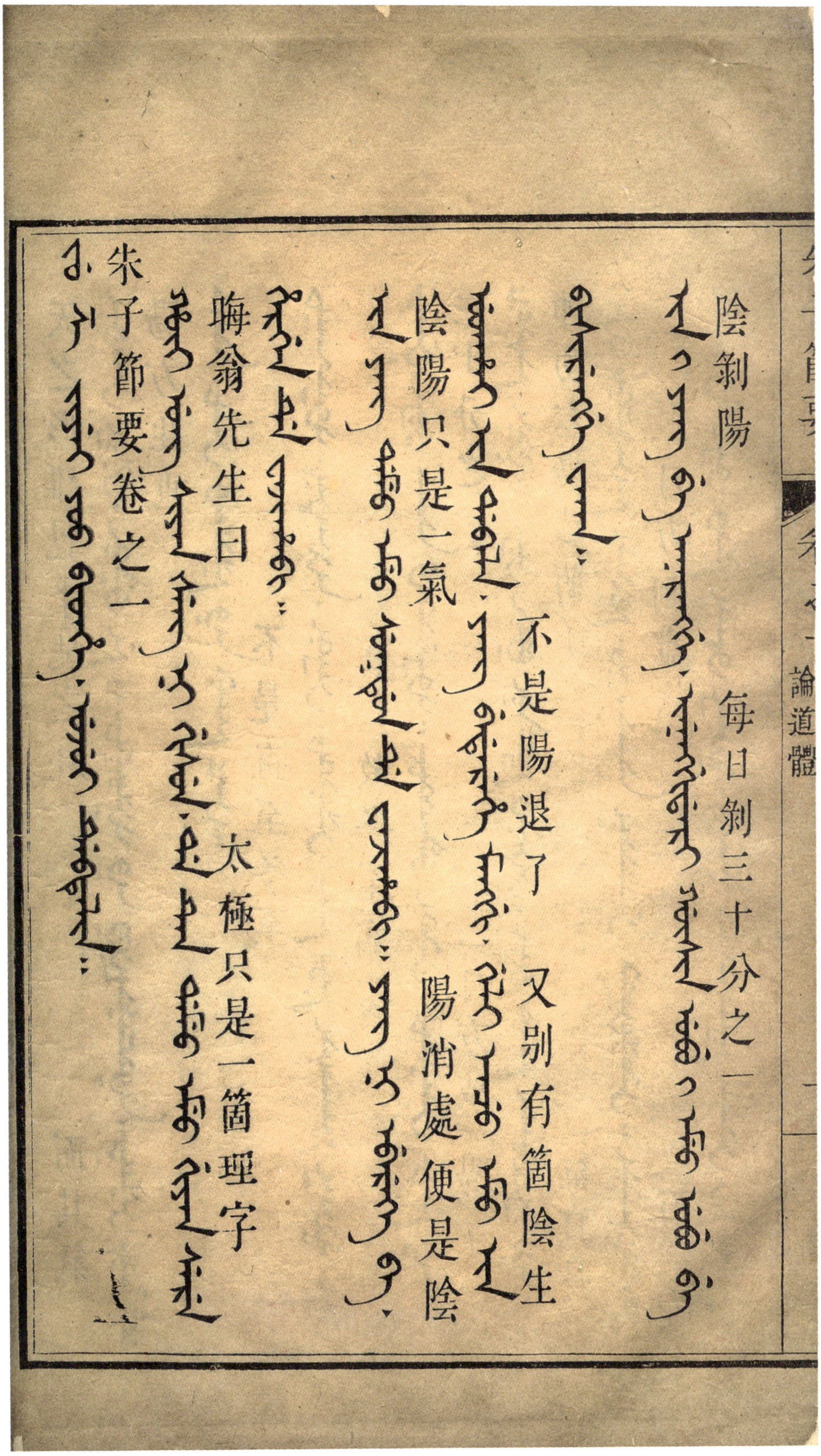

09763 朱子節要十四卷 滿文 （宋）朱熹撰 （明）高攀龍輯 清康熙十四年（1675）北平朱之弼刻本

綫裝。開本高25.7厘米，廣17.2厘米。匡高20.3厘米，廣14厘米。半葉十四行，白口，四周雙邊。大連圖書館藏。

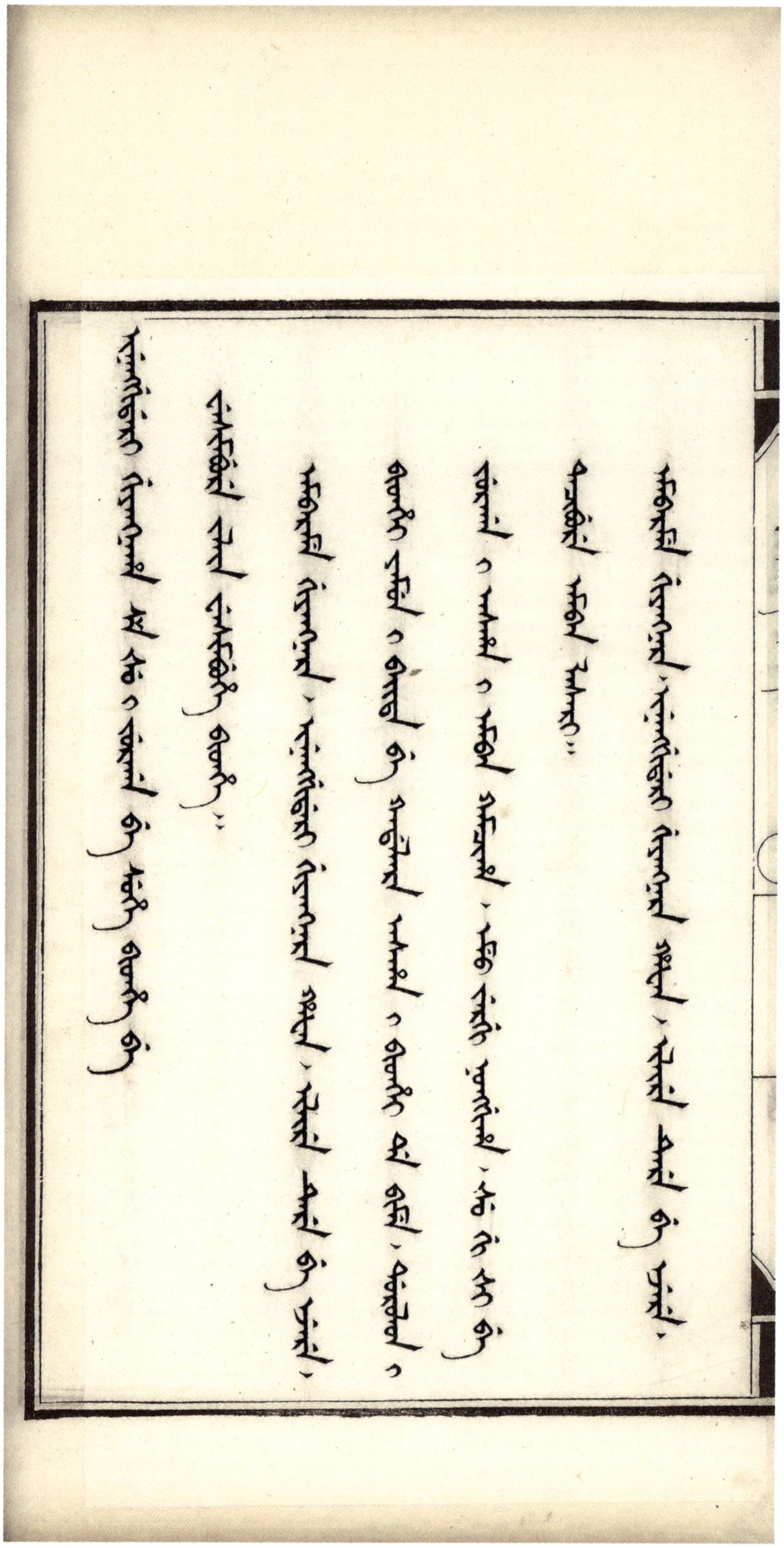

09764、09765 日講四書解義二十六卷 滿文 （清）喇沙里等撰 清康熙十六年（1677）内府刻本

綫裝。匡高26厘米，廣18.8厘米。半葉七行，黑口，四周雙邊。故宫博物院、中國民族圖書館藏。

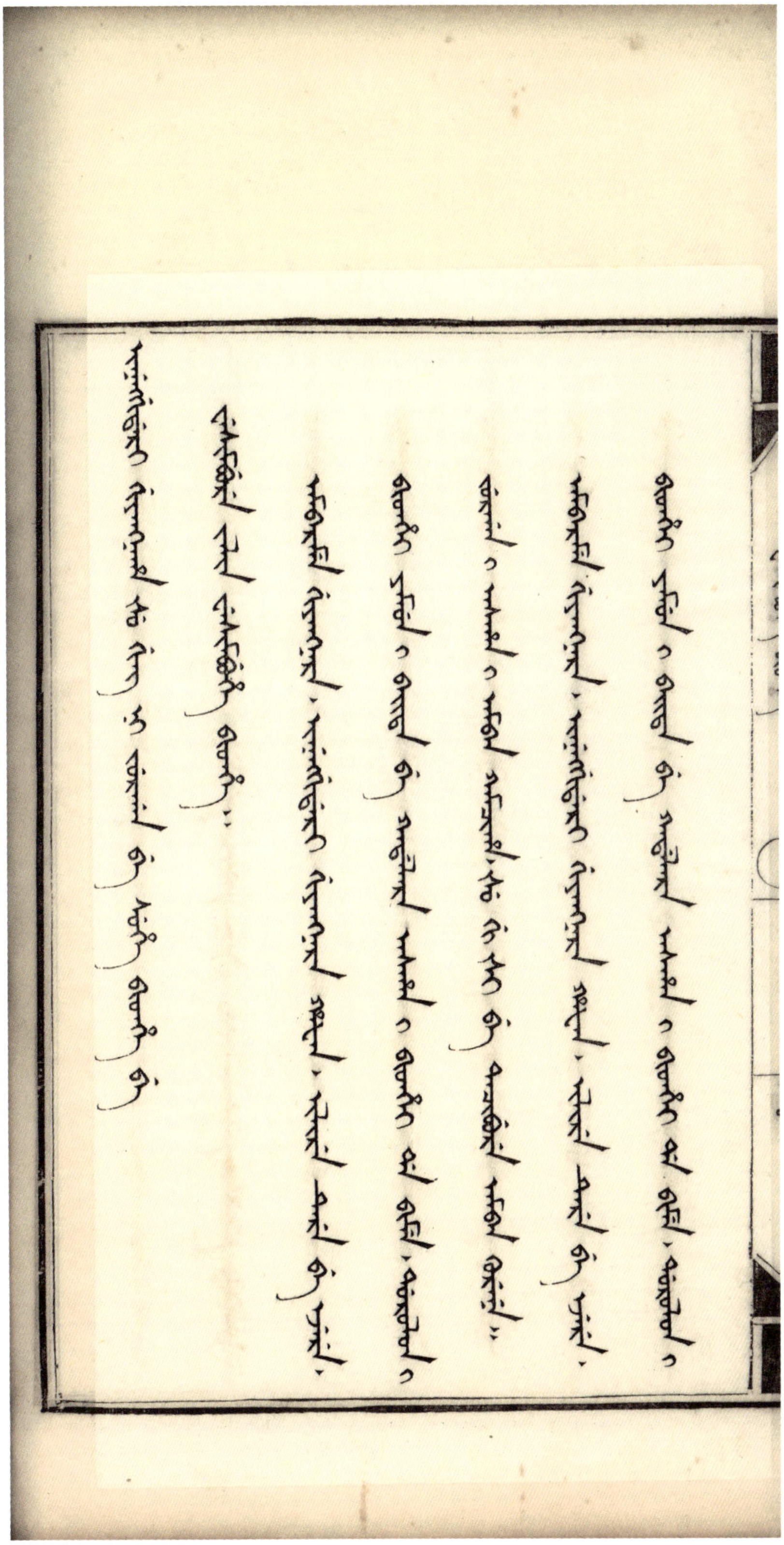

09766 日講書經解義十三卷 滿文 （清）庫勒納等撰 清康熙十九年（1680）内府刻本

綫裝。匡高25.9厘米，廣18.8厘米。半葉七行，黑口，四周雙邊。故宫博物院藏。

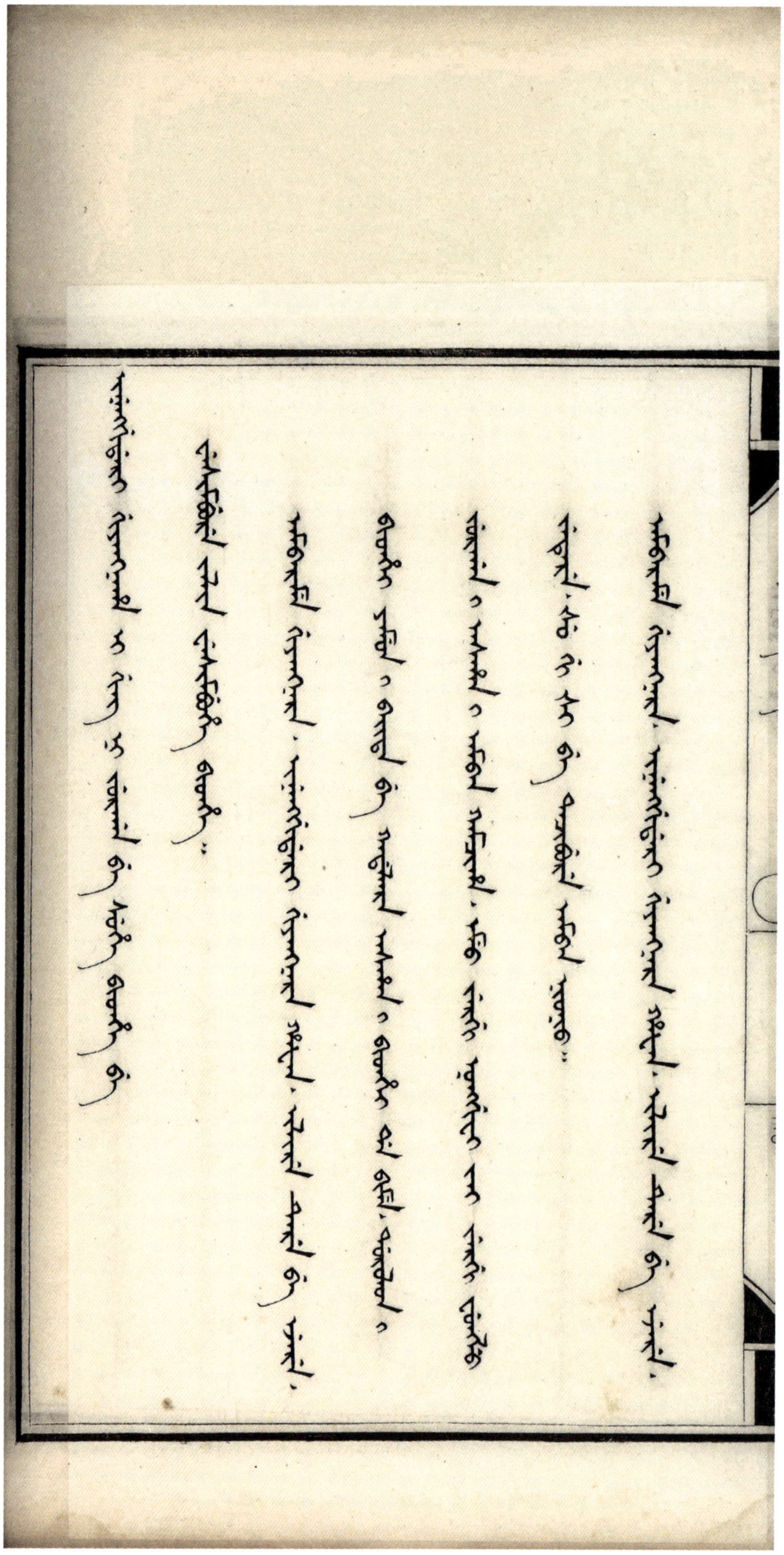

09767 日講易經解義十八卷 滿文 （清）牛鈕等撰 清康熙二十二年（1683）内府刻本

綫裝。匡高26.6厘米，廣18.5厘米。半葉七行，黑口，四周雙邊。故宫博物院藏。

大清全書卷之一

妻東沈啓亮弘照氏輯

挨去了。
以彼爲推也。

推上了○諉卸之矣。

鑰匙。

開口驚訝之詞。

前人推上之詞也○因有妨碍之意而推動之詞也。

令人推説之推。

如排列而進有一處擠住者令

得以推諉○

得機指○寅録○

○這樣那樣的推託不還。

鎖鑰。

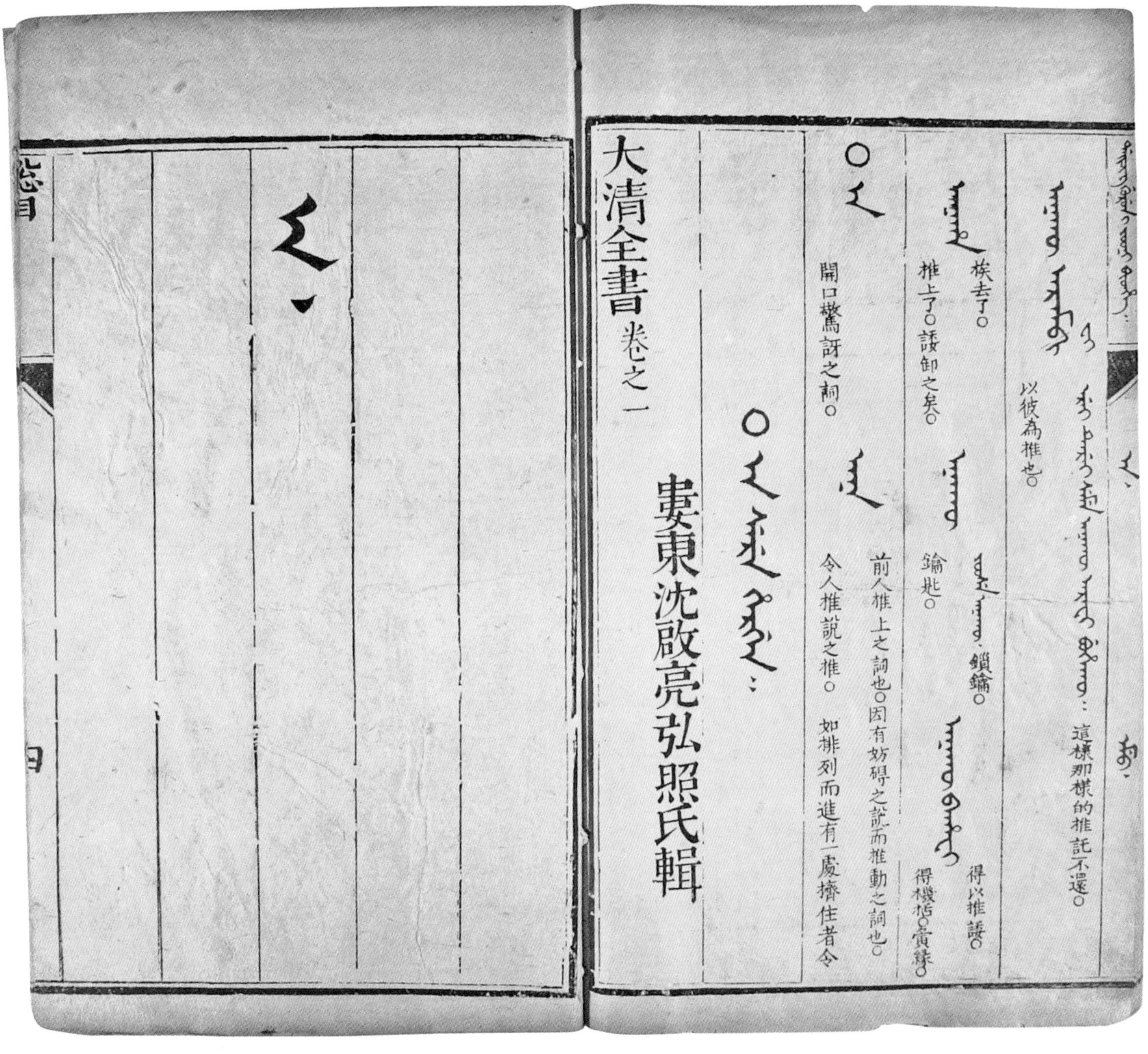

09768 大清全書十四卷　滿文（清）沈啓亮輯　清康熙二十二年（1683）

宛羽齋刻本

綫裝。開本高30.7厘米，廣18.3厘米。匡高26厘米，廣17.3厘米。行字不
等，白口，四周雙邊。中國民族圖書館藏。

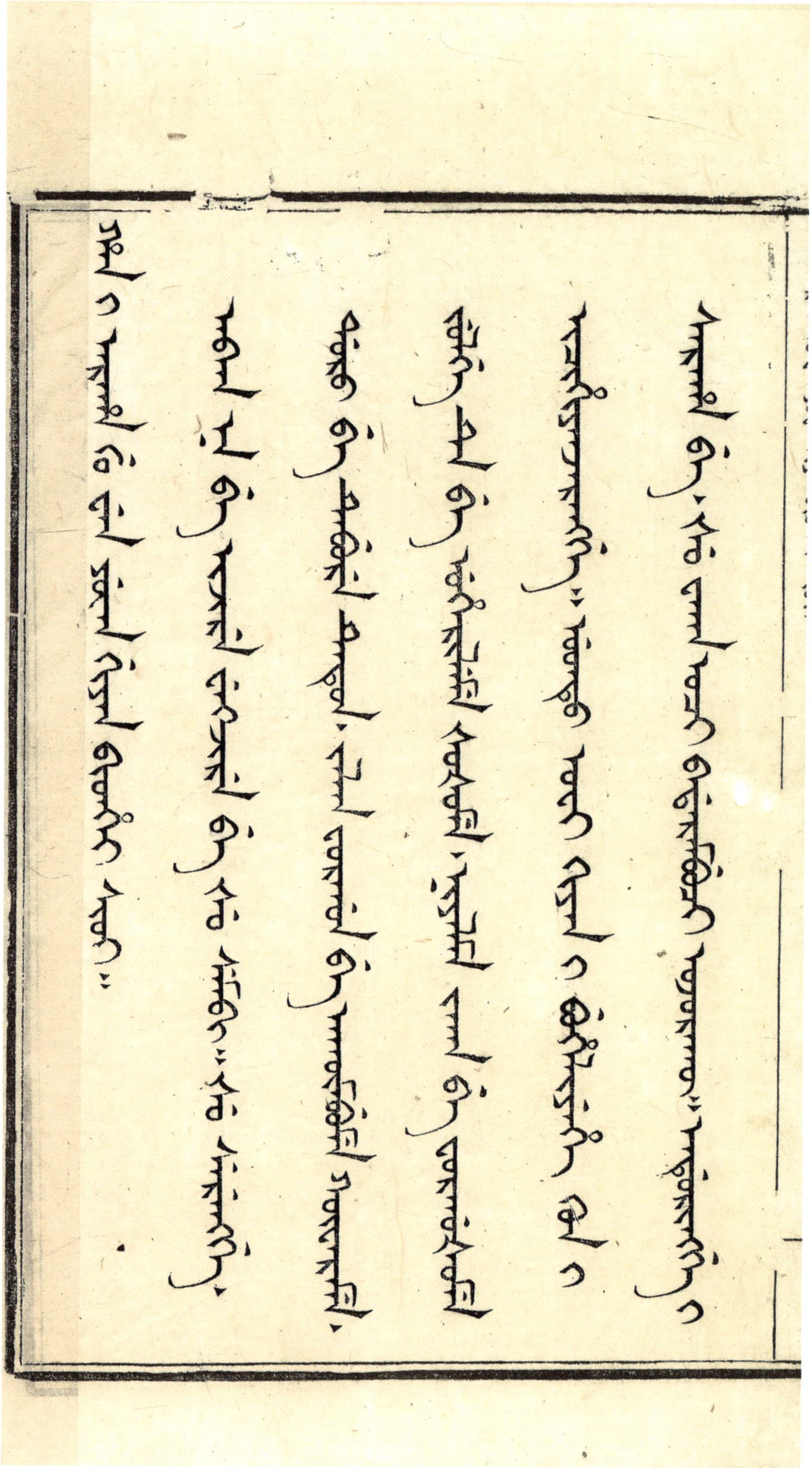

09769、09770 古文淵鑒六十四卷 滿文（清）聖祖玄燁選（清）徐乾學等編注 清康熙二十四年（1685）内府刻本

綫裝。匡高24.2厘米，廣16.7厘米。半葉八行，白口，四周雙邊。故宫博物院、中國民族圖書館藏。

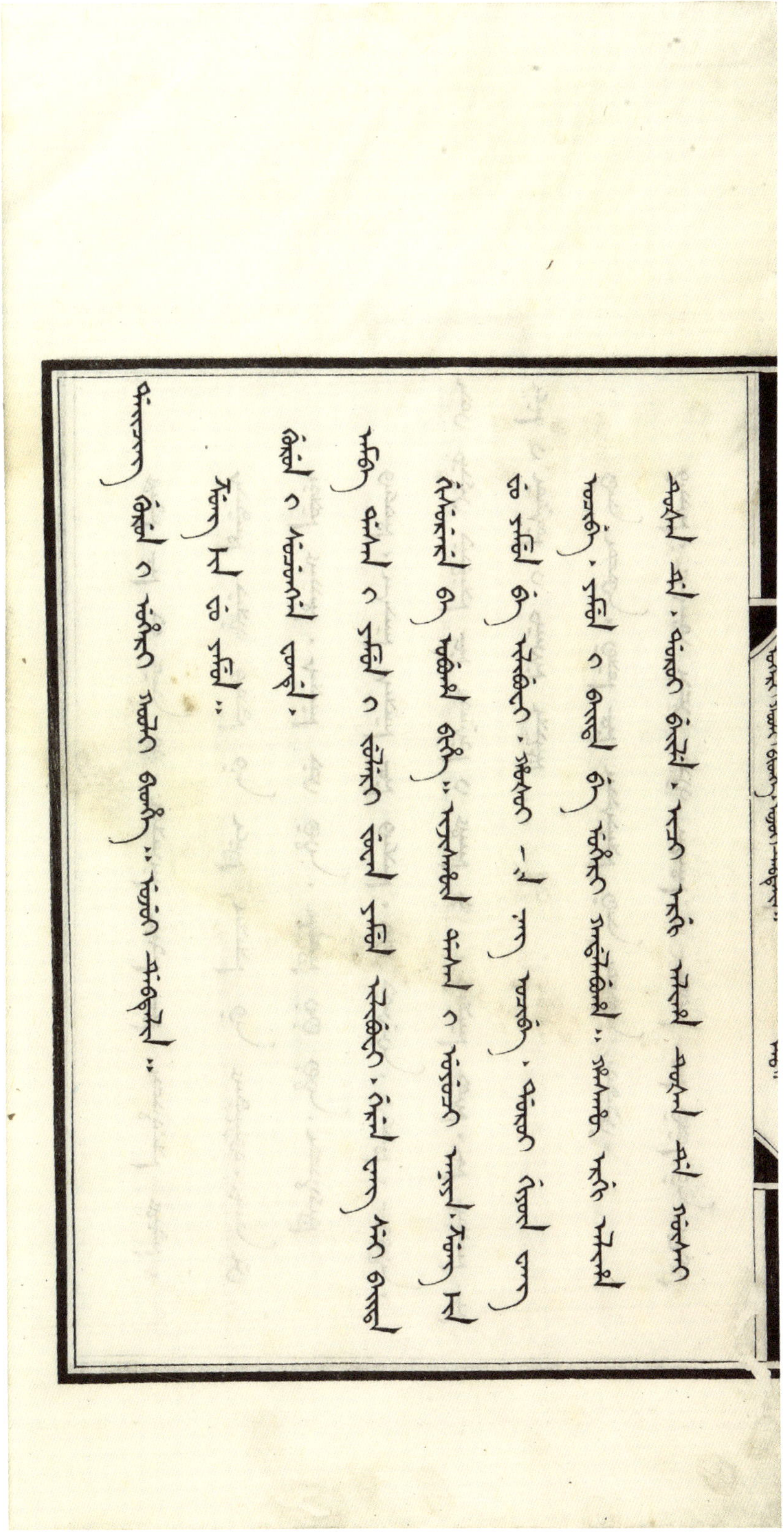

09771 大清會典一百六十二卷 滿文 （清）伊桑阿等撰 清康熙二十九年（1690）内府刻本

綫裝。開本高37厘米，廣22厘米。匡高25厘米，廣18厘米。半葉八行，黑口，四周雙邊。國家圖書館藏。

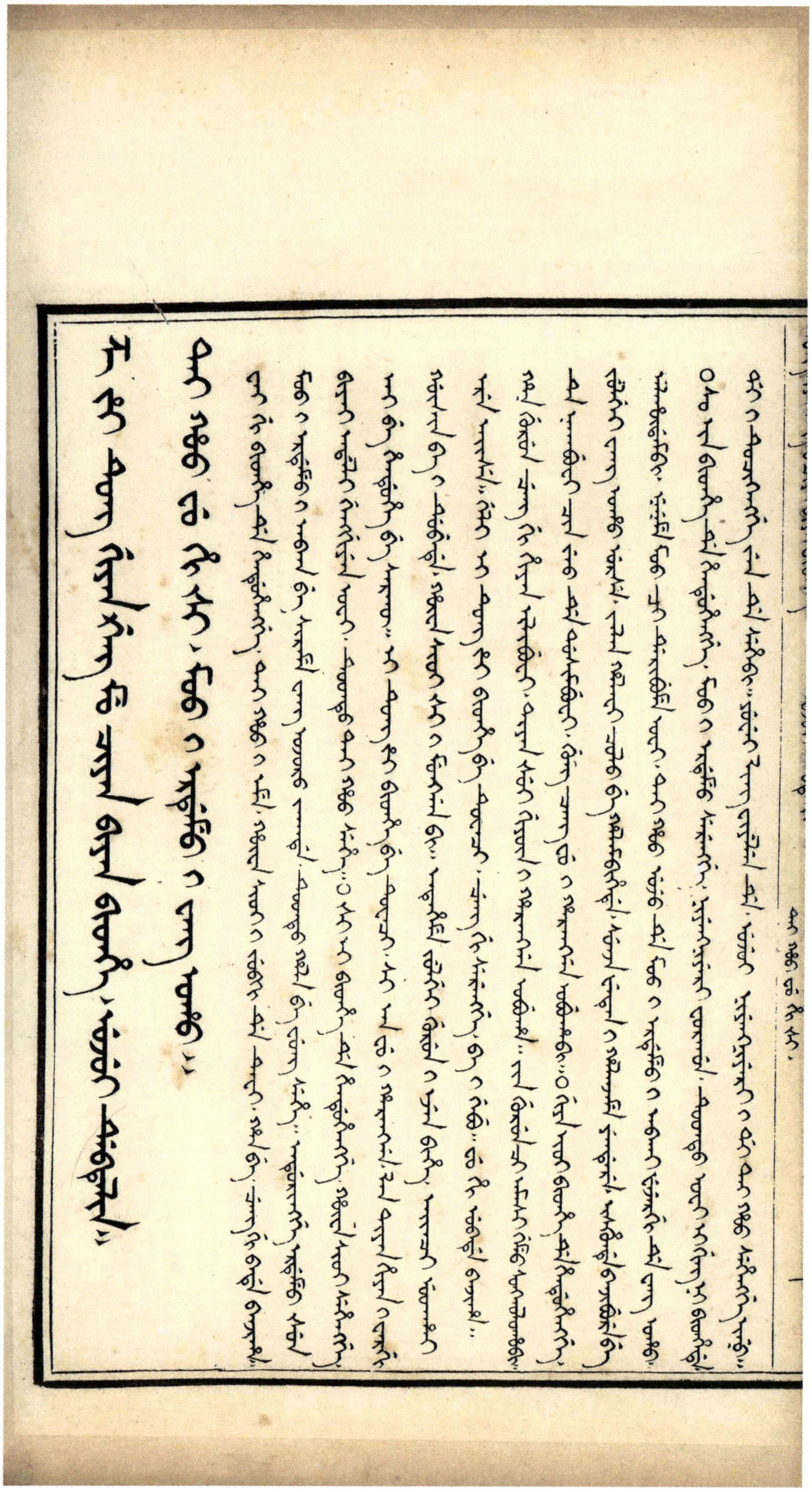

09772 資治通鑒綱目一百十一卷 滿文 （清）和素譯 清康熙三十年（1691）武英殿刻本

綫裝。匡高23厘米，廣16.5厘米。行字不等，白口，四周雙邊。故宫博物院藏。

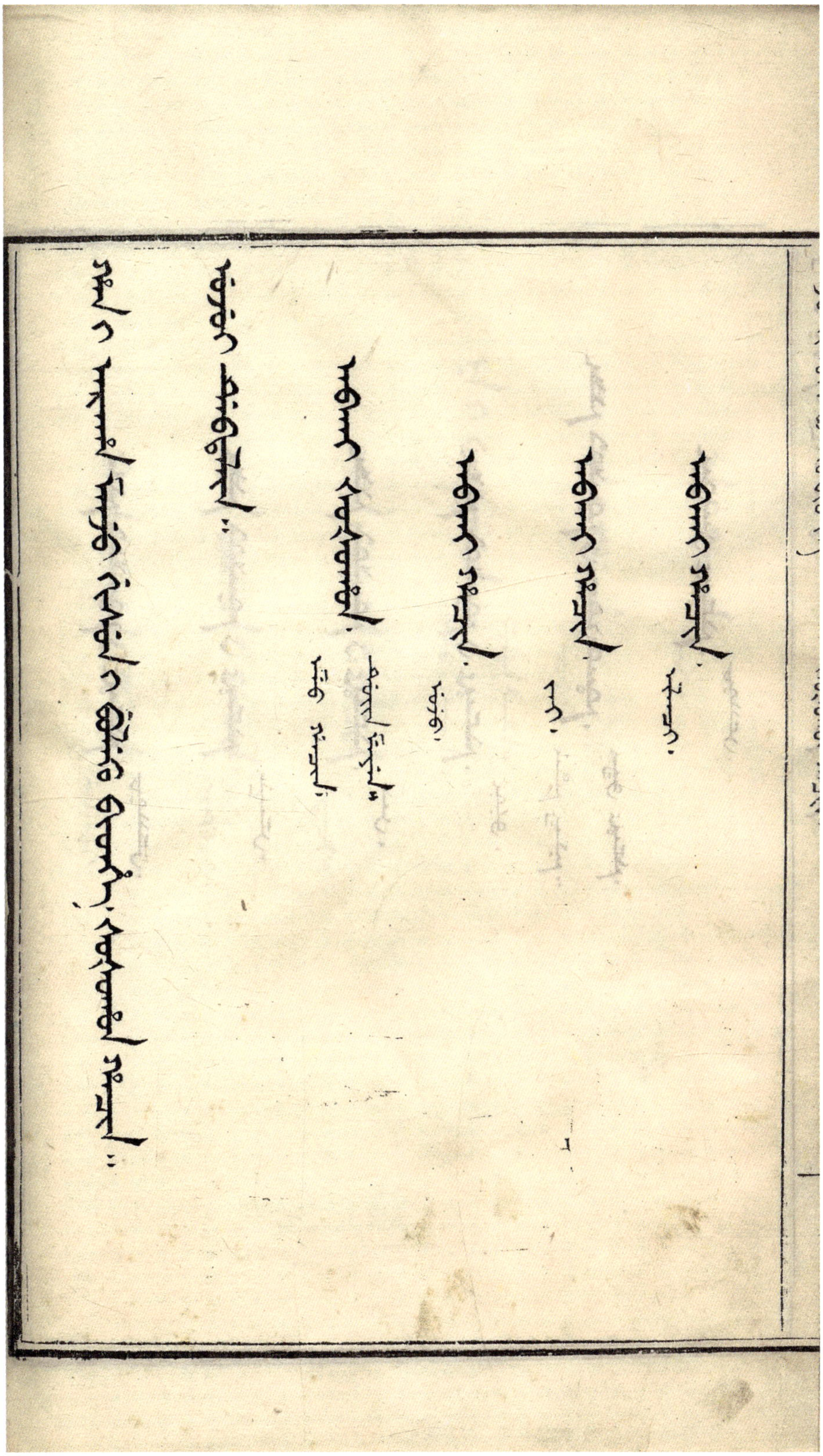

09773、09774 御製清文鑒二十卷 滿文 （清）聖祖玄燁敕撰 清康熙四十七年（1708）内府刻本

綫裝。匡高22厘米，廣16.2厘米。半葉六行，白口，四周雙邊。故宫博物院、中國民族圖書館藏。

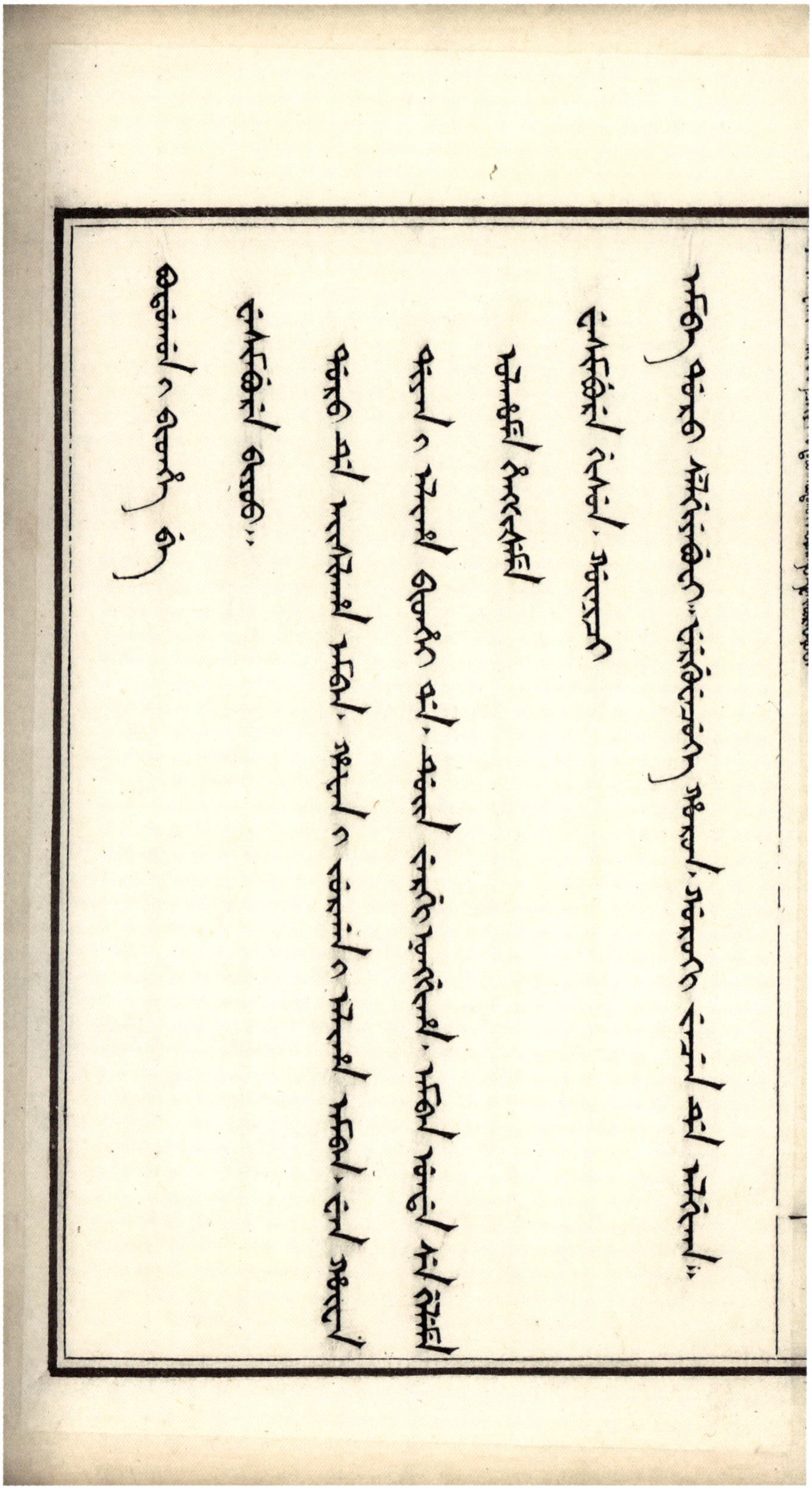

09775、09776 親征平定朔漠方略四十八卷 滿文 （清）溫達等纂修 清康熙四十八年（1709）内府刻本

綫裝。匡高24.5厘米，廣16.7厘米。半葉七行，白口，四周雙邊。故宫博物院、中國民族圖書館藏。

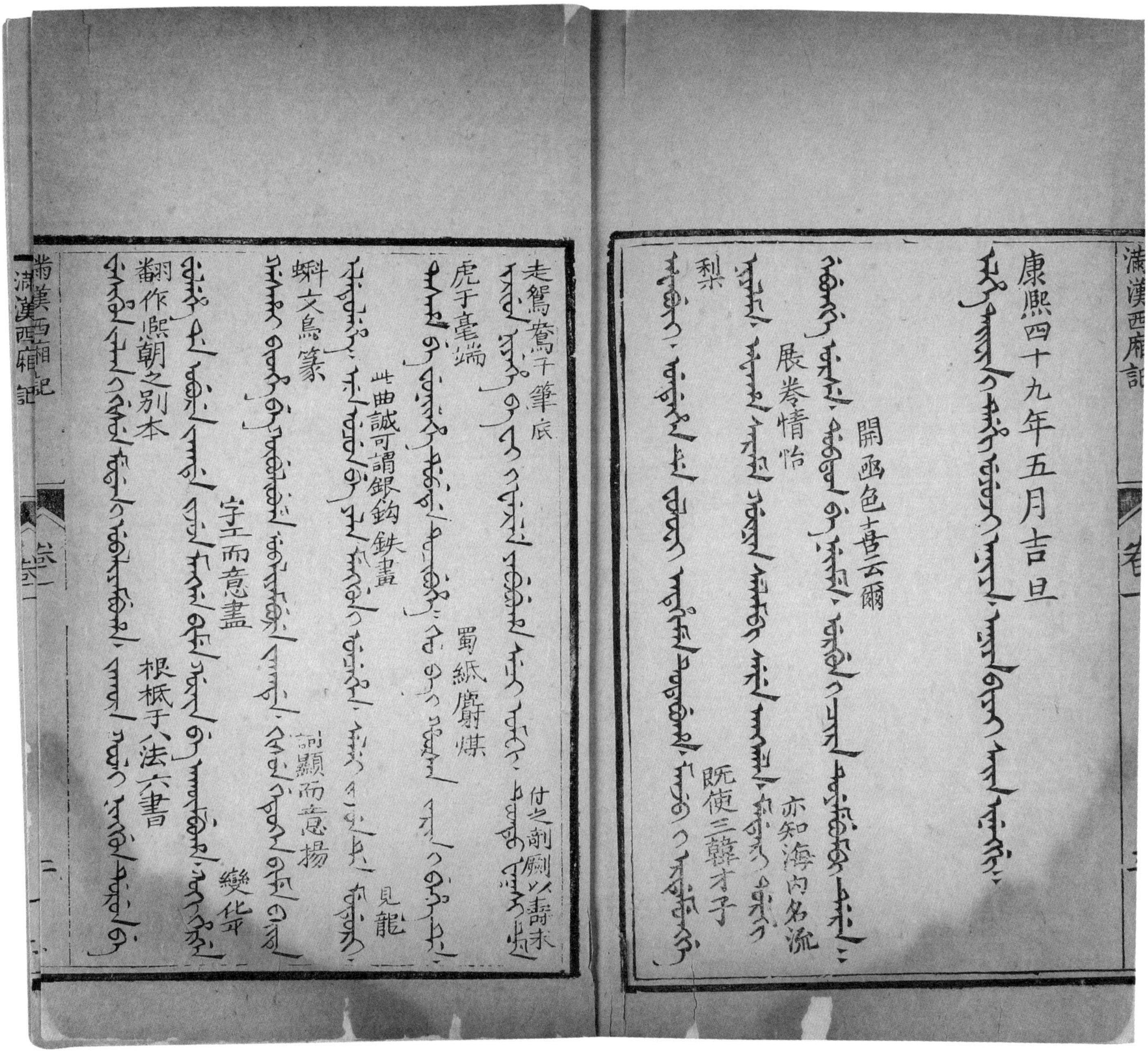

09777–09779 滿漢西廂記四卷 滿文 （元）王實甫撰 清康熙四十九年（1710）刻本

綫裝。匡高16.6厘米，廣12厘米。行字不等，白口，四周雙邊。國家圖書館、中國民族圖書館、大連圖書館藏。

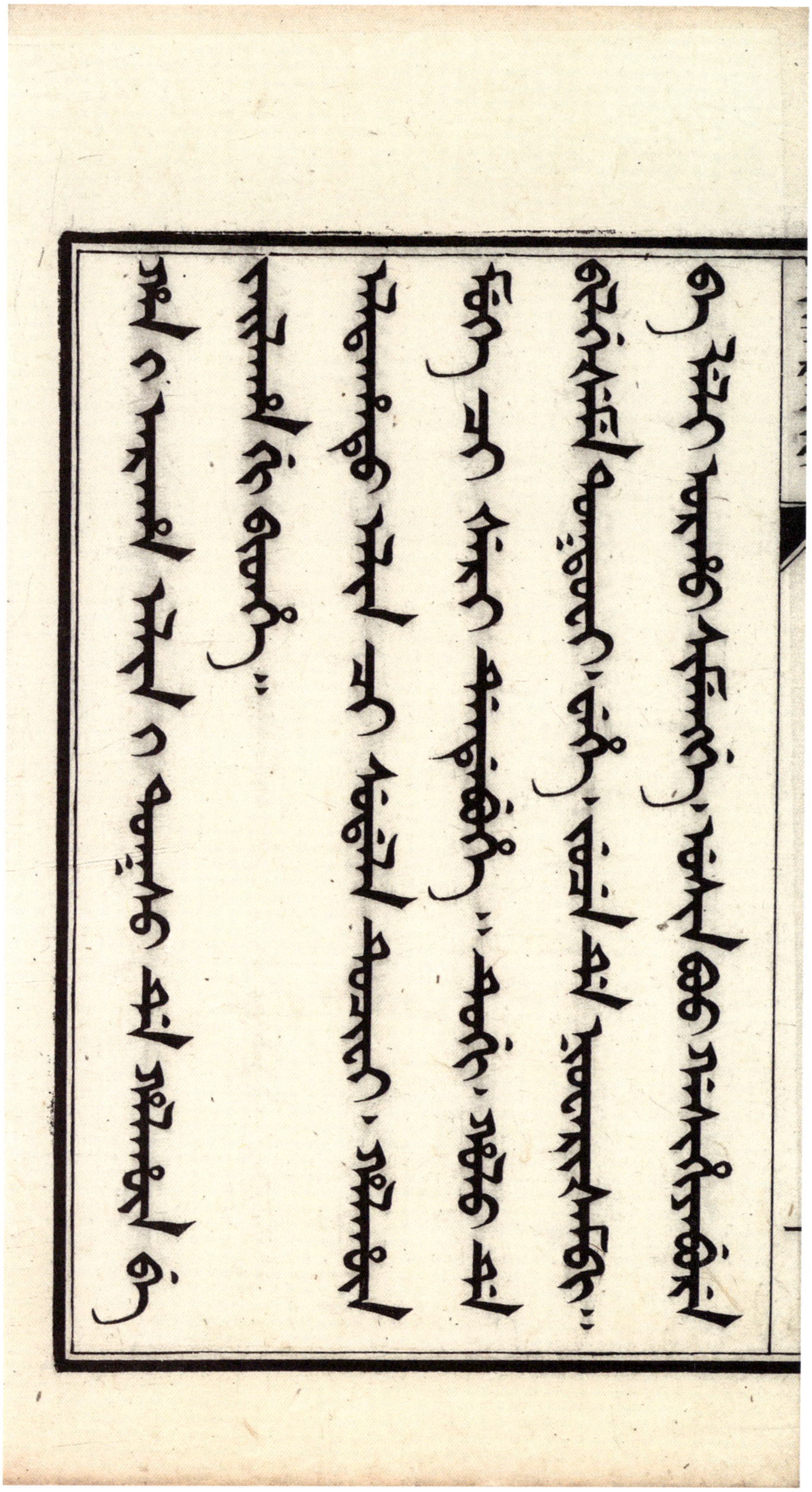

09780、09781 御製避暑山莊詩二卷 滿文 （清）聖祖玄燁撰 （清）揆敘等注釋 （清）沈崳繪圖 清康熙五十一年（1712）内府刻本

綫裝。匡高19.6厘米，廣13.1厘米。半葉六行，白口，四周雙邊。故宫博物院、中國民族圖書館藏。

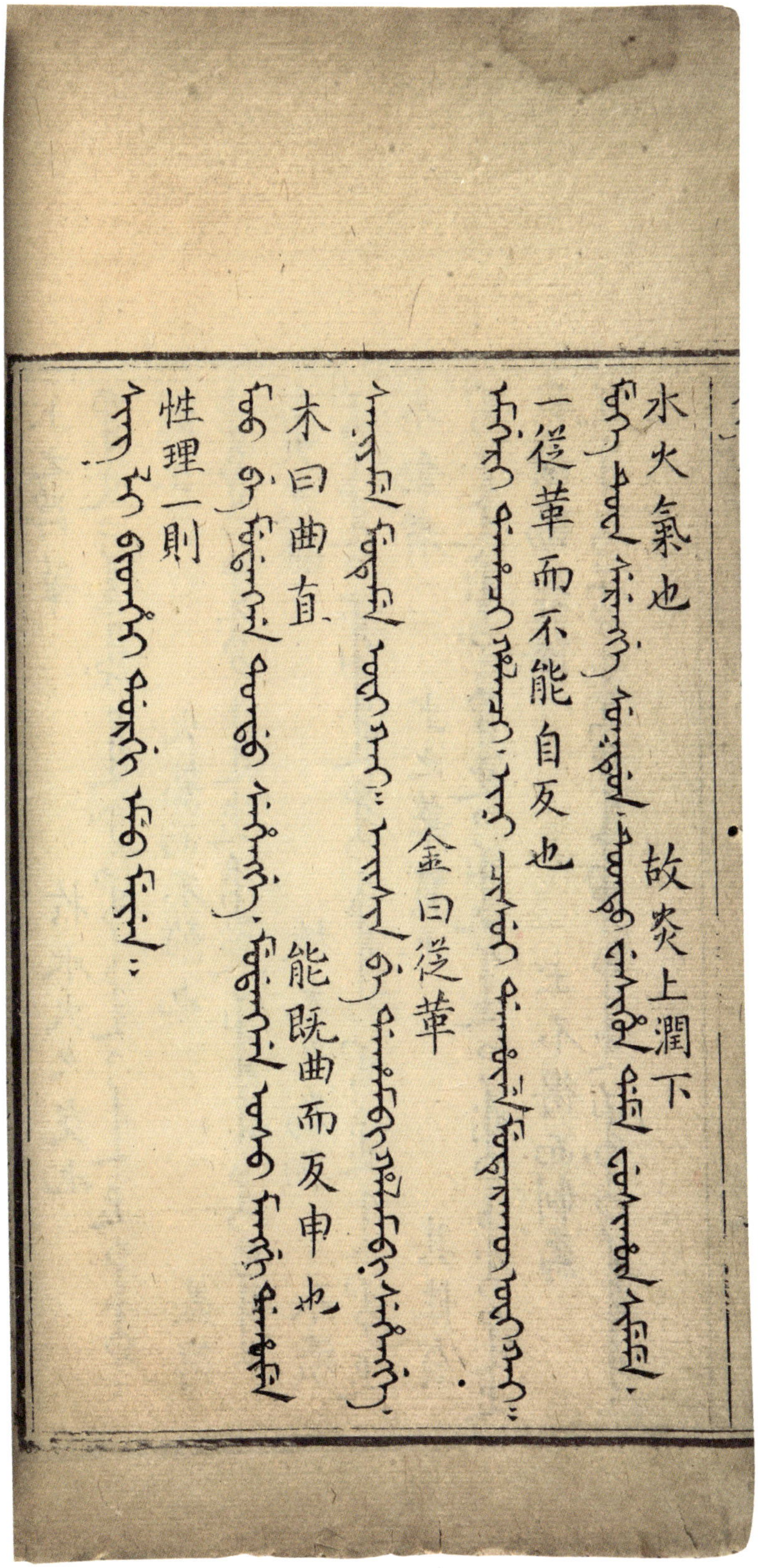

09782 合璧七本頭　滿文　（清）和素譯　清康熙刻本

綫裝。開本高24.5厘米，廣15.3厘米。行字不等，白口，四周雙邊。國家圖書館藏。

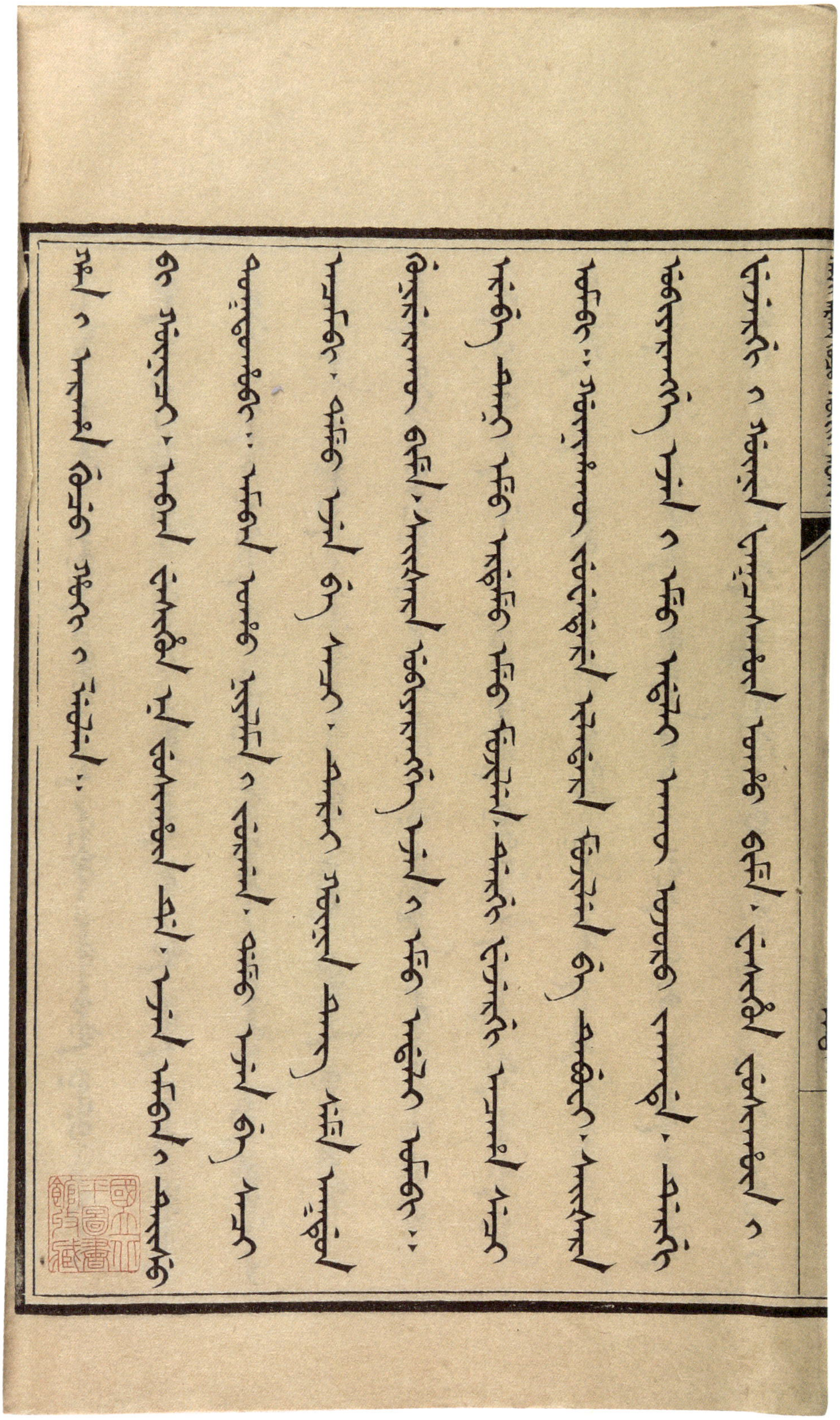

09783 御製朋黨論 滿文 （清）世宗胤禛撰 清雍正二年（1724）刻本 綫裝。開本高28.5厘米，廣19.2厘米。匡高22厘米，廣17.1厘米。半葉九行，白口，四周雙邊。國家圖書館藏。

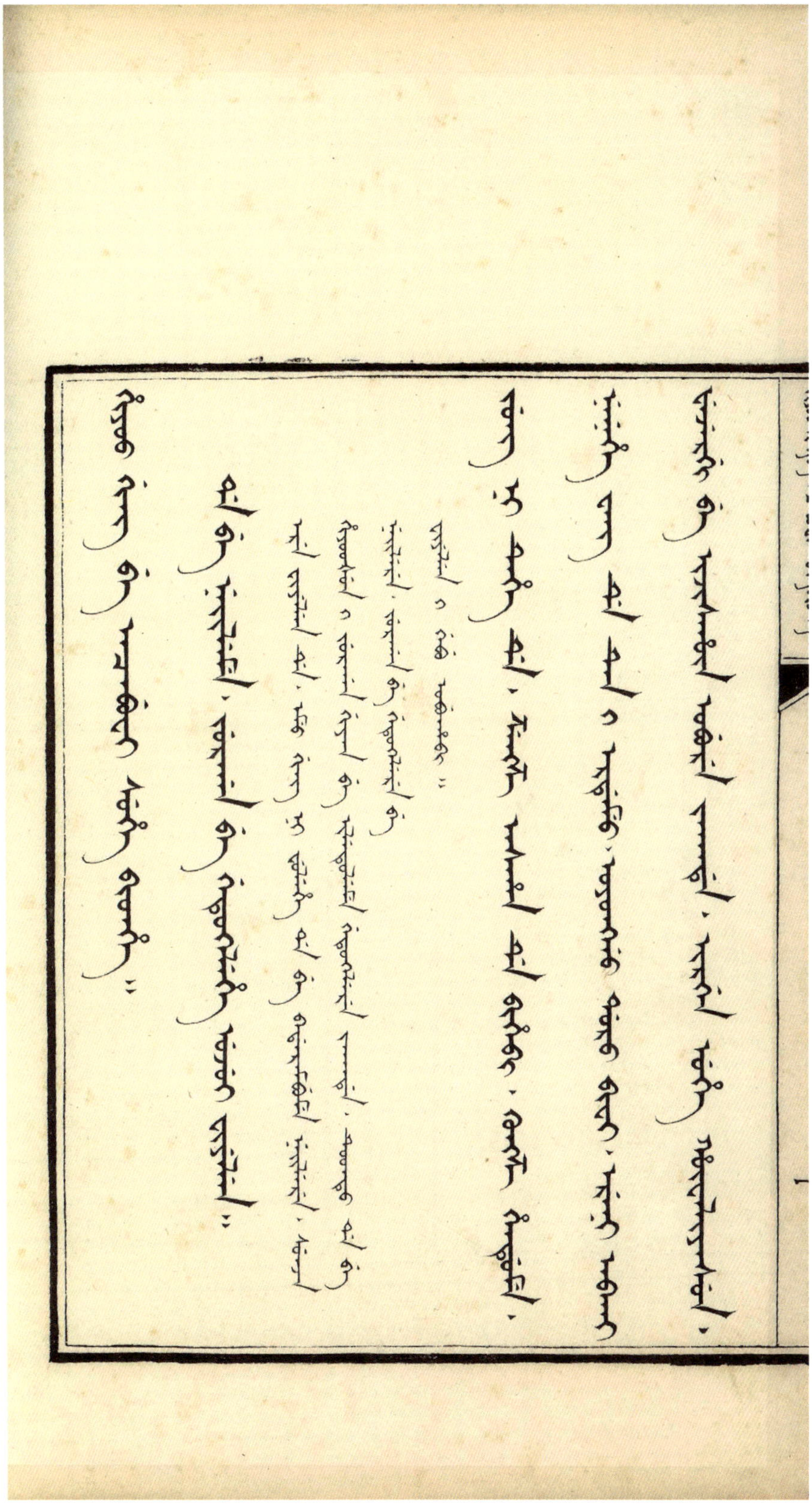

09784 孝經集注 滿文 （清）世宗胤禛撰 清雍正五年（1727）内府刻本 綫裝。匡高21.3厘米，廣16.7厘米。行字不等，白口，四周雙邊。故宫博物院藏。

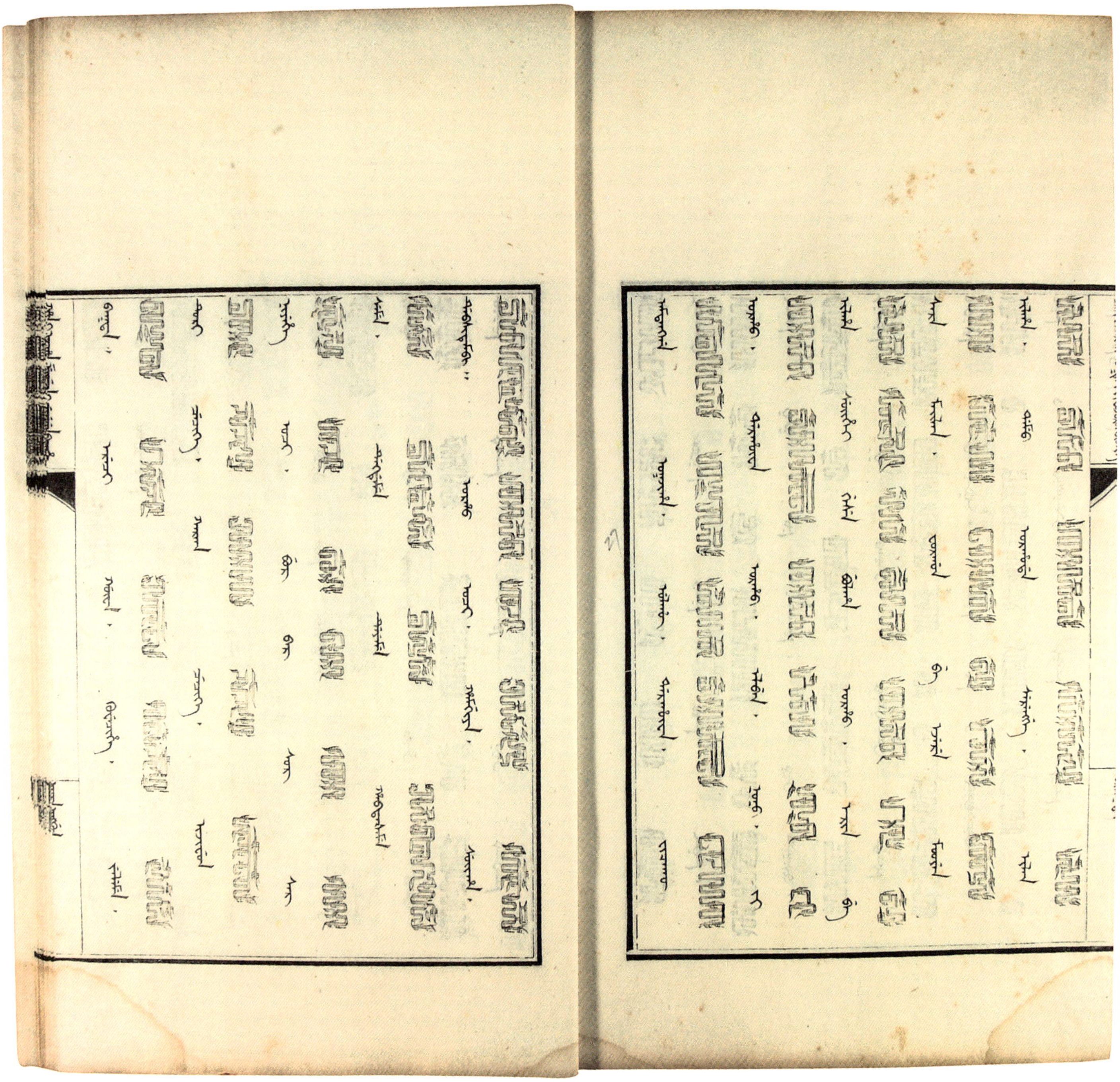

09785 御製盛京賦三十二卷 滿文 （清）高宗弘曆撰 清乾隆十三年（1748）内府刻本

綫裝。開本高34.6厘米，廣21.8厘米。匡高21.8厘米，廣16.5厘米。半葉五行，白口，四周雙邊。中國民族圖書館藏。

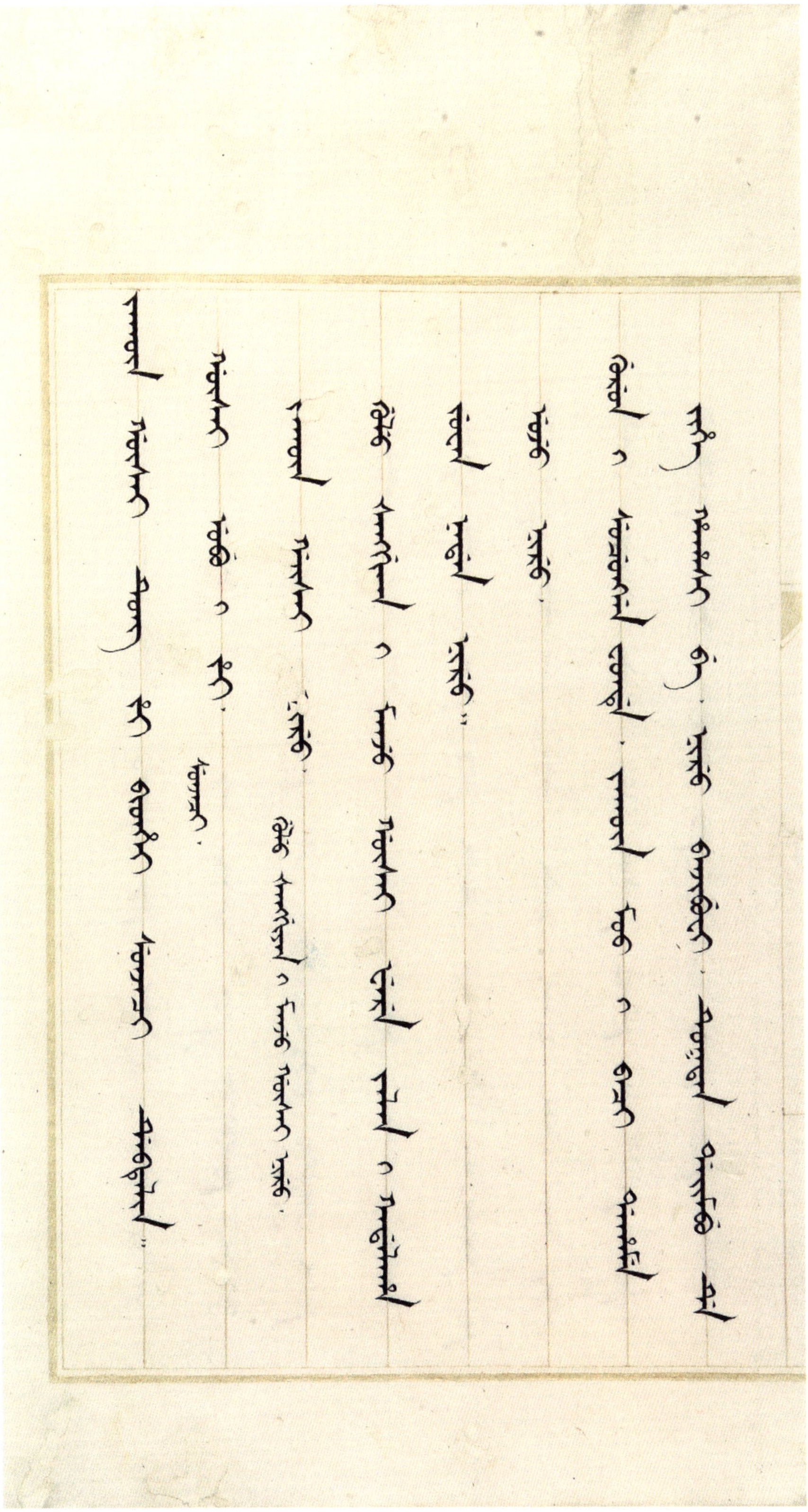

09786 八旗通志初集二百五十卷 滿文 （清）馬齊等撰 清乾隆精寫本

綫裝。開本高34.5厘米，廣22厘米。匡高24.8厘米，廣17.9厘米。半葉八行，白口，四周雙邊。國家圖書館藏，存二百四十七卷。

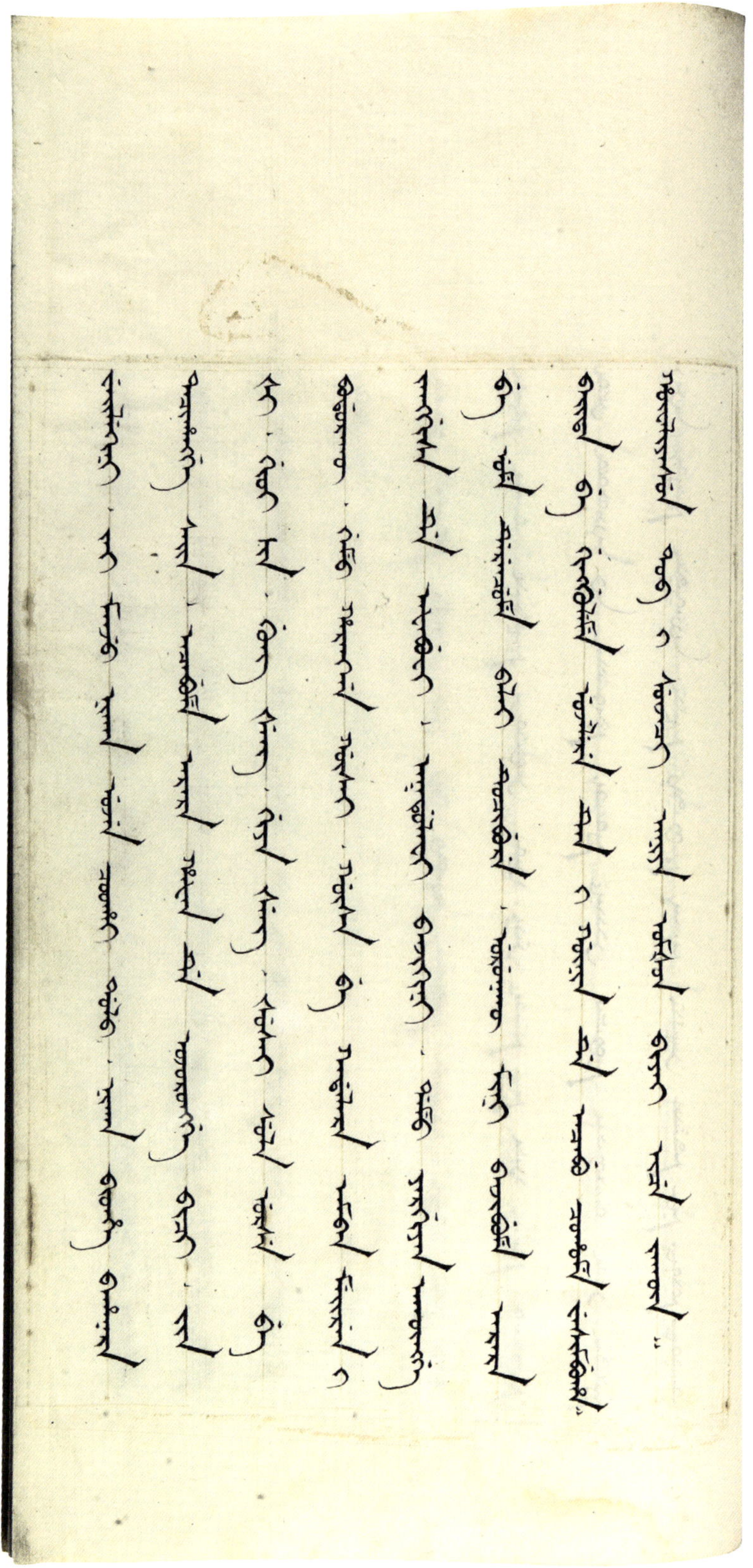

09787 八旗通志初集二百五十卷 滿文 （清）馬齊等撰 清乾隆稿本

綫裝。開本高36.2厘米，廣21.9厘米。匡高25.2厘米，廣18.1厘米。半葉八行，白口，四周雙邊。國家圖書館藏，存二百四十九卷。

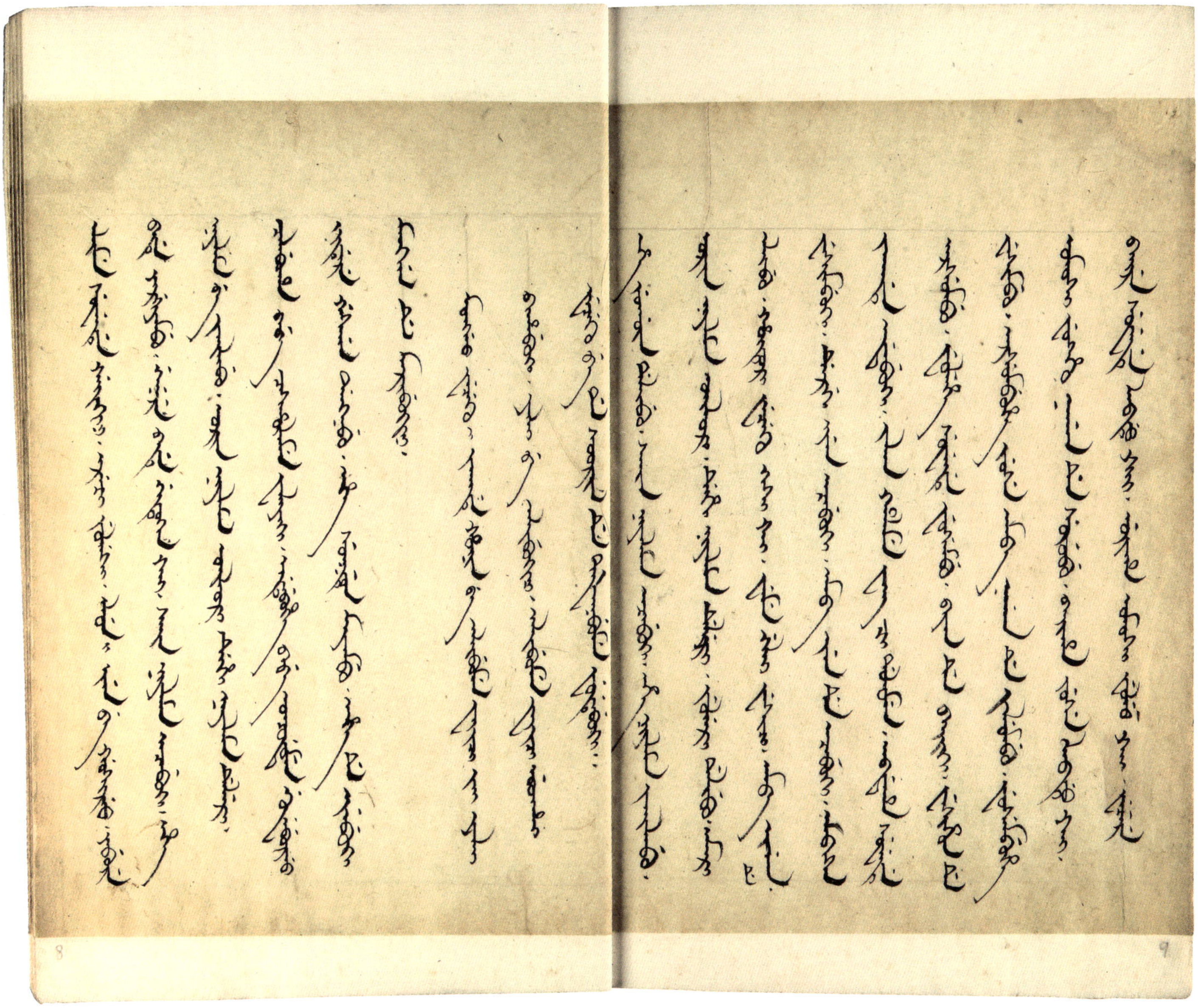

09788 滿洲祭祀圖説 滿文 清抄繪本

綫裝。開本高25厘米，廣17.9厘米。半葉九行。國家圖書館藏。

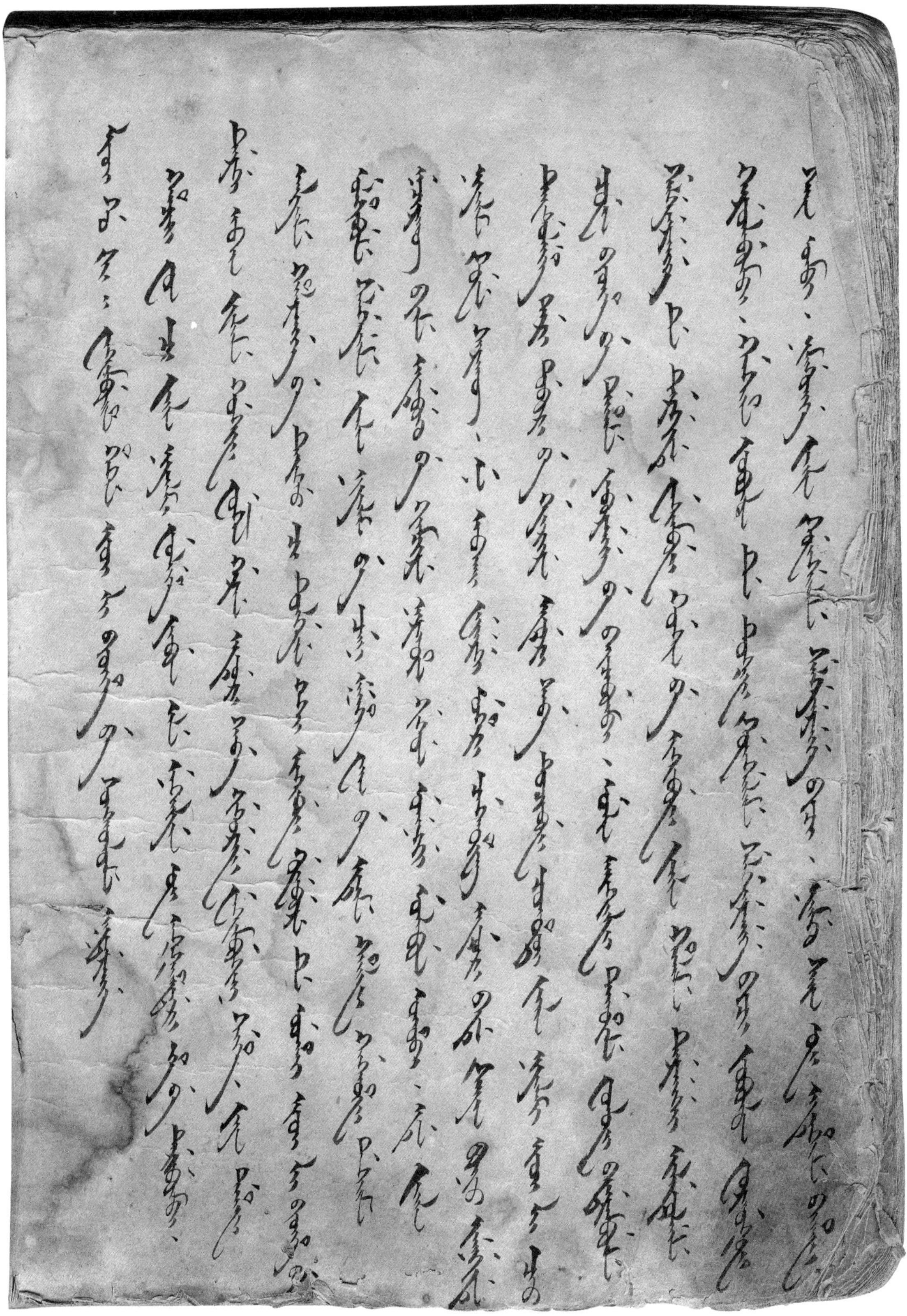

09789 勸善經 滿文 清抄本

綫裝。開本高12.5厘米，廣7.5厘米。伊犁哈薩克自治州文物局藏。

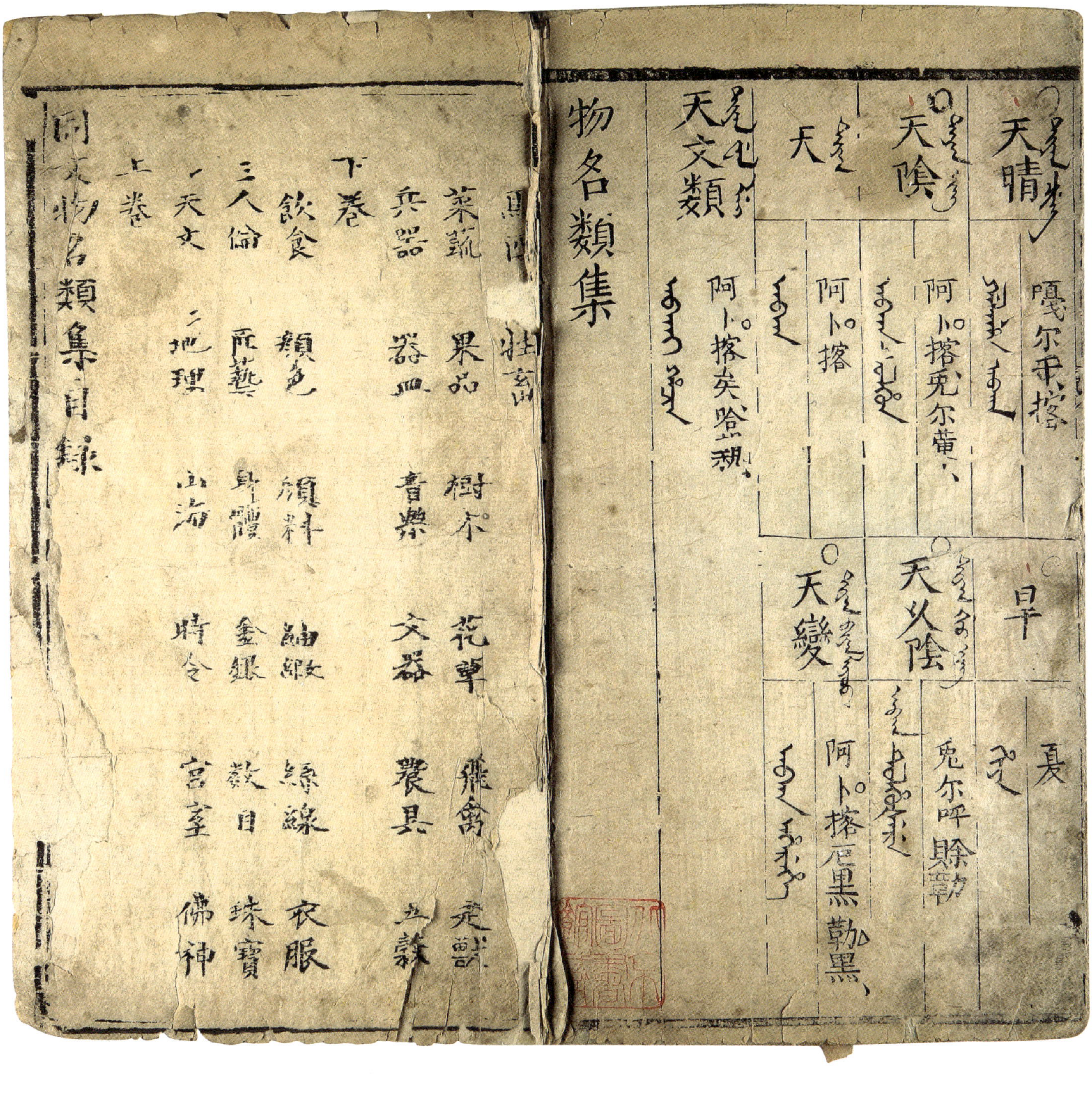

09790 物名類集 滿文 清刻本

綫裝。開本高23.3厘米，廣13.7厘米。匡高21.4厘米，廣12.5厘米。行字不等，黑口，四周單邊。國家圖書館藏。

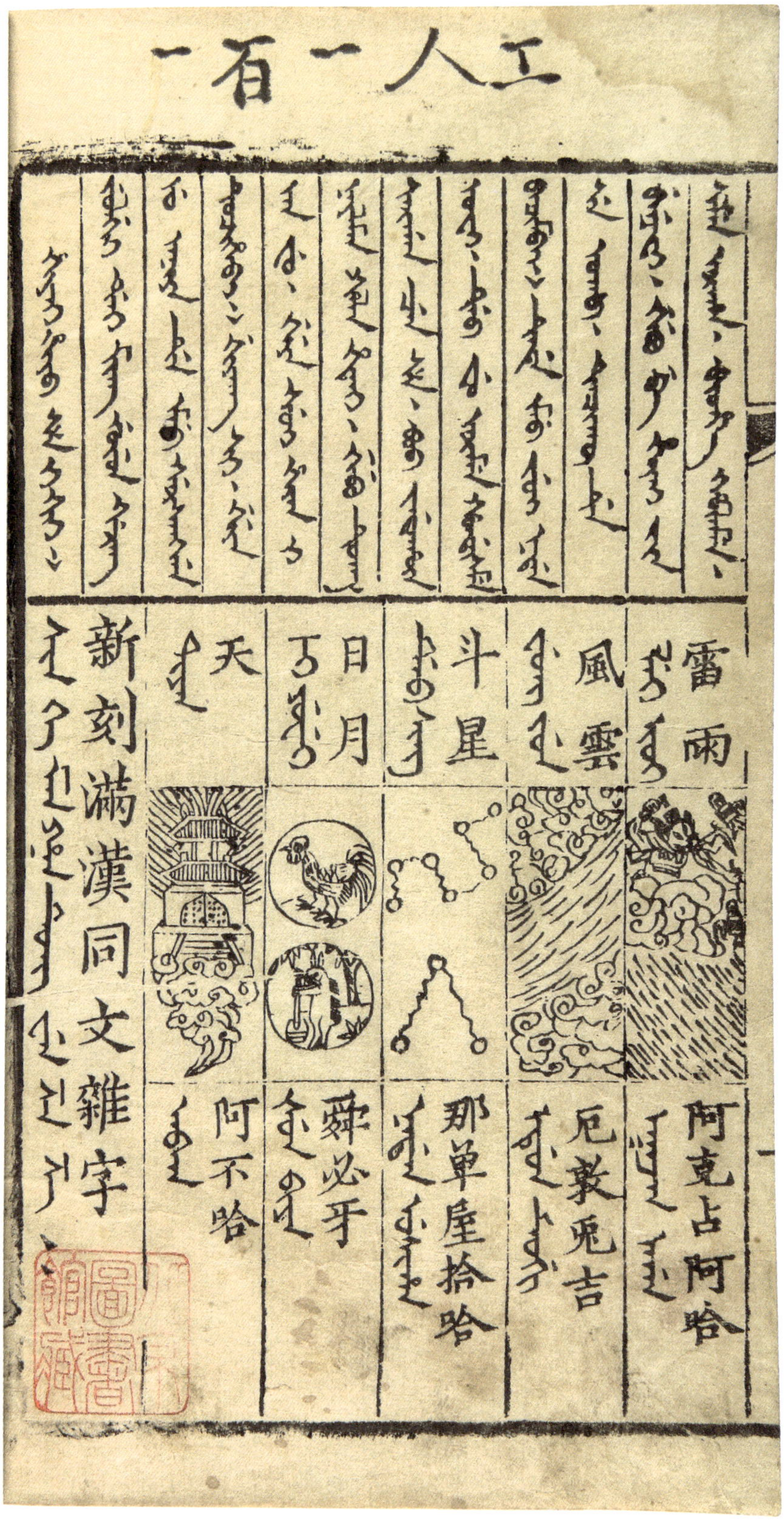

09791 新刻滿漢同文雜字附解學士詩 滿文 清京都文翰齋刻本

綫裝。開本高22.5厘米，廣13.5厘米。匡高19.2厘米，廣11.9厘米。行字不等，白口，四周單邊。國家圖書館藏。

09792 延壽道場·鎮壓仇人經 東巴文 清和世俊抄本

綫裝。開本高9.5厘米，廣28.2厘米。雲南省玉龍納西族自治縣圖書館藏。

09793 延壽道場·請天神降臨經 東巴文 清和世俊抄本

綫裝。開本高9.5厘米，廣28.4厘米。雲南省玉龍納西族自治縣圖書館藏，存一卷。

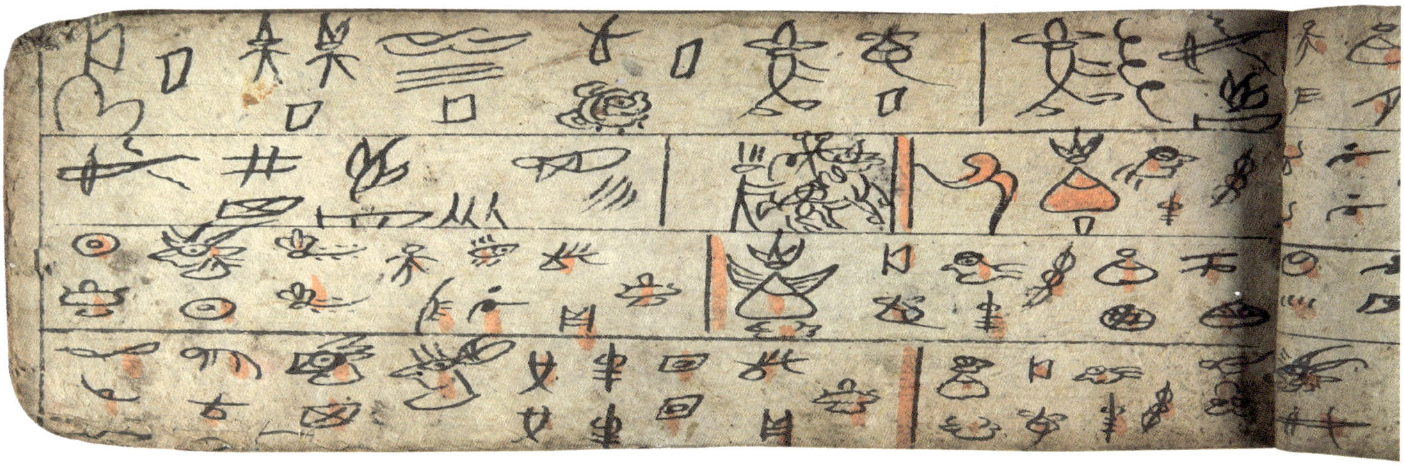

09794 送鼠知敖母經 東巴文 清抄本

綫裝。開本高9厘米，廣28厘米。國家圖書館藏。

09795 東巴舞譜 東巴文 清抄本

綫裝。開本高9厘米，廣29厘米。中央民族大學少數民族古籍研究所藏。

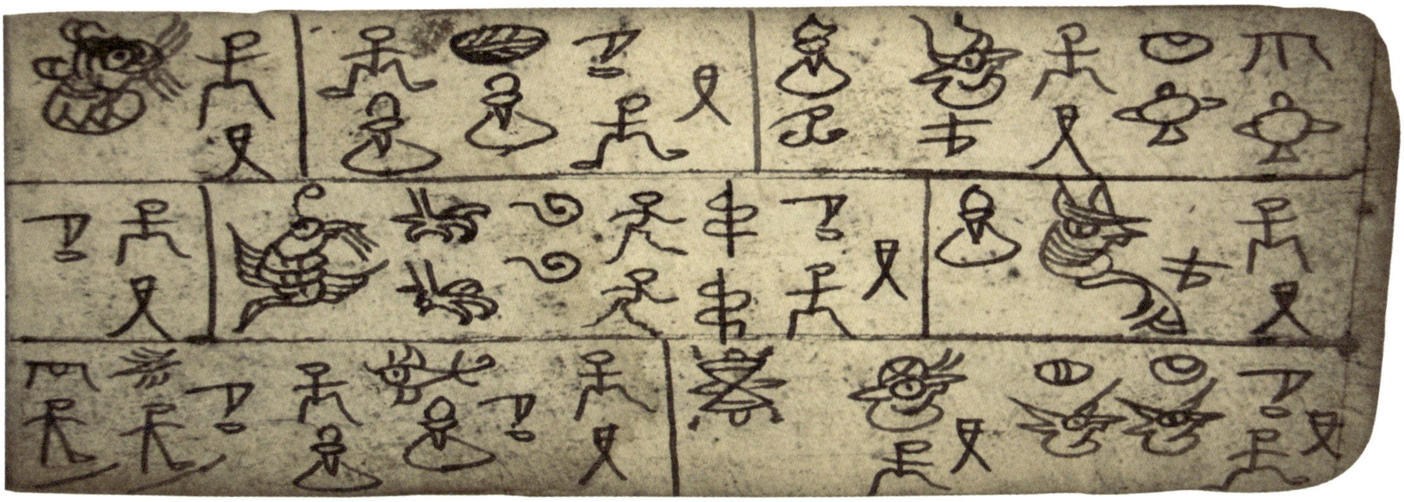

09796 東巴舞譜　東巴文　清抄本

綫裝。開本高9厘米，廣29厘米。中央民族大學少數民族古籍研究所藏。

09797 火甜油咒 東巴文 清抄本

綫裝。開本高10厘米，廣28.5厘米。中央民族大學少數民族古籍研究所藏。

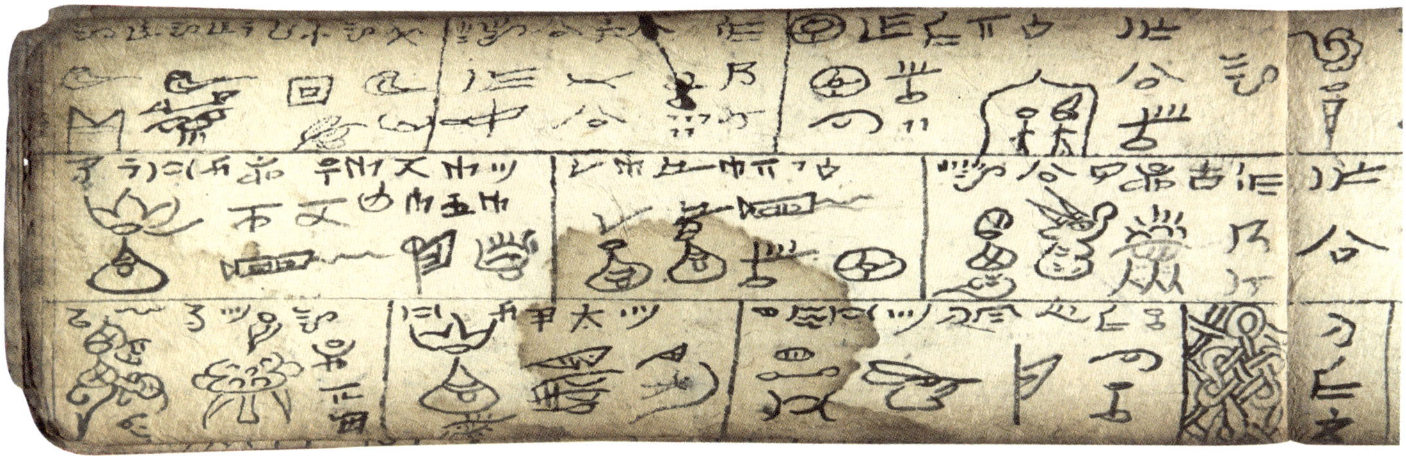

09798 祭神送理多面偶經 東巴文 清抄本

綫裝。開本高9厘米，廣29厘米。國家圖書館藏。

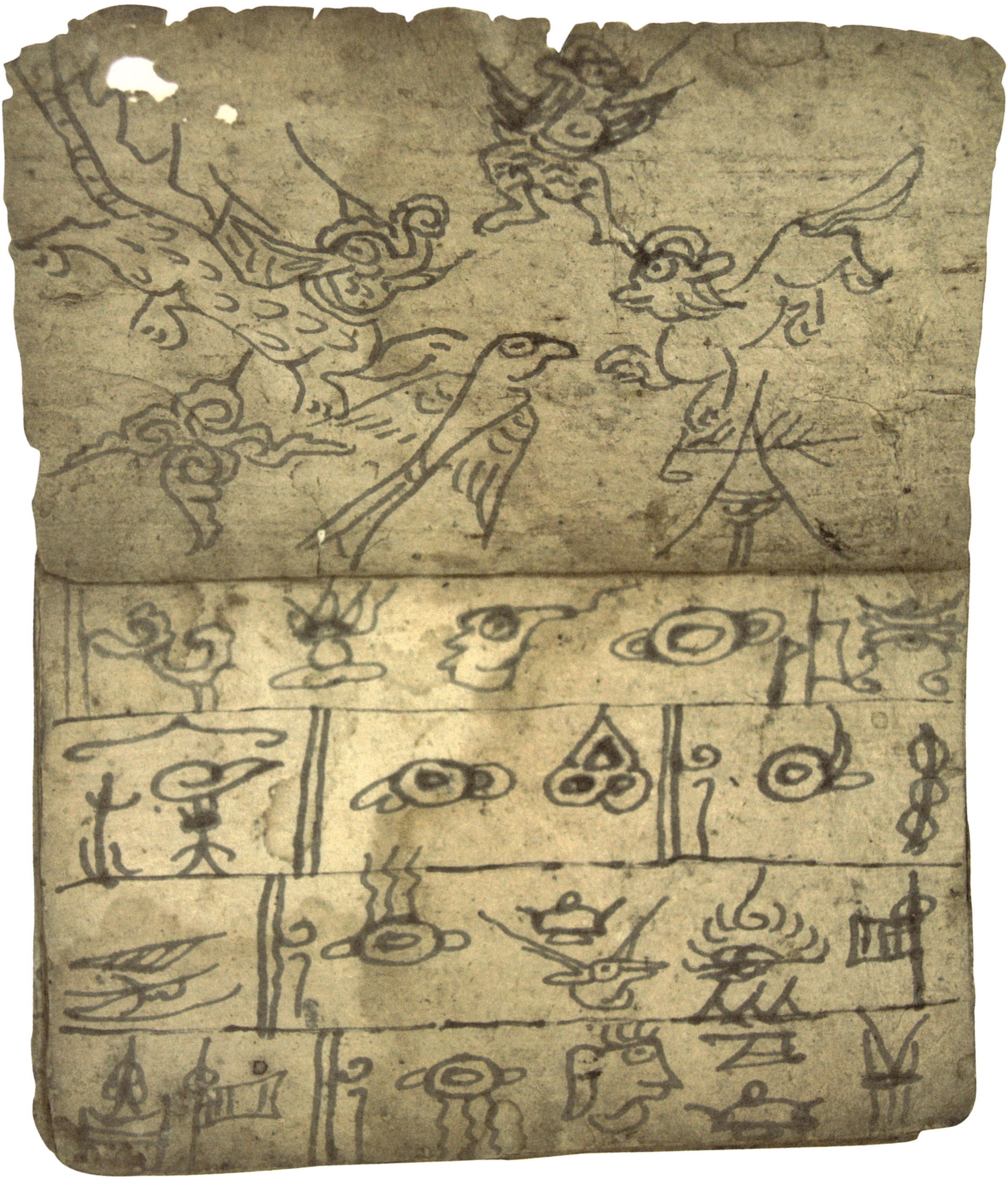

09799 雞蛋占卜 東巴文 清抄本

綫裝。開本高9厘米，廣14厘米。中央民族大學少數民族古籍研究所藏。

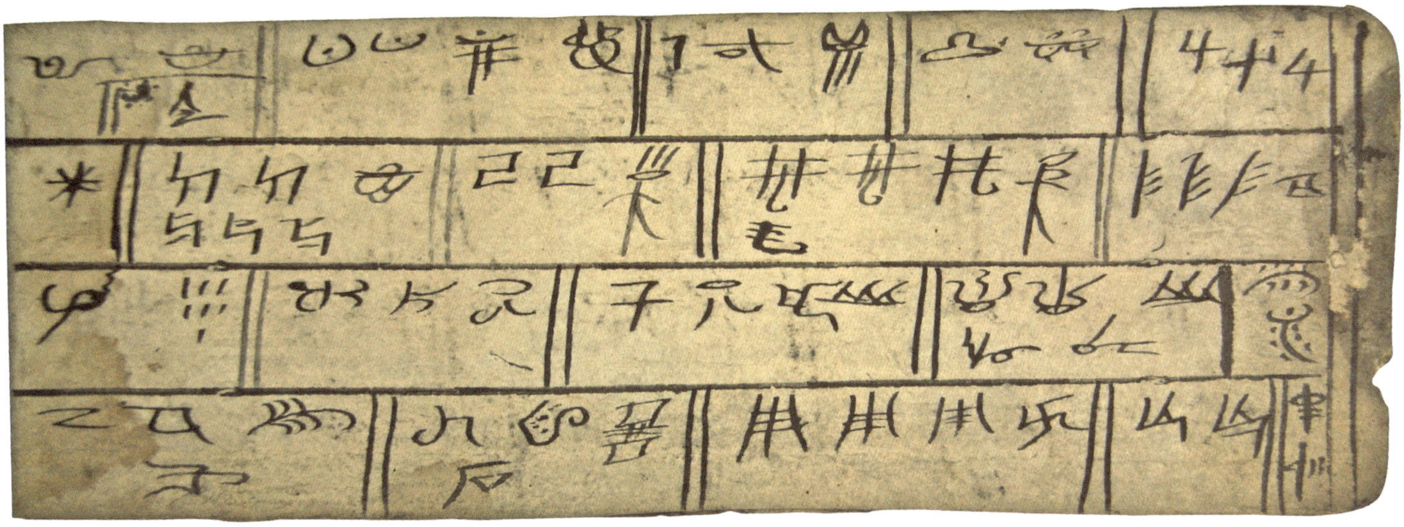

09800 哥巴文與納西象形文對照書 東巴文 清末抄本

綫裝。開本高10厘米，廣28.5厘米。中央民族大學少數民族古籍研究所藏。

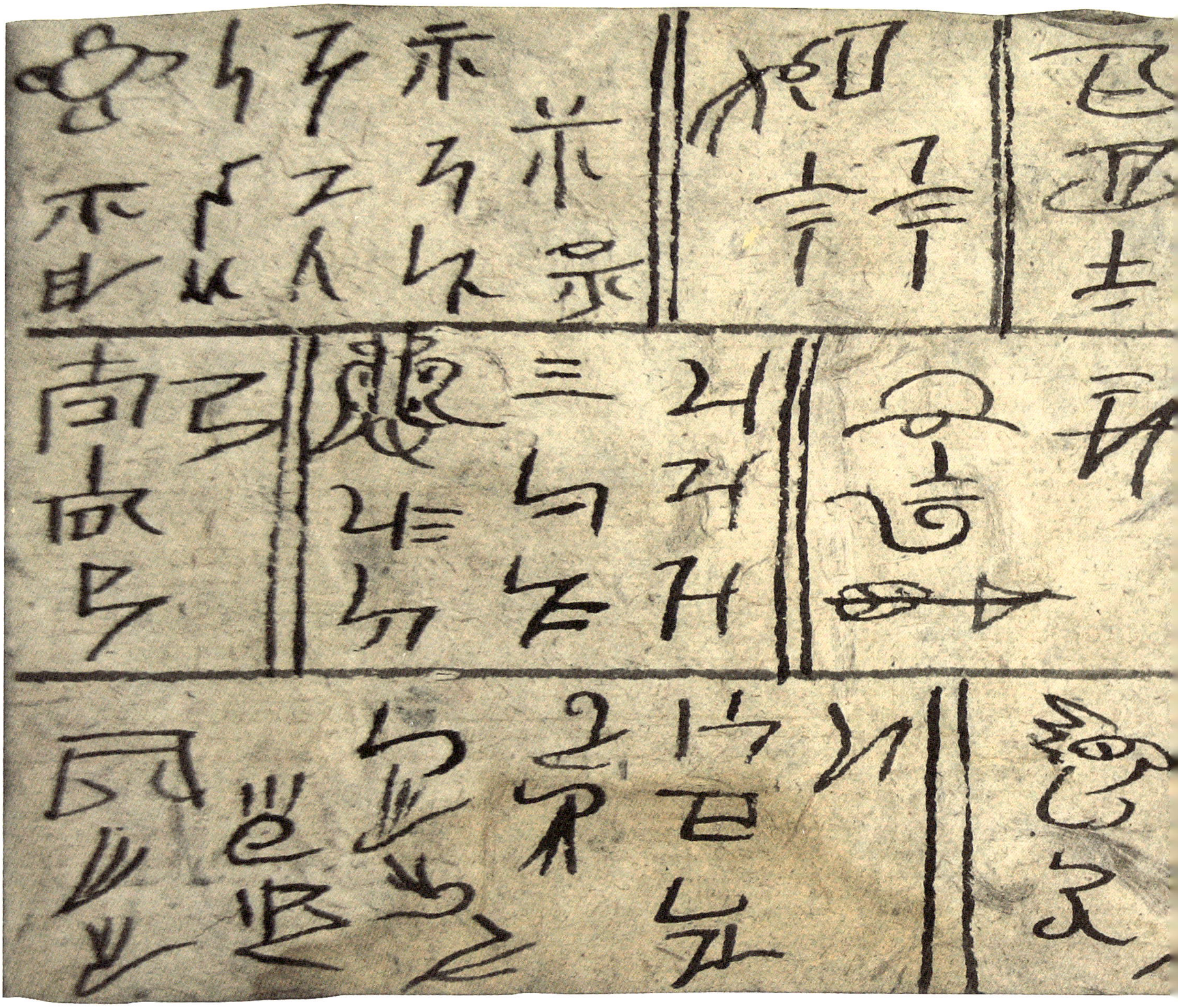

09801 經咒 東巴文 清末抄本

綫裝。開本高10.5厘米，廣28厘米。中央民族大學少數民族古籍研究所藏。

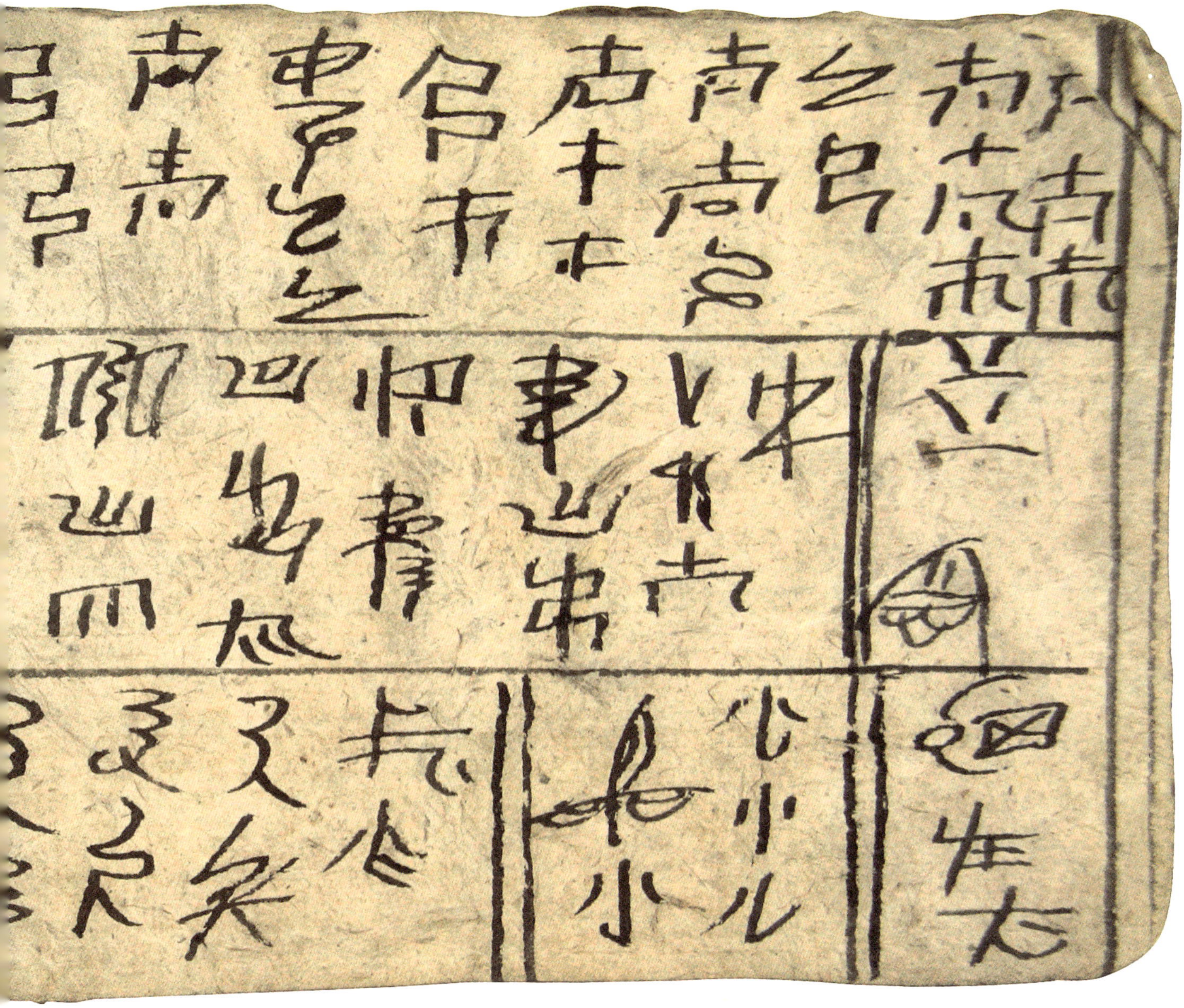

09802 青年國王八冊 傣文 清同治三年（1864）刻寫

梵夾裝。開本高5.4厘米，廣48.2厘米。中國民族圖書館藏，存一冊。

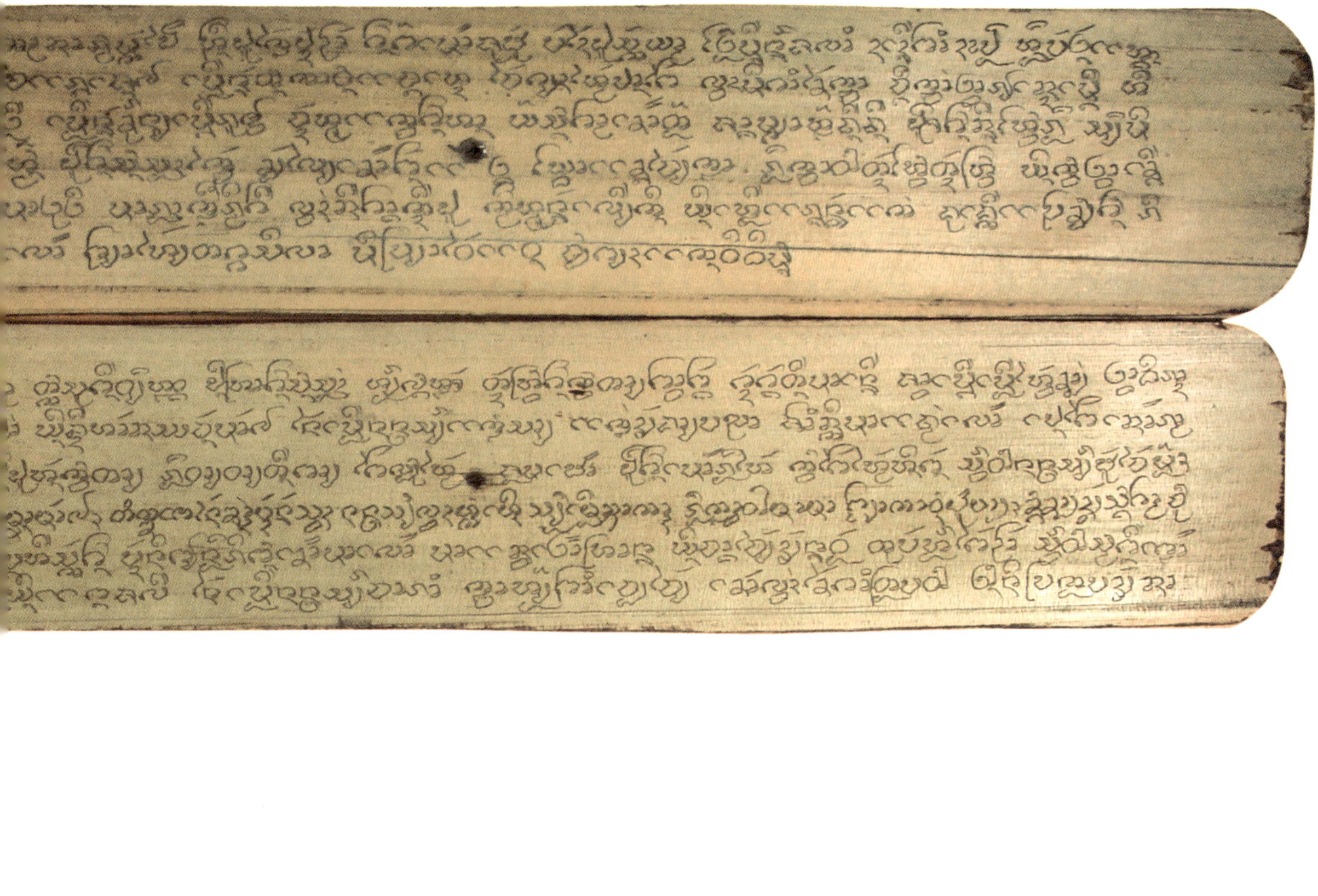

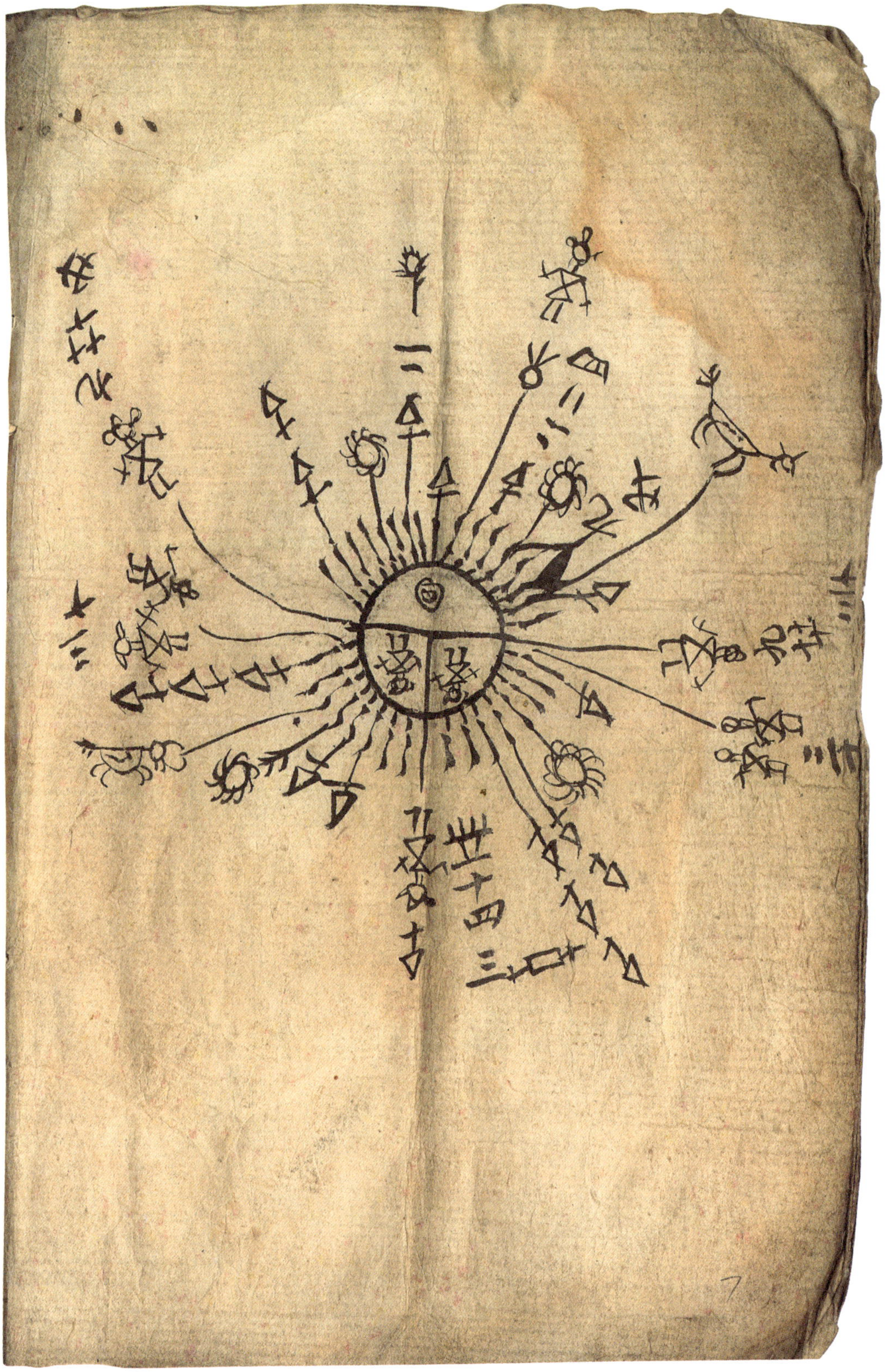

09803 萬事明指 水文 清道光十三年（1833）抄本

綫裝。開本高28厘米，廣19.5厘米。貴州省荔波縣檔案館藏。

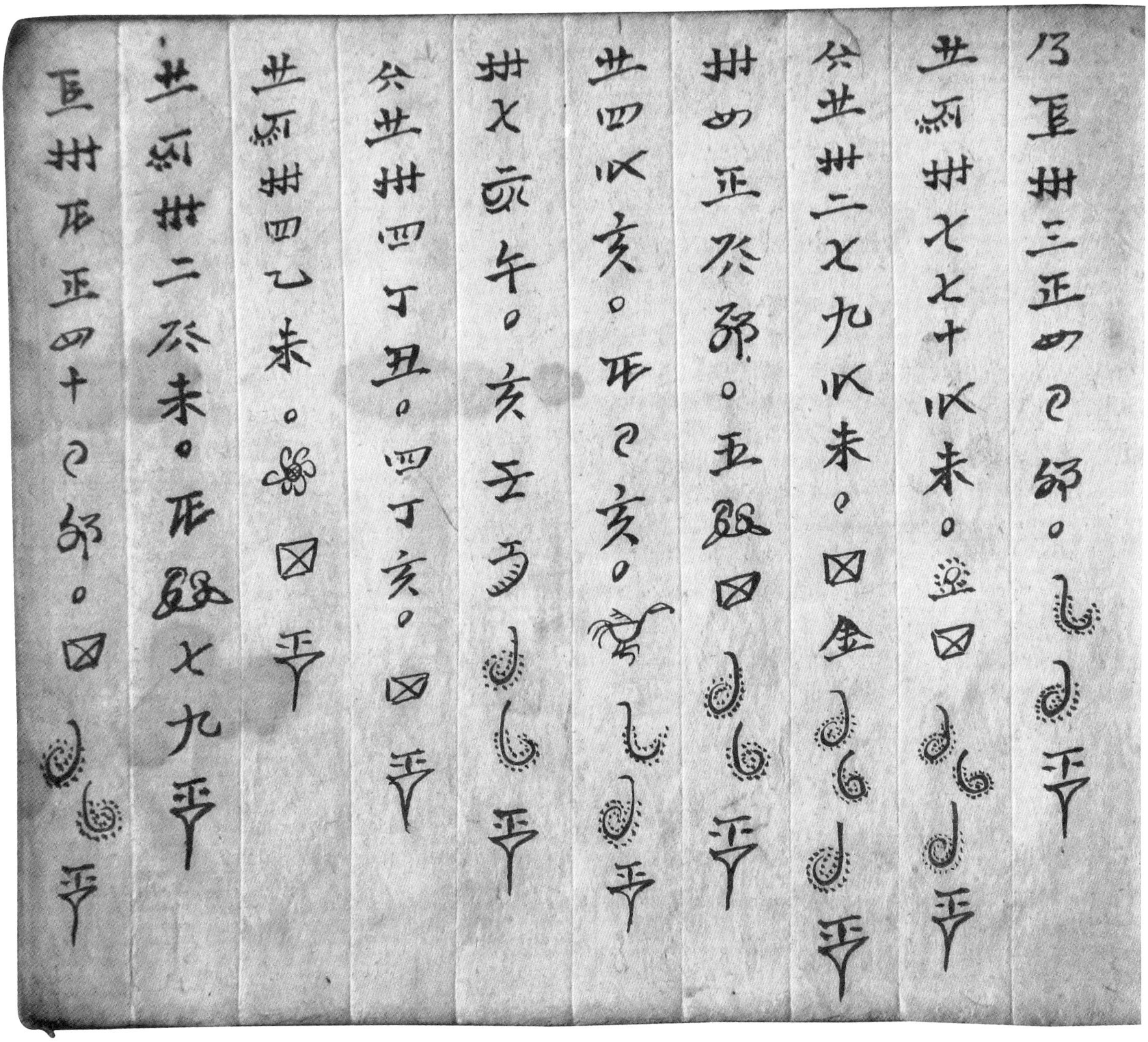

09804 通書八貪　水文　清同治二年（1863）抄本

綫裝。開本高16.5厘米，廣20厘米。貴州民族學院潘朝霖藏。

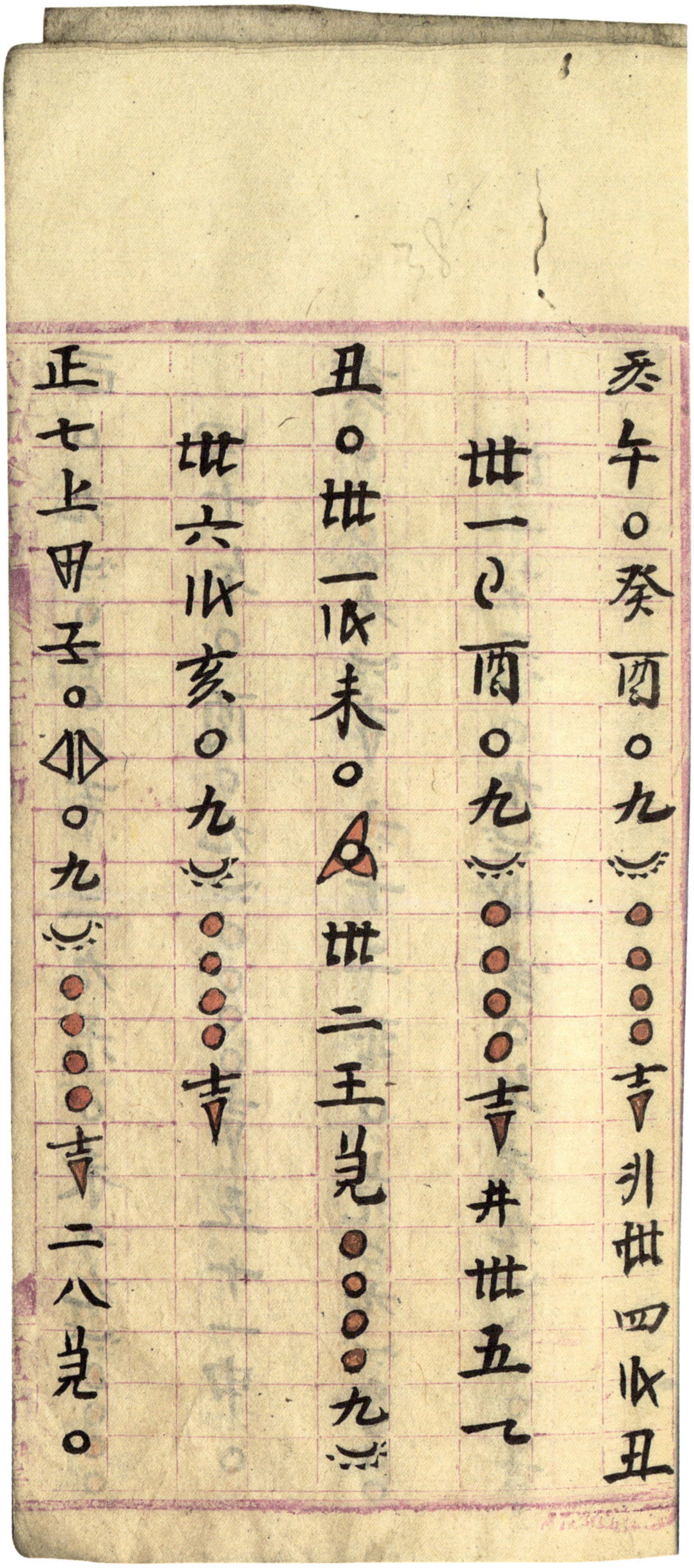

09805 丑辰 水文 清光緒六年（1880）潘智基抄本

綫裝。開本高25厘米，廣14厘米。貴州省荔波縣檔案館藏。

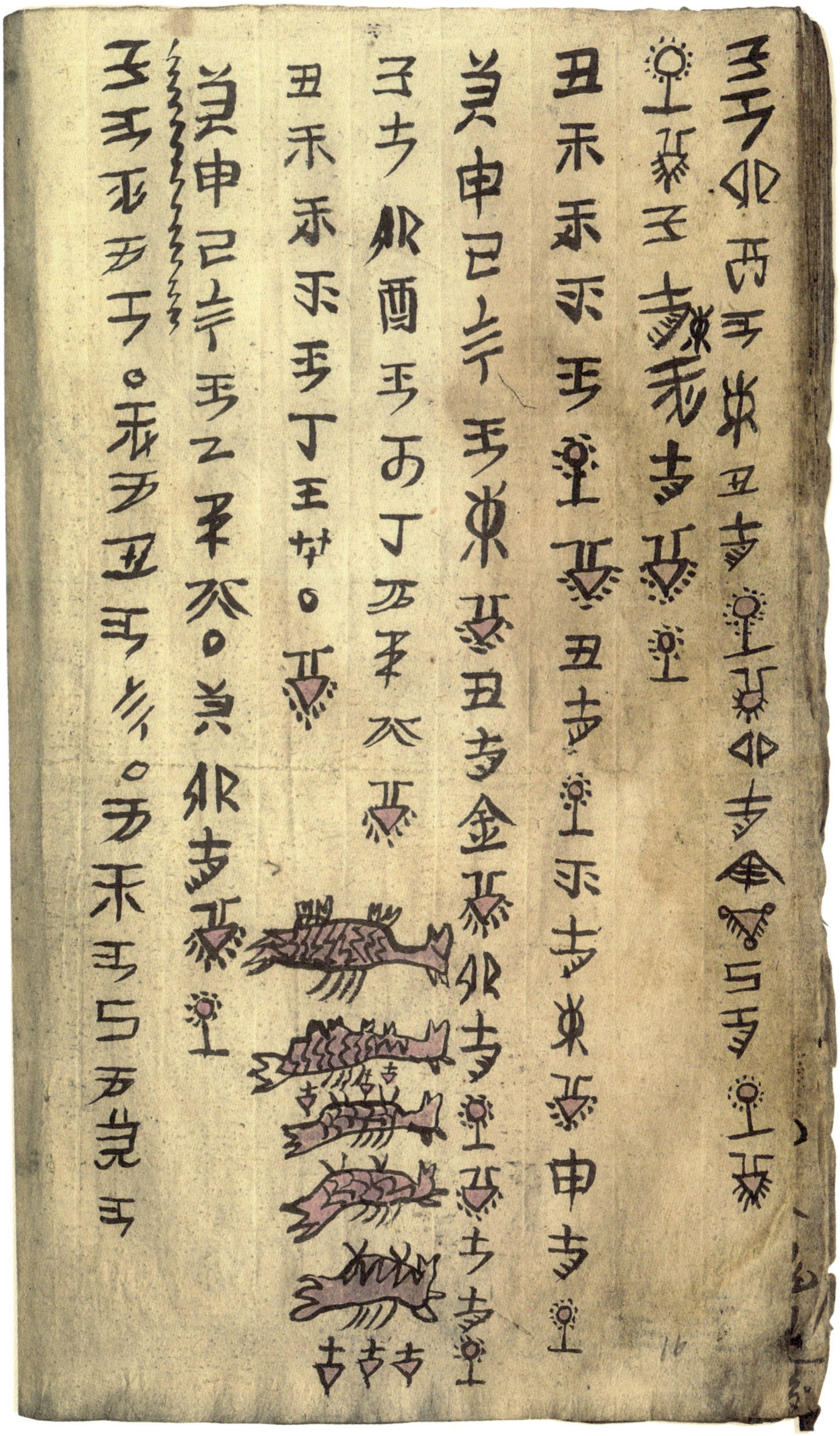

09806 擋朵 水文 清光緒九年（1883）韋自修抄本

綫裝。開本高29厘米，廣19厘米。貴州省荔波縣檔案館藏。

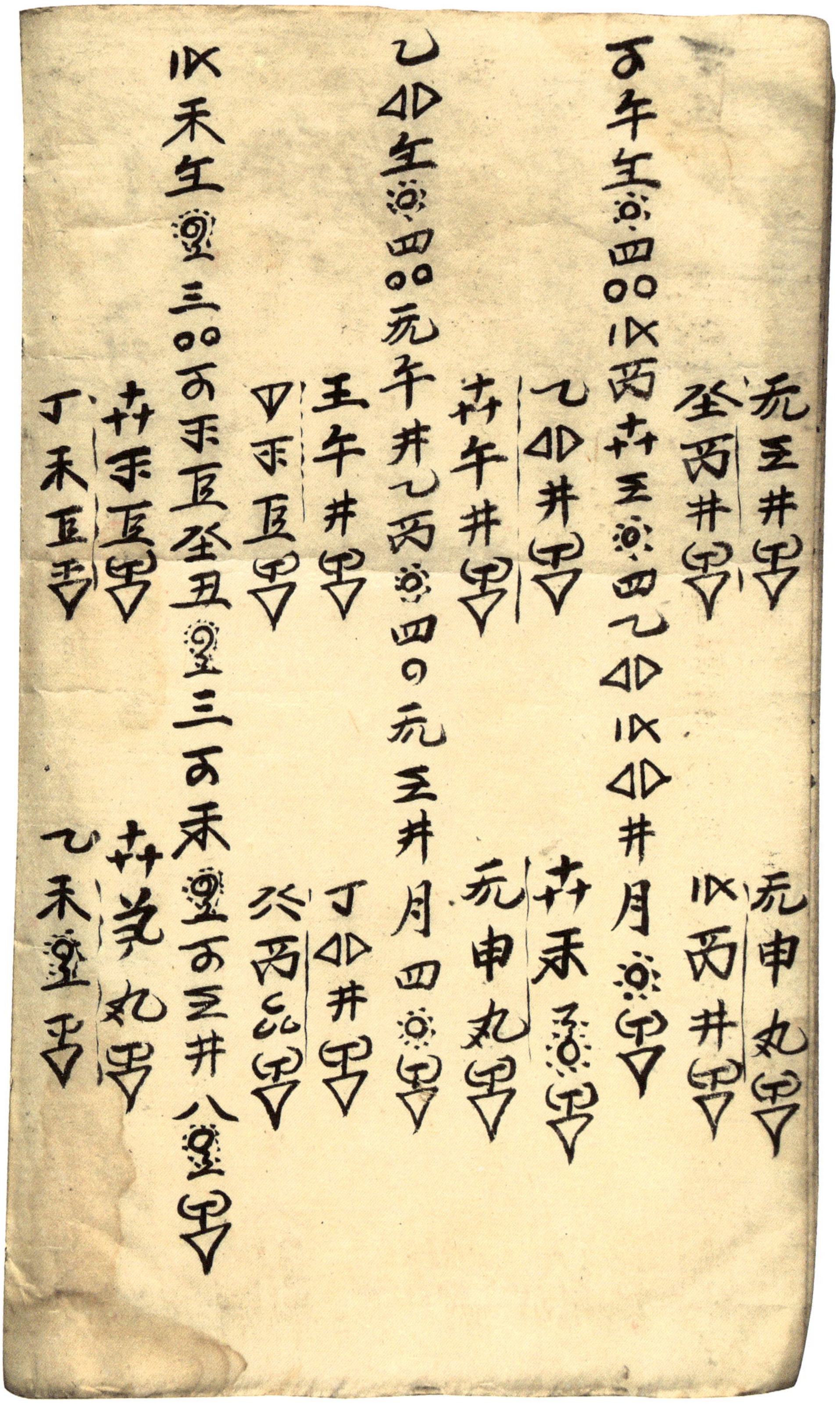

09807 安葬吉日通用井 水文 清光緒二十四年（1898）抄本

綫裝。開本高32.5厘米，廣21厘米。黔南布依族苗族自治州圖書館藏。

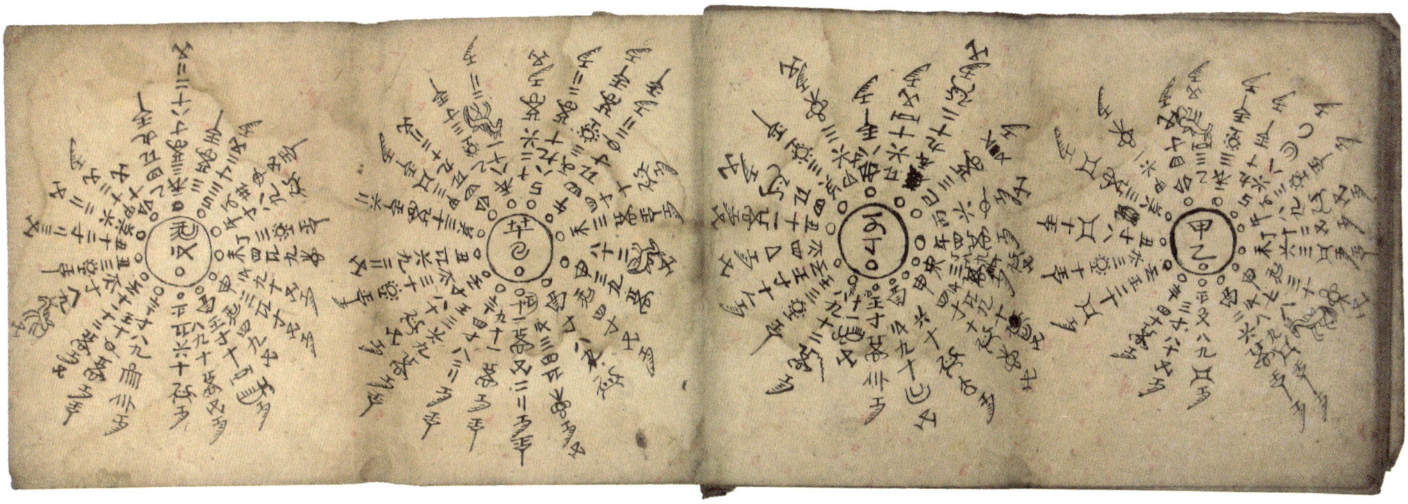

09808 八宫取用 水文 清光緒二十七年（1901）抄本

綫裝。開本高17.5厘米，廣29.5厘米。黔南民族師範學院藏。

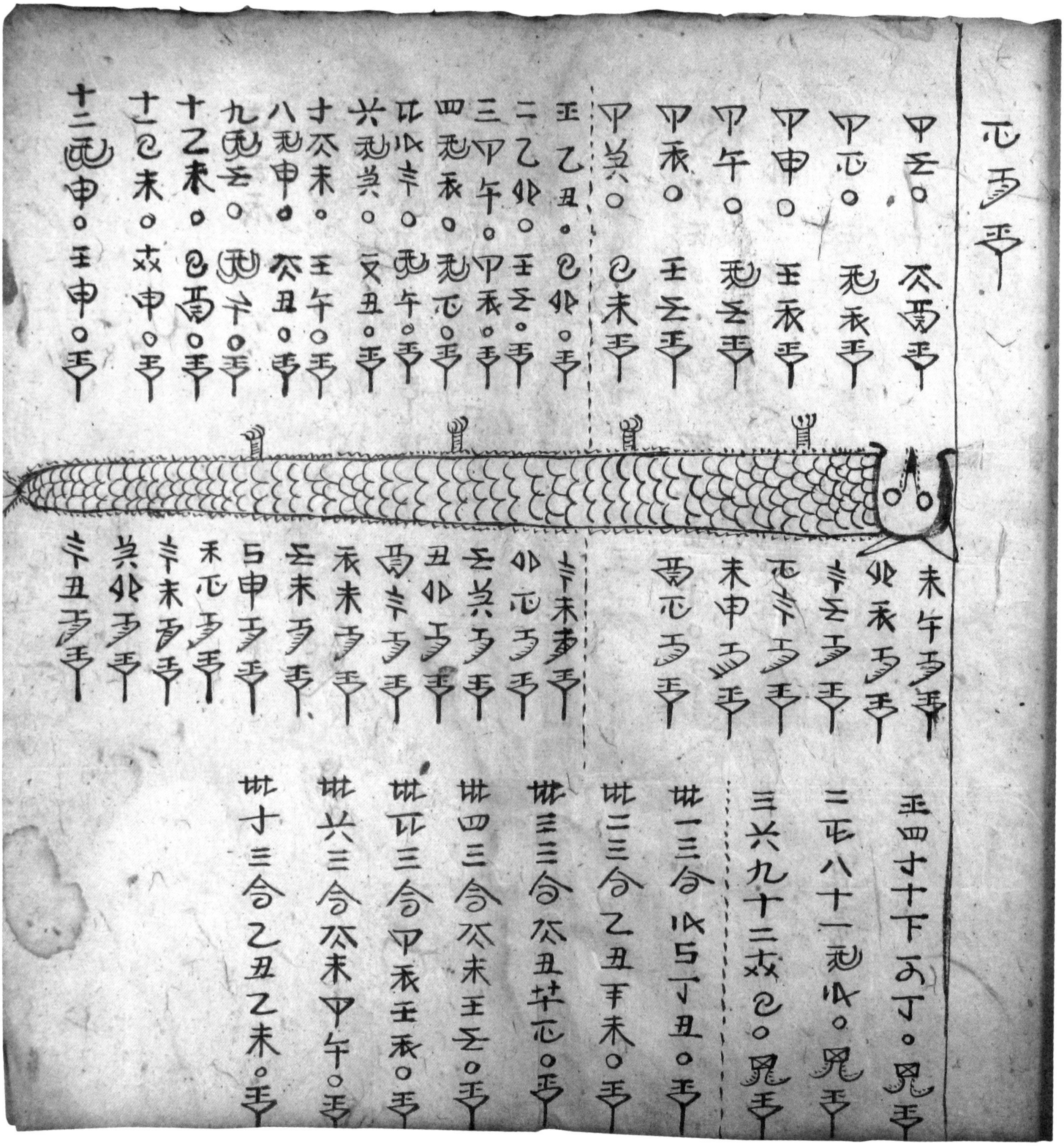

09809 壬辰 水文 清光緒二十七年（1901）抄本

綫裝。開本高29厘米，廣27.5厘米。黔南民族師範學院藏。

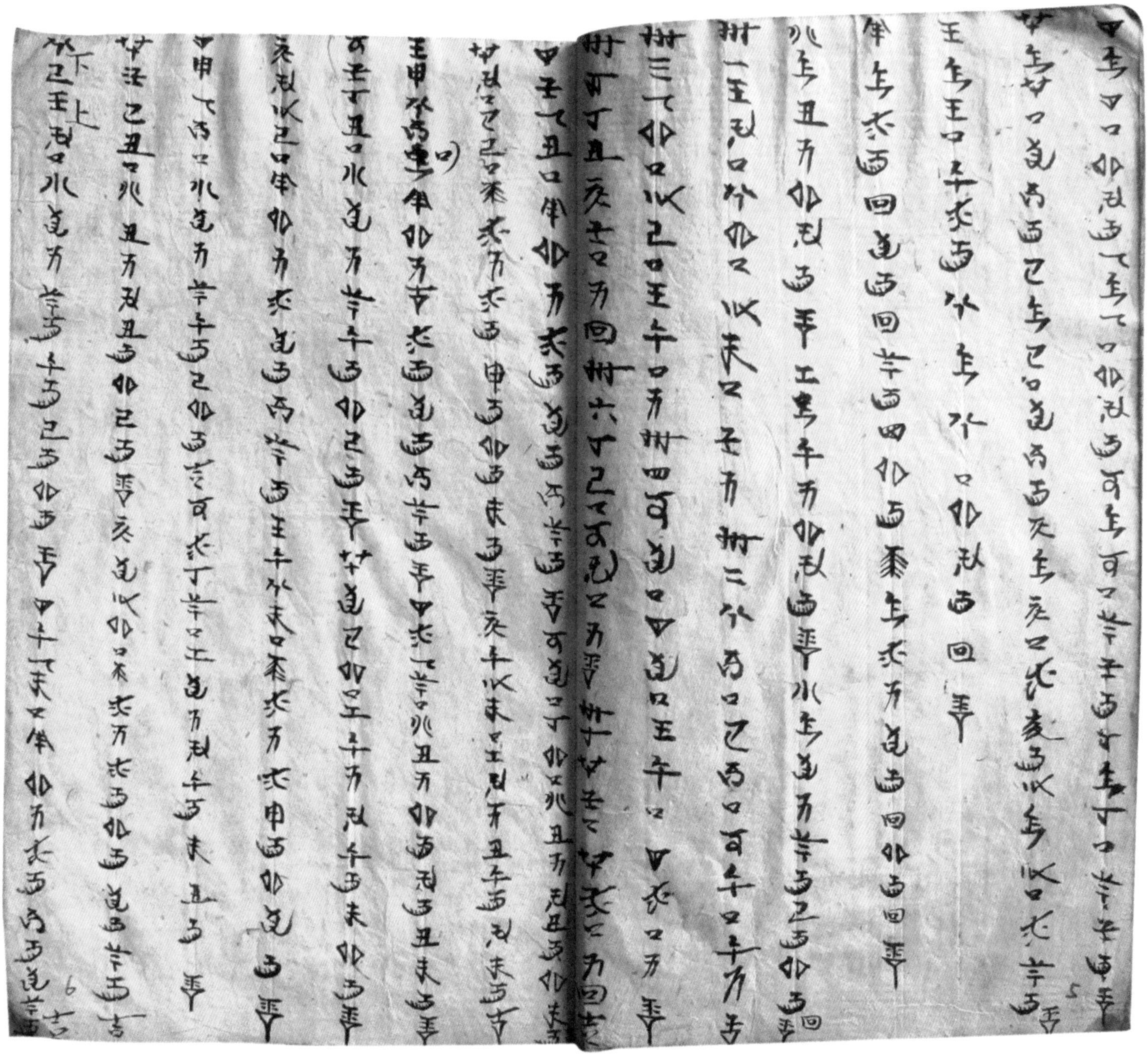

09810 逮昔 水文 清光緒二十八年（1902）抄本

綫裝。開本高31厘米，廣20厘米。貴州省三都水族自治縣檔案館藏。

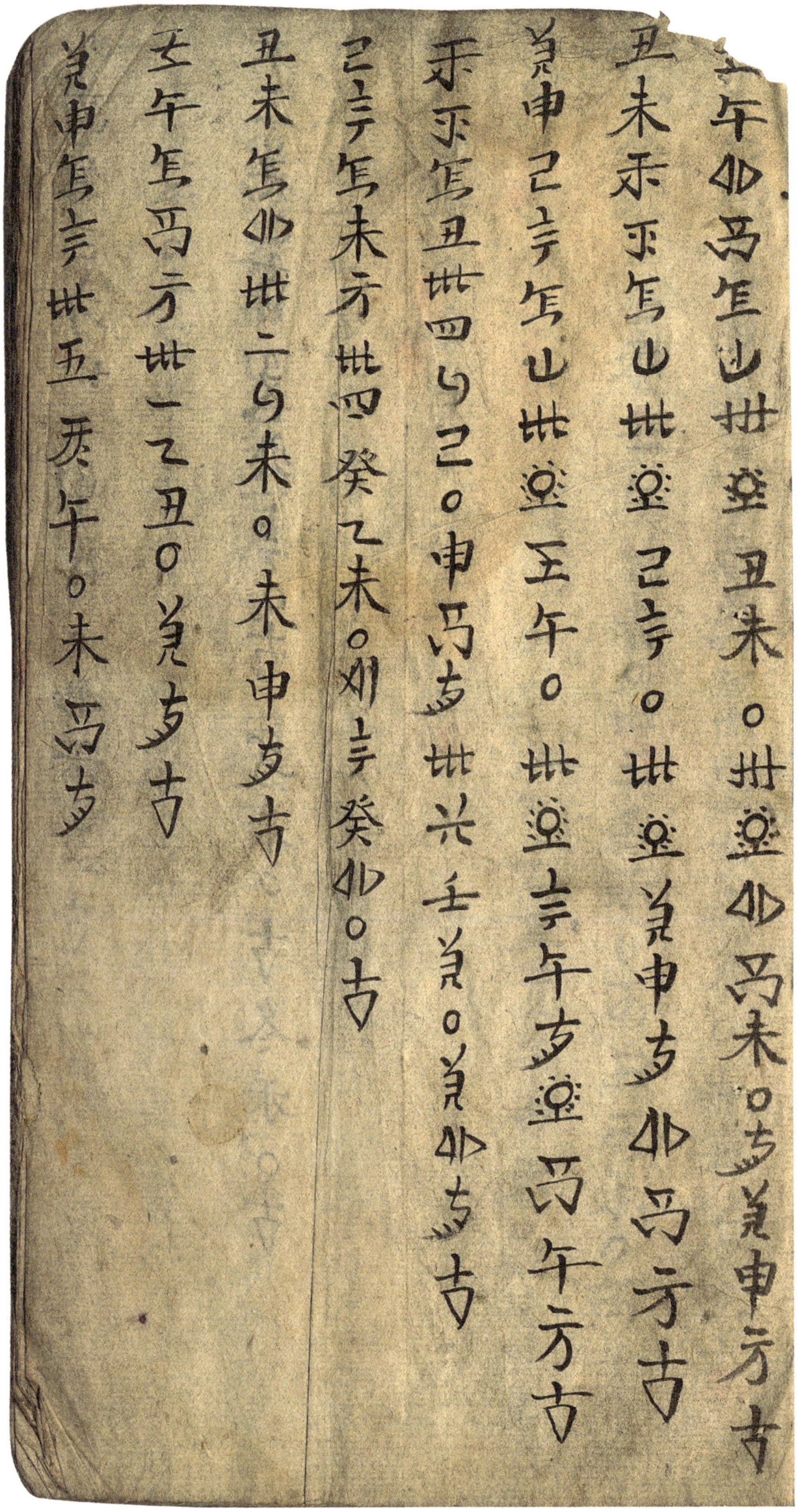

09811 通用大吉 水文 清光緒二十九年（1903）抄本

綫裝。開本高24厘米，廣14厘米。貴州省荔波縣檔案館藏。

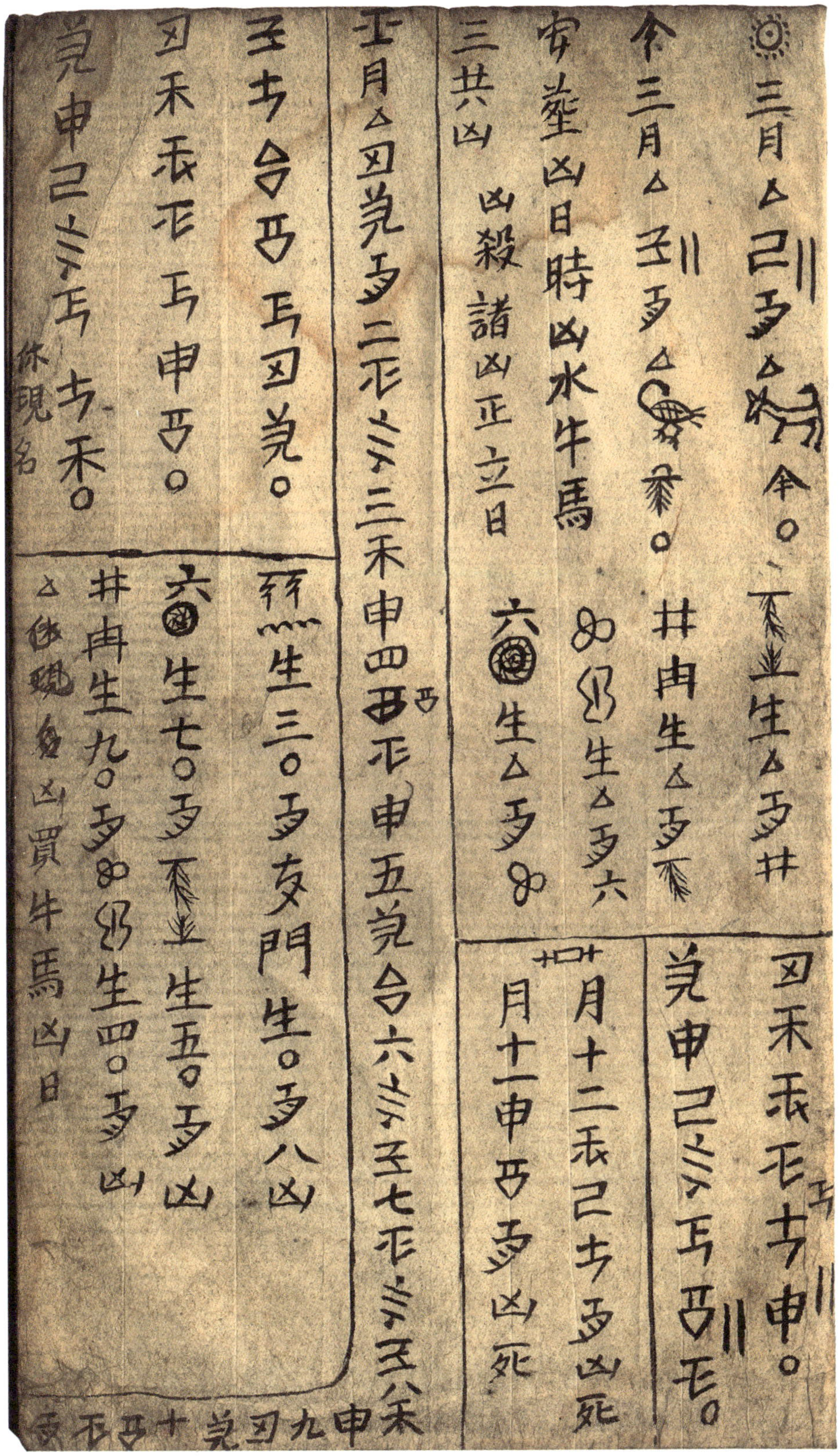

09812 看日陰陽 水文 清潘玉龍抄本

綫裝。開本高27.5厘米，廣19厘米。貴州省荔波縣檔案館藏。

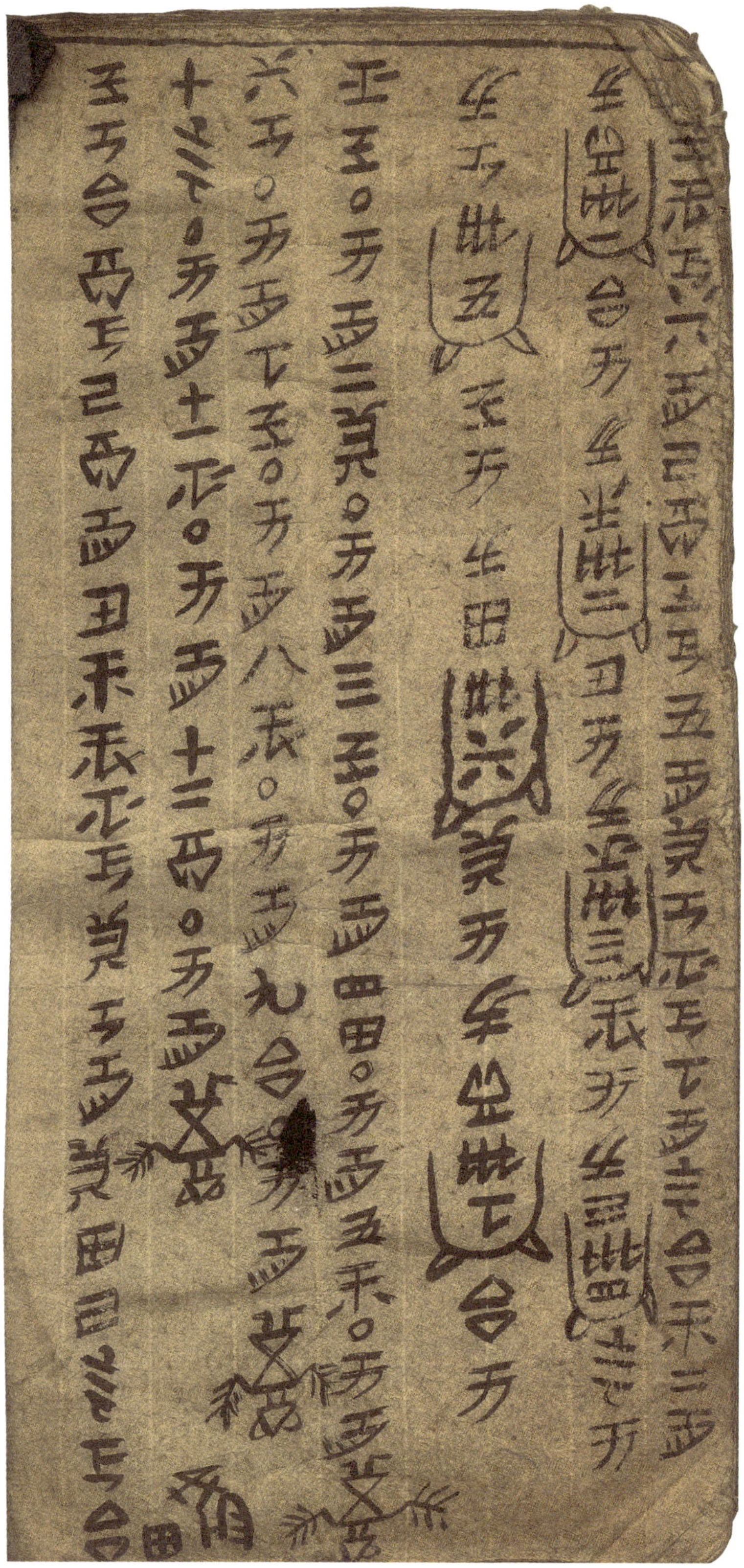

09813 探祝龍 水文 清抄本

綫裝。開本高37厘米，廣17厘米。貴州省荔波縣檔案館藏。

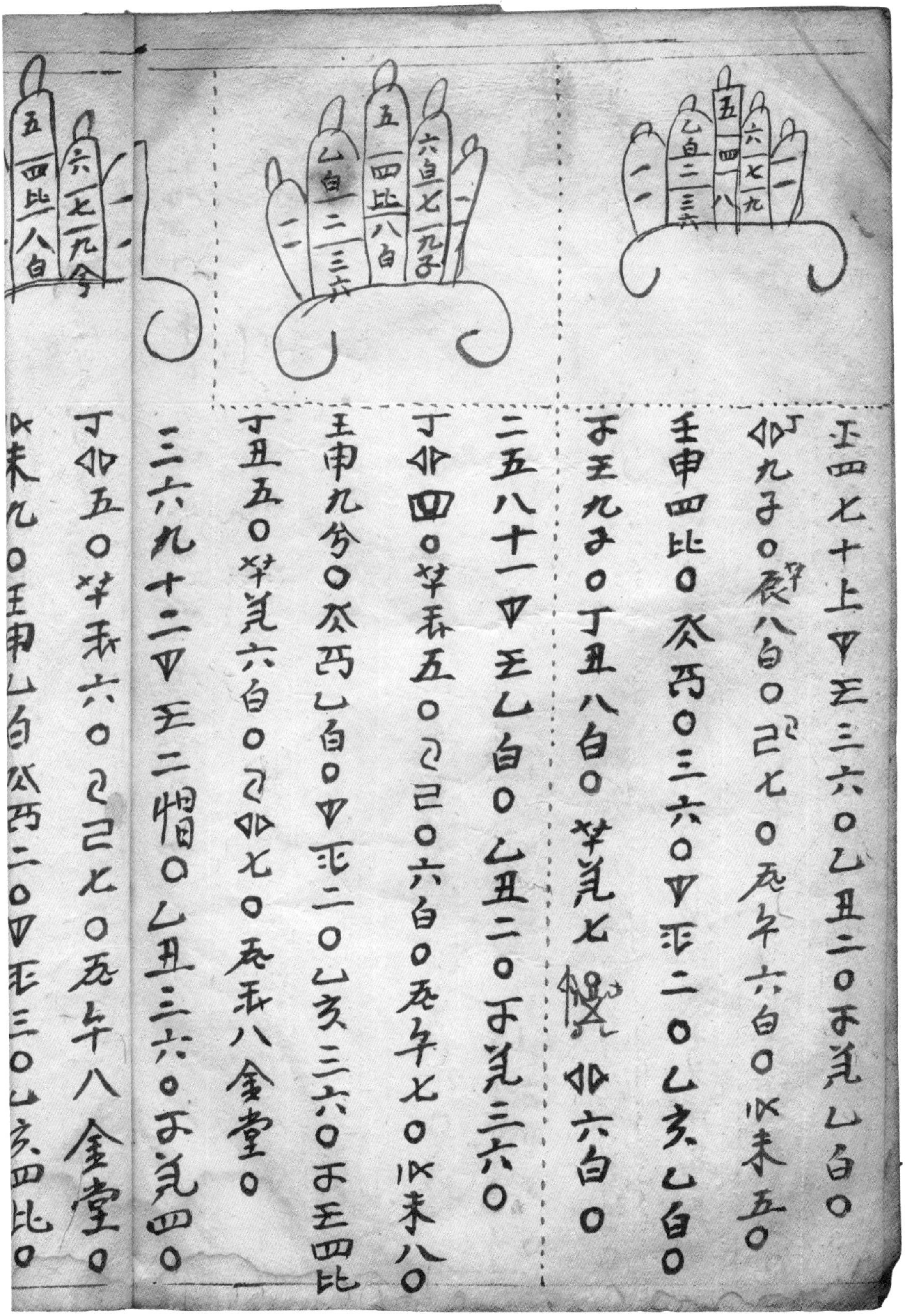

09814 納牲　水文　清潘芝賢抄本

綫裝。開本高30.2厘米，廣20厘米。貴州省荔波縣檔案館藏。

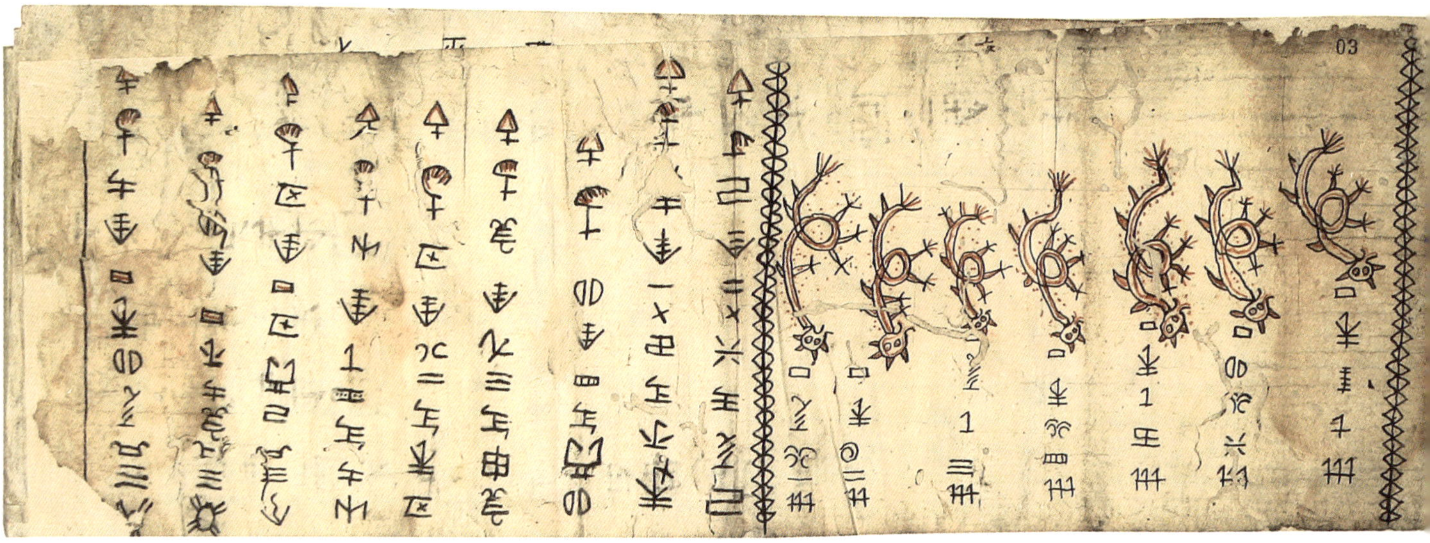

09815 卜辭 水文 清抄本

綫裝。開本高15厘米，廣47厘米。國家圖書館藏。

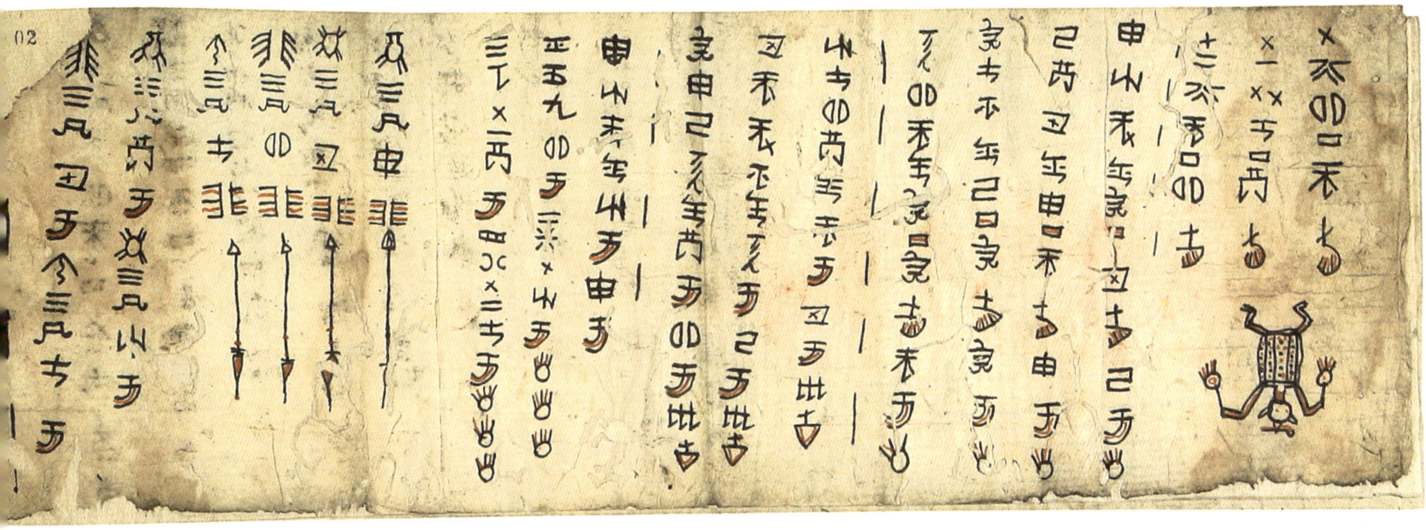

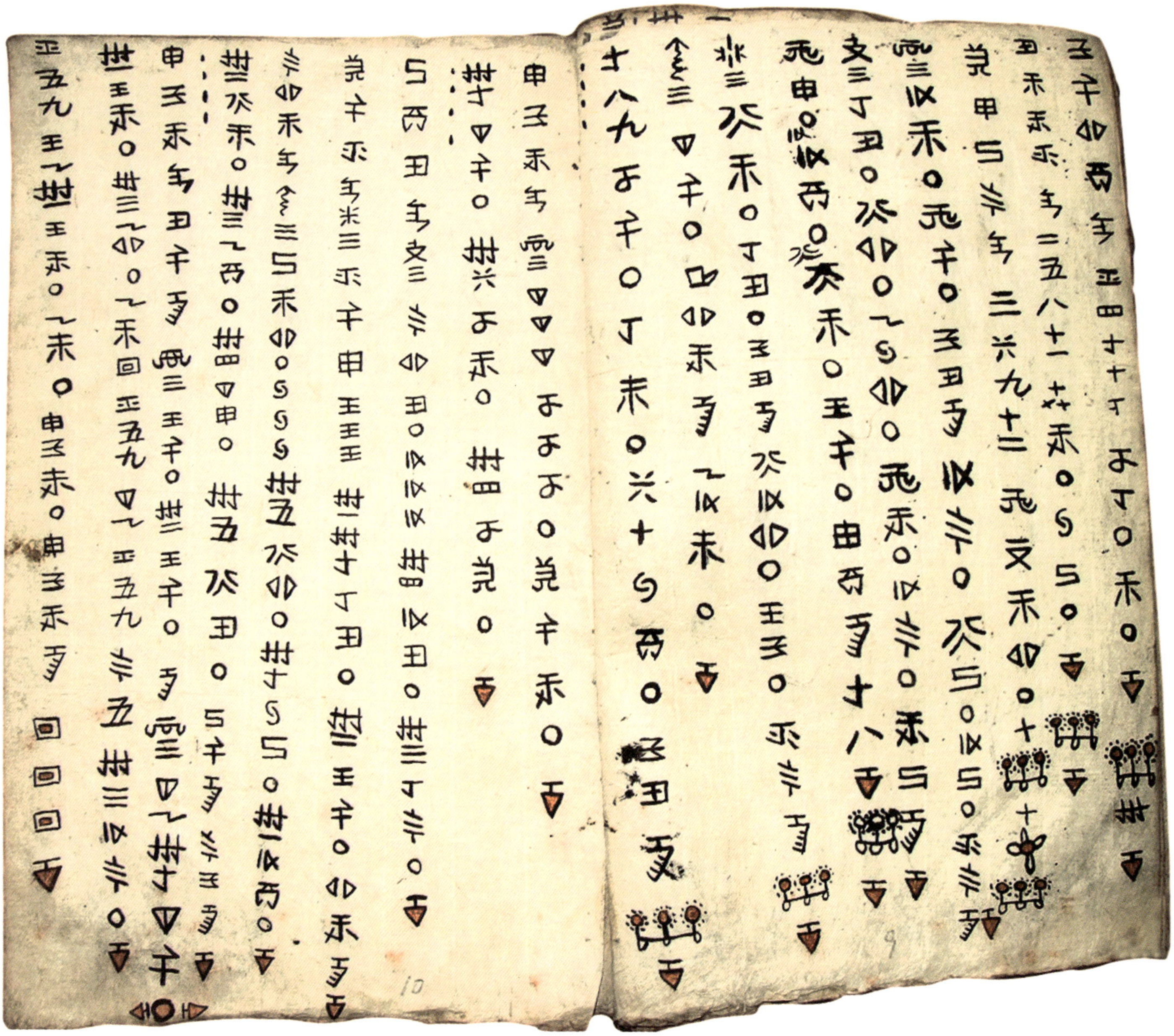

09816 大吉 水文 清抄本

綫裝。開本高31厘米，廣20厘米。貴州省三都水族自治縣檔案館藏。

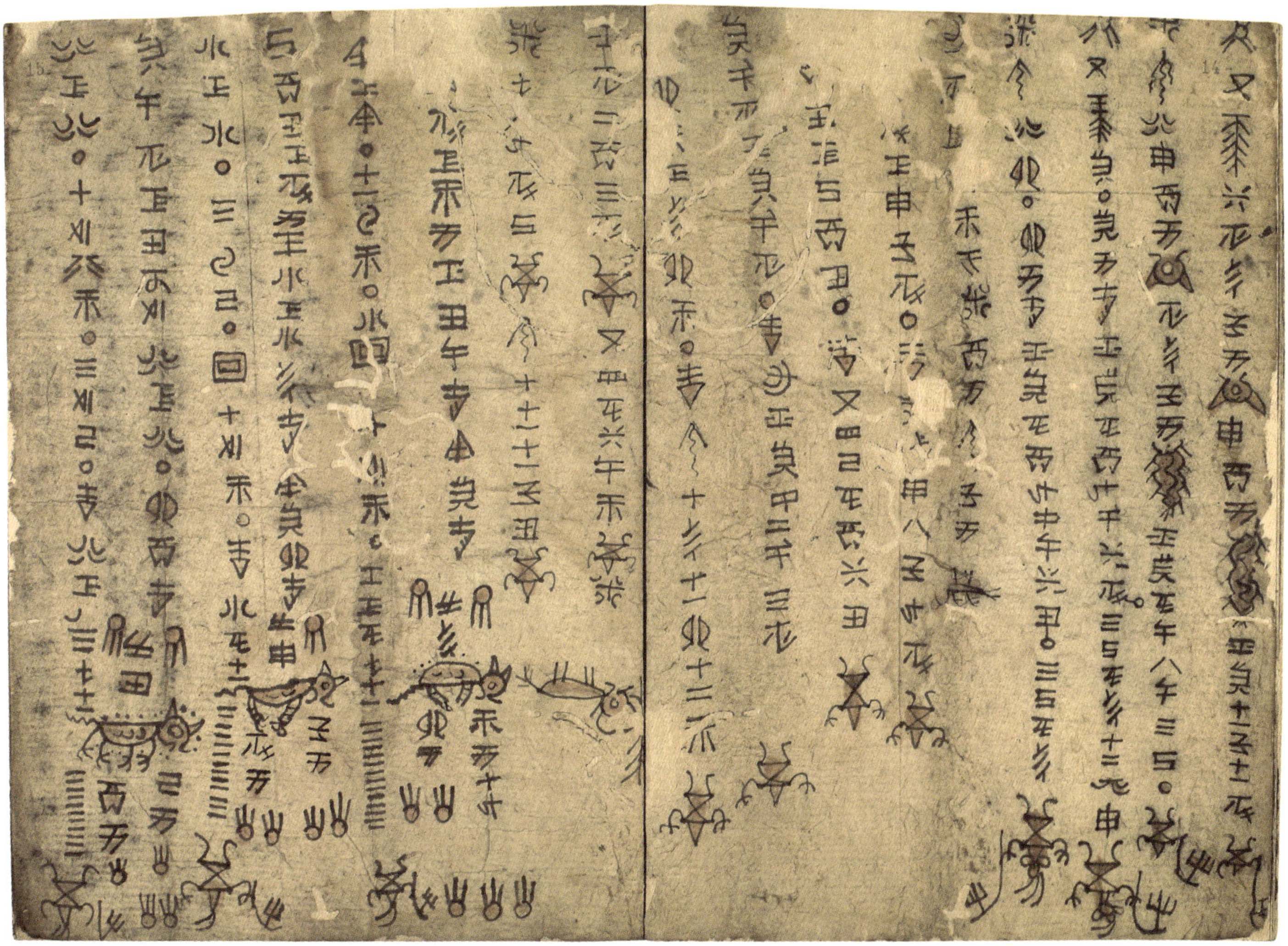

09817 都講 水文 清抄本

綫裝。開本高30.8厘米，廣23厘米。國家圖書館藏。

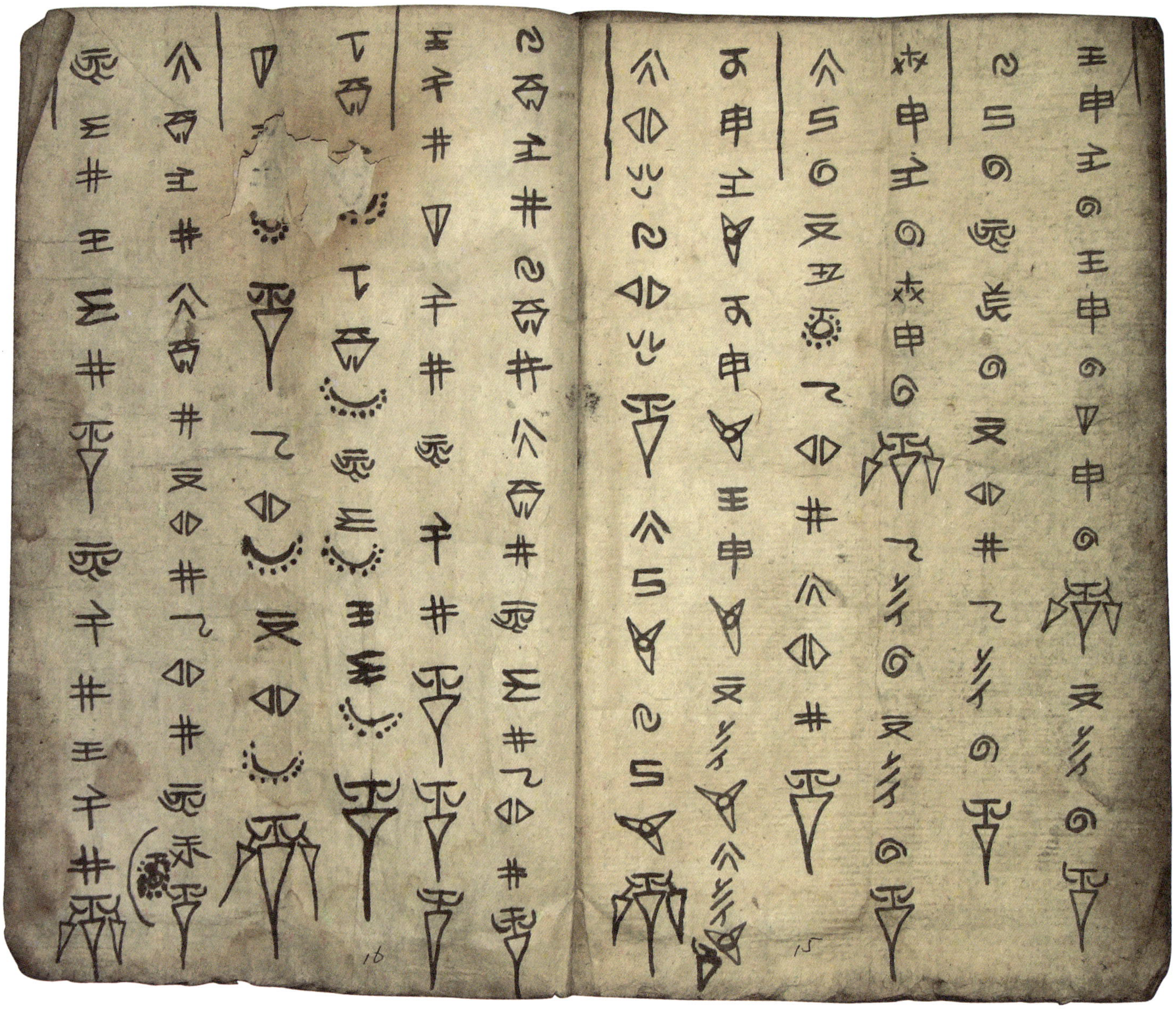

09818 吉書 水文 清抄本

綫裝。開本高28厘米，廣18.5厘米。貴州省三都水族自治縣檔案館藏。

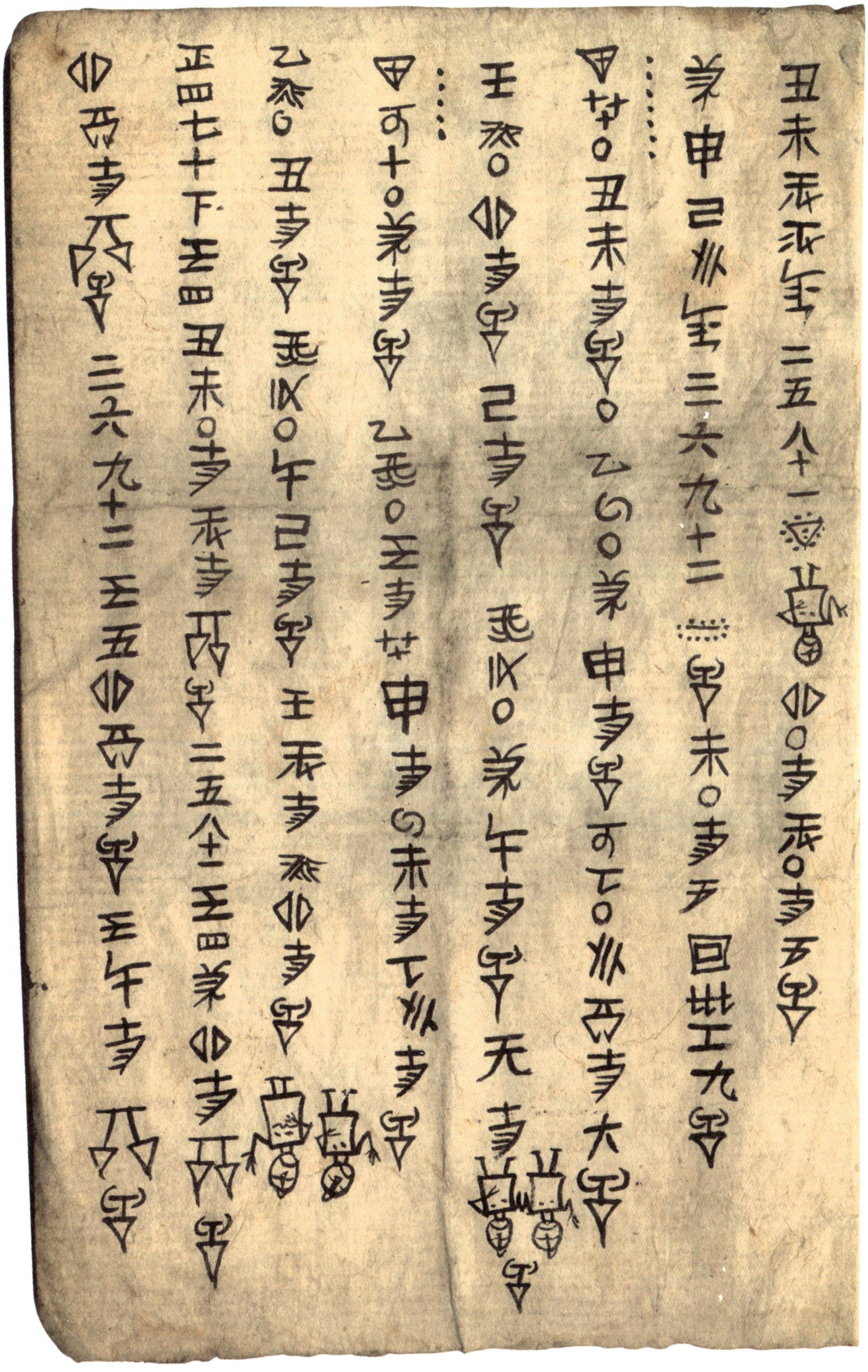

09819 開新吉凶 水文 清抄本

綫裝。開本高27.5厘米，廣19厘米。貴州省荔波縣檔案館藏。

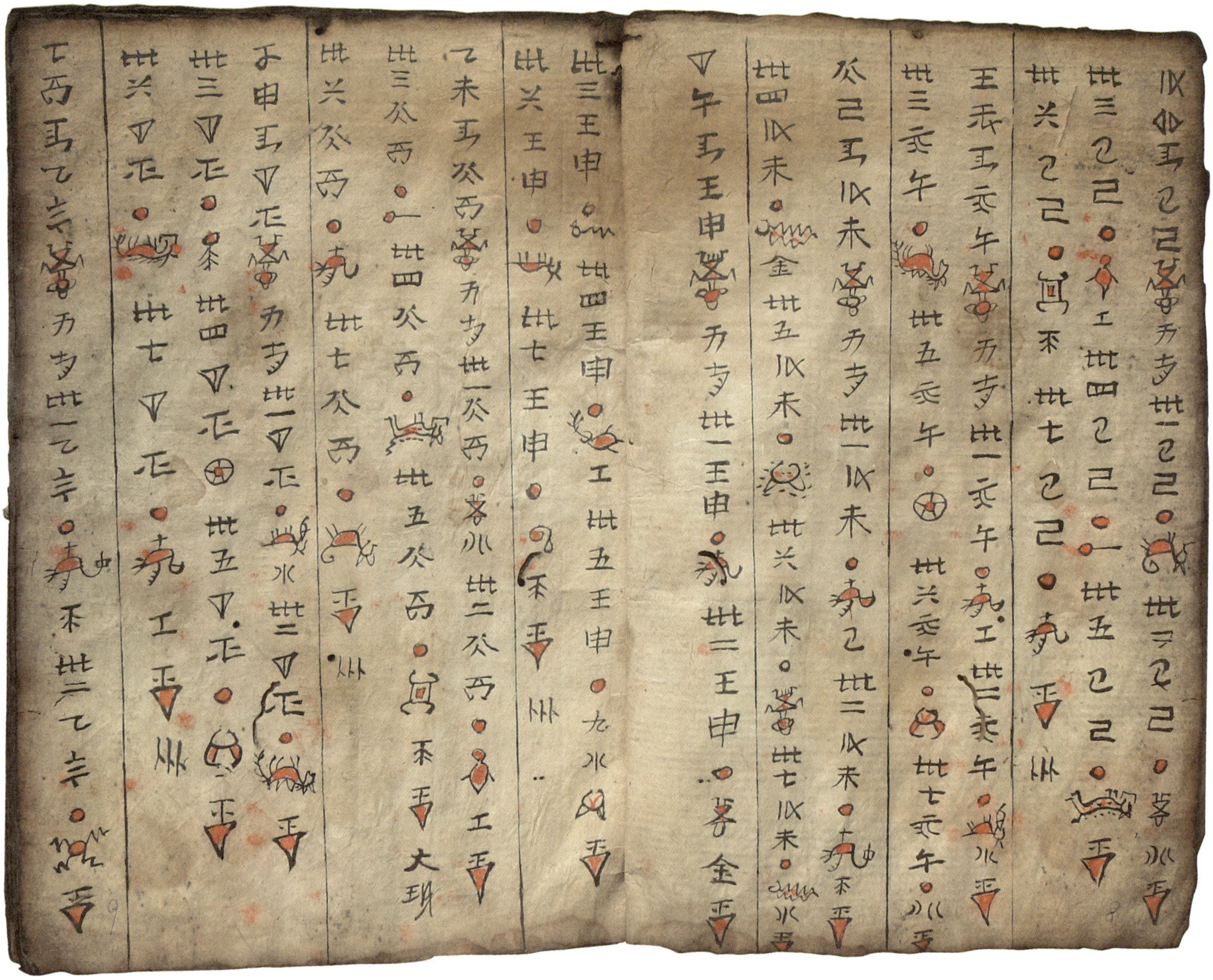

09820 龍戲 水文 清抄本

綫裝。開本高28厘米，廣20.4厘米。中國民族圖書館藏。

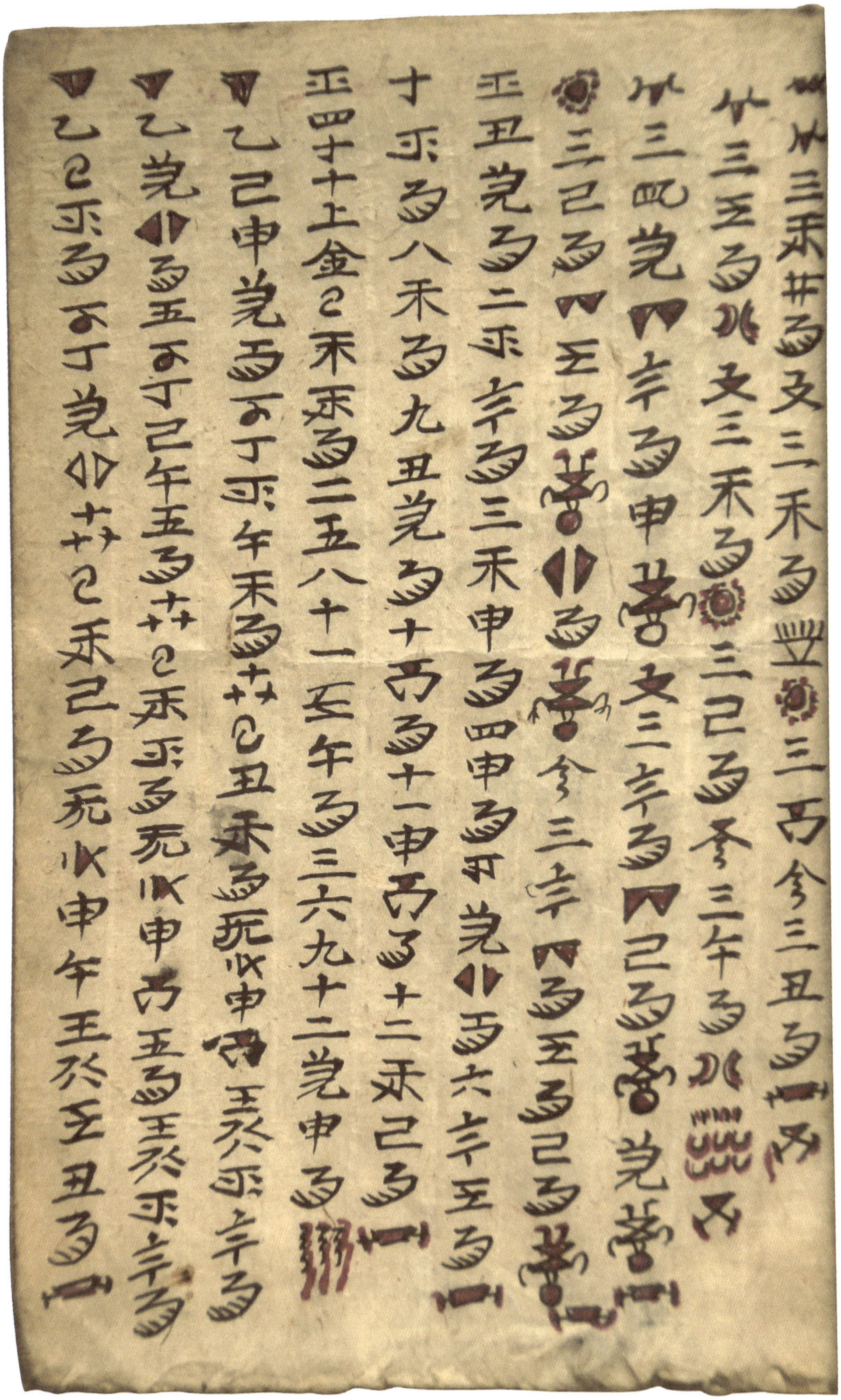

09821 辰戌　水文　清抄本

綫裝。開本高31厘米，廣21厘米。黔南布依族苗族自治州圖書館藏。

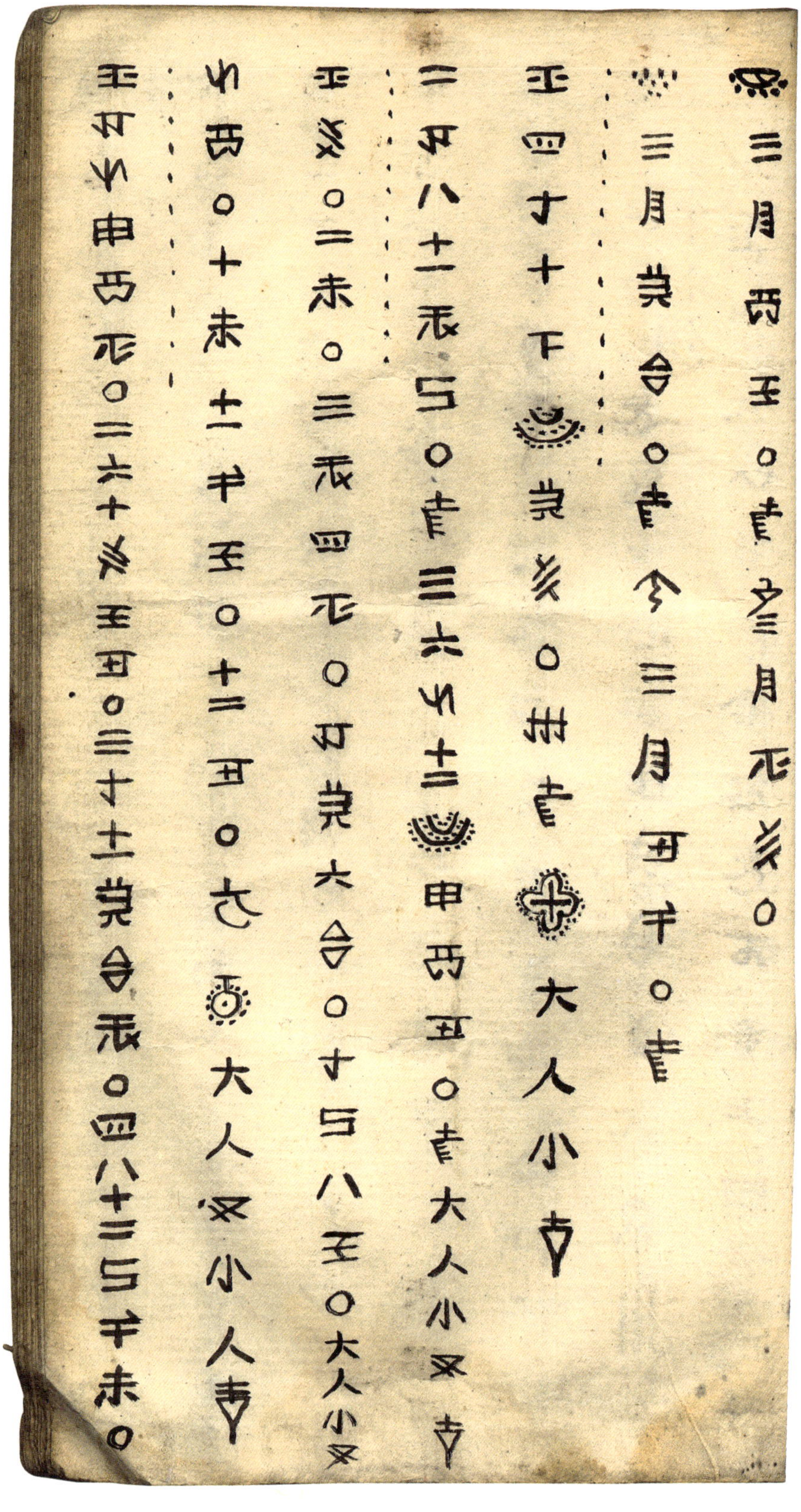

09822 辰戌　水文　清抄本

綫裝。開本高33.5厘米，廣19.8厘米。貴州省荔波縣檔案館藏。

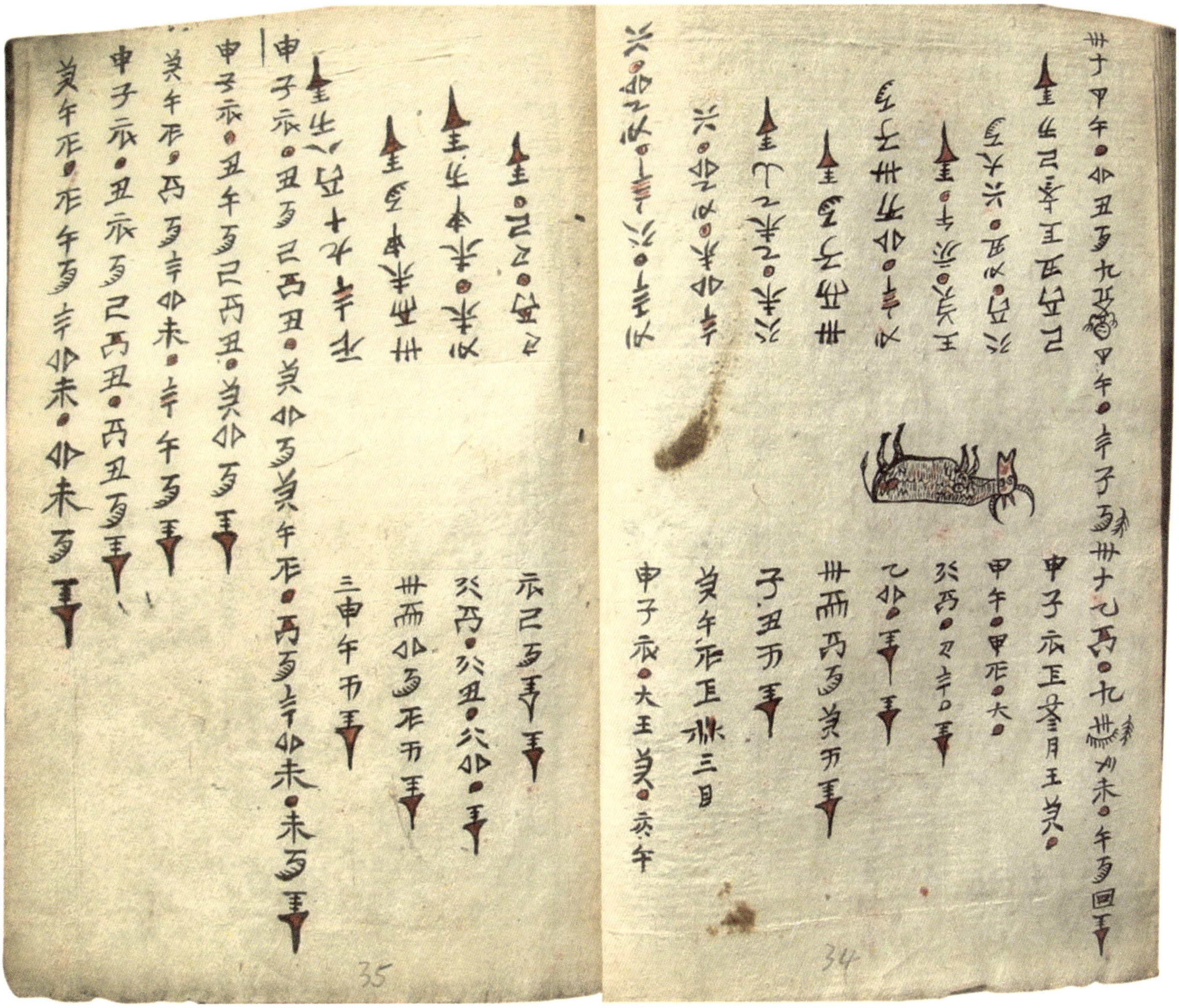

09823 壬辰 水文 清抄本

綫裝。開本高32厘米，廣20.5厘米。貴州省三都水族自治縣檔案館藏。

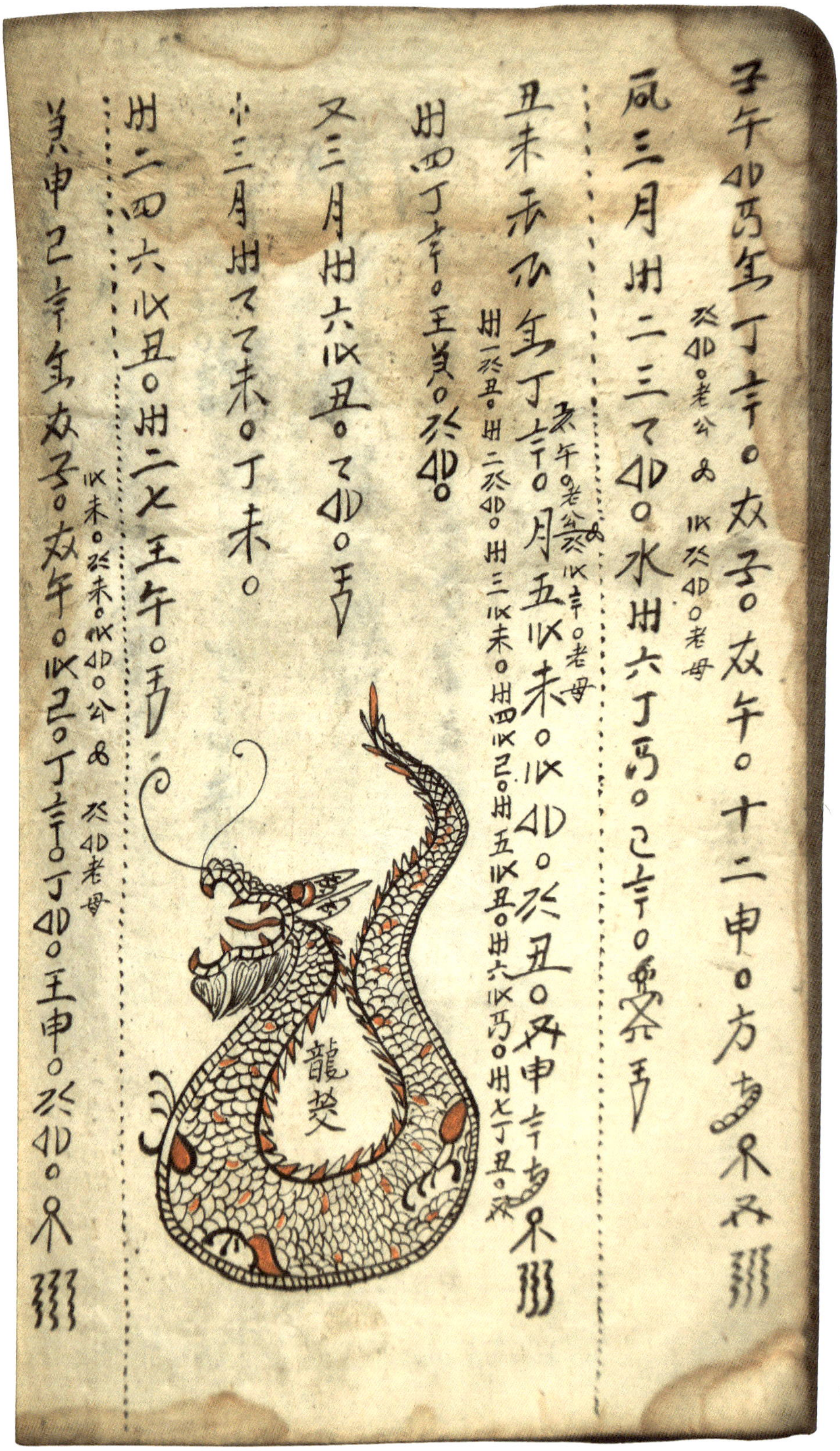

09824 寅丑 水文 清抄本

綫裝。開本高32厘米，廣21厘米。黔南布依族苗族自治州圖書館藏。

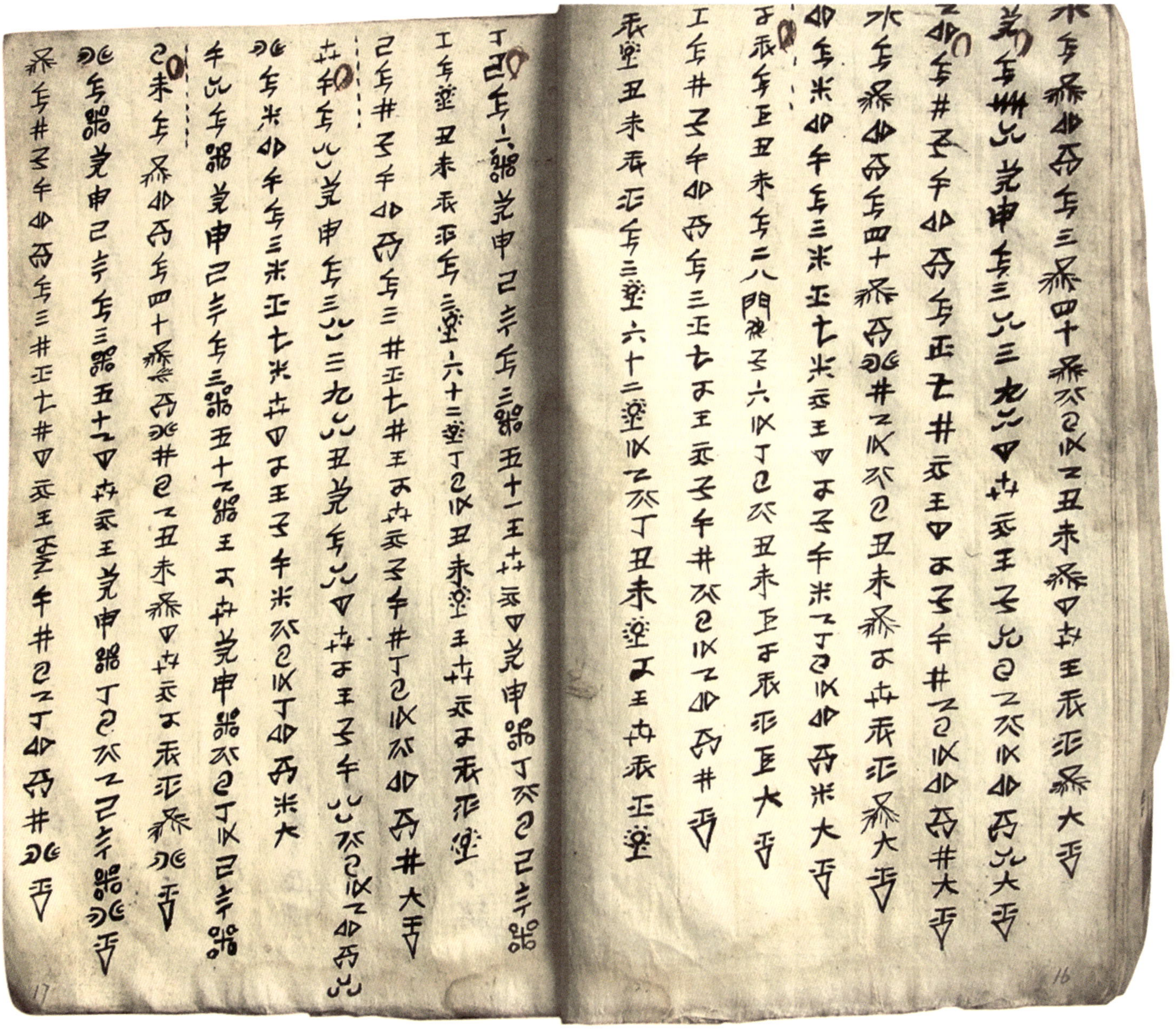

09825 申子 水文 清抄本

綫裝。開本高30厘米，廣19厘米。貴州省三都水族自治縣檔案館藏。

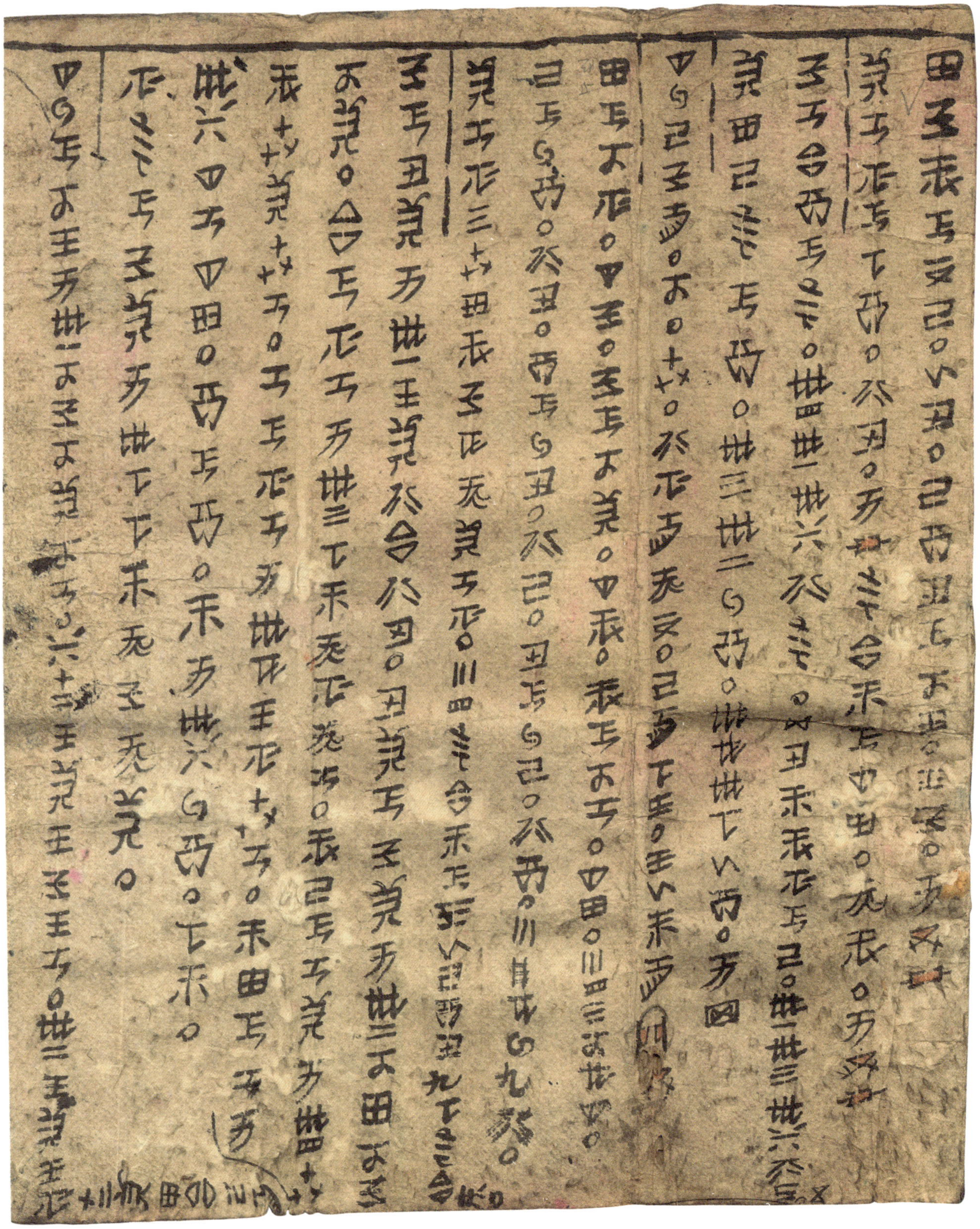

09826 亥子 水文 清抄本

綫裝。開本高35厘米，廣31厘米。貴州省荔波縣檔案館藏。

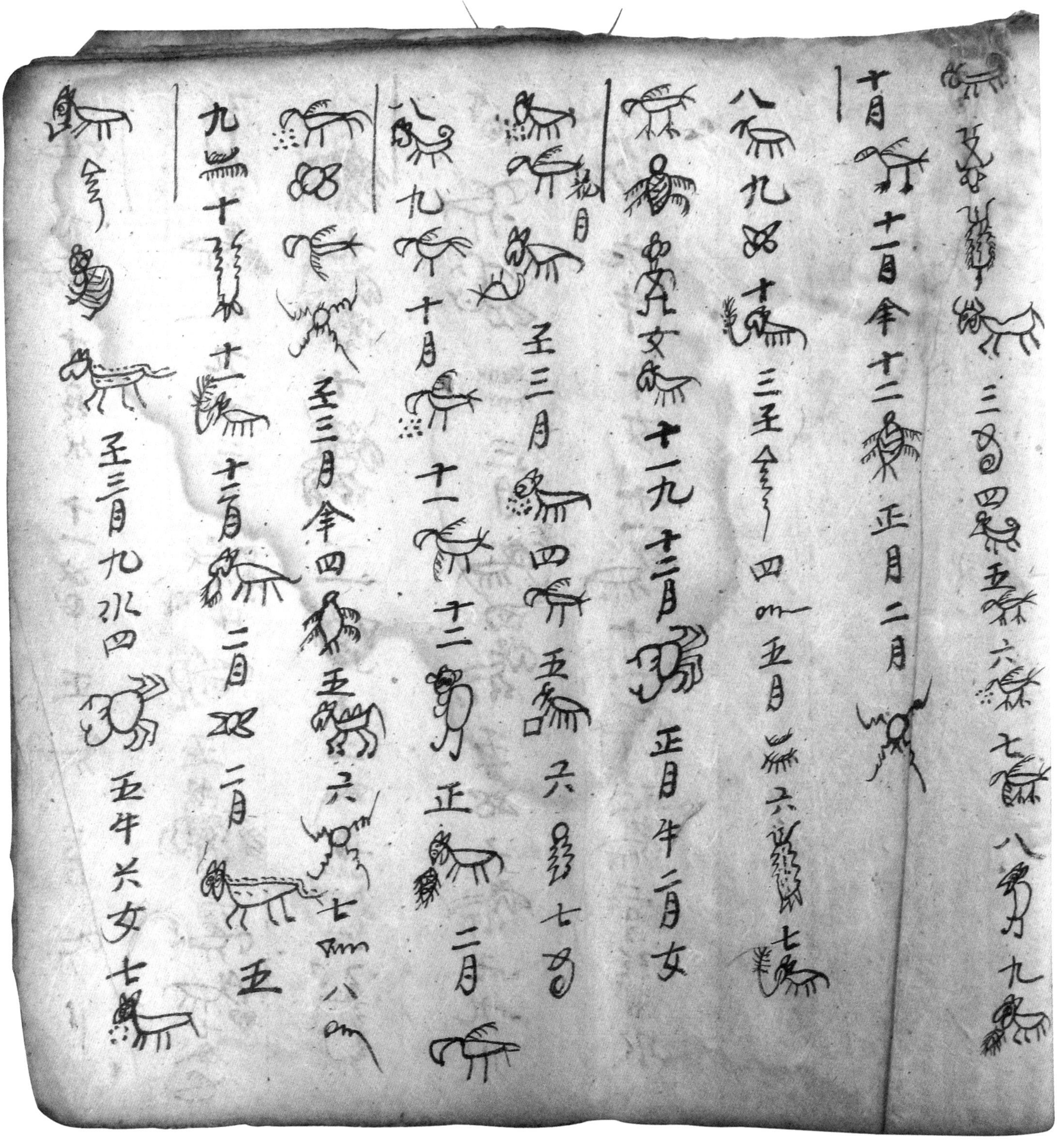

09827 子午 水文 清抄本

綫裝。開本高26厘米，廣28厘米。黔南民族師範學院藏。

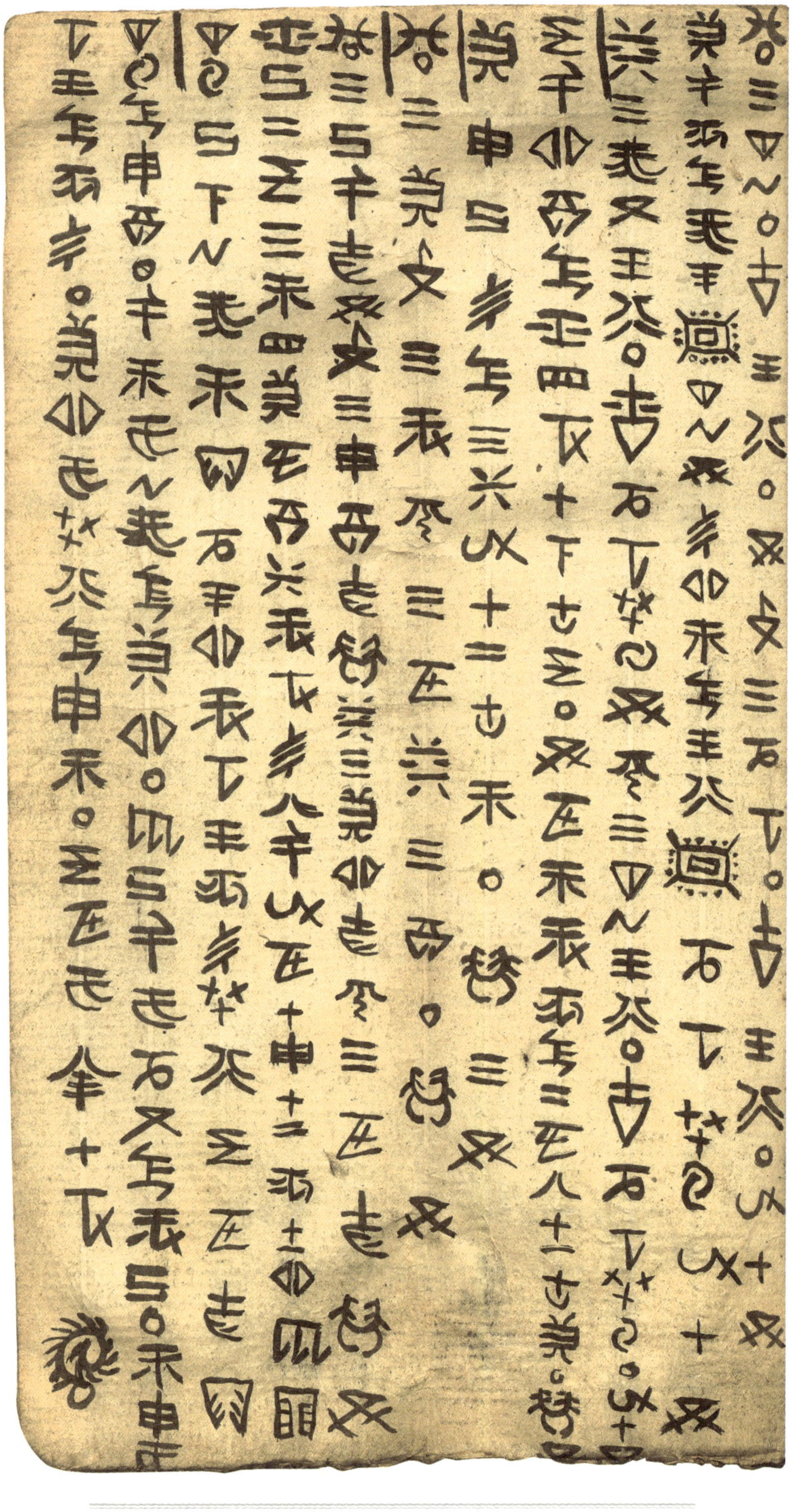

09828 勝益　水文　清抄本

綫裝。開本高34厘米，廣21厘米。貴州省荔波縣檔案館藏。

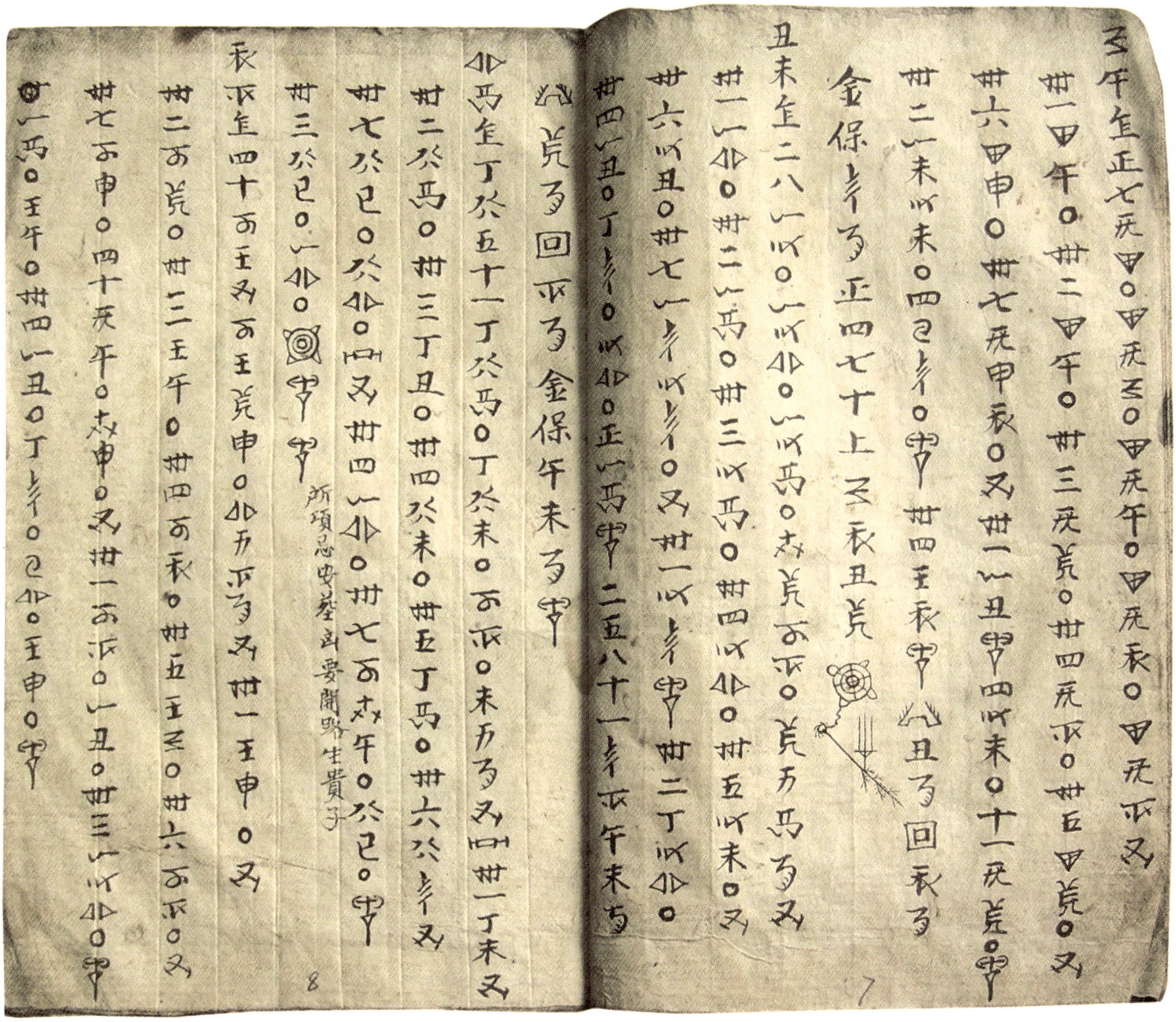

09829 所項 水文 清抄本

綫裝。開本高27厘米，廣18厘米。貴州省三都水族自治縣檔案館藏。

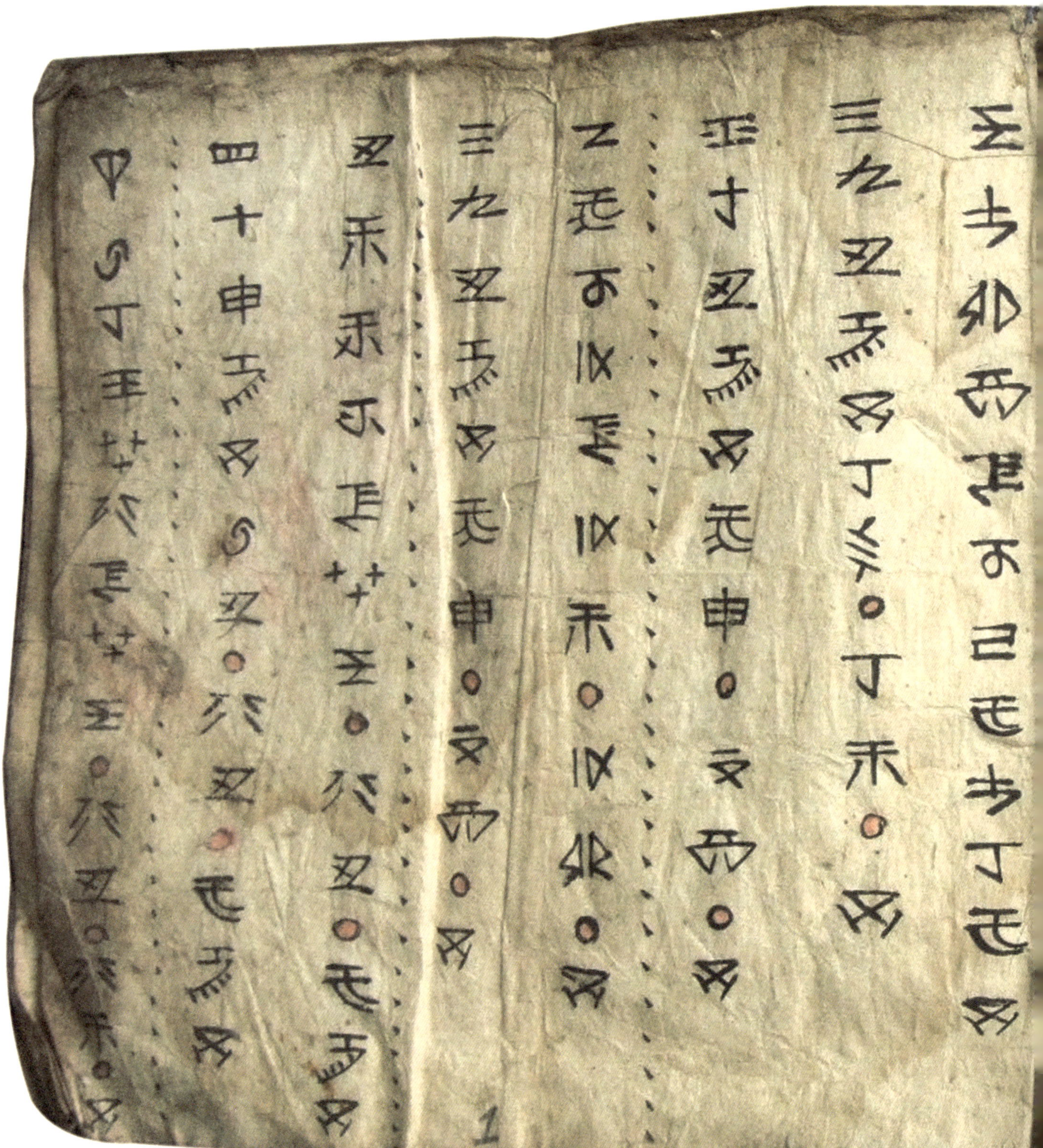

09830 陰陽 水文 清抄本

綫裝。開本高28厘米，廣18厘米。貴州省三都水族自治縣檔案館藏。

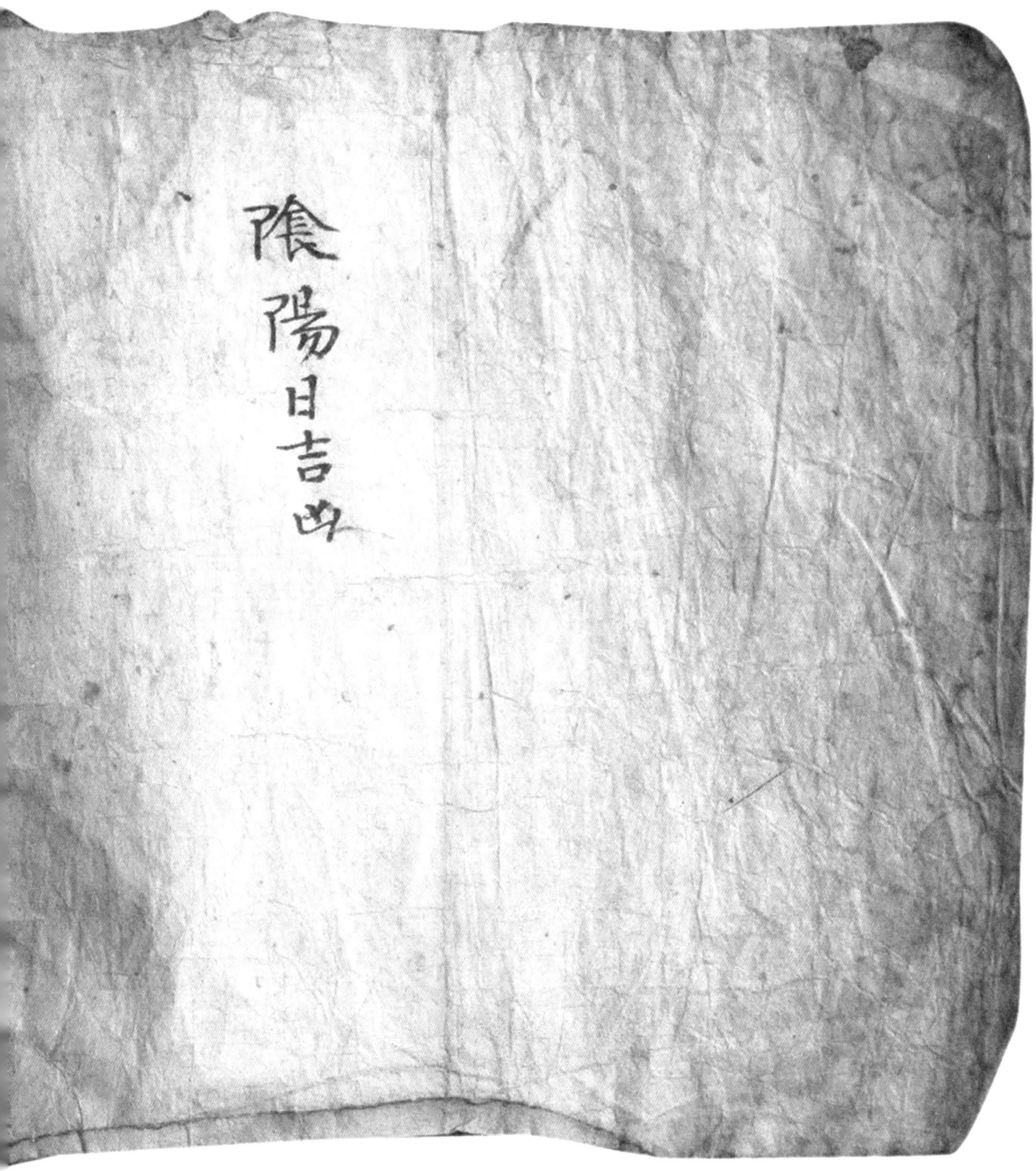
陰陽日吉凶

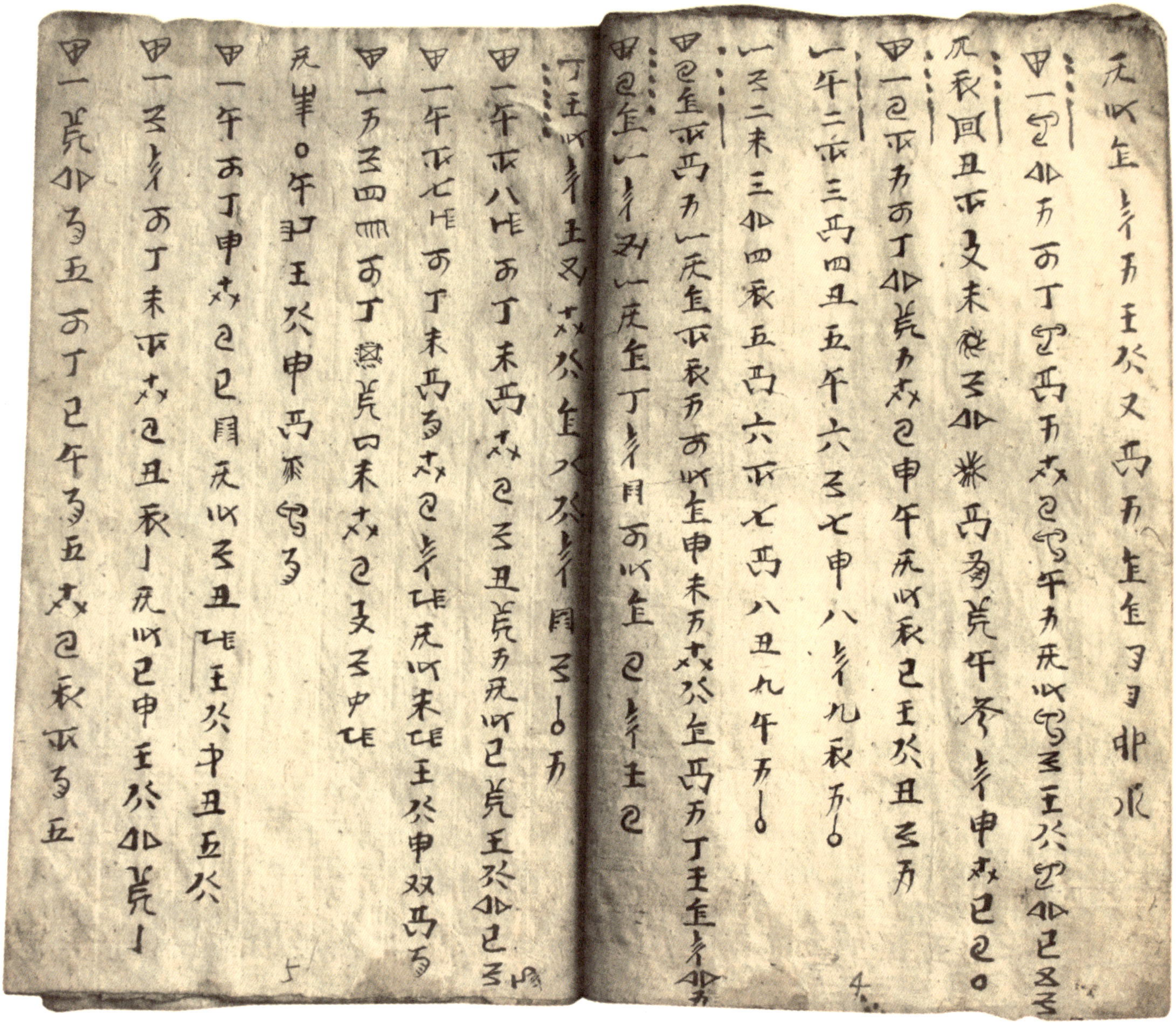

09831 正七 水文 清抄本

綫裝。開本高28厘米，廣18厘米。貴州省三都水族自治縣檔案館藏。

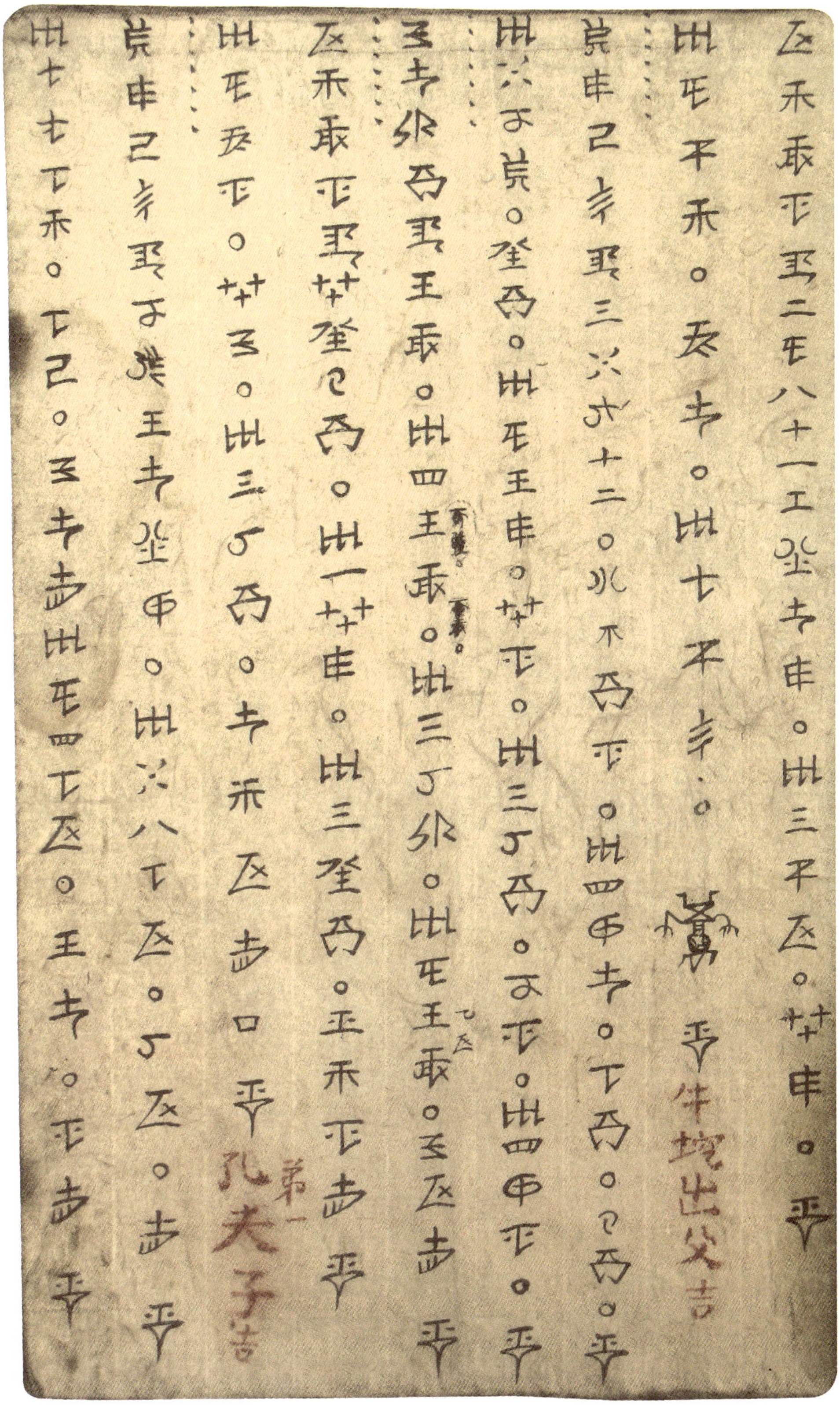

09832 百事大吉出富貴 水文 清抄本

綫裝。開本高28.5厘米，廣19.5厘米。黔南民族師範學院藏。

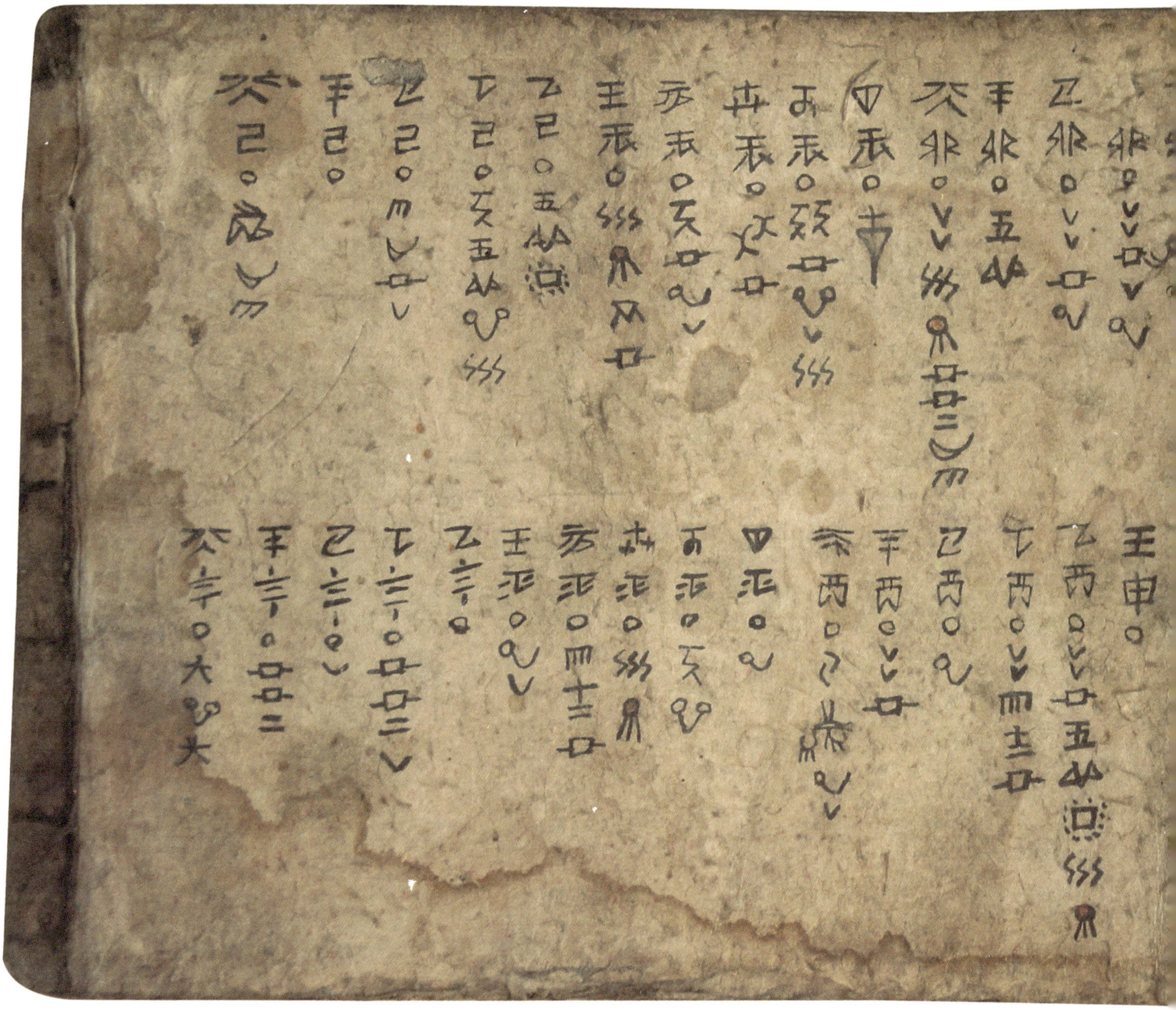

09833 六十甲子流年　水文　清抄本

綫裝。開本高16.5厘米，廣42厘米。貴州民族學院潘朝霖藏。

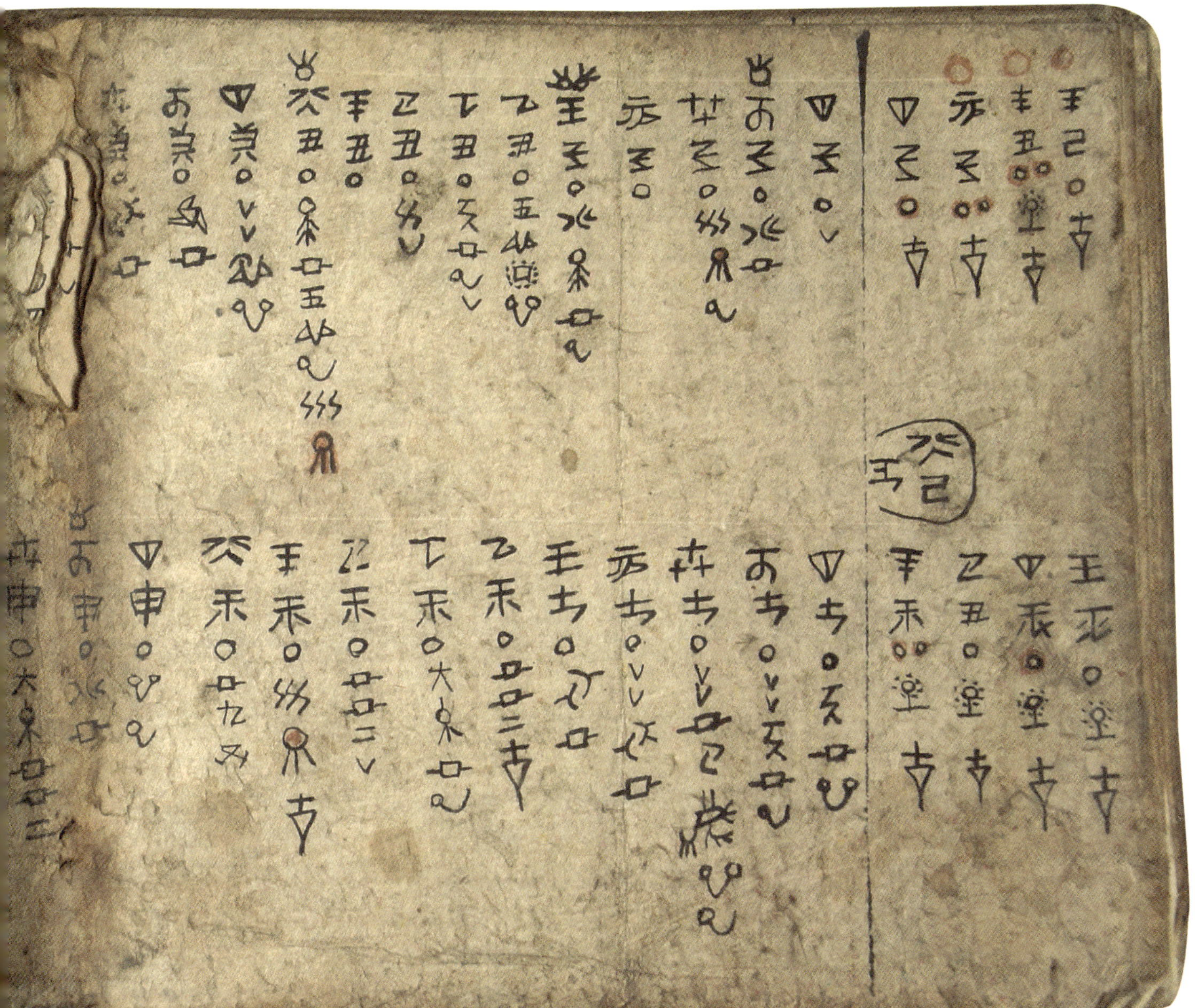

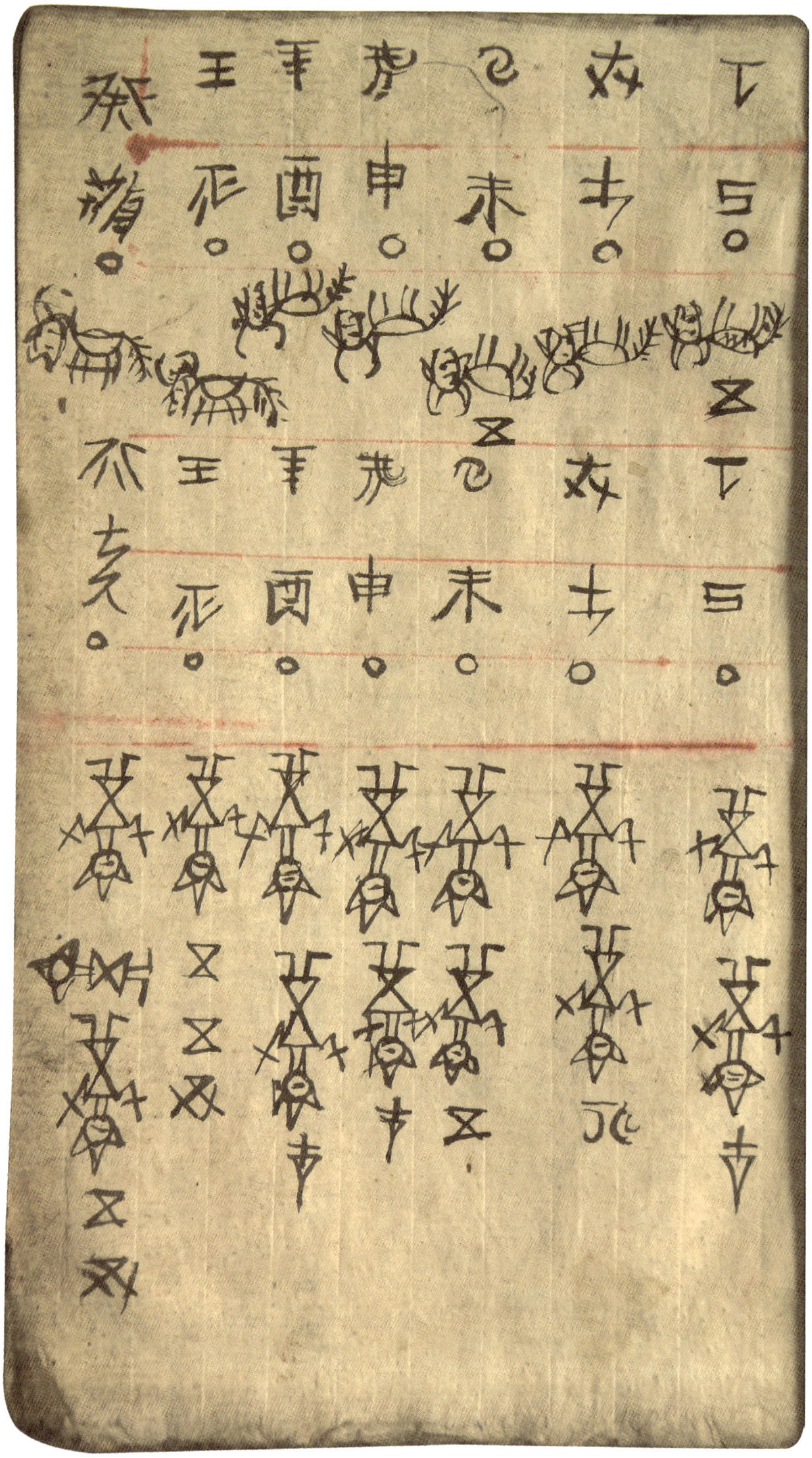

09834 八十銀　水文　清抄本

綫裝。開本高30.5厘米，廣20厘米。貴州民族學院潘朝霖藏。

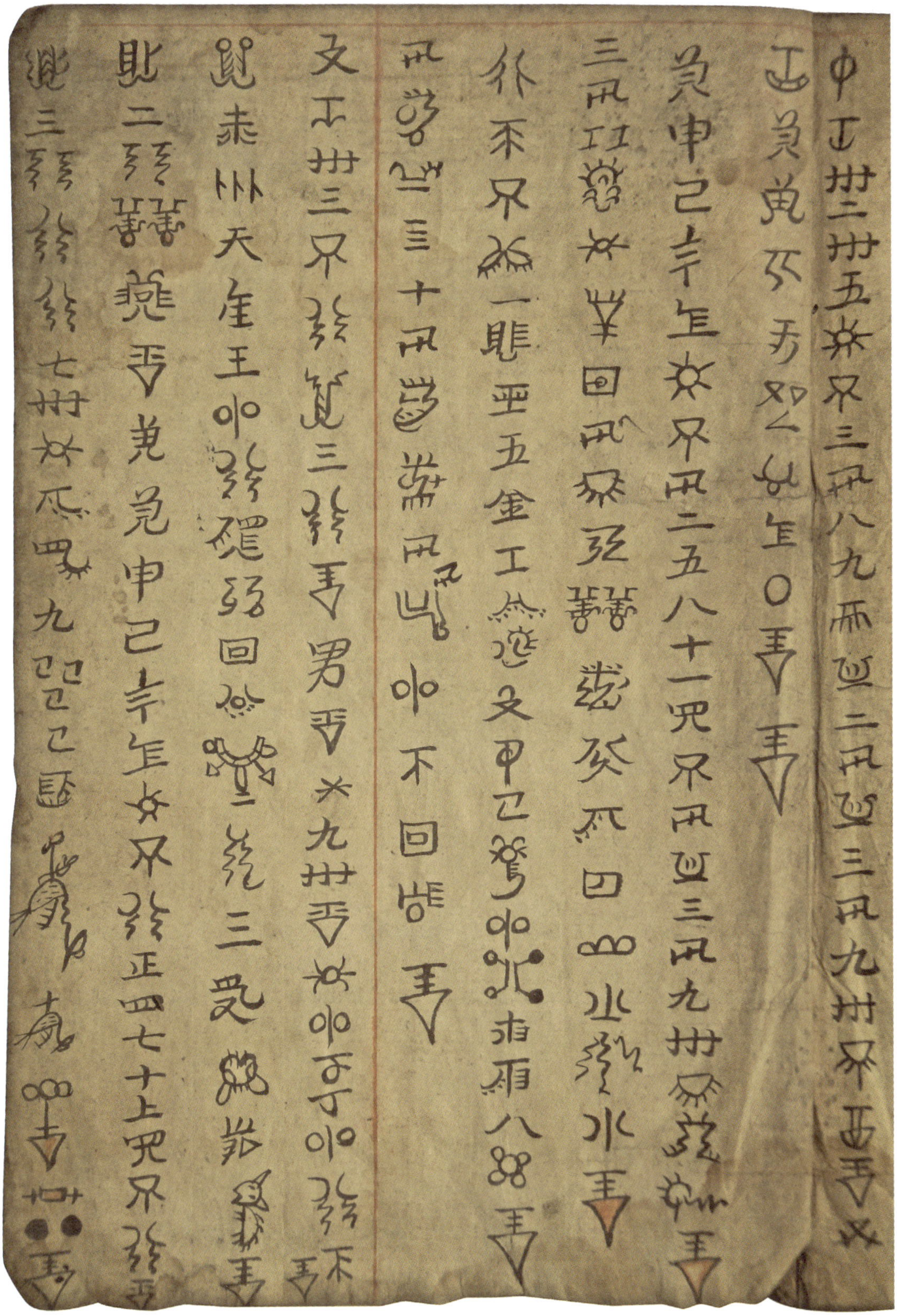

09835 把井學文書 水文 清抄本

綫裝。開本高29.5厘米，廣20厘米。貴州民族學院潘朝霖藏。

讀禁官符 秘法科想用

光 十三年 都天火雷公霹靂火雷公總兵三十萬行

此法 歲庚戌 數道念命宮在那位起命宮一命宮去行

到入位又起逆到建除滿平定到入位座卯位

畢甫管流年 三元管土地 四辰管閻羅

四開管男女 男角天女角地 四字角全

月志門角命入日官在道公

日宮入辰位 鬼想白虎是月府入寅位 想青龍是

安排床 正二三春聲 四五六夏起 七八九秋馬 十二十二冬閣 元師想月府生來光

先請使他官符 內出 十二喉嚨 來是也

先請父官符 內肺 先請妹官符 內肺

先請三彼往官符內木內出边肺 是也

先請六彼往官符內悶內出边肺來也

先遊天德道魔乙太王內出 兩手 來是也

先請甫七色開脚內出兩眼兩肖兩耳口是也 想一個鷄蛋变戚肥脈 条眛變戚他人也

起長生金生巳木生亥火生寅水土生申 長生沐浴冠帶臨冠帝旺衰病死墓入辰位

金木水火土建除滿平定

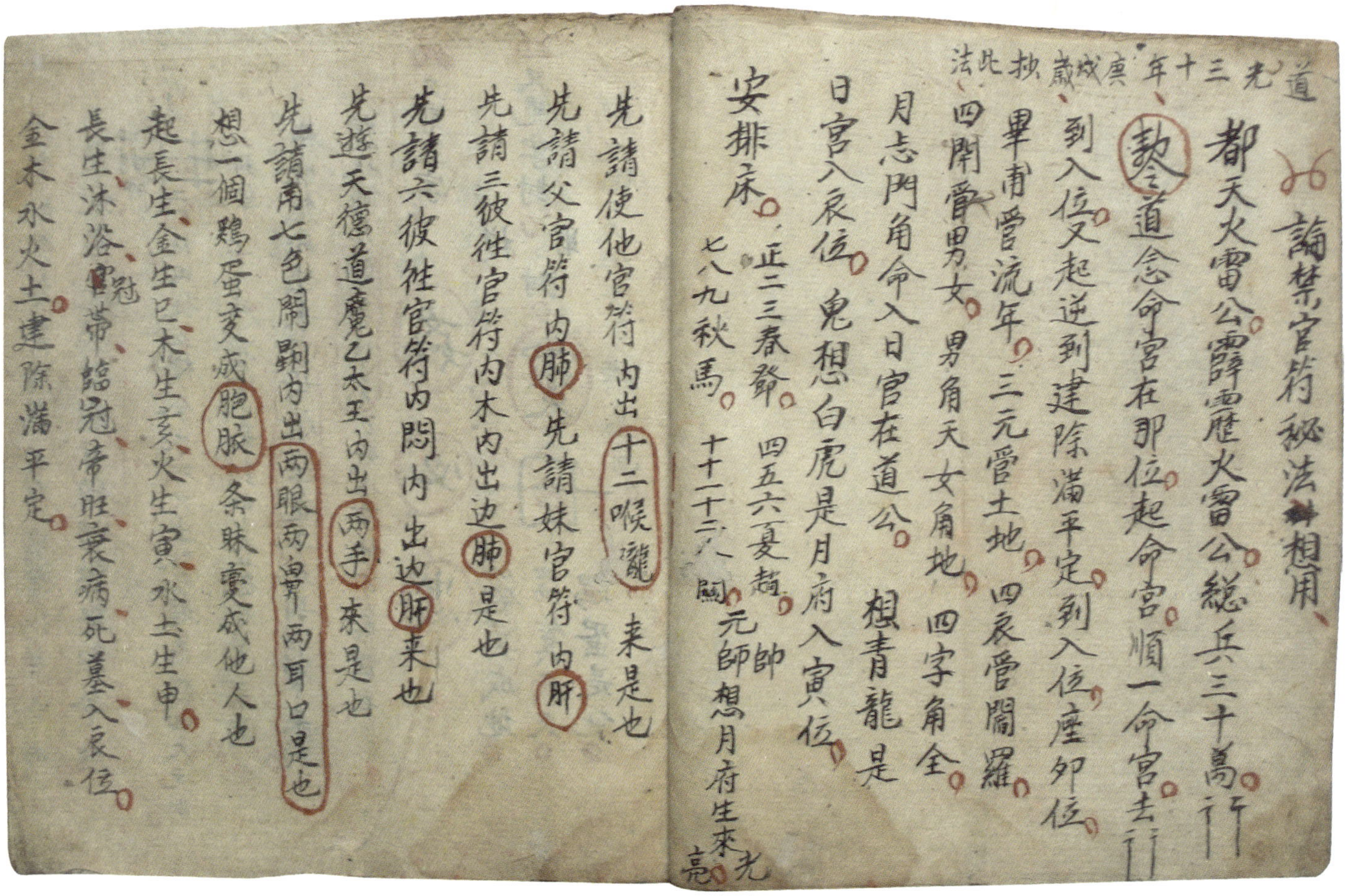

09836 秘法總怪字　禁官符全本火家燒狼　古壯字　清咸豐元年
（1851）岑奇豐抄本
綫裝。開本高22.5厘米，廣20.2厘米。廣西壯族自治區少數民族古籍整理出
版規劃領導小組辦公室藏。

字帝寅王居三殿〇 未到樂中路

中樂枷鎖淚連〇 合掌到王前〇

惟願王官開救宥〇 亡者脫罪懲〇

哀告冥王判〇 其王判筆在今時〇 亡者達無為

三嘆救盆病〇 炉令榮江玑〇 救僂州陷你〇 肝大三宋帝

勾年尋病科〇 熱字毛他听〇 喂噓救羅里〇 時你先哆躯

五官法王居四殿〇 未到獄門見〇

死去罪業於萬千〇 哀告罪消觸

佳頭寂曹分善事〇 亡故蚤生天 早

四嘆救盆〇 冥王筆判在今時〇 亡者達無為

陷盆病吶嘆〇 判竟斗引路〇 念尋啼救苦 引救到西方

四嘆力吶救〇 优道慶生方〇 救僂咁陷你 斯五官大四

閻羅王官居五殿〇 寶境臺前現

諸般罪犯照分明〇 亡者敢宜啼

日夜冤家今時過〇 得度勉未併

哀告冥王判〇 其王筆引任今時亡者達無為

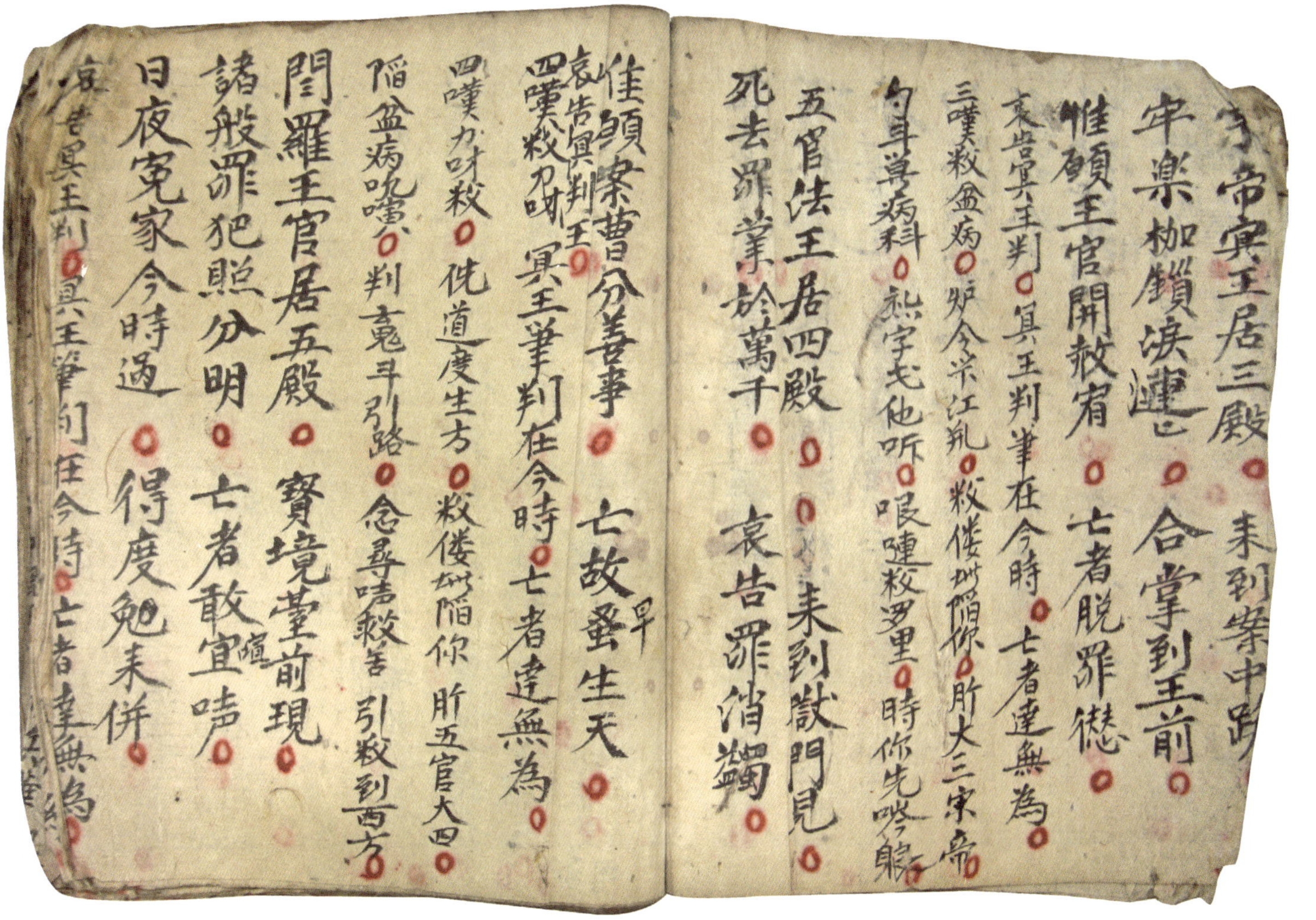

09837 壯化道教道場經書　古壯字　清咸豐抄本

綫裝。開本高25厘米，廣20厘米。中央民族大學少數民族古籍研究所藏。

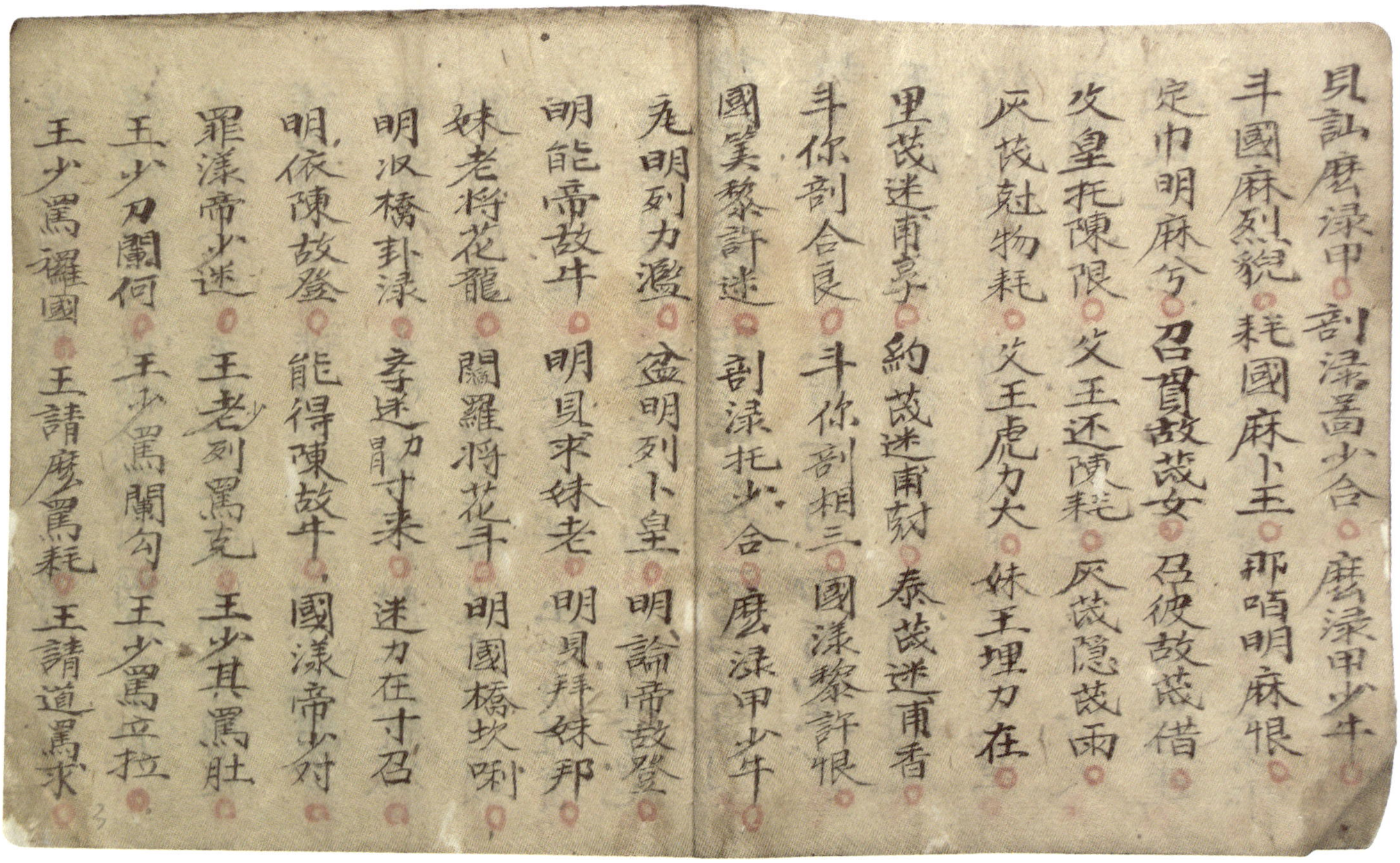

見訊麼祿甲　剖祿高少含　麼祿甲少牛

斗國麻烈貌　耗國麻卜王　那唒明麻恨

定中明麻兮　召買故蕋安　召彼故蕋借

改皇托陳限　艾王还陳耗　厌蕋隱故雨

厌蕋尅物耗　艾王虎力大　妹王埋力在

里蕋迷甫亭　約蕋迷甫尉　泰蕋迷甫香

斗你剖合良　斗你剖相三　國漾黎許恨

國美黎許迷　剖祿托少含　麼祿甲少牛

尨明列力邊　盆明列卜皇　明論帝故登

明能帝故牛　明見求妹老　明見拜妹那

妹老将花龍　閣羅将花牛　明國橋坎唎

明汳橋卦祿　辛迷力寸来　迷力在寸召

明依陳故登　能得陳故牛　國漾帝少对

罷漾帝少迷　王老列罵克　王少其罵肚

王少刀闌何　王少罵闌勾　王少罵立拉

王少罵禩國　王請麼罵耗　王請道罵求

09838　求花滿服別酒懺掛安龍隆花六樣名歌大全科　古壯字　清光緒八年（1882）黃元隆抄本

綫裝。開本高21.8厘米，廣20.6厘米。廣西壯族自治區少數民族古籍整理出版規劃領導小組辦公室藏。

罪辜酆都扳出冤徒○驅徒不行災禍病瘟休
流惡毒伏惟亡故厶正魂隨救苦而登樂國○
倚九幽以度泉關○妖魔不縛于地病身快樂
九霄天界○從令以後災滅福生設玉梅拜拜
香二献酒供養○普掃邪魔天尊

後聖

○伏聞虹家威鬼無路昇生飛雲流霞鸞裡棲
身不憑超度何獲生身憑五師之傳度超滯
魄以昇仙破開五獄酆都穰謝五方草吏陽
聞債主無質陰中鬼魔無拘亡魂出離地獄○
早往極樂之鄉科文穰謝路途山精地祇挟
持五灵引道七佛超昇出離地獄閒中得見

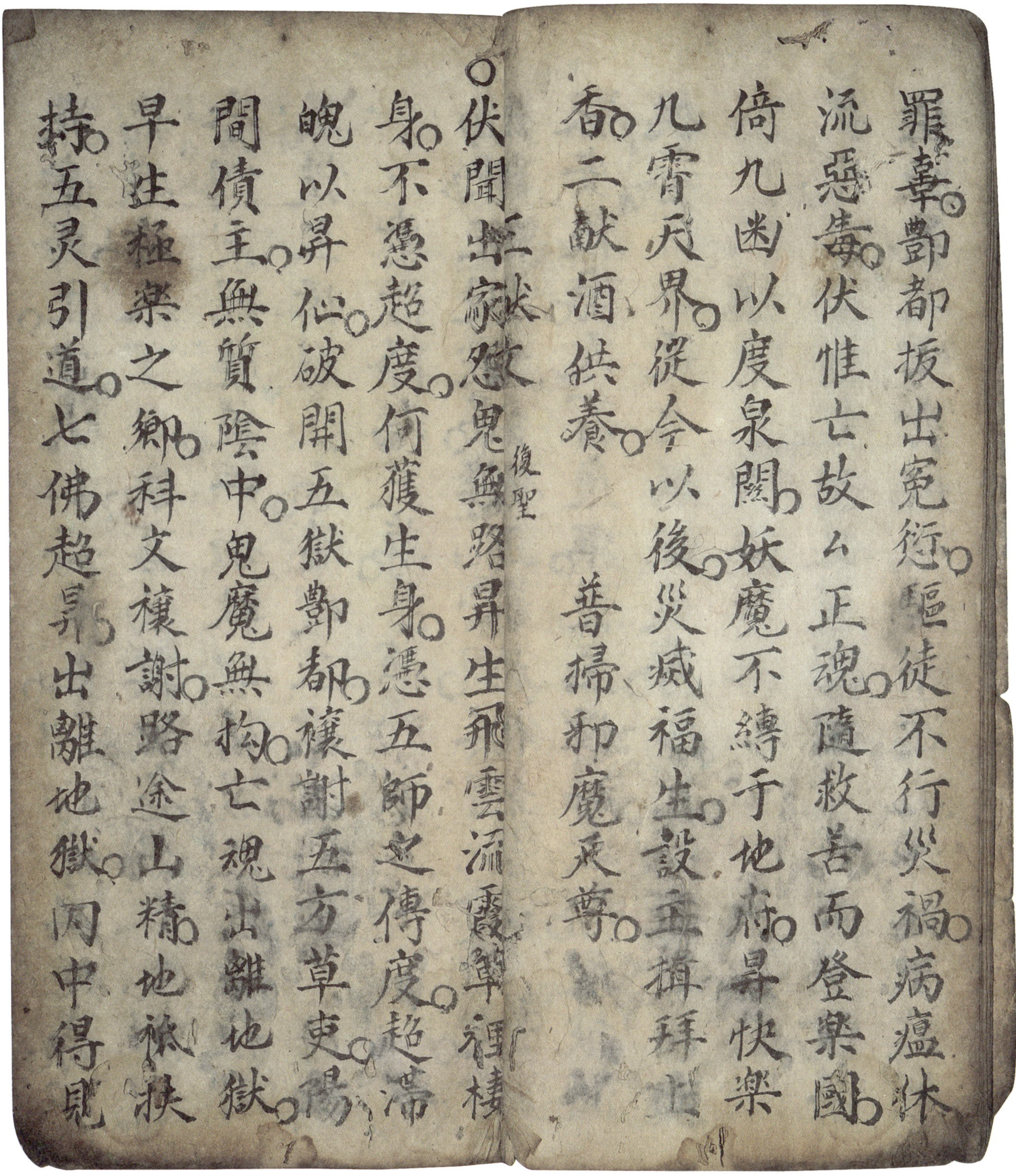

09839 新錄流霞六河科　古壯字　清光緒十六年（1890）抄本

綫裝。開本高26.5厘米，廣12.7厘米。中國民族圖書館藏。

第三批國家珍貴古籍名錄圖錄
少數民族文字珍貴古籍名錄 / 古壯字

星光赫耀天尊

伏聞尋聲救苦弘開濟度之法門

光輝覆都沉魂而出獄然讚燈光彼岸

先亡祖迴得升騰債主寃家隨緣超度

若不報恩然燈炬昌超亡者上天宮法

眾運心稱揚聖號

高聖救苦酉無上

無為耿之止丹田　御駕雲龍妙自然

長樂觀中玉華殿　青玄清净本虚玄

不可思儀功德

夫燈者上照三十三天界下照十八重

地獄靈藏登天孝男獲福海水綻漬

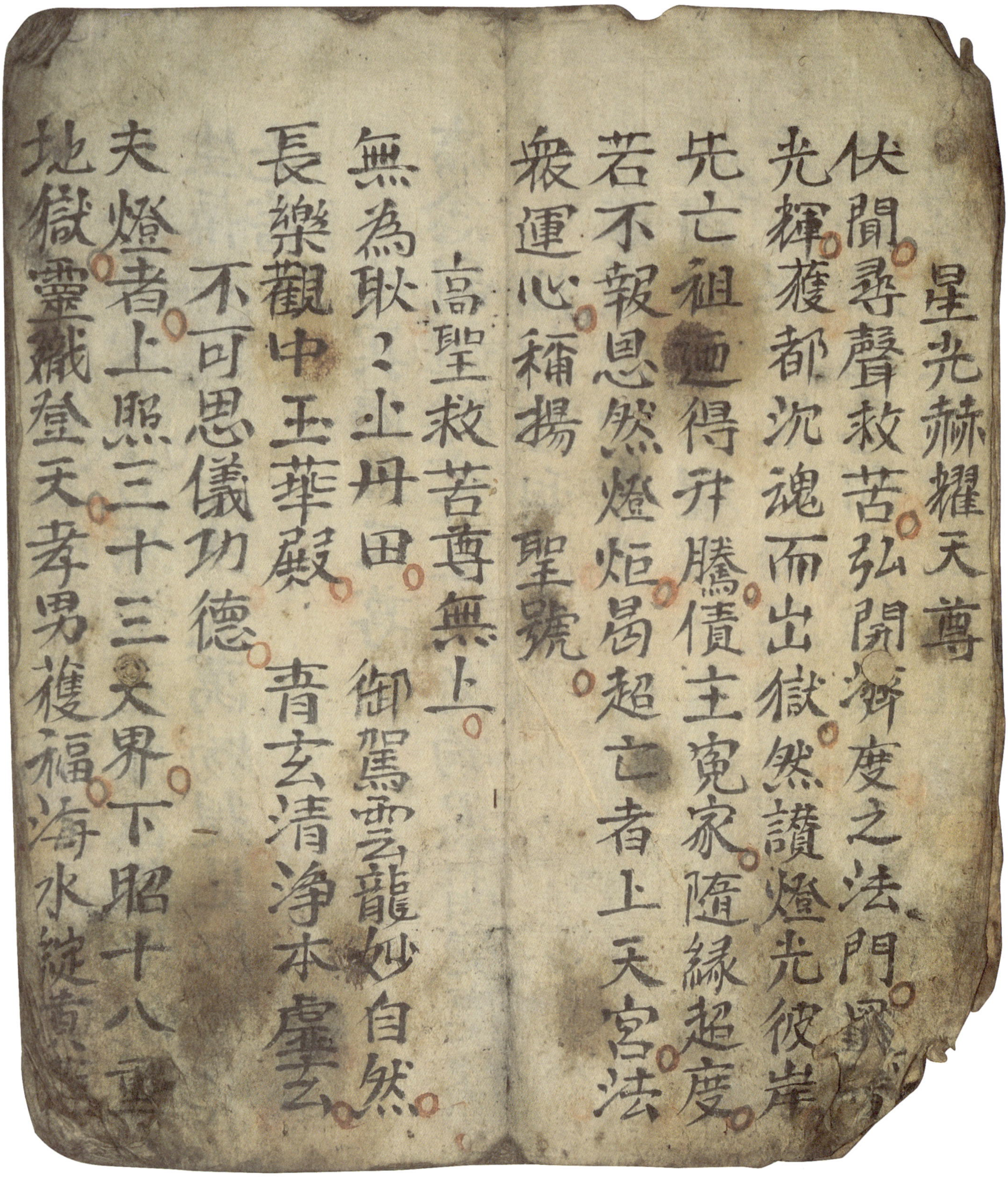

09840 渡人滿材　古壯字　清光緒二十五年（1899）抄本

綫裝。開本高26.8厘米，廣13.3厘米。中國民族圖書館藏。

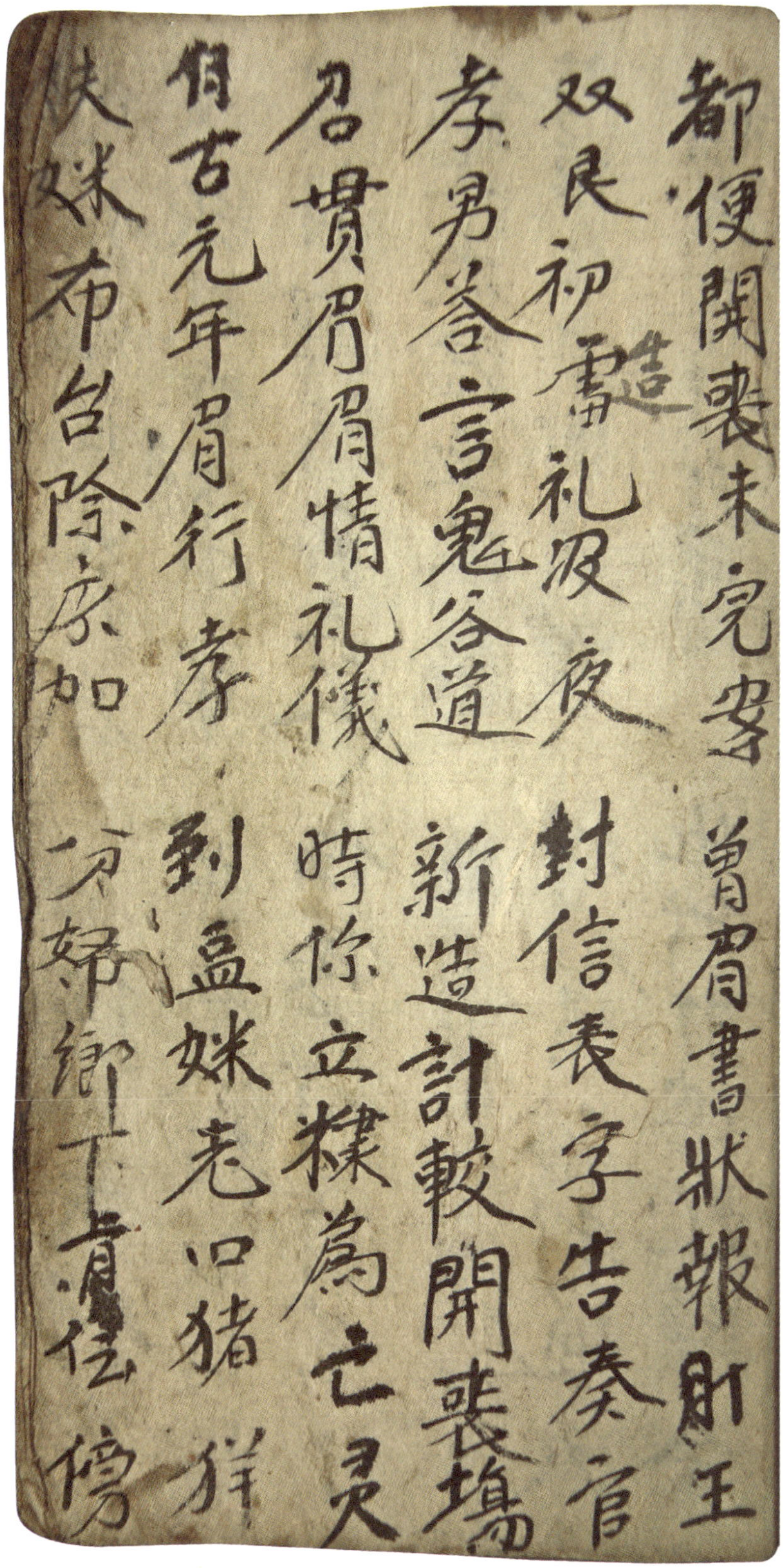

09841 董永昌　舜兒唱　古壯字　清光緒二十七年（1901）抄本

綫裝。開本高21厘米，廣13厘米。中央民族大學少數民族古籍研究所藏。

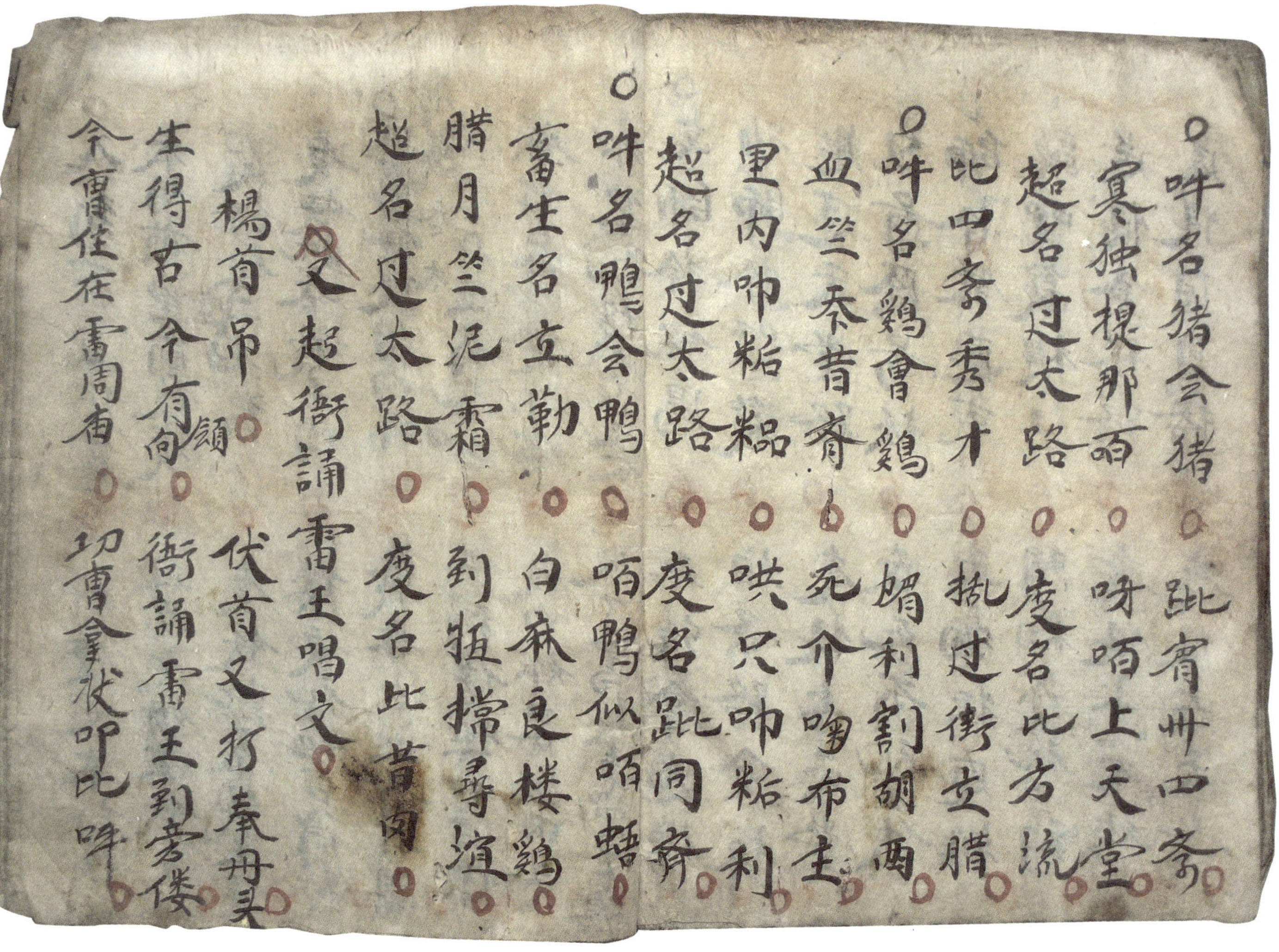

09842 大熟筵　點筵會　古壯字　清光緒三十年（1904）韋志亮抄本

綫裝。開本高21.5厘米，廣18厘米。廣西壯族自治區少數民族古籍整理出版規劃領導小組辦公室藏。

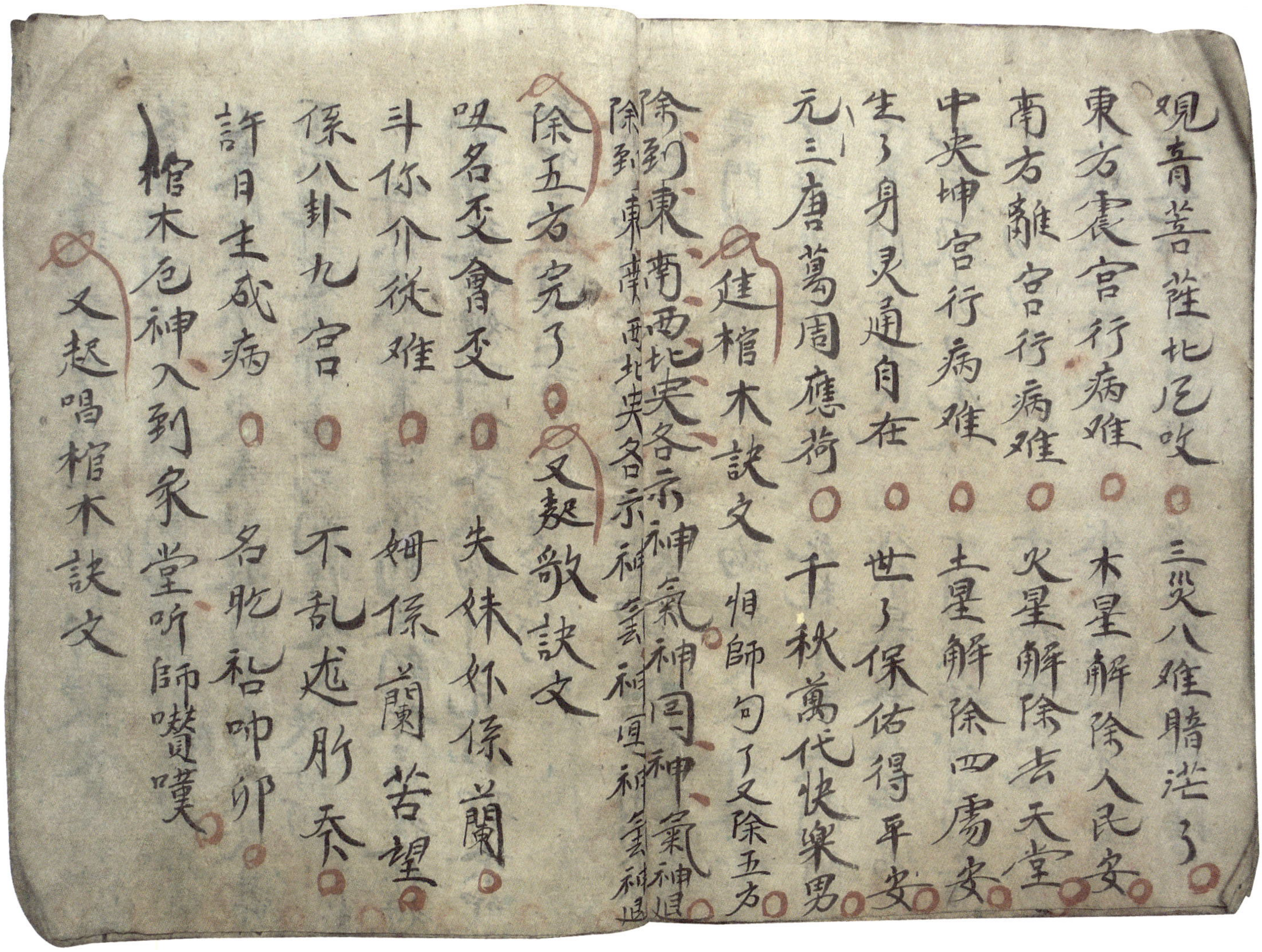

覌青菩薩北尼吹 ○ 三灾八難瞻㳫了

東方震宫行病难 ○ 木星解除人民安

南方離宫行病难 ○ 火星解除去天堂

中央坤宫行病难 ○ 土星解除四鬲安

生了身灵通自在 ○ 世了保佑得平安

元三唐萬周應荷 ○ 千秋萬代快樂男

建棺木訣文 恨師句了又除五方

除到東南西北安各宗神氣神恒神云神恒神…

除五方完了 ○ 又起敬訣文

叹名灭會灭 失妹邝保蘭

斗你个従难 妭保蘭苦望

保八卦九宫 不乱尫肝天

許目主戍病 名眈裕呐卯

棺木色神入到家堂听師嘖嘆

又起唱棺木訣文

**09843 末筵熟筵脱白頁口巫婆　古壯字　清光緒三十年（1904）韋志
亮抄本**
綫裝。開本高21.3厘米，廣18厘米。廣西壯族自治區少數民族古籍整理出版
規劃領導小組辦公室藏。

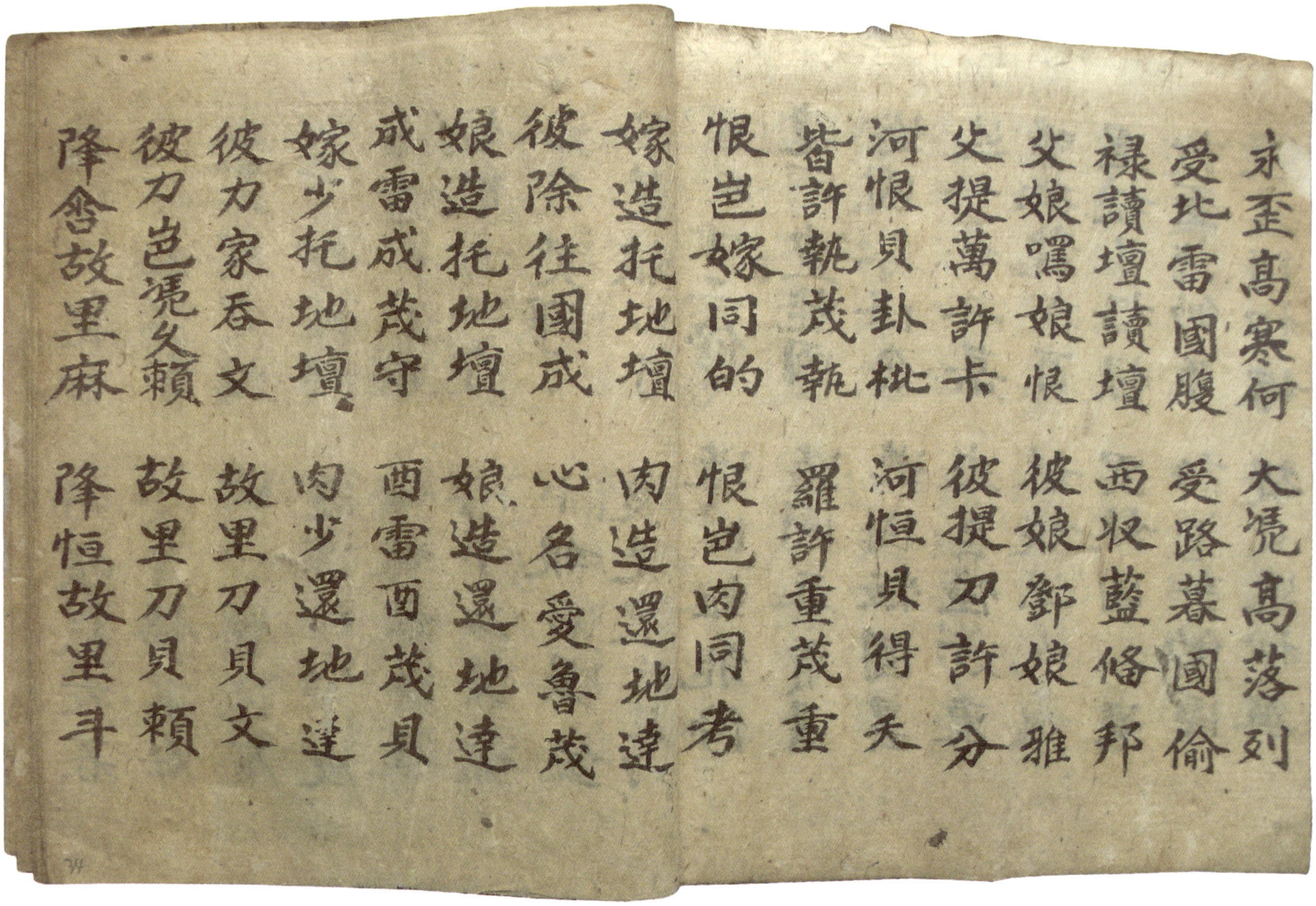
永歪高寒何　大凭高落列
受比雷國腹　受路暮國倫
禄讀壇讀壇　西収藍偹邦
父娘嚂娘恨　彼娘鄧娘雅
父提萬許卡　彼提刀許分
河恨貝卦枇　河恒貝得夭
皆許執茂執　羅許重茂重
恨岜嫁同的　恨岜肉同考
嫁造托地壇　肉造還地達
彼除往國成　心名愛魯茂
娘造托地壇　娘造還地達
成雷成茂守　酉雷酉茂貝
嫁少托地壇　肉少還地達
彼力家吞文　故里刀貝文
彼刀岜凭久賴　故里刀貝賴
降畬故里麻　降恒故里斗

09844　正一破獄王曹一門　古壯字　清光緒三十一年（1905）韋道宏抄本

綫裝。開本高21.9厘米，廣20.2厘米。廣西壯族自治區少數民族古籍整理出版規劃領導小組辦公室藏。

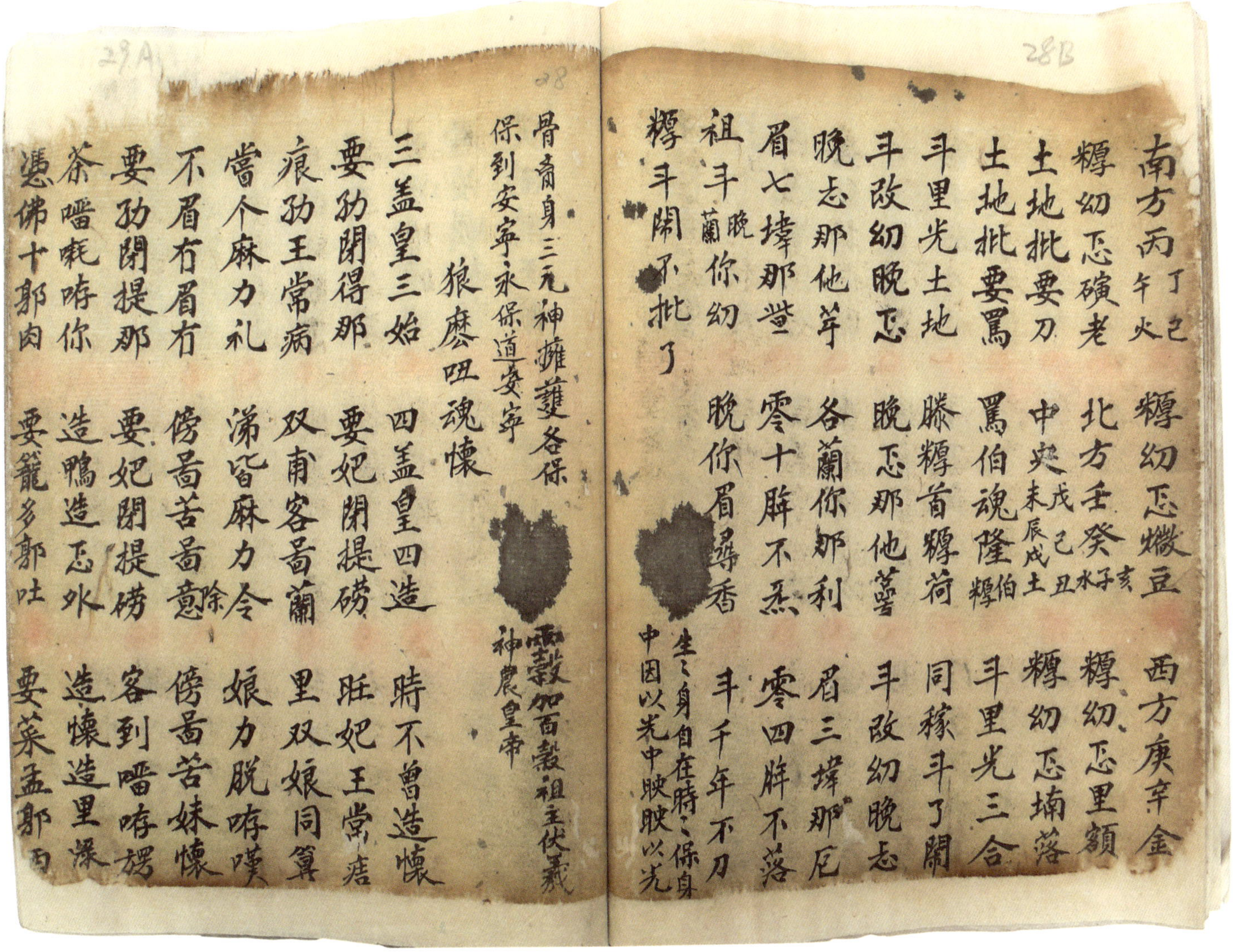

09845 本麼叭 古壯字 清鄧道祥抄本

綫裝。開本高25.5厘米，廣21.5厘米。廣西壯族自治區少數民族古籍整理出版規劃領導小組辦公室藏。

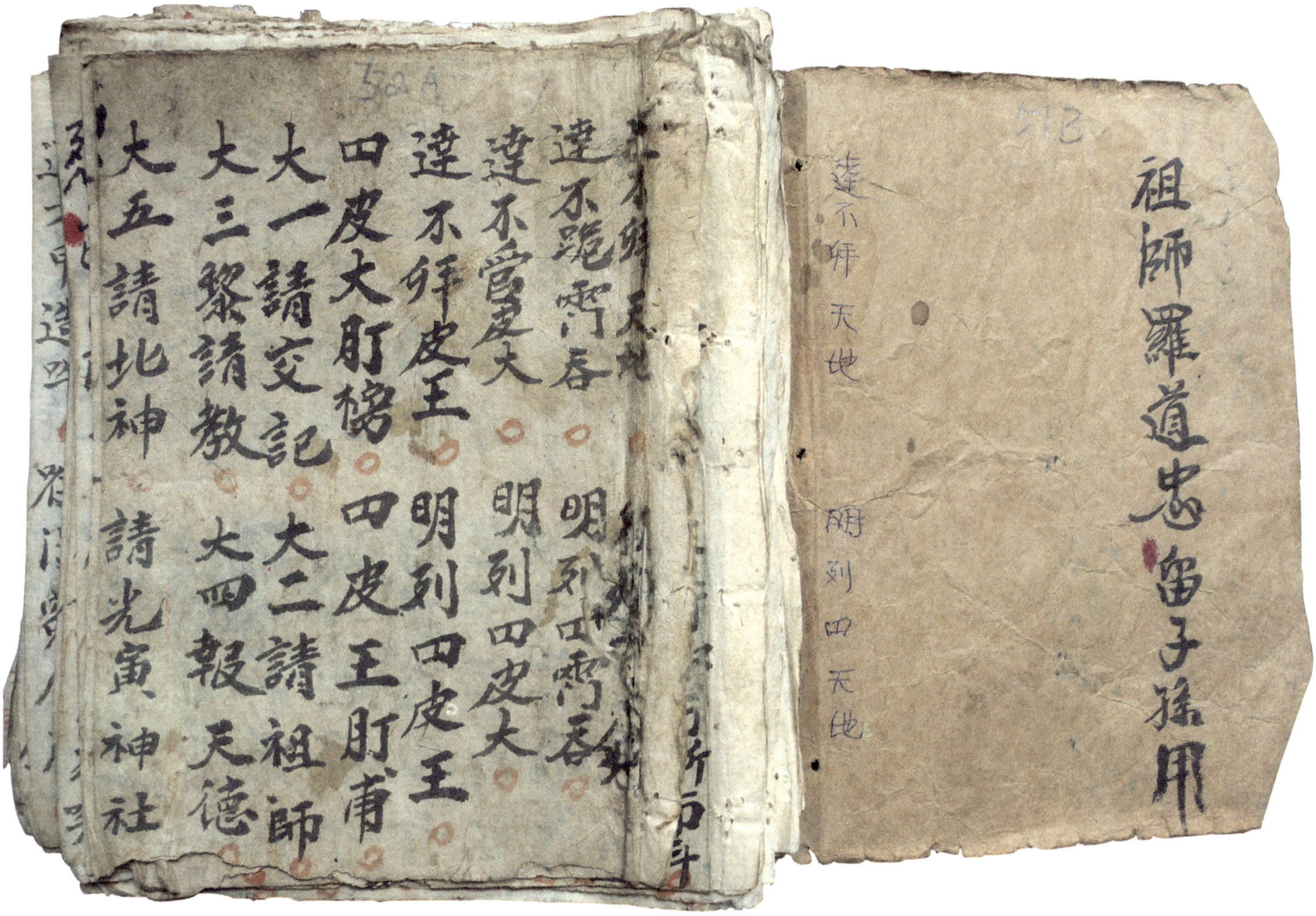

09846 九狼叭 古壯字 清羅玄揮抄本

綫裝。開本高19厘米，廣15厘米。廣西壯族自治區少數民族古籍整理出版規劃領導小組辦公室藏。

罢巾正造好〇哨巾那造迷〇
使巾使造丙〇皇巾皇造在〇
徵造弄騰灵〇灵造礼巾尊〇
徵造弄騰匿〇匿造礼巾色〇
徵造弄騰鵐〇鵐造礼巾鴒〇
徵造弄騰使〇使造礼干房〇
徵造弄騰皇〇皇造礼干國〇
除皇帝懇蘭〇造平安富貴〇

三祖造呾従〇祖宗造哑唑〇
皇造剋貧徵〇皇造利富貴〇
皇威焉歲囙〇皇身畱外活〇
陳照世貧你〇尖个布樂貴〇
至个布樂考〇造个房連地〇
至个布召楞〇登个兜召你〇
陳你律貧你〇活你譚貧你〇
郎你登貧氏〇

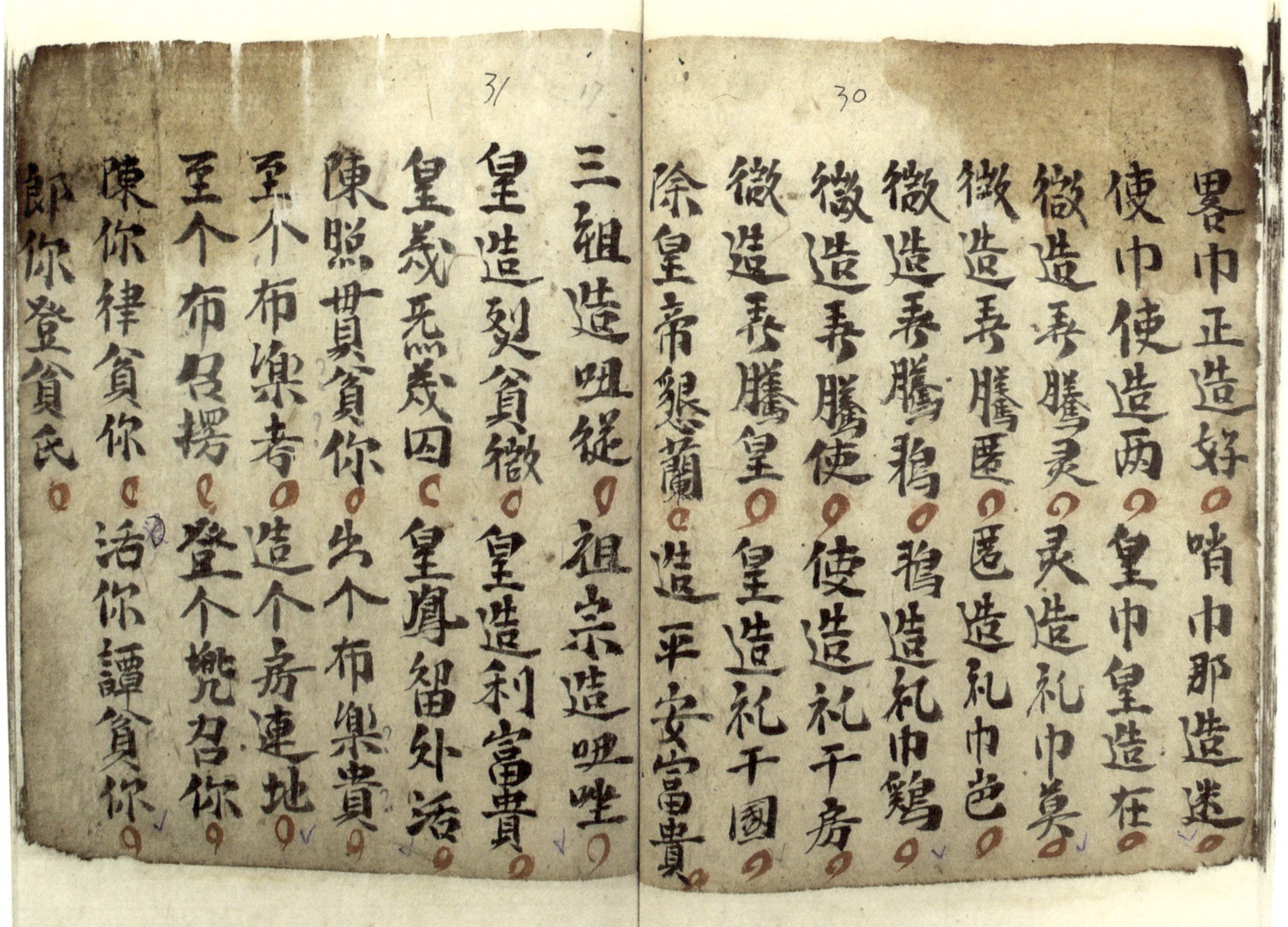

09847　叭付祖宗　古壯字　清抄本

綫裝。開本高20.4厘米，廣17厘米。廣西壯族自治區少數民族古籍整理出版規劃領導小組辦公室藏。

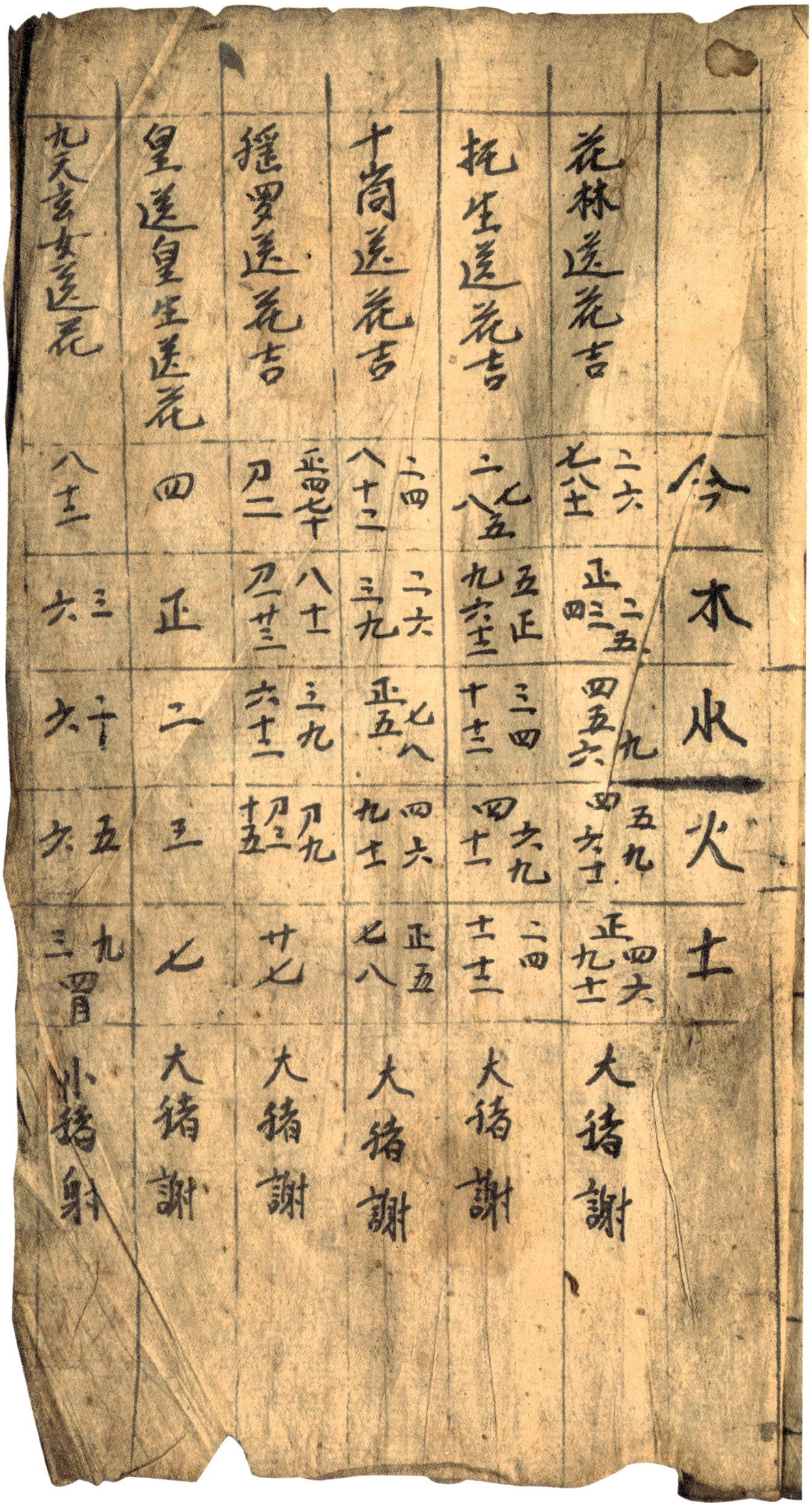

09848 掌訣 布依文 清咸豐五年（1855）抄本

綫裝。開本高22厘米，廣14.5厘米。貴州省荔波縣檔案館藏。

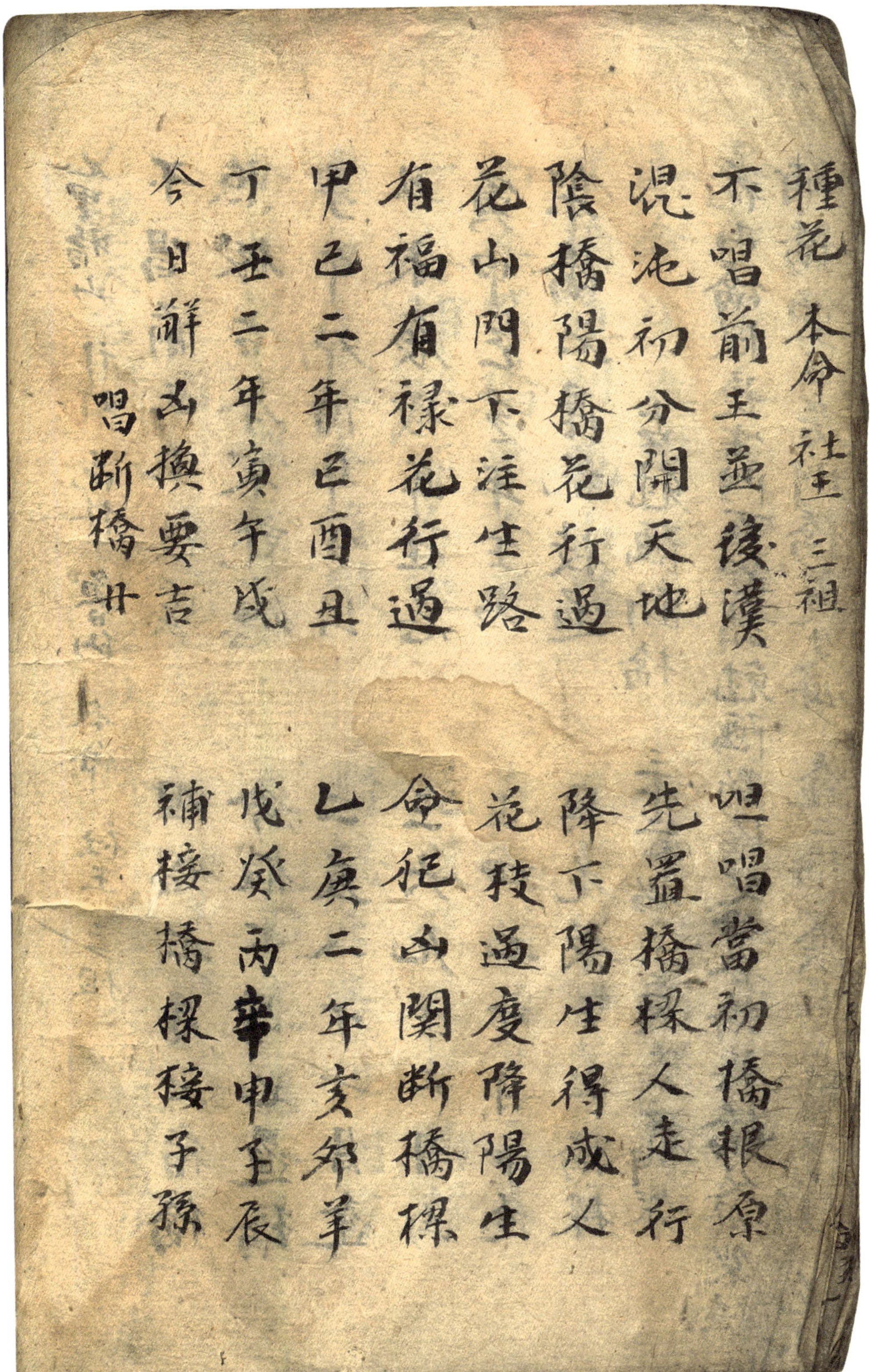
種花 本命 社王 三祖
不唱前王並後漢
混沌初分開天地
陰橋陽橋花行過
花山門下注生路
有福有禄花行過
甲巳二年巳酉丑
丁壬二年寅午戌
今日鮮山換要吉
唱斷橋廿
唄唱當初橋根原
先置橋樑人走行
降下陽生得成人
花枝過度降陽生
命犯山關断橋樑
乙庚二年亥卯羊
戊癸丙辛申子辰
補接橋樑接子孫

09849 修橋補路 布依文 清同治八年（1869）岑仕龍抄本

綫裝。開本高23厘米，廣16厘米。貴州省荔波縣檔案館藏。

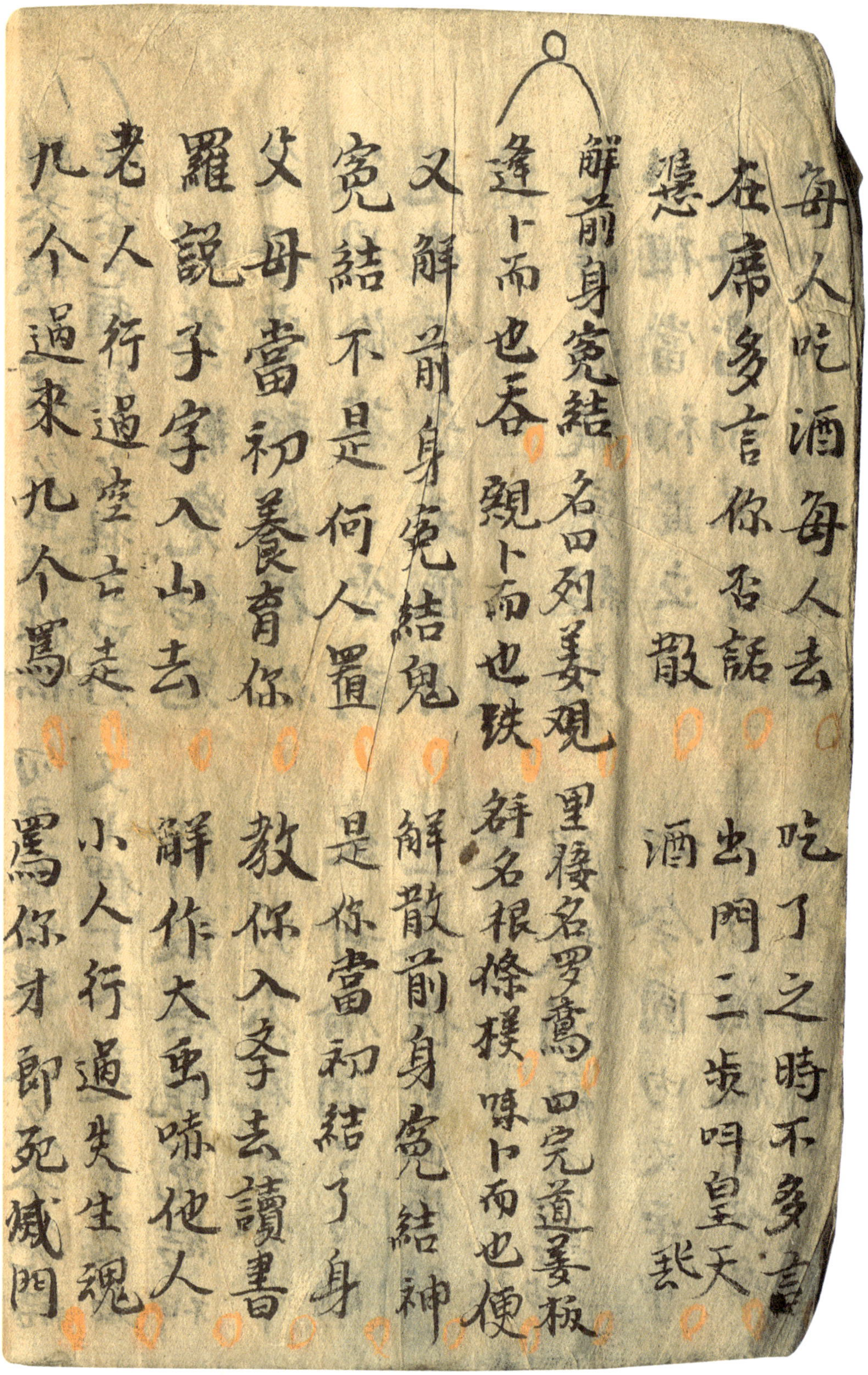
每人吃酒每人去　吃了之時不多言
在席多言你否話　出門三步吗皇天
懸　散　酒　哉
解前身寃結名四列姜覌　里倭名罗鸾四完道姜板
逢卜而也吞䚌卜而也跌　斜名根條樸咮卜而也便
又解前身寃結鬼　解散前身寃結神
寃結不是何人置　是你當初結了身
父母當初養育你　教你入学去讀書
羅說子字入山去　解作大禹啼他人
老人行過空亡走　小人行過先生魂
九个過來九个罵　罵你才郎死賊門

09850 架橋還願　布依文　清光緒六年（1880）抄本

綫裝。開本高21.5厘米，廣14.5厘米。貴州省荔波縣檔案館藏。

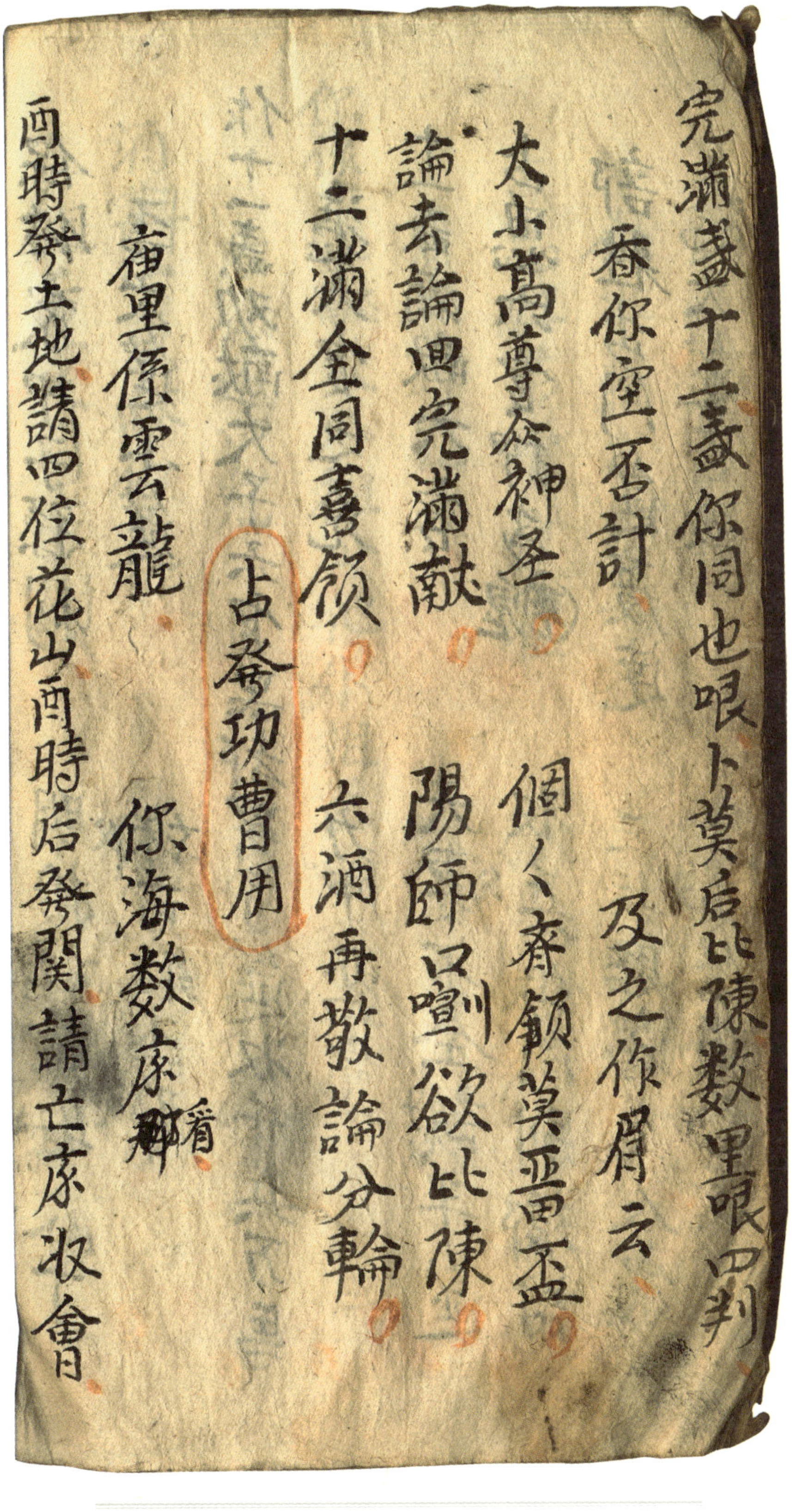
完滿盞十二盞你同也哏卜莫后比陳数里哏四判
香你空丕計　及之作肎云
大小高尊众神圣　個人斉領莫晋盃
論去論四完滿献　陽師口嚉欲比陳
十二滿金同喜領　六酒再敬論分輪
占発功曹用
庙里係雲龍　你海数康看
酉時発土地請四位花山酉時后発関請亡康収會

09851 龍筵倒壇　布依文　清光緒九年（1883）抄本

綫裝。開本高25.5厘米，廣15.5厘米。貴州省荔波縣檔案館藏。

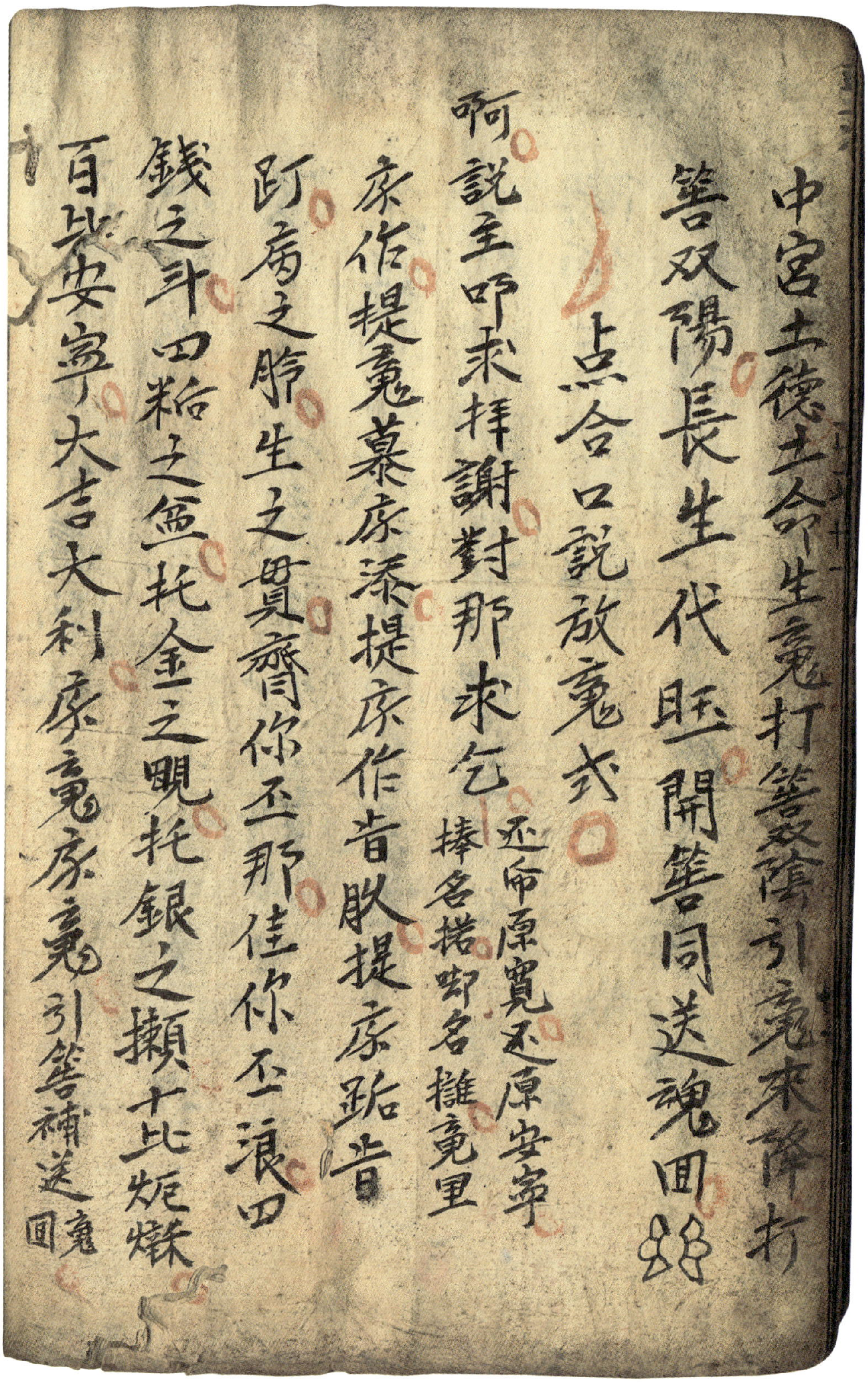

09852 祭祀請神　布依文　清光緒十二年（1886）抄本

綫裝。開本高25厘米，廣17.5厘米。貴州省荔波縣檔案館藏。

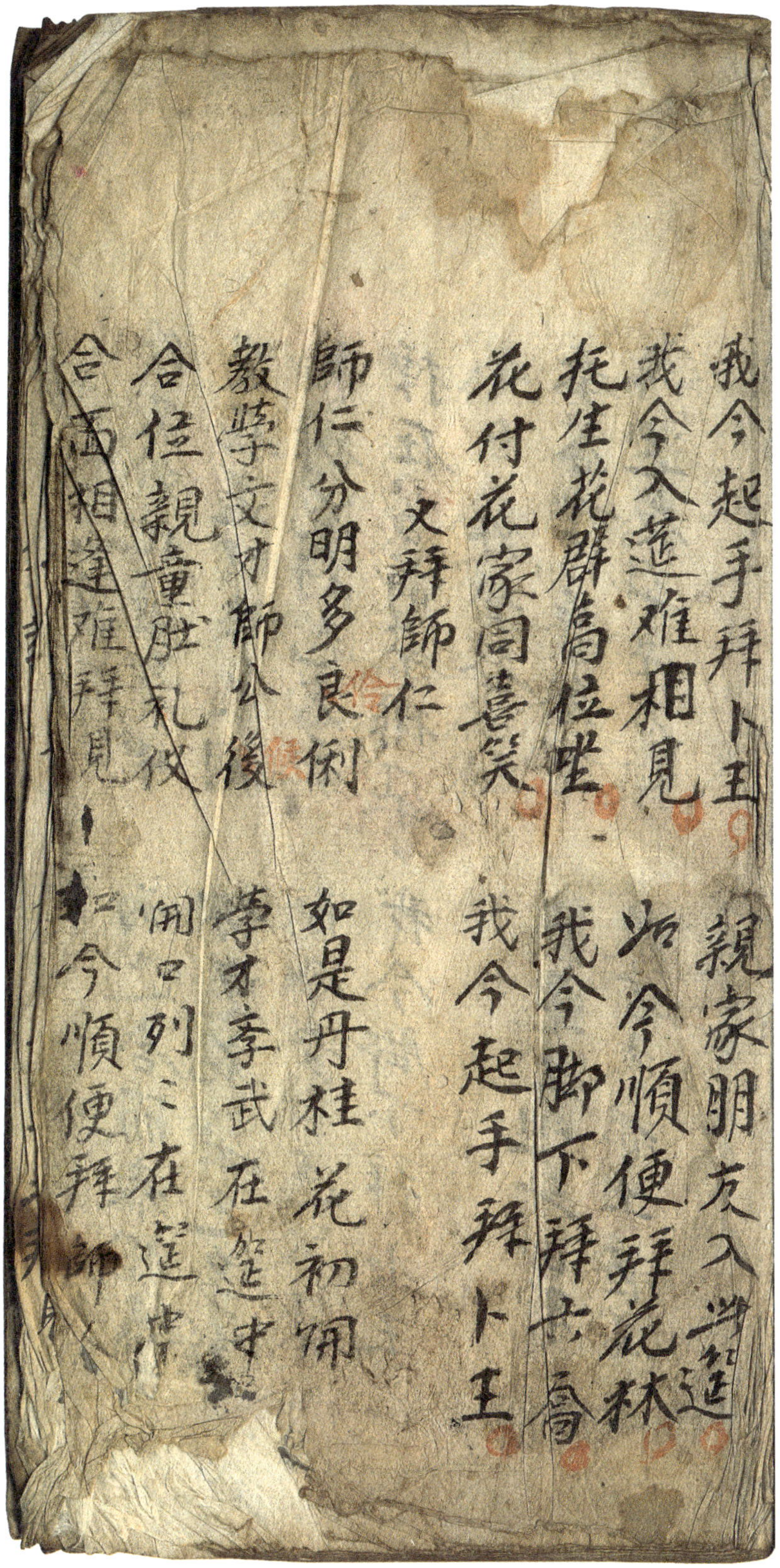

09853 儺願問答 布依文 清光緒十二年（1886）抄本

綫裝。開本高25.5厘米，廣15厘米。貴州省荔波縣檔案館藏。

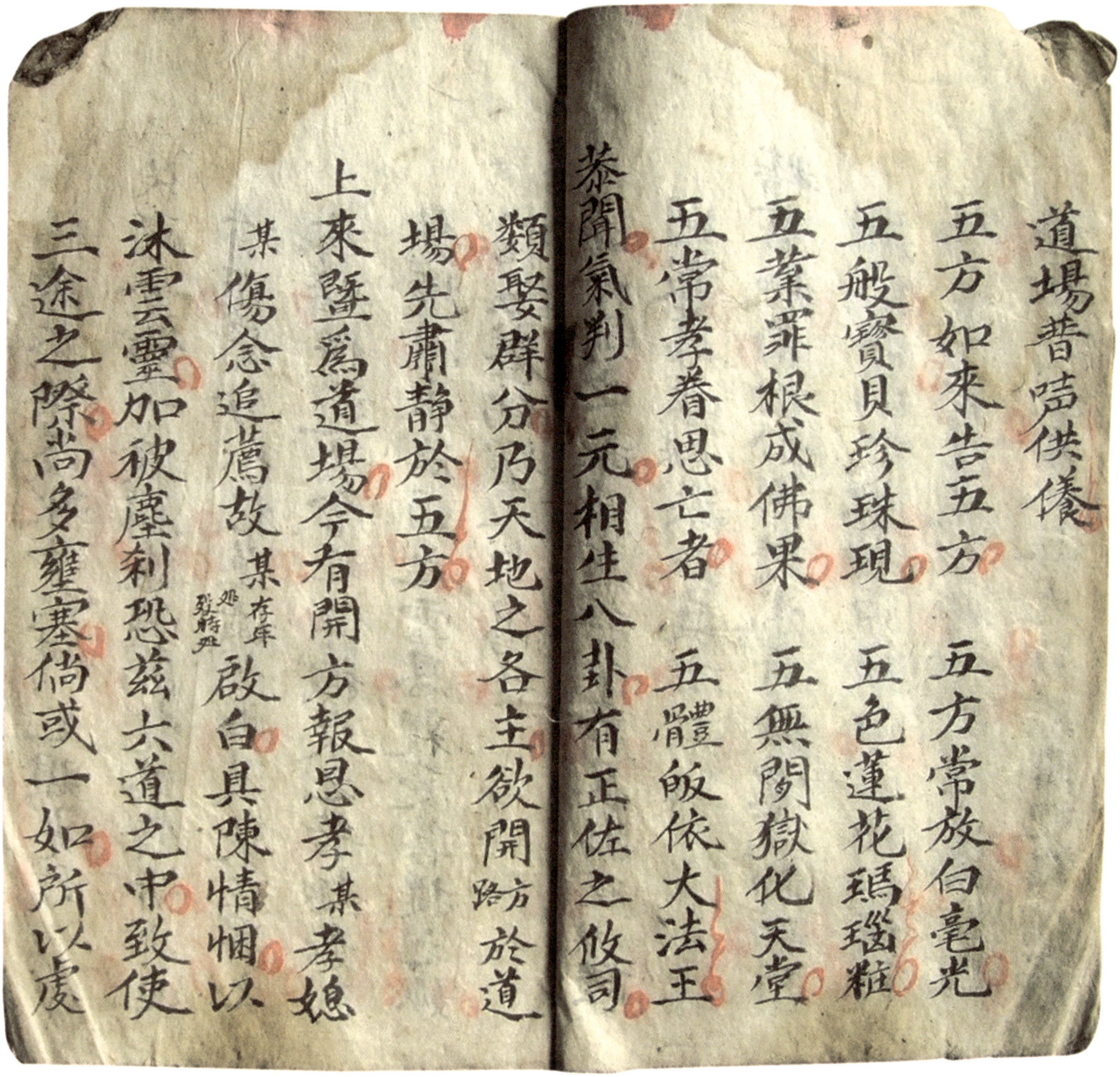

道場普喑供儀

五方如來告五方　五方常放白毫光

五般寶貝珍珠現　五色蓮花瑪瑙粧

五葉罪根成佛果　五無閒獄化天堂

五常孝眷思亡者　五體皈依大法王

恭聞氣判一元相生八卦有正佐之收司

類娶群分乃天地之各主欲開路方於道

場先肅靜於五方

上來曁爲道場今有開方報恩孝某孝媳

某傷念追薦故　某存年發持処啟白具陳情恨以

沐雲云靈加被塵刹恐茲六道之中致使

三途之際尚多壅塞倘或一如所以虔

09854 儺書　布依文　清抄本

綫裝。開本高32厘米，廣20.5厘米。貴州省三都水族自治縣檔案館藏。

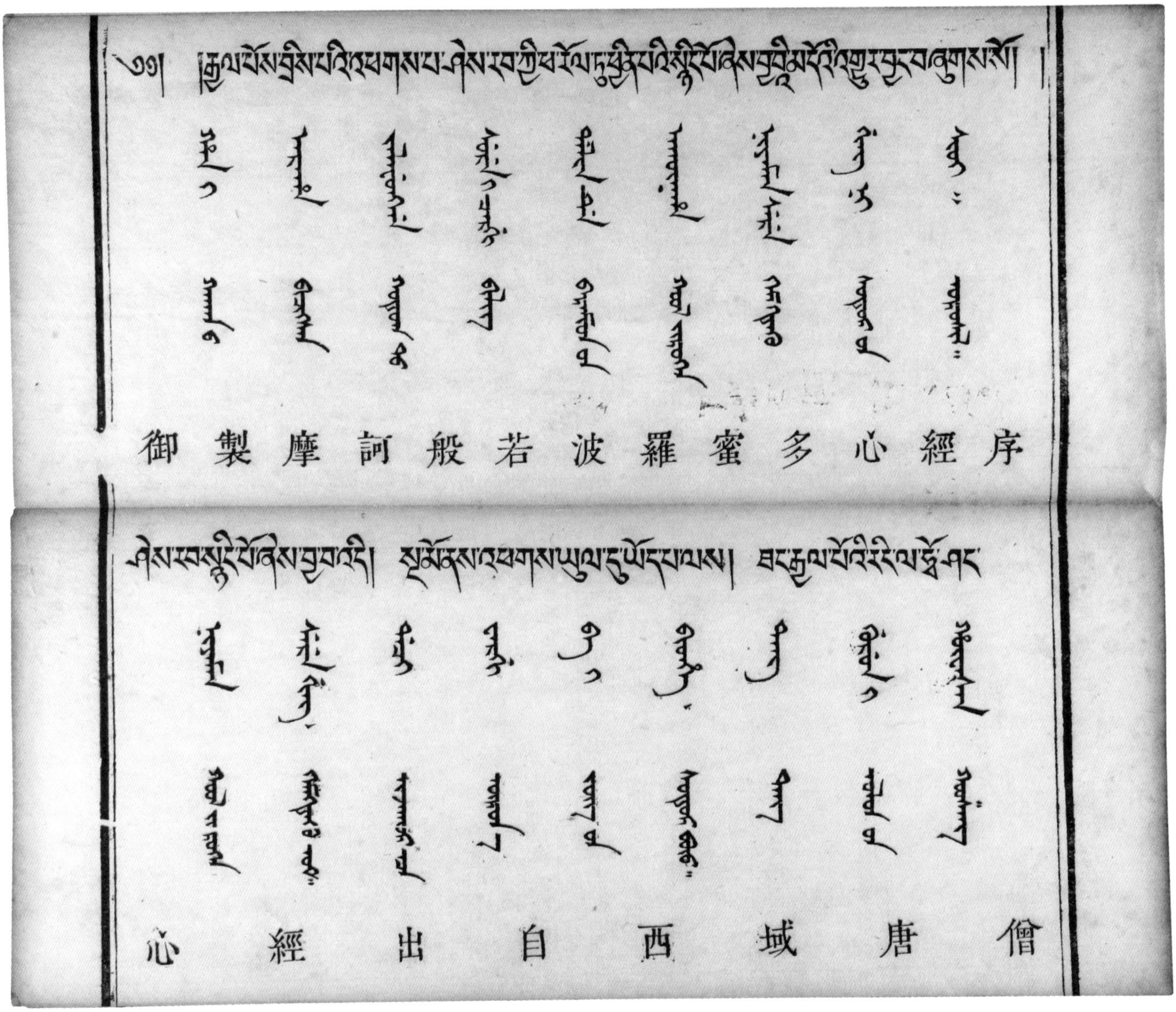
御製摩訶般若波羅蜜多心經序
心經出自西域唐僧

09855、09856 御製摩訶般若波羅蜜多心經（藏滿蒙漢合璧） 多文種　清雍正元年（1723）刻本

經折裝。匡高25.7厘米。國家圖書館、大連圖書館藏。

噶哩
原噶哩
譯漢藏
捷椎
梵讚

一卷
第一咒

鴉哩幹嘛玻堤嘛禮拉畢嘎嘛納

玻堤

嘛喇嘎嘎
嘎嘎
嘎嘎
嘎嘎

嘎嘎禮囊
囊囊囊
囊囊哩

達達

薩阿納達嘛鴉雜嗻哩畢禮密畢鴉魯畢

禮孥孥隄伊孥孥孥孥畢喇孥孥畢

蘇喇納阿拉納阿

嘆哩出巴阿訥幹阿納鴉達

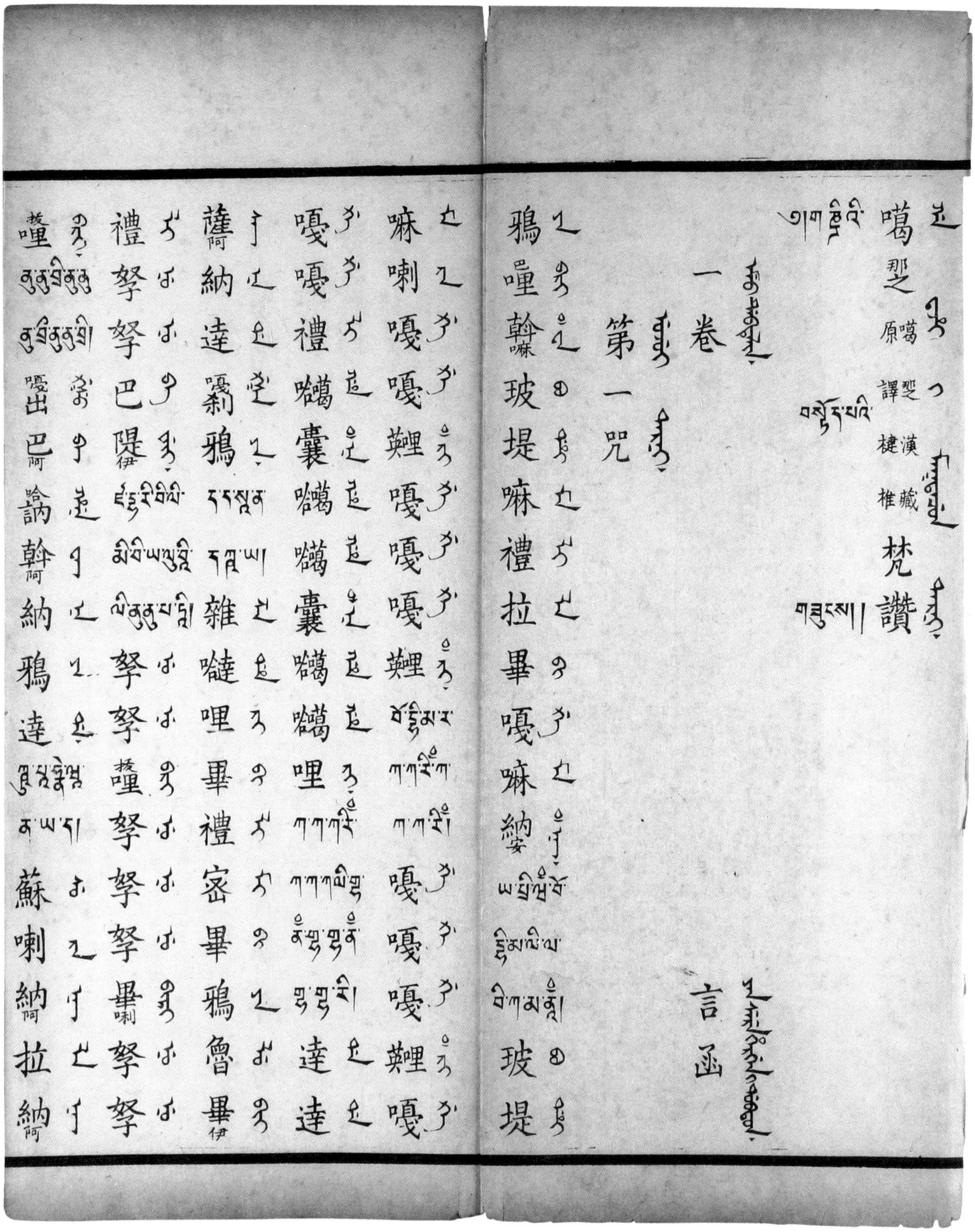

09857 御製滿漢西番合璧大藏全咒（滿漢藏合璧）　多文種　（清）

章嘉・若必多吉譯校　清乾隆三十八年（1773）刻本

經折裝。開本高31.1厘米，廣13厘米。匡高25.5厘米。國家圖書館藏。

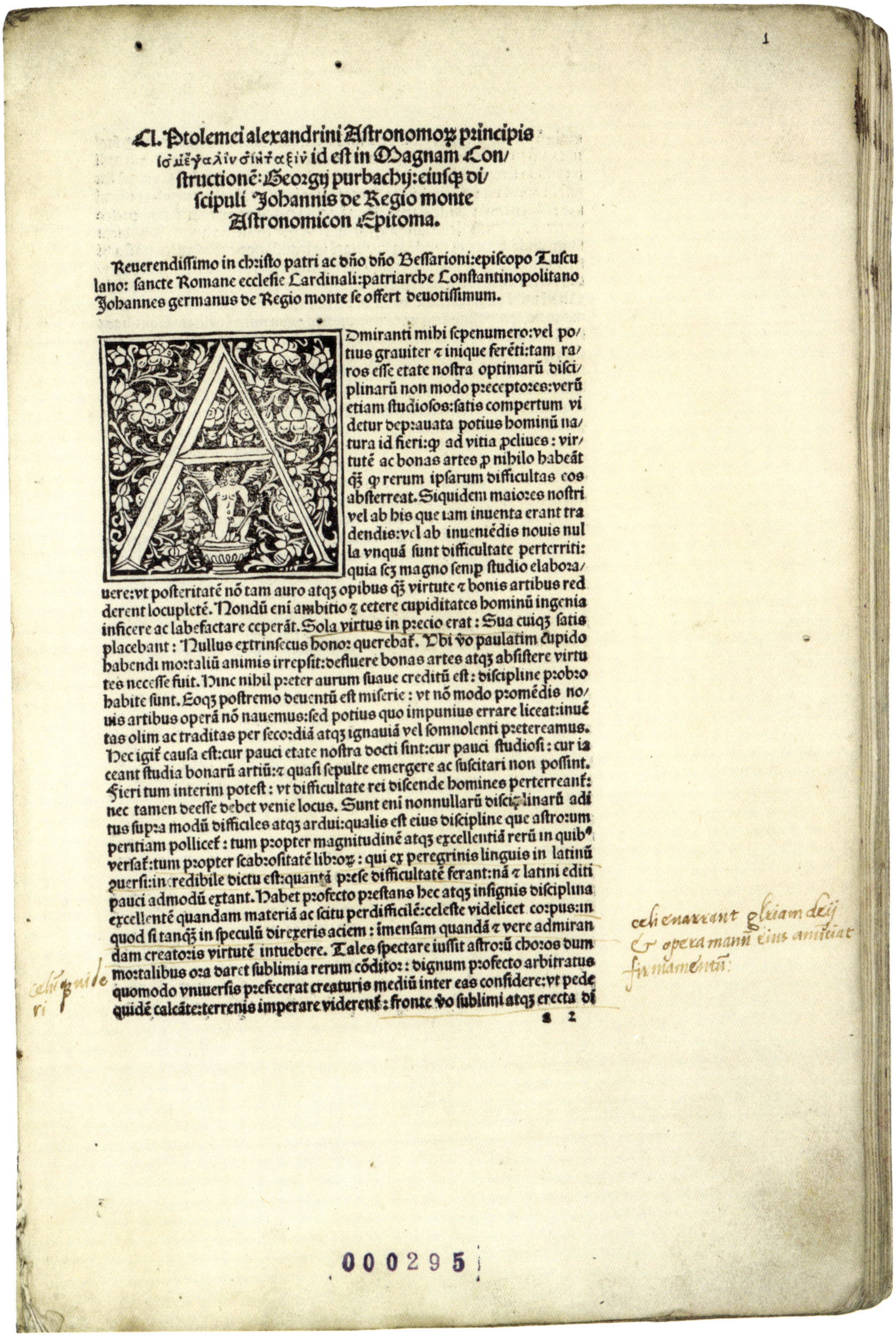
1

Cl. Ptolemei alexandrini Astronomoꝝ principis
ἰς μέγαλην σύνταξιν id est in Magnam Con/
structionẽ: Georgij purbachij: eiusq́ di/
scipuli Johannis de Regio monte
Astronomicon Epitoma.

Reuerendissimo in christo patri ac dño dño Bessarioni: episcopo Tuscu
lano: sancte Romane ecclesie Cardinali: patriarche Constantinopolitano
Johannes germanus de Regio monte se offert deuotissimum.

Dmiranti mihi sepenumero: vel po/
tius grauiter ⁊ inique ferẽti: tam ra/
ros esse etate nostra optimarũ disci/
plinarũ non modo preceptores: verũ
etiam studiosos: satis compertum vi
detur deprauata potius hominũ na/
tura id fieri: q ad vitia procliues: vir/
tutẽ ac bonas artes p nihilo habeãt
q̄z q rerum ipsarum difficultas eos
absterreat. Siquidem maiores nostri
vel ab his que iam inuenta erant tra
dendis: vel ab inueniẽdis nouis nul
la vnquã sunt difficultate perterriti:
quia scz magno semp studio elabora/
uere: vt posteritatẽ nõ tam auro atqz opibus q̄z virtute ⁊ bonis artibus red
derent locupletẽ. Nondũ eni ambitio ⁊ cetere cupiditates hominũ ingenia
inficere ac labefactare ceperãt. Sola virtus in precio erat: Sua cuiqz satis
placebant: Nullus extrinsecus honor querebat. Vbi vo paulatim cupido
habendi mortaliũ animis irrepsit: defluere bonas artes atqz absistere virtu
tes necesse fuit. Hinc nihil preter aurum suaue creditũ est: discipline probro
habite sunt. Eoqz postremo deuentũ est miserie: vt nõ modo promẽdis no/
uis artibus operã nõ nauemus: sed potius quo impunius errare liceat: inuẽ
tas olim ac traditas per secordiã atqz ignauiã vel somnolenti pretereamus.
Hec igit causa est: cur pauci etate nostra docti sint: cur pauci studiosi: cur ia
ceant studia bonarũ artiũ: ⁊ quasi sepulte emergere ac suscitari non possint.
Fieri tum interim potest: vt difficultate rei discende homines perterreant:
nec tamen deesse debet venie locus. Sunt eni nonnullarũ disciplinarũ adi
tus supra modũ difficiles atqz ardui: qualis est eius discipline que astrorum
peritiam pollicet: tum propter magnitudinẽ atqz excellentiã rerũ in quib⁹
versat: tum propter scabrositatẽ libroꝝ: qui ex peregrinis linguis in latinũ
cuersi: incredibile dictu est: quantã prese difficultatẽ ferant: nã ⁊ latini editi
pauci admodũ extant. Habet profecto prestans hec atqz insignis disciplina
excellentẽ quandam materiã ac situ perdifficilẽ: celeste videlicet corpus: in
quod si tanq̄z in speculũ direxeris aciem: imensam quandã ⁊ vere admiran
dam creatoris virtutẽ intuebere. Tales spectare iussit astrorũ choros dum
mortalibus ora daret sublimia rerum cõditor: dignum profecto arbitratus
quomodo vniuersis prefecerat creaturis mediũ inter eas considere: vt pede
quidẽ calcãte: terrenis imperare viderent: fronte vo sublimi atqz erecta di
a 2

000295

09858 **節本托勒密天文學大成**　拉丁文　（德國）雷吉奥蒙塔努斯著　公元1496年威尼斯印本

開本高31.1厘米，廣27厘米。國家圖書館藏。

09859 金言集 拉丁文 （葡萄牙）曼努埃爾·德·薩著 公元1603年日本長崎印本

開本高16.4厘米，廣10.8厘米。國家圖書館藏。